21 世纪高职高专规划教材·旅游酒店类系列

饭店前厅管理与服务

（第 2 版）

徐文苑　编著

清华大学出版社
北京交通大学出版社
·北京·

内 容 简 介

前厅管理与服务是现代饭店运行与管理的重要组成部分，本教材共8章，对前厅管理与服务涉及的预订、接待、行李、问讯、商务等服务，以及销售管理、服务质量管理、人力资源管理等内容，做了较为系统的介绍。本教材注重知识的应用性和可操作性，侧重理论指导下的管理实务与运作，简化以学科知识新体系为背景的知识要点的陈述，适当增大图表和典型案例等内容的比例，力求反映饭店业先进的管理理念、服务手段与方法。

本教材主要适用于高等职业院校饭店管理专业的学生，也可作为饭店从业人员培训和自学之用。

图书在版编目（CIP）数据

饭店前厅管理与服务/徐文苑编著. —2版. —北京：清华大学出版社；北京交通大学出版社，2011.3（2014.7重印）
（21世纪高职高专规划教材·旅游酒店类系列）
ISBN 978-7-5121-0515-7

Ⅰ.①饭…　Ⅱ.①徐…　Ⅲ.①饭店-商业管理-高等学校：技术学校-教材　②饭店-商业服务-高等学校：技术学校-教材　Ⅳ.①F719.2

中国版本图书馆CIP数据核字（2011）第022288号

责任编辑：张利军　　特邀编辑：吕　宏
出版发行：清 华 大 学 出 版 社　　邮编：100084　　电话：010-62776969
　　　　　北京交通大学出版社　　邮编：100044　　电话：010-51686414
印 刷 者：北京瑞达方舟印务有限公司
经　　销：全国新华书店
开　　本：185×230　　印张：19.25　　字数：430千字
版　　次：2011年2月第2版　　2014年7月第4次印刷
书　　号：ISBN 978-7-5121-0515-7/F·805
印　　数：10 001～12 000册　　定价：29.00元

本书如有质量问题，请向北京交通大学出版社质监组反映。对您的意见和批评，我们表示欢迎和感谢。
投诉电话：010-51686043，51686008；传真：010-62225406；E-mail：press@bjtu.edu.cn。

出版说明

高职高专教育是我国高等教育的重要组成部分，它的根本任务是培养生产、建设、管理和服务第一线需要的德、智、体、美全面发展的高等技术应用型专门人才，所培养的学生在掌握必要的基础理论和专业知识的基础上，应重点掌握从事本专业领域实际工作的基本知识和职业技能，因而与其对应的教材也必须有自己的体系和特色。

为了适应我国高职高专教育发展及其对教学改革和教材建设的需要，在教育部的指导下，我们在全国范围内组织并成立了“21世纪高职高专教育教材研究与编审委员会”（以下简称“教材研究与编审委员会”）。“教材研究与编审委员会”的成员单位皆为教学改革成效较大、办学特色鲜明、办学实力强的高等专科学校、高等职业学校、成人高等学校及高等院校主办的二级职业技术学院，其中一些学校是国家重点建设的示范性职业技术学院。

为了保证规划教材的出版质量，“教材研究与编审委员会”在全国范围内选聘“21世纪高职高专规划教材编审委员会”（以下简称“教材编审委员会”）成员和征集教材，并要求“教材编审委员会”成员和规划教材的编著者必须是从事高职高专教学第一线的优秀教师或生产第一线的专家。“教材编审委员会”组织各专业的专家、教授对所征集的教材进行评选，对所列选教材进行审定。

目前，“教材研究与编审委员会”计划用2～3年的时间出版各类高职高专教材200种，范围覆盖计算机应用、电子电气、财会与管理、商务英语等专业的主要课程。此次规划教材全部按教育部制定的“高职高专教育基础课程教学基本要求”编写，其中部分教材是教育部《新世纪高职高专教育人才培养模式和教学内容体系改革与建设项目计划》的研究成果。此次规划教材按照突出应用性、实践性和针对性的原则编写并重组系列课程教材结构，力求反映高职高专课程和教学内容体系改革方向；反映当前教学的新内容，突出基础理论知识的应用和实践技能的培养；适应“实践的要求和岗位的需要”，不依照“学科”体系，即贴近岗位，淡化学科；在兼顾理论和实践内容的同时，避免“全”而“深”的面面俱到，基础理论以应用为目的，以必要、够用为度；尽量体现新知识、新技术、新工艺、新方法，以利于学生综合素质的形成和科学思维方式与创新能力的培养。

此外，为了使规划教材更具广泛性、科学性、先进性和代表性，我们希望全国从事高职高专教育的院校能够积极加入到“教材研究与编审委员会”中来，推荐“教材编审委员会”成员和有特色的、有创新的教材。同时，希望将教学实践中的意见与建议，及时反馈给我们，以便对已出版的教材不断修订、完善，不断提高教材质量，完善教材体系，为社会奉献更多更新的与高职高专教育配套的高质量教材。

此次所有规划教材由全国重点大学出版社——清华大学出版社与北京交通大学出版社联合出版，适合于各类高等专科学校、高等职业学校、成人高等学校及高等院校主办的二级职业技术学院使用。

21世纪高职高专教育教材研究与编审委员会

2011年3月

前言

随着知识经济时代的到来，传统旅游企业的组织和功能、管理理念、营销哲学、经营手段、服务方法等正在受到全面挑战，并发生了重大变化。面对日趋激烈的市场竞争和挑战，旅游业的发展关键在于人才。目前，旅游企业的管理人员，在知识结构、技能水平、管理水平等方面，还难与迅速发展的旅游业相适应，培养适应新世纪旅游业发展需要的管理人才已经成为一个十分紧迫的问题。而伴随着旅游业的迅速发展，我国的旅游教育事业也取得了很大发展。旅游专业是应用型专业，只有紧贴旅游行业的实际，才会有生命力。目前，我国高等职业院校的旅游专业在知识结构、课程设置、教材建设等方面，仍然存在一些急需解决的问题。为适应旅游业快速发展的需要，我国的旅游管理学科建设必须有较大的发展，教材建设必须与之同步。当前，针对旅游专业高职层次，较为科学、系统地单独阐述前厅管理与服务，且侧重于管理的教材较少。本教材旨在弥补我国高等职业教育旅游管理专业教材建设的相对不足与滞后，特别是新时期国内高等职业教育对旅游管理专业新教材的需求，同时满足课程改革及专业建设的需要。

本教材在编写过程中，坚持适应高职院校教育改革和发展的需要，立足于提高学生的整体素质和培养学生的综合能力，贯彻了科学性、实用性、先进性、规范性原则，吸取了国内外前厅管理与服务的最新知识和技术，注重知识的应用性和可操作性。本教材侧重理论指导下的管理实务与运作，简化以学科知识新体系为背景的知识要点的陈述，适当增大图表和典型案例等内容的比例，着眼于旅游企业新岗位群的诸多最新现实需要。本教材坚持全面系统、先进实用的原则，既注重阐述有关管理理论，又系统地介绍对客服务的内容和要求，力求理论联系实际，并考虑与国际市场接轨的要求，充分吸收反映学科发展和中外旅游实践新动态的国内外研究新成果，强化知识的应用性和可操作性。本教材注重突出高职教材的特征，适应高等职业教育以能力为核心，以培养技术应用型人才为根本任务，使学生达到基础理论适度，技术应用能力强，知识面宽，综合素质高的要求。本教材深入浅出，难易适度，适用性强，学术性与普及性兼顾，理论性与应用性并重，知识性、科学性、实用性、创造性相结合，借以提高学生的专业技能和整体素质。

本教材共8章，在借鉴了我校饭店管理专业与英国合作的、以公用能力为核心的BTEC模式的基础上，对前厅管理与服务涉及的预订、接待、行李、问讯、商务等服务，以及销售管理、服务质量管理、人力资源管理等内容，进行了更深入的研究与全面系统的论述。每章都配有案例分析，并采用了BTEC课业形式。

本次再版，对部分内容进行了修订，特别是增加了一些实用表格和操作流程图等图表，去除和简化了一些理论阐述。修订后的教材对学生更好地掌握饭店前厅管理与服务的内容将有更大的帮助。

本教材由天津职业大学徐文苑根据本人十几年从事饭店管理、培训实践工作及专业教学经验编写而成。在编写过程中，作者参考了国内外有关论著，并得到了许多业内人士的帮助，在此一并表示感谢。

由于本人水平所限，书中难免存在不足之处，敬请广大读者批评指正。

编　者

2011年3月

目录

第 1 章　前厅部概述

第 2 章　客房预订业务

第3章 总台接待业务

第4章 前厅服务

第 5 章 前厅部销售管理

第6章　计算机技术在前厅部的应用

第7章　前厅部服务质量管理

第8章　前厅部人力资源管理

“如果把饭店看成是一个巨大的轮胎，那么这轮胎中间的中心轴就是前厅。”不仅如此，那轮胎的中心轴不是静止不动的，而是作为能动的中枢神经来完成其职能。

第1章 前厅部概述

学习目标

◎ 了解前厅部在饭店经营管理中的作用及基本任务。

◎ 掌握前厅部组织机构的设置原则、组成与主要职能，以及管理岗位职责设计要求。

◎ 了解前厅环境设计要求。

◎ 了解前厅服务氛围特征。

前厅是每一位客人抵、离饭店的必经之地，是饭店对客服务开始和最终完成的场所，也是客人形成对饭店的第一印象和最后印象之处。前厅接待服务及管理区域所设置的相关岗位及结构单元组成了饭店组织机构中十分重要的部分——前厅部。前厅部（Front Office）是饭店组织客源、销售客房商品、组织接待和协调对客服务，并为客人提供各种综合服务的部门，是提供总经理和市场销售部门做出经营决策的最高参谋机构。前厅部是饭店经营管理中的一个重要部门，是整个饭店服务工作的核心。前厅部又名客务部、前台部、大堂部，是饭店对外的“窗口”，是饭店的“大脑”、“神经中枢”，是联系宾客关系的“桥梁和纽带”。前厅部是饭店管理的关键部门，其运行得好坏，将直接影响到饭店的整体服务质量、管理水平、经济效益和市场形象。由此可见，前厅部及其员工对树立饭店的形象和声誉，起着重要作用。前厅部的管理体系、工作程序，前厅部每位员工的服务意识、职业道德、服务质量、知识结构、操作技能和应变能力及言谈举止等，无一不对饭店的形象和声誉产生重大影响。

1.1 前厅部的作用与任务

1.1.1 前厅部的作用

1. 前厅部是饭店的营业橱窗，反映饭店的整体服务质量

一家饭店服务质量和档次的高低，从前厅部就可以反映出来。有一位客人曾经说过："每当我们走进一家饭店，不用看它的星级铜牌，也不用问它的业主是谁，凭我们四海为家的经验，通常就可以轻而易举地'嗅'出这家饭店是否为合资饭店，是否由外方管理以及大致的星级水平。"正是从这个意义上讲，有人把前厅誉为饭店的"窗口"，其好坏不仅取决于大堂的设计、布置、装饰、灯光、设施设备等硬件，更取决于前厅部员工的精神面貌、工作效率、服务态度、服务技巧、礼貌礼节以及组织纪律性等软件。

2. 前厅部是饭店的门面，对于客人整体印象的形成起着重要的作用

前厅部是客人抵店后首先接触的部门，因此，它是给客人留下第一印象的地方。从心理学上讲，第一印象很重要，客人总是带着这种第一印象来评价一个饭店的服务质量。如果第一印象好，那么即使在住宿期间遇到不如意之处，客人也会认为那是偶尔发生的，可以原谅；反之，如果第一印象不好，那么，客人就会认为这家饭店出现这类服务质量问题是必然的，饭店在客人心目中的不良形象就很难改变。此外，客人离店时也是从前厅部离开，因此，这里也是给客人留下最后印象的地方，而最后印象在客人脑海里停留的时间最长。最后印象的好坏，在很大程度上取决于前厅部服务员的礼貌礼节和服务质量，如果服务员态度不好，工作效率不高，就会给客人留下不良的最后印象，使其在客人住店期间为客人提供良好的服务"前功尽弃"。

3. 前厅部具有一定的经济作用

前厅部的主要任务之一就是销售客房产品，客房收入通常在饭店营业收入中占有很大比重。它还可以通过提供邮政、电信、票务以及出租车服务等，直接取得经济收入，而且其销售工作的好坏还直接影响到饭店接待客人的数量。因此，前厅部应积极主动地推销饭店产品，决不能被动地等客上门。尤其目前饭店供过于求，市场竞争激烈时，更是如此。例如，当客人到店时，接待员可以抓住时机向客人推销饭店产品，使客人尽量在饭店内消费，增加饭店收入。

4. 前厅部具有一定的协调作用

前厅部犹如饭店的“大脑”，在很大程度上控制和协调着整个饭店的经营活动。由这里发出的每一项指令，每一条信息，都将直接影响饭店其他部门对客人的服务质量。例如，当客人来到总台办理入住手续时，接待员应在为客人安排好房间后立即将客人的入住信息传达到客房服务中心，使其做好接待的准备工作。

5. 前厅部具有一定的决策作用

前厅部是饭店的信息中心，它所收集、加工和传递的信息是饭店管理者进行科学决策的依据。前厅部每天都要接触大量有关客源市场、产品销售、营业收入、客人意见等信息，通过统计分析，及时将整理后的信息向饭店决策管理机构汇报，并与有关部门协调沟通，采取对策。前厅部管理人员还经常参与客房营销分析和预测活动，进行月、季和年度的销售统计分析，提出改进工作和提高服务水平的有关建议。例如，在国外的一些饭店里，管理者就是根据前厅部所提供的客人的预订信息来决定未来一个时期内房价的高低的。因此，前厅部的工作可以为饭店管理层提供科学的决策依据。

1.1.2 前厅部的任务

1. 销售客房

销售客房商品是前厅部的首要任务。客房是饭店的主要产品，其销售收入在整个饭店收入结构中占主要部分。同时，客房商品具有不可储存的特点，因此，能否有效地推销客房，将直接影响饭店的经济效益。

2. 提供各种综合服务

作为直接向客人提供各类相关服务的前台部门，前厅服务范围涉及机场和车站接送、行李、留言问讯、票务代办、邮件、电话总机、商务中心、贵重物品保管服务等。

3. 提供信息服务

前厅是客人汇集活动的场所，前厅服务人员与客人保持着最多的接触。因此，前厅服务员应随时准备向客人提供其所需要和感兴趣的信息资料。例如，饭店近期推出的美食周、艺术品展览等活动，这可以使住店客人的生活更加丰富多彩。前厅服务人员还应充分掌握并及时更新有关商务、交通、购物、游览等详细和准确的信息，使客人“身在饭店内便知天下事”，处处让客人感到温馨、方便。同时，前厅部作为饭店的信息传递中心，还要及时准确地将各种经营信息加以处理，传递给饭店管理机构，作为饭店经营决策的参考依据。

4. 协调对客服务

现代饭店是既有分工，又有协作，相互联系、互为条件的有机整体，饭店服务质量好坏取决于宾客的满意程度。而宾客的满意程度是对饭店每一次具体服务所形成的一系列感受和印象的总和，在对客服务的全过程中，任何一个环节出现差错，都会影响到服务质量，影响到饭店的整体声誉。所以，现代饭店要强调统一协调的对客服务，要使分工的各个方面都能有效地运转，都能充分地发挥作用。前厅部作为饭店的“神经中枢”，承担着对饭店业务安排的调度工作和对客服务的协调工作。主要表现在：第一，将通过销售客房商品活动所掌握的客源市场、客房预订及到客情况及时通报其他有关部门，使各有关部门有计划地安排好各自的工作，互相配合，保证各部门的业务均衡衔接。第二，将客人的需求及接待要求等信息传递给各有关部门，并检查、监督落实情况。第三，将客人的投诉意见及处理意见及时反馈给有关部门，以保证饭店的服务质量。

5. 控制客房状况

前厅部一方面要协调客房销售与客房管理工作，另一方面还要能够在任何时候正确地反映客房状况。在协调客房销售与客房管理方面，前厅部应向销售部提供准确的客房信息，防止过度超额预订，避免工作被动。另外，前厅部应及时向客房部通报实时及未来的预订情况，便于其安排卫生计划或调整劳动组织工作。正确反映并掌握客房状况是做好客房销售工作的先决条件，也是前厅部管理的重要目标之一。要做好这项工作，除了实现控制系统计算机化和配置先进的通信联络设备设施外，还必须建立和健全完善和行之有效的管理规章制度，以保障前厅与相关部门之间的有效沟通及合作。

6. 管理客账

前厅部向客人承诺并提供最终一次性结账服务。客人经过必要的信用证明，即可在饭店内各营业点签单。建立客账是为了实时记录并监督客人与饭店之间的财务关系，达到方便客人、保障饭店声誉并获取经济效益的目的。总台可以在客人预订客房时商定并建立客账（收取定金或预付款），也可以在客人办理入住手续时建立客账。在提供了客人累计消费额和信用资料的基础上，总台收银处按服务程序和饭店财务政策规定，与相关部门或各营业点协调沟通，及时登账，迅速、快捷地为客人办理离店结账手续，主动征求客人意见，使客人满意而去。

7. 建立客史档案

前厅部为更好地发挥信息集散和协调服务的作用，一般都要为住店客人建立客史档案，记录客人在饭店住宿期间的主要情况和有关针对性的信息，掌握客人动态，取得第一手资料。无论采用计算机自动记载、统计或是用手工整理统计等方法，建立客史档案时，一般都要将客人的姓名、身份、公司、抵离店日期、消费记录及特殊要求作为主要内容予以记载，并定期进行统计分析，作为饭店提供周到、细致、有针对性服务的依据，以不断改进饭店的服务工作，提高饭店的科学管理水平。这也是寻求和分析客源市场，研究市场走势，调整营销策略及产品策略的重要信息来源。

1.2　前厅部的机构设置及岗位职责

1.2.1　前厅部的机构组成及主要职能

前厅部组织机构一般由以下部分组成：办公室、预订、问讯、接待、礼宾、收银、大堂副理、商务楼层、电话总机、商务中心等。另外，通常在前厅还设有其他非饭店所属的服务部门，例如，银行驻店机构、邮政部门驻店机构、旅行社驻店机构、民航及其他交通部门驻店机构等，以作为完善饭店不同服务功能需求的必要补充。前厅部的工作任务是由内部各机构分工协作共同完成的，因饭店规模等的不同，前厅部的业务分工也有所不同，但一般都设有以下主要机构。

1. 预订处

预订处（Room Reservation）是专门负责饭店订房业务的部门，可以说是前厅部的“心脏”，其人员配备由预订主管、领班和订房员组成。随着饭店业竞争的日趋激烈以及市场空间的不断拓展，客房预订的职能逐渐从前厅部脱离出来而隶属于公关销售部。目前，预订处的主要职能如下。

（1）熟悉掌握饭店的房价政策和预订业务。

（2）受理客房预订业务，接受客人以电话、信函、传真、互联网及口头等形式的预订。

（3）负责与有关公司、旅行社等客源单位建立良好的业务关系，尽量销售客房商品，并了解委托单位接待要求。

（4）加强与总台接待处的联系，及时向前厅部经理及总台相关岗位和部门提供有关客房预订资料和数据。

（5）参与客情预测工作，向上级提供 VIP 抵店信息。

（6）参与前厅部对外订房业务的谈判及合同的签订。

（7）制定各种预订报表（包括每月、半月、每周和翌日客人抵达预报）。

（8）参与制订全年客房预订计划。

（9）加强和完善订房记录及客史档案等。

2. 接待处

接待处（Check-in/Reception）又称“开房处”，通常配备有主管、领班和接待员。其主要职能如下。

（1）销售客房。

（2）接待住店客人（包括团体客人、散客、常住客人、预订客人和未预订客人等），为客人办理入住登记手续，分配房间。

（3）掌握住客动态及信息资料，控制房间状态。

（4）制定客房营业日报等表格。

（5）与预订处、客房部等保持密切联系，及时掌握客房出租情况。

（6）协调对客服务工作等。

3. 问讯处

问讯处（Information）通常配有主管、领班和问讯员，其主要职能如下。

（1）负责回答客人问讯，包括介绍饭店内服务项目、市内观光、交通情况、社团活动等相关信息。

（2）接待来访客人。

（3）及时处理客人邮件等事项。

（4）提供留言服务（住客留言与访客留言）。

（5）分发和保管客房钥匙等。

4. 收银处

收银处（Check-out/Cashier）亦称结账处，一般由领班、收银员和外币兑换员组成。因其业务性质所定，收银处通常隶属于饭店财务部，由财务部管辖。但由于收银处位于总台，与总台接待处、问讯处等岗位有着不可分割的联系，直接面对面地为客人提供服务，是总台的重要组成部分。因此，前厅部也应参与和协助对前厅收银员的管理和考核。收银处的主要职能如下。

（1）办理离店客人的结账手续。

（2）受理入住饭店客人住房预付金。

（3）提供外币兑换和零钱兑换服务。

（4）与饭店各营业部门的收款员联系，催收、核实账单。

（5）建立客人账卡，管理住店客人的账目。

（6）夜间统计饭店当日营业收益情况，制作营业报表。

（7）为住店客人提供贵重物品的寄存和保管服务。

（8）负责应收账款的转账。

（9）夜间审核全饭店的营业收入及账务情况等。

5. 大厅服务处/礼宾服务处（Bell service/Concierge）

礼宾服务人员一般由大厅服务主管（金钥匙）、领班、迎宾员、行李员等组成。其主要职能如下。

（1）在门厅或机场、车站迎送宾客。

（2）负责客人的行李运送、寄存，确保其安全。

（3）雨伞的寄存和出租。

（4）公共区域找人。

（5）引领客人进客房，并向客人介绍服务项目、服务特色等，适机进行宣传。

（6）分送客用报纸、信件和留言。

（7）协助管理和指挥门厅入口处的车辆，确保畅通和安全。

（8）回答客人问讯，为客人指引方向。

（9）传递有关通知单。

（10）为客人提供召唤出租车和泊车服务。

（11）负责客人其他委托代办事项。

6. 电话总机

目前，越来越多的饭店通过总机为客人提供更多的服务信息，以便为客人提供更加方便、快捷的服务。电话总机（Switch Board）一般由总机主管、领班和话务员组成，其主要职能如下。

（1）转接电话。

（2）为客人提供叫醒服务。

（3）提供“请勿打扰”（DND）电话服务。

（4）回答客人电话问讯。

（5）提供电话找人服务。

（6）受理电话投诉。

（7）接受电话留言服务。

（8）办理国际、国内长途电话事项。

（9）播放或消除紧急通知、说明。

（10）播放背景音乐。

7. 商务中心

商务中心（Business Center）通常由主管、领班和文员构成，其主要职能如下。

（1）为客人提供打字、翻译、复印、传真、长途电话及互联网服务等商务服务。

（2）可以根据客人需要提供秘书服务。

（3）提供文件加工、整理和装订服务。

（4）提供计算机、幻灯机等的租赁服务。

（5）提供代办邮件和特快专递服务。

（6）提供客人委托的其他代办服务等。

8. 大堂副理

大堂副理（Assistant Manager）是饭店管理机构的代表人之一，对外负责处理日常宾客的投诉和意见，协调饭店各部门与客人的关系；对内负责维护饭店正常的秩序及安全，对各部门的工作起监督和配合作用。其主要职能如下。

（1）负责处理宾客的投诉。

（2）联络与协调饭店各有关部门对客人的服务工作。

（3）处理意外或突发事件。

（4）礼貌热情地回答宾客的各种提问。

（5）协助解决宾客紧急难办的事宜。

（6）负责检查贵宾房和迎送贵宾的接待服务工作。

（7）巡视和检查饭店公共区域，以消除隐患，保证安全，确保前厅等部门服务工作的正常进行。

（8）必要时负责传递宾客贵重物品。

（9）熟悉掌握前厅部各职能班组的工作，在其他主管不在场的情况下，协助管理、指导和监督下属员工的工作，并做好交接工作。

（10）巡视检查饭店有关部门的清洁和维护保养水准。

（11）检查员工纪律、着装、仪表仪容及工作状况。

（12）负责大堂环境和秩序的维护工作等。

1.2.2 前厅部的组织机构设置

1. 前厅部组织机构设置的原则

前厅部的组织机构要根据饭店自身的类型、性质、规模、等级、管理方式、客源特点等方面因素进行设置。总体而言，前厅部组织机构的设置，应既能保证前厅运转的效率和质量，又能满足客人的需求。

（1）结合自身实际，适合饭店经营发展需要。前厅部组织机构的设置应结合饭店企业性质、规模、地理位置、管理方式和经营特色等实际情况，不宜生搬硬套。例如，规模小的饭店或以接待内宾为主的饭店，可以考虑将前厅部并入客务部管辖，不必单独设置机构。

（2）精简高效，分工合理。遵循“因事设岗、因岗定人、因人定责”的劳动组织编制原则，在防止机构重叠臃肿、人浮于事现象的同时，要处理好分工与合作、方便客人与便于管理等方面的矛盾，做到机构设置科学、合理。前厅部的机构设置还应考虑管理的幅度问题，注意管理人员的合理分工。管理的幅度是指一个管理者能够直接、有效地指挥和控制下属的人数。而影响管理幅度的因素很多，如知识结构、能力水平、服务形式等。如果管理幅度过小，就会导致人力资源浪费；如果管理幅度过大，则必然影响工作效率和服务质量。

（3）任务明确，统一指挥。前厅部的机构设置，应使每个岗位的员工都有明确的职责、权利和具体的工作内容。在明确各岗位人员的职责和工作任务的同时，还应明确上下级隶属关系以及相关信息传递、反馈的渠道、途径和方法，防止出现职能空缺和业务衔接环节脱节等现象的出现。前厅部组织机构的设置应建立明确的垂直层级指挥体系，这样可以有效地督导日常工作，使内部沟通渠道畅通，层层负责，权责分明。既能做到统一指挥、步调一致，又能充分发挥各级员工的工作积极性和创造性，从而更好地提高工作效率。

（4）便于协作。前厅部组织机构的设置不仅要便于本部门各岗位之间的协作，而且还要利于前厅部与其他相关部门在业务经营和管理方面的合作。因此，需要制定科学有效的工作流程，使之在满足不同客人需要的同时，又能保证前厅部各项服务工作的质量和效率，真正发挥前厅部“神经中枢”的作用。

2. 前厅部组织机构设置图例

因饭店规模大小等因素的影响，使得各饭店前厅部组织机构的具体设置有较大的差异。大体上有以下几种情况。

（1）饭店设客务部或房务部，下设前厅、客房、洗衣和公共卫生四个部门，统一管理预订、接待、住店过程中的一切住宿业务，实行系统管理。在前厅部内部通常设有部门经理、主管、领班和服务员四个管理层次。将前厅部、客房部合二为一，可以降低管理费用，加强两个部门之间的联系与合作，这种模式一般为大型饭店所采用。

（2）前厅部作为一个与客房部并列的独立部门，直接受饭店总经理领导。在前厅部内设有部门经理、领班、服务员三个管理层次。中型饭店和一些小型饭店一般采用这种模式。

（3）前厅不单独设立部门，其功能由总服务台来承担，总服务台作为一个班组隶属于客房部，只设领班（主管）和总台服务员两个管理层次。过去，小型饭店一般采用这种模式。随着市场竞争的日益激烈，许多小型饭店也增设了前厅部，扩大了业务范围，以强化前厅的推销和“枢纽”功能，发挥前厅的参谋作用。

总体而言，大型饭店的管理层次和内容较多，而小型饭店的管理层次和内容较少。大、中、小型三种不同规模饭店的前厅部组织机构如图 1－1 ～图 1－3 所示。

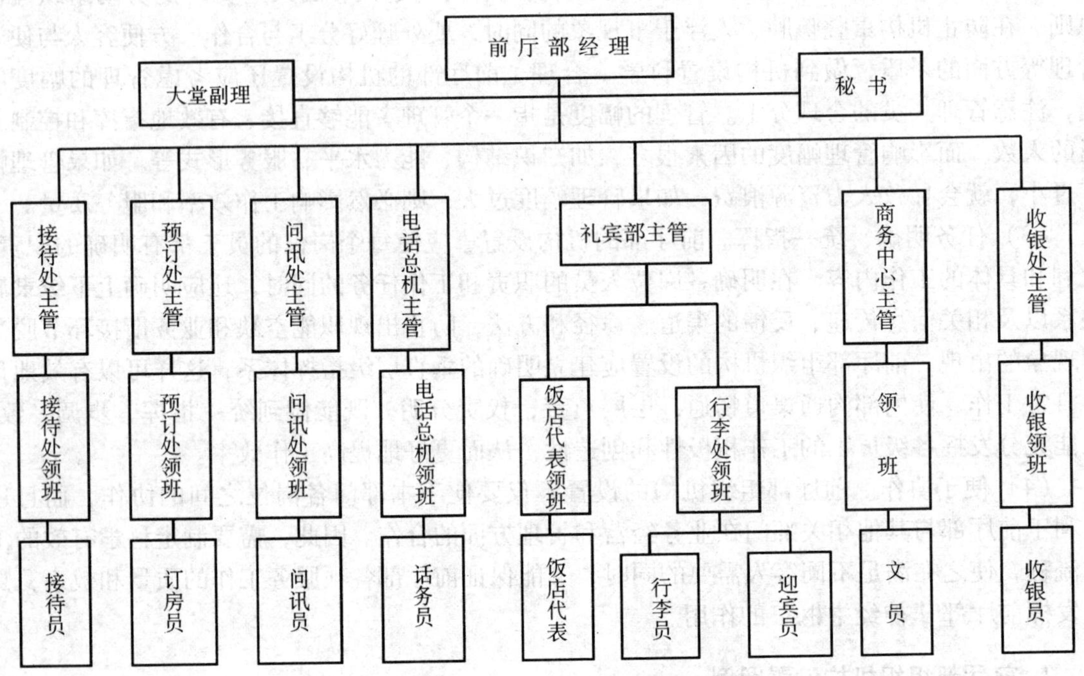

图 1－1　大型饭店前厅部组织机构图

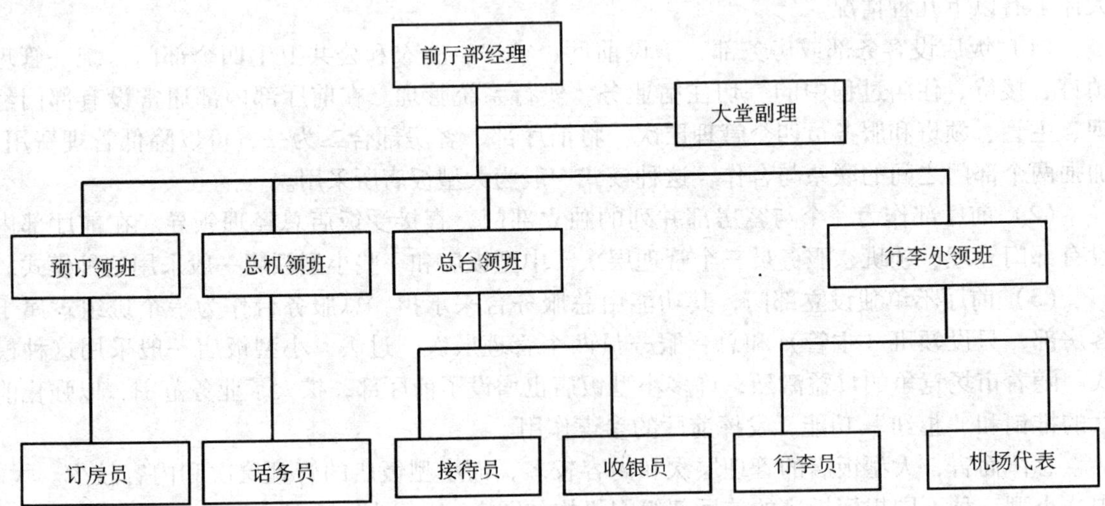

图 1－2　中型饭店前厅部组织机构图

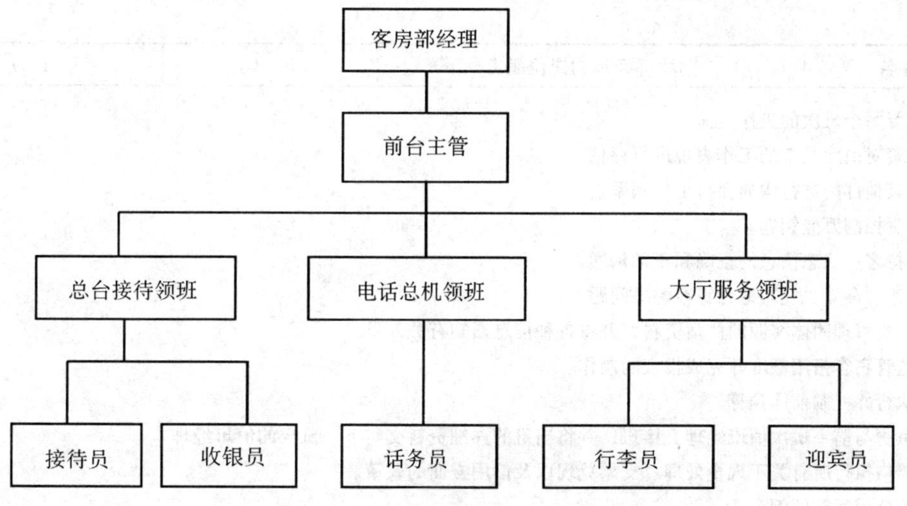

图1－3　小型饭店前厅部组织机构图

1.2.3　前厅部的岗位职责

在饭店组织机构确定后，前厅部还应根据本部门所承担的职能和工作任务，进行工作设计和岗位设置，依照责任明确化、任务具体化的原则，明确每一个工作岗位的基本职责、任务、性质、条件和能力要求的标准。

1. 前厅部经理

前厅部经理的岗位职责见表1－1。

表1－1　前厅部经理的岗位职责

文件名	前厅部经理的岗位职责	页　码	1－1
1. 岗位名称：前厅部经理 2. 岗位级别：经理 3. 直接上司：驻店经理、总经理 4. 下属对象：接待经理、大堂副理、前厅各岗位督导 5. 岗位概要：直接管理所有前厅部员工并确保正确履行其职责，负责对大堂副理、总台、预订、礼宾部、总机、商务中心、商场各区域和各项对客服务进行指挥协调。 6. 主要职责 （1）参与挑选前厅员工。 （2）负责对前厅员工进行岗前培训、交叉培训和重复培训。 （3）负责前厅员工的工作班次安排。			

续表

<table>
<tr><td>文件名</td><td>前厅部经理的岗位职责</td><td>页　码</td><td>1－1</td></tr>
<tr><td colspan="4">（4）监督每个班次的工作负荷。
（5）负责对前厅员工的工作表现进行评估。
（6）与其他部门进行沟通保持工作联系。
（7）负责控制万能钥匙。
（8）保持客房状态信息的正确和正常沟通。
（9）迅速、高效、礼貌地为宾客解决问题。
（10）负责管理团体客源的住宿资料，并将各种信息通知有关人员。
（11）监管宾客信用额度并完成报表的制作。
（12）执行并控制前厅预算。
（13）负责与前一班次值班经理交接班，并将当班的详细资料交与下一班次的值班经理。
（14）严格执行所有关于现金处理、支票兑现以及信用方面的政策。
（15）主持前厅部的例会。
（16）上班时穿工作服，并要求前厅员工能按要求着装上班。
（17）保持饭店热情待客的服务水准。
7. 任职条件
（1）基本素质：年龄25～45岁，仪表端庄，性格外向，有良好的心理素质，能承担来自外界的压力。
（2）文化程度：至少大学两年以上或相关学历。
（3）语言能力：英语听、说、读、写、译达到大专以上水平。
（4）工作经验：至少担任饭店主管两年以上和五年以上前厅工作经历，掌握饭店管理一般理论知识；熟悉前厅管理专业知识、市场销售知识和接待礼节礼仪；熟练运用计算机。</td></tr>
</table>

2. 前厅部秘书

前厅部秘书的岗位职责见表1－2。

表1－2　前厅部秘书的岗位职责

<table>
<tr><td>文件名</td><td>前厅部秘书的岗位职责</td><td>页　码</td><td>1－1</td></tr>
<tr><td colspan="4">1. 岗位名称：前厅部秘书
2. 岗位级别：督导
3. 直接上司：前厅部经理
4. 下属对象：
5. 岗位概要：在前厅部经理的领导下，负责部门的文书档案和内务管理工作。
6. 主要职责
（1）确保与有关部门及各部门内各班组保持有效的沟通。
（2）负责保管和整理前厅部办公室的进出信函，为经理准备各种报告及处理部门内的一些事务性工作。
（3）保持良好的档案系统，确保所有信息资料能准确、及时地归档。</td></tr>
</table>

续表

文件名	前厅部秘书的岗位职责	页　码	1－1
（4）落实由经理布置的有关申请购买设备和维修事宜，负责本部门的各项工程维修单和财务请购单的填报。 （5）维持办公室的正常运作，确保工作区域清洁整齐。 （6）做好各项文字记录，按时送到有关部门，收发、保管好各部门送来的文件和通知，并做好告示牌的宣传工作。 （7）整理每月的员工考勤表并于指定日期报到人力资源部。 （8）负责每月文具用品、客用品的领发工作。 （9）参加前厅督导级以上例会，并作会议记录。 （10）使用礼貌用语回答前厅办公室所有的电话，必要时为前厅经理做好留言。 （11）协助部门经理调整工作日程表。 （12）为经理参加的会议准备好有关文件和资料。 （13）做好本部门员工工资、奖金及各项福利的领用和派发工作。 7. 任职条件 （1）基本素质：年龄20～35岁，性格外向，有良好的心理素质，具有熟练的中英文打字和翻译一般资料的能力。 （2）文化程度：高中及以上文化程度。 （3）语言能力：掌握一般英文会话。 （4）工作经验：具有1年以上前厅工作经验，工作积极，责任心强。			

3. 大堂副理

前厅部大堂副理的岗位职责见表1－3。

表1－3　大堂副理的岗位职责

文件名	大堂副理的岗位职责	页　码	1－1
1. 岗位名称：大堂副理 2. 岗位级别：分部经理 3. 直接上司：前厅部经理 4. 下属对象：各岗位督导 5. 岗位概要：监督前厅部各岗位的服务工作，保持前厅的良好运作，处理客人投诉，解决客人提出的问题，与其他部门保持良好的沟通与协作，负责接待酒店贵宾客人。 6. 主要职责 （1）代表酒店迎送VIP客人，处理主要事件，记录特别贵宾、值得注意的客人的有关事项。 （2）处理关于客人结账时提出的问题及其他询问。 （3）迎接及带领VIP客人到房间，并介绍房间设施。 （4）作VIP客人离店记录，落实贵宾接待的每一个细节。 （5）处理管家部报房表上与总台状态不同的房间及双锁房间。 （6）处理客人投诉，解决客人问题。 （7）遇紧急事件时，必须（没有上司可请示时）采取及时、果断的措施，视情况需要疏散客人。			

续表

文件名	大堂副理的岗位职责	页　码	1－1
（8）有时间应尽量参与总台接待的工作，了解当天及以后几天房间走势。 （9）监督检查前厅各岗位的服务工作，发现问题及时指正并与督导沟通。 （10）与客人谈话时尽量推广酒店的各项服务设施。 （11）为生病或发生意外事故的客人安排送护或送院事宜。 （12）负责贵重物品遗失和被寻获的处理工作。 （13）与保安部人员及工程部人员一同检查发出警报的房间、区域。 （14）与财务部人员配合，追收仍在住宿的客人的欠账。 （15）向管理层反映有关员工的表现、客人的意见。 （16）负责酒店行政楼层客人的接待。 （17）每天坚持在值班记录本上记录当天发生的事件及投诉处理情况，并向前厅部经理汇报。 （18）完成与服从管理人员如总经理、驻店经理及直接上司指派的工作。 7. 任职条件 （1）基本素质：年龄23～35岁，仪表端庄，热爱酒店工作，钻研业务，反应敏捷，善于交际。 （2）文化程度：中专学历或同等文化程度。 （3）语言能力：能用流利的英语从事前厅服务。 （4）工作经验：具有前台工作2年以上的经历，前厅工作3年以上经历。			

1.3　前厅部对客服务的过程及任务

1.3.1　前厅部工作阶段的划分

前厅部为客人服务的全部过程是一个完整的、循环的过程，传统的认识是将对客服务划分为客人抵店—住店—离店三个阶段。然而在客人实际到达饭店之前，许多有关客房销售的事务已经发生，因此，更为确切的认识是，为客人服务全过程应开始于潜在客人与饭店的第一次接触，直至办理离店结账手续，并建立客史档案，为下次与客人接触做好充分准备为止。为此，可以将对客服务的全过程划分为客人抵店前准备工作阶段、客人到店接待服务阶段、客人住店期间服务阶段、客人离店服务阶段和客人离店后服务阶段五个阶段（见图1－4），由此构成相互衔接的服务流程。

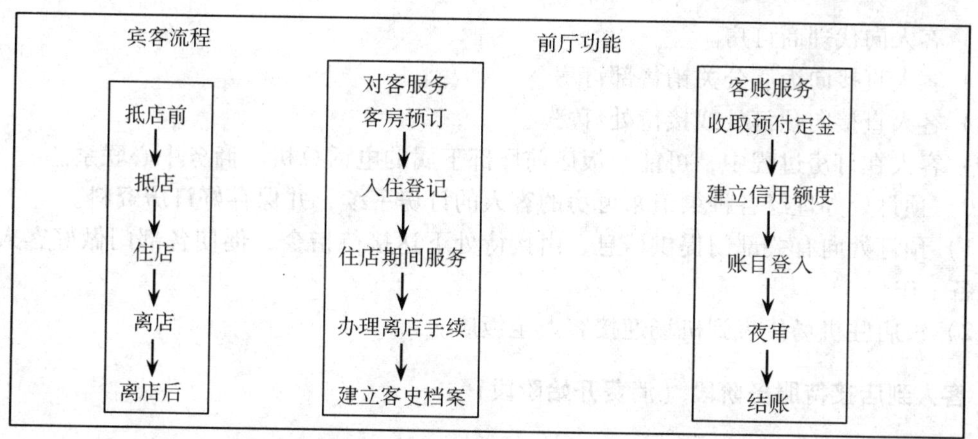

图1－4　宾客流程及前厅的相应功能

1.3.2　前厅部对客服务各阶段的工作任务

1. 客人抵店前准备工作阶段（售前阶段）

本阶段前厅部的主要工作任务如下。

（1）客源分类。一般可将客源划分为两大类，即已办理客房预订手续的客人和未办理预订而直接抵店的客人。有预订要求的客人提前将住宿的需求以多种方式与饭店预订处联系，预订员则按工作程序要求受理预订业务。客人的预订资料能使前厅部的预测、调整及组织等方面工作获得更准确的依据。同时，对已办理预订的客人，前厅部可以按客人的要求在抵店前预留客房，并做好客人抵店前的各项准备工作。对于未办理预订手续而直接抵店的客人，由于无法提前知道客人的具体需求，因此只能根据当时饭店的营业状况接待这些客人，并提供相应服务。

（2）接待准备。根据客人预订资料中关于抵离店日期、特殊要求等有关内容，预订处要适时做出安排车辆和机场代表或行李员去机场、车站接客人，以及事先排房、准备礼品、提前通知相关部门或饭店领导等项工作，使准备工作周到、细致，并为下一阶段的服务奠定良好的基础。

本阶段前厅部主要工作任务的内容如下。

（1）饭店营销人员进行市场分析并选定目标市场（由最高决策层进行决策）。

（2）饭店公关人员确定饭店形象。

（3）饭店确定宣传口号及营销方针。

（4）通过各种广告宣传媒介推出饭店形象及产品。

（5）由饭店选定的代理商推销饭店产品。

（6）客人向代理商订房。

（7）客人直接向饭店公关销售部订房。

（8）客人直接向预订处或接待处订房。

（9）客人在订房过程中，可能与饭店前厅部下属的电话总机、商务中心联系。

（10）预订处办理经各种渠道来订房的客人的订房手续，并保存好订房资料。

（11）预订处向有关部门提供信息，由接待处下达接待指令，促使各部门做好客人抵店前的准备工作。

（12）饭店驻机场代表到机场迎接客人至饭店。

2. 客人到店接待服务阶段（消费开始阶段）

本阶段前厅部的主要工作任务如下。

（1）到店迎候。

（2）行李服务。

（3）确认预订。

（4）入住登记。

（5）定价排房。

（6）确定付款方式。

（7）建立客账。

（8）传递信息。

3. 客人住店期间服务阶段（消费进行阶段）

本阶段前厅部的主要工作任务内容如下。

（1）问讯处为客人提供问讯和留言服务（有些饭店的问讯处还负责客用钥匙的分发与控制工作）。

（2）接待员负责处理客人换房、核对房态等服务。

（3）总机为客人提供各种电话服务。

（4）提供各种委托代办服务。

（5）总台收银员为客人提供贵重物品寄存、累计客账、账目查询、外币兑换等服务，以及完成催收应收款等工作。

（6）为客人办理提前离店、延期续住等手续。

（7）接待处负责协调各部门的对客服务过程。

（8）商务中心为客人提供各项商务服务。

4. 客人离店服务阶段（消费结束阶段）

本阶段前厅部的主要工作任务如下。

（1）办理结账离店手续。客人在办理离店手续时，总台收银员按账户设定、付款方式、预付款存额等情况，经核实后打印账单，并请客人过目查看，确认无误后再予以收款。

（2）主动征求客人意见。前厅服务人员在客人即将离店时，主动、诚恳地征求客人意见，并请客人对服务的不足之处予以谅解，同时感谢客人光临本饭店。这是进行二次推销、培养“忠诚顾客”，即回头客的好机会。

（3）将客人离店信息通知相关部门。

（4）大堂副理处理客人的各种投诉（客人在各个阶段都有可能投诉）。

（5）送客离店。根据客人离店时间和去处，主动征求客人要求，及时安排行李员，优先照顾老、弱、病、残客人及妇女和儿童，以及重要客人。在店门、车门前送别客人，最后祝愿客人旅途愉快，并欢迎客人再次光临。

（6）更改房态并保持房态正确。

（7）收银员完成对营业收入的夜间审核工作等。

5. 客人离店后服务阶段（消费结束后）

本阶段前厅部的主要工作任务如下。

（1）饭店驻外（机场、车站等）代表到机场、码头、车站等处送别客人。

（2）收回宾客意见调查表，汇总投诉及其他意见，分析整理后反馈到相关部门。

（3）与客人保持密切联系，必要时有针对性地主动促销（此项工作通常由公关销售部完成）。

（4）客史建档。把各项资料整理存档，填写、整理客史档案卡（或输入计算机系统），保存有关客人消费爱好的所有资料。未使用计算机系统管理的饭店，一般将“入住登记单”最后一联作为客史档案收存，还将该客人住店期间的消费等情况记录在卡片上，然后按客人姓名的字母顺序制作索引，收存在预订处客史档案柜内，以备随时查阅。使用计算机系统管理的饭店则只需在客人入住时将户籍等资料保留，随时输入新的内容予以补充完善即可长期利用。客史档案是否能够有效利用，还可以反映出饭店对客源市场和客人需求的重视程度。

（5）未尽事项。客人离店时经常让总台服务人员在其离店后办理委托事项，如找寻离店时遗忘的个人物品等。总台服务员应按饭店委托代办服务规程要求及相关规定，快捷、妥善地予以处理，不使客人留下遗憾，为饭店赢得信誉。

1.4 前厅设计

饭店前厅是指包括正门、大堂和总服务台等在内的接待服务场所。前厅地处饭店服务和管理的前沿，具有综合性和全局性的工作特点。因此，前厅设计布局是否合理、功能是否齐全、环境是否优雅，将对客人产生直接影响。

1.4.1 饭店大堂设计

1. 饭店大堂设计的理念

饭店良好的效益来源于好的管理，好的管理必须从好的设计开始。所谓好的设计，简单地说，饭店的功能设计必须既方便客人使用，又方便饭店管理。一个饭店的功能布局如果给客人使用带来不便，给管理增加成本，不能产生良好的经济效益，那么即使设计再先进，也不能算作好的设计。饭店大堂设计的理念，应该遵循饭店的经营理念。在以客人为中心的经营理念下，饭店大堂设计应注重给客人带来美的享受，创造出宽敞、华丽、轻松的气氛。而在力求“在饭店的每寸土地上都要挖金”的经营理念下，饭店开始注意充分利用大堂宽敞的空间，开展各种经营活动，如曾作为饭店业典范的北京建国饭店，就充分利用大堂空间开展餐饮经营活动，并取得了良好的经济效益。因此，饭店大堂设计的理念应由饭店的经营理念而定，它将决定大堂的整体风格和效果。好的设计必须充分体现五个理念，即人性化、实用性、超前性、经济性和艺术性。

（1）设计必须充分体现人性化理念。所谓人性化，就是坚持“以人为本”，提倡亲情化、个性化、家居化，突出温馨、柔和、活泼、典雅的特点，满足人们丰富的情感生活和高层次的精神享受，适度张扬个性，通过多种形式创造出使客人舒心悦目、独具艺术魅力和技术强度的“作品”。通过细小环节向客人传递感情，努力实现饭店与客人的情感沟通，体现饭店对客人的关怀，增加客人的亲近感，无形中带动饭店的人气和知名度上升。在设计中把个性化服务理念充分渗透到每个细节，让客人真正感受到以人为本的品牌服务。例如，大堂采取坐式服务，大堂的整体设计从灯光、色调、服务员的服饰到家具的布置，都体现出一种亲和力，让客人在等候办理入住手续时感到很亲切而不会觉得乏味。并通过装饰营造出“家”的氛围，让客人有“宾至如归”之感。

（2）设计必须充分体现实用性理念。饭店市场定位的不同，服务的客人群体就会不同，对功能设计要求的适用性也就不同。设计的适用性就是要求设计的功能必须考虑不同客人的需求特点，适合不同客人的使用，同时也要方便饭店的经营管理。如果不适合客人使用，那么饭店就无法吸引更多的回头客；如果不便于饭店自身管理，不但会增加经营成本，也无法获得良好的经济效益。

（3）设计必须充分体现超前性理念。所谓超前性，就是设计要统筹考虑，既要考虑绿色、环保，又要时尚，不留遗憾。一方面要提倡“绿色、健康、环保”，考虑原材料的绿色环保性，同时也尽可能减少投入和能源消耗。保护环境、减少污染，是人类生存之道，饭店在为客人提供舒适的食宿条件的同时，不能以牺牲环境为代价，这是社会对饭店的要求。从饭店本身讲，要提高效益，也要节约能耗，减少投入。另一方面要体现时尚，有超前意识，引领新潮，充分考虑饭店今后的发展趋势，根据预测做出超前的设计，避免今后的重复投入。

（4）设计要充分体现经济性理念。饭店是企业，要以尽可能少的投入产生最大的产出，这是市场经济的规律。所以，饭店在设计上也要充分体现这一理念，重装饰、轻装修，既要考虑合理性，又要体现经济性，争取以较少投入达到最佳效果。

（5）设计要充分体现艺术性理念。所谓艺术性，就是要使广大宾客从视觉上、心理上产生赏心悦目的感觉。客人入住饭店，印象最深的往往是饭店设计的艺术性。如果设计独特、创意新颖、造型别具一格，还可以成为饭店的标志，无形中强化了饭店在客人心目中的形象，增加饭店的品牌价值，给饭店带来不可估量的经济效益。

2. 饭店大堂设计的依据

（1）饭店的形象定位。饭店大堂设计越来越注重突出饭店的整体形象，而饭店的形象定位本身已随着市场的竞争出现了巨大的变化。从20世纪70年代开始，以塑造和传播饭店形象为宗旨的CI（Corporate Identity）定位盛行于全球饭店业；90年代以后，以客人满意为宗旨的CS（Consumer Satisfaction）定位更是名震海内外。但仅靠塑造饭店形象以及仅让客人满意，还远远不能确保饭店在竞争中立于不败之地；饭店必须培养一批忠诚不渝的客人，并以此作为饭店的基本消费群体，来维系和保持饭店基本营业销售额，进而通过建立起的基本消费群去影响、带动更多的潜在客人光顾饭店。于是最新的以建立客人忠诚为战略的CL（Customer Loyalty）定位便应运而生，而且日益受到饭店的青睐。例如，香港半岛饭店的开放式大堂服务设计，使饭店的大堂从饭店开业起就成为许多航空公司和旅行社的服务基地，也曾作为机场出港登记处。现在，它的大堂已经成为商人洽谈生意，新闻界收集信息，社会名流聚会、闲坐聊天、消磨时光的大好场所。饭店大堂就如一块磁铁，将天涯海角的客人源源不断地吸引进来，该饭店一年的总收入中几乎有25%是来自经常惠顾的忠实客人。可见其大堂设计的独特品位与其特有的经营理念，以及精美的饮食、细致高雅的服务、为客人带来实际利益等是赢得大批海内外忠诚客人的秘诀所在。

（2）饭店的投资规模。饭店的投资规模一般用所拥有的标准客房的总间数来衡量，在确定饭店大堂设计方案时，应考虑大堂的面积和空间；而大堂的建筑面积又与饭店客房数量之间有一定的比例关系，约为0.4～0.8平方米/间，即每间客房应占有0.4～0.8平方米的大堂面积。饭店每间标准客房的平均建筑面积应由其所属星级而定，并根据饭店的形象定位、经营特色、规模标准等加以调整。饭店各功能用房的面积比例见表1-4，可作为设计时的参考依据。

表1-4 饭店各功能用房面积比例

单位：%

饭店总建筑面积	100
客房出租部分	45～60
大　堂	6～9
康乐、商店	8～12

续表

饭店总建筑面积	100
餐　饮	11～18
行政后勤	8～13
机房维修	7～13

从表1－4可以看出，行政后勤和机房维修所占比重较大，这是因为我国社会化服务比重较小，饭店用人比例高于国外同行饭店；因为社会半成品不多，饭店库房面积较大。随着市场经济的发展和饭店内部改革步伐的加快，这类情况目前已有所改善。

饭店能否正常经营，很大程度上取决于饭店内部管理功能区即饭店行政管理与后场区域的设计是否合理。饭店管理层为员工提供各种服务和指导，员工则分为两类：一类员工面对客人提供直接服务，如前厅部、管家部、餐饮部；一类员工间接为客人提供服务，他们保证饭店的各种设备正常运行，很少与客人见面，如工程部等。饭店设计亦要为这几部分的员工安排好工作环境，通常称为饭店后场设计，饭店内部管理功能区一般约占饭店总面积的10%～15%。

（3）饭店的建筑结构。饭店的建筑结构是饭店大堂设计时依据的主要因素，它不仅关系到大堂空间的适度、各功能设施的布局、内外景观的再现等，还关系到饭店大堂的能源消耗、消防安全及人流路线的顺畅和大堂特色氛围的营造等。通常其最基本的设计模式是大楼内装有观光电梯，当电梯向上移动时，客人便可将大堂里的一切景观尽收眼底。随着环境科学和行为科学的发展，饭店大堂设计在解决使用功能的同时，还应注意突出精神功能，以满足客人的精神需要。

（4）饭店的经营特色。饭店的大堂设计也应以饭店的经营特色为依据，设计效果应能够充分显示和烘托饭店的特色。只有突出特色，才能充分展示本饭店的竞争优势。千万不可盲目仿效或尾随其他饭店，似曾相识的设计效果应加以避免。

3. 饭店大堂设计的原则

（1）满足功能要求。功能是大堂设计中最基本的层次。大堂设计的目的，是为了便于各项对客服务的开展这一实用功能，满足其实用功能，但同时又可以使客人得到心理上的满足，继而获得精神上的愉悦。大堂无论其实用功能，还是精神功能，只要有一方面失之偏颇，就会降低其功效。尤其设计时若忽视客人的精神因素，则极易导致空泛、缺乏特色和个性魅力。大堂的功能中心是接待及休息区，虽然大堂里还有咖啡室、商务中心、商场购物中心等功能，但要把最有利的地区让给“功能中心”。因此，功能是第一位的。通常情况下，在大堂设计时应考虑的功能性内容如下。

① 大堂空间关系的布局。

② 大堂环境的比例尺度。

③ 大堂内所设服务场所（如总台、行李房、大堂吧等）的家具及陈设布置和设备安排。

④ 大堂采光。

⑤ 大堂照明。

⑥ 大堂绿化。

⑦ 大堂通风、通信、消防。

⑧ 大堂色彩。

⑨ 大堂安全。

⑩ 大堂材质效果（注重环保因素）。

⑪ 大堂整体氛围等。

除上述相关内容外，大堂空间的防尘、防震、吸音、隔声及湿度的控制等方面，均应在设计时加以关注。因此，在设计大堂时，应将满足其各种功能要求放在首位。

（2）充分利用空间。饭店大堂的空间就其功能来说，既可作为饭店前厅部各主要机构（如礼宾、行李、接待、问讯、收银、商务中心等）的工作场所，又能够作为过厅、餐饮、会议等来使用。这些功能不同的场所往往为大堂空间的充分利用及其氛围的营造，提供了良好的客观条件。但有些饭店的大堂空间本身因先天不足，要么使人感觉呆板、平庸，要么未能较好地实现使用功能，既浪费了空间，又未形成较好的大堂效果。因此，在设计大堂时，应充分利用空间。

（3）注重整体感的形成。饭店大堂被分隔的各个空间，应满足各自不同的使用功能。但设计时，若只求多样而不求统一，或只注重局部装饰而不注重整体要求，势必会破坏大堂空间的整体效果而显得松散、零乱。所以，大堂设计应遵循“多样而有机统一”的要求，注重整体感的形成。

（4）力求形成自己的风格与特色。大堂作为客人和饭店活动的主要场所，无论功能要求还是空间关系，比起其他场所，设计时都要细致得多、复杂得多，因为涉及的各种要素五花八门。若设计欠妥，则会失去本意。如何在大堂设计中做到统一而非单调，丰富而非散乱，应遵循的另一原则就是力求形成自己的风格与特色。当今世界是一个时尚的世界，而在不同的地区会有不同的时尚。时尚引导了风格和档次，从饭店的角度而言大体可分为两大类。第一类是大型的豪华饭店，如君悦（Grand Hyatt）大量采用大理石和高档玻璃，并在照明方面颇为讲究，体现豪华氛围。第二类则趋于传统，如里兹·卡尔顿（Ritz Carlton）更多采用了木制品，座椅、沙发和老式花纹地毯，尽可能给人以舒适典雅的感觉。而万豪与以上风格的定位都有所不同，万豪在不同国家，不同区域，都会采用不同的设计。即使在美国，北方和南方的万豪风格也是不一样的；在中国的上海和其他地方，万豪也有所不同，这都是为了更好地体现地域文化。但是，万豪对设计的要求也有共同之处：第一，在客人的舒适度上下工夫，以人为本；第二，使万豪饭店的功能布局最大合理化，包括客房数量和公共区域的比例，酒店的合理化流程等；第三，不作过多的装饰，因为这样会对客人产生一种强迫感。这样做的目的，主要是因为万豪的客人大部分是商务客人，而商务客人的心理期待由于其自身的阅历，往往既高又挑剔。当然，其他饭店也有自己不同的市场定位，根据不同的定位，可采用不同的设计手段。

4. 大堂的设计

通常情况下，大堂是客人进入饭店开始消费行为的第一途径，客人要由此通往全部或绝大部分饭店公共设施和客房。大堂的集散会合区、休息区和每一张桌子、服务用台都要精确设定位置。总台的接待、问讯和收银处的位置要十分明显，最好从主入口处就可以看到。大堂的总面积取决于饭店的规模和级别，以及饭店的客源市场定位。

饭店为吸引公众兴趣，创造独特豪华的氛围，常常会扩大设计空间。在这种情况下，大堂通常会设立餐厅、酒廊、咖啡厅、书报亭、饼店、商务中心及通向店外商业区、地铁、车站的出口。大堂侧面还可以设立沿街开门的店面，用于出租或自营，以确立饭店首层周围商业环境的配套性和形象的一致。值得注意的是，大堂也具有商业销售功能，在标准面积中随机设置，不必另外占用面积，如饭店的形象宣传、标识系统和美术创意；饭店推出的特色活动宣传；当地艺术活动、历史文化景点、著名会议展览的信息；其他有文化、艺术价值的广告等。此外，大堂或接待前区面积中还要另外考虑工程设备用房、消防安全用房、办公用房（如前台办公室和销售办公室）、员工出入口、货物、垃圾出入口和垂直交通面积等。这些面积被称为“内部面积”，内部面积常常不少于“大堂服务面积”的20%～25%，取决于饭店的规模和设备选择等因素。

（1）大门、边门功能有别。饭店通常设有正门和边门。正门高大，是客人主要进出口，外观富于装饰风格，所用材料档次较高，配件华丽。正门有感应门、旋转门，有的还设了双道门，防尘、保温、隔音效果好。正门夜间一般关闭，只开边门。边门可供团队出入和运送行李物品等。另外，在雨雪季节，正门或边门一侧还设立雨伞架，供客人存放雨伞。还有的饭店在门前台阶旁专门设有残疾客人轮椅坡道。饭店正门外一般建有雨搭、上下车的车道、回车道和停车场。门厅作为人流往来聚散之处，是饭店的形象标志，这一标志会对远道而来的客人产生重要的影响。因此门厅是饭店风格的展示。

（2）厅堂宽敞舒适。按星级评定标准，厅堂面积与饭店客房间数要符合一定的比例标准，一般至少应为0.4∶1。若饭店拥有500间客房，则厅堂面积不应少于200平方米（500×0.4）。按照这样的比例建成的厅堂，可使客人没有压抑、拥挤感。

（3）人员流向设计规范合理。前厅作为饭店客流汇集的中心区域，通行要方便，分布流向应合理，符合客人活动规律。另外，前厅应与员工通道、员工洗手间、操作区域、货用电梯等尽量隔离区分，避免交叉穿行，妨碍客人活动。

（4）公用设施设备齐全。大厅内应设有男、女客用洗手间，各种洁具用品配备齐全，卫生清洁、无异味，并设有残疾客人厕位。档次高的饭店还专门设有为宴会、展览会等集会服务的衣帽间。大厅内还应配置多部内线和公用电话、饭店设施布局示意图，有的饭店还在厅堂安装免费使用的触摸式多媒体查询计算机等。一般在厅堂中部或总台附近适量摆放沙发或座椅，供客人休息、会客使用。

（5）总服务台设置醒目。总服务台（也称为总台、前台）是为客人提供入住接待、问讯查询、兑换结账、联系协调等前厅服务的接待机构。不同等级、规模和类型的饭店，应根据其大厅的具体情况，设计不同位置、不同形状、不同规格的总台。由于总台是饭店接待客人的第一窗口，所以其设计和位置都应方便工作、美观大方、能够吸引人，以充分发挥其最大的功能和效率。

总台的设计是饭店能否吸引客人的重要物质因素，为了方便客人和便于服务工作，理想的总台应该设置在一个醒目的位置。通常情况下，总台的中轴线一般与客人进出饭店大门的通道垂直或平行。这样可以使客人很容易找到总台，也使总台服务人员能够观察到整个前厅、出入口、电梯、商场等处的客人活动，以及门口车辆进出情况，以便服务员提前做好接待客人的准备工作，便于接待和业务协调。因为总台员工的工作位置，一般是固定在柜台内的，员工不能随意离开总台到别的工作岗位，所以总台的位置，必须设在能对大厅各通道一览无余的地方，以使员工能观察到整个大厅的情况。这样做，无论从安全方面还是从为客服务方面，都是十分必要的。综上所述，总台的位置，应便于服务，便于管理和控制，通常设在大门正对的位置或侧面。总服务台的某一部分应低一些，以方便残疾客人登记。

（6）公共信息图形标志规范醒目。饭店各种设施应有中、英文文字及图形标志（见图1－5），这些标志必须设置在醒目的位置并符合GB10001－94及旅游饭店服务指示图形符号表的要求。

图 1－5　旅游饭店用公共信息图形符号（部分）

1.4.2 前厅的环境布置与服务氛围

1. 前厅的环境布置

前厅的环境条件要使人感到舒适，应达到温湿度控制适宜、通风良好、空气清新、光线明亮柔和、布置高雅等要求。

1）光线

前厅内要有适宜的光线，能使客人在良好的光线下活动，使员工在适当的光照下工作。前厅内最好能通过一定量的自然光，结合建筑结构特点及装饰要求，配备层次、类型各不相同的灯光，在不同的天气条件下，均能达到良好的光照效果，使进出饭店的客人不会出现目眩等不舒服的感觉，乃至影响前厅员工的工作效率。白天，客人从大门外进入大厅，是从光线明亮处来到光线昏暗处，如果这个转折过程过快，客人会很不适应。所以，在设计光照时，灯光的强弱应逐步变化，可采用不同种类、不同亮度、不同层次、不同照明方式的灯光，配合自然光线达到使每位客人的眼睛都能逐步适应光线明暗变化的要求。总台区域的灯光照明应有足够的亮度，但又不产生妨碍视觉的阴影。通常高星级饭店大厅内自然采光照度应不低于100勒克斯，灯光照度不低于50勒克斯。

为追求热烈的气氛，大厅一般采用高强度的华丽吊灯。休息处设有便于阅读和交谈的立灯或台灯，灯光略暗，形成安静和优雅的格调。而对总服务台则要使用照明度偏高的灯光，创造一种适宜的工作环境。各种光色都应和谐、柔和而没有炫目的感觉。灯具除用以照明外，其本身就是一种装饰品，所以大厅内的各种灯具必须配套，其造型应与大厅内的建筑风格互相呼应。

与许多工作相同，前厅照明设计也要依照一定的程序（见图1-6）。

灯光效果与内部布置的关系是相辅相成的，不可分割，缺一不可。只有把灯光的效果运用到极致，才能为饭店前厅创造良好的意境和气氛，使客人对饭店产生依恋，为下次光顾奠定基础。饭店是集客人休息及餐饮、娱乐、休闲等多种功能于一身的公共场所，而灯光则相伴于饭店的每一个角落，为客人默默地提供着最基本的服务。巧妙合理地运用灯光，可以为客人带来精神及心理上的愉悦，消除紧张、恐惧、压抑等多种不适的感觉。虽然有人对灯光的作用不太注意，但它自身的作用却带给人们很多享受。合理地运用灯光，与内部空间的布置合理搭配，不仅为客人在饭店内的生活提供帮助，而且也体现了星级饭店的装饰魅力。

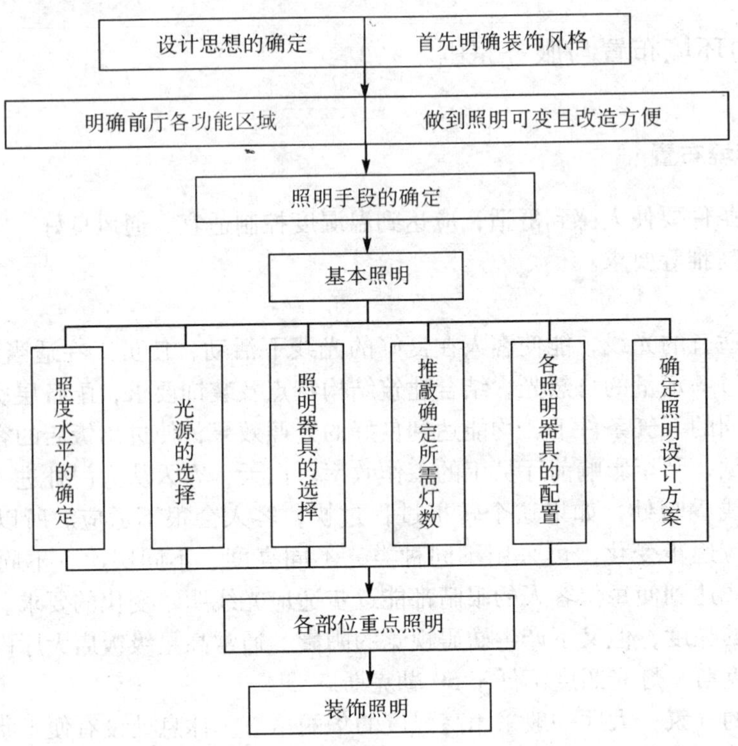

图1－6　饭店前厅照明设计程序

2）色彩

前厅环境的好坏，还受到色彩搭配的影响，不同色调产生的效果会给人以不同的感觉。前厅内部客人主要活动区域的地面、墙面、吊灯等，应以暖色调为主，以烘托出豪华、热烈的气氛；而前厅的服务环境及客人休息区附近，色彩应稍冷些，使人能有一种宁静、平和的心境。总之，前厅内部的色彩搭配应能适应服务员工作和客人休息对环境的要求，创造出特有的安静、轻松的气氛。色彩是美化环境的最基本构成要素之一，色彩经过人的心理和生理反应会产生不同的感觉，具有感情象征。例如，红色有迫近感、扩张感、使人兴奋，可以造成热情、温暖、喜庆的气氛；黄色给人以明朗、欢乐、华贵的感觉；绿色则意味着自然和生长，使人平静而稳定；等等。

饭店前厅装饰美化中色彩的运用主要体现在两个方面：一是色调的确定，二是色彩的搭配。客人一进入饭店，第一印象是大厅的色调、气氛如何。因此，首先必须确定大厅的主色调，作为环境色彩的主旋律，它决定着大厅环境的气氛和情调。为了给客人一种欢乐、热情、美观、大方、优雅的气氛，激发前厅工作人员的工作热情，前厅的色彩一般以红色或其他暖色调为主，同时可大胆使用陪衬色调，形成色彩的对比，创造出和谐的整体效果。

3）温度、湿度及通风

前厅要有适当的温度和湿度。饭店通过中央空调，一般可以把大厅温度维持在使人体感觉最舒适的状态。通常高星级饭店大厅内的温度，冬季应保持在20℃～24℃，夏季应保持在22℃～24℃（具体情况参照我国南、北方气候差异及本地区适用标准）；如果再配以适当的湿度（通常高星级饭店大厅内相对湿度应保持在40%～60%），整个环境就比较适宜。前厅人员集中、密度大、耗氧量大，应配备性能优良、工作状态稳定，与厅堂面积匹配的通风及空调设备，以改善大厅内的空气质量，保持厅堂空气清新，使之适合人体的需要。通常高星级饭店大厅内风速应保持在0.1～0.3 m/s，大厅内新风量一般不低于160 m^3/(人·小时)，大厅内空气中的废气和污染物的控制标准为：一氧化碳含量不超过5 mg/m^3；二氧化碳含量不超过0.1%；可吸入颗粒物不超过0.1 mg/m^3；细菌总数不超过3 000个/m^3。

4）噪声

前厅通常距饭店大门外的闹市区或停车场较近，人员活动频繁，车辆噪声不断，加之大厅内的说话声、电话铃声等，声源杂、音量大。若噪声超过人体感觉舒适的限度，会使人烦躁不安，易于激动、争吵、出错，员工工作效率降低。因而在前厅装修时，应考虑使用隔音板等材料，降低噪声。饭店员工在工作交谈时，声音应尽量轻些，有时可以使用一些体态语言进行沟通（如用手势招呼远处的同事）。要尽量提高工作效率，使客人在高峰时间不至于长时间滞留于大厅，破坏大厅安静的气氛。对来店参观、开会、用餐的客人必要时也应劝说其说话低声些。饭店应尽可能播放轻松、动听的背景音乐以减少噪声对人体的危害，通常背景音乐的音量应在6 dB左右，高星级饭店大厅内噪声应不超过45 dB。

2. 前厅服务氛围的特征

前厅可以充分体现饭店的规模、档次、服务和管理风格。通过对前厅的精心设计和装饰布置以及前厅服务人员的热情服务，可以体现出前厅富有特色的服务氛围。前厅服务氛围的主要特征是雅而不俗、井然有序、温馨愉悦，具体表现如下。

(1) 装饰艺术应突出饭店文化。大堂装饰设计主题要富于创意，装饰格调高雅，讲究工艺，还要借助各种艺术手法，为前厅服务提供与饭店经营风格和谐一致、相得益彰的环境条件。

(2) 前厅服务员要举止文明。前厅服务员穿戴制服整洁、大方、庄重，站姿、坐姿、行姿规范，操作轻、准、快，说话轻声细语，敬语不离口。

(3) 前厅服务员要始终微笑待客。微笑是最重要的体态语言，最具沟通性。前厅服务员要让客人时时处处感受到亲切和热情，因此微笑是最基本的服务要求。

(4) 前厅服务员必须讲求服务效率。前厅服务员应该有求必应、有问必答，主动观察，注意揣摩客人心理，要做到真诚待客，言而有信，对客人的每一次承诺，都要全力给予实现。

另外，配合前厅的建筑设计特色和装饰艺术风格，随着季节、气候变化和活动需要，适时调换花卉品种，以及配置适当的工艺摆件、挂件，可以烘托出前厅服务氛围的整体感和艺术感。

小资料

饭店大堂的革新

多伦多希尔顿饭店建于1970年，位于市中心边缘的一条比较冷清的街道上。由于饭店陈设古板、简单，大堂装饰摆设没有吸引力，缺少现代感和生气，使饭店生意下滑。最近，饭店业主进行了全面的改造，KPMB建筑设计事务所被指定承接此项任务。KPMB以几何学作为总规划的主导手法，再注入明亮柔和的色彩和一种波浪形的分点灯光创作，可使人产生十分强烈和新鲜的感受，并在其中体会到真正的舒适与自然。

用2年时间将27层600间客房的希尔顿饭店改头换面，并不是件容易的事。KPMB公司首先从大堂着手，彻底改变了原有的布局，将大堂设计成新欧陆式的公众空间，并注入了大量现代元素。

(1) 入口处地面铺设浅色大理石，休息区地面抬高并改铺深色实木地板，局部却铺入了白色鹅卵石。

(2) 总台由原来的死角位置改在电梯厅附近，方便了客人。

(3) 合成竹片加钢管编制成的屏风隔开大堂休息区与电梯入口，既充分利用了空间，也明确了交通导向，同时与天花透明玻璃窗垂下的布幔形成呼应，形式感鲜明而独特。

(4) 此设计集辉煌、自然与现代为一体，三者简洁巧妙的结合使大堂舒适明朗，焕然一新。

(5) 与二层回廊连接的楼梯护栏，以透明石材配合钢质材料，处理手法简洁、大方、精巧。

(6) 整个大堂的改造设计充分利用了自然光线的折射，大堂的舒适感，大堂空间布局中丰富而简练的层次都在折射光温和的点拨中显得很动人。

(7) 只对原有空间进行务实的利用，但取消所有古旧的设计与装饰物，彻底改头换面，不留一丝旧痕是KPMB设计成功的真谛。

☞ 案例分析

大堂设计——空间、品位和材质

筹划已久的将府大厦大堂设计工作终于提上了议事日程，筹委会里展开了热烈的讨论。大堂是饭店的门脸，沟通客人的窗口，也是饭店反映到客人眼中的第一印象，对大堂的印象如何，往往决定了饭店在客人心目中的分量、档次和水平，因而大堂设计必须具有极高的艺术性和观赏价值，充分体现现代建筑艺术的魅力；同时大堂又是饭店各部门联结的中枢空间，是客人在饭店里集散的中心，其功能性也十分突出，所以其设计也必须符合饭店的功能构成特性。

经过筹委会全体成员的一致认可，由新形象设计事务所创意的大堂初步方案得以通过，在工作接头会上，设计所的主策划赵敏先生仔细地讲解了基本构思。

大堂的设计必须有一定的超前意识，既保证饭店在市场上的暂时优势，更要着眼于在未来整个还贷回收资本期间不落伍，不会因此而失去原有档次的竞争力。

在将府大厦附近主要街区已有近十家豪华高级饭店，因为地处市中心，寸土寸金，所以大家都尽量缩小大堂空间，辟出更多的面积作餐厅，作商场赚“现钞”。这种做法从发展趋势来看并不可取，缺少宽敞舒适的大堂既制约了客场量，也直接影响了整个饭店的档次和在顾客心目中的分量，所以将府大厦一定要以非凡的气派先声夺人。初步构思，在入口处设置跨度为12米的四排玻璃门窗，大堂内中庭高为12米，大面积地采用玻璃和不锈钢镜面，扩展视觉空间。但必须注意功能的合理组织，大堂吧、全天候商务中心、团体接待处、金钥匙服务中心等功能项目和艺术品陈列室、候客休闲区巧妙配合。整个空间面积宽敞，内容丰富，既充分满足顾客的各方面需求，又凸现饭店建筑艺术的活力和意蕴。

在布局好空间后，细节的雕琢更进一步显现出“中西合璧、古今一体”的原则。大门对面的花岗岩墙上镶嵌有《水浒传》中八大名将的聚义图，休闲区的地毯上绣有中国象棋“群将逼宫”的名局，大堂吧的圈椅、茶几仿自古代兵营的帅椅，活生生地透出中国古代将相府邸的风采，与大堂的西式新潮基调巧妙地融为一体。追求高层次的文化品位，通过艺术作品的系列组合，唤起顾客对将相文化的认识和认同，是大堂艺术总构思的起点。

富丽精致的设计并不一味要求使用进口的高档装潢材料，装饰材料的选择取决于空间布局和文化氛围的需要，服从于也服务于主题创意。只要能使整个空间达到强烈的视觉冲击效应和完整的将相文化构思，就完全可以了，而不必盲目追求材料的豪华精美。

另外特定部件的制作需要专门订制，如休息区的象棋地毯，其使用效果与整体配合就明显优于纯羊毛土耳其地毯。总之，要将大堂看作一个有生命的有机体，而不是金钱和庸俗的堆砌。

以上是将府大厦大堂构思的几条框架式创意。我们将以最优秀的制作人员尽快绘制出细节图和效果图，请各位到时再进一步定夺。

✍点评

必须承认，许多饭店的设计与建造水平相当不错，在内部空间组织、外部造型处理诸多方面，都颇具功底和创意，给宾客们留下了很深刻的印象。但同时也必须看到，在近年的饭店建设中，也出现了许多误区，这点从设计意图和方案中不难看出。

一般来说，较突出的问题在于：第一，盲目追求空间的气派、宏伟；第二，盲目追求装饰材料的豪华精美；第三，模仿气息浓厚，个性不鲜明。总结起来，就是整体设计思路出现偏差，没有遵循“功能与美感相统一”的原则。

饭店的内装饰设计作为室内环境艺术始终处于探索和发展之中，其核心思路可以概括为“功能”与“美感”的统一，即科学性和艺术性相结合的原则。

功能是就“用”而言，饭店装饰布置的“功能”涉及人的要求、安全、清洁效率等因素。人体的直接感官对饭店装饰布置的影响，包括空间的处理、家具的尺度、摆放的位置、照明的亮度及投射范围，以及各类电器的开关位置等。饭店的不同场所如客房、餐厅、大堂、商场、康乐中心，由于在人的感官中用途不同，对环境设施功能要求也不同。

美感是指人对美的感觉和体会。饭店装饰布置中的狭义美感是指属于视觉的形式美，如家具、灯具的造型、色彩，织物的装饰效果，观赏品的外观，以及各类物品在整体中的协调等。广义的美感，除了形式，还包括抽象的内容，如室内与气氛、意境等。对于美感，人类有共同之处，但也存在不少差异，这与人们的经历、修养、习惯、信仰有密切关系。在饭店装饰布置中，我们总是以大多数人能接受的美为出发点，只是在对待特殊的宾客时，才考虑他们的不同审美特点，在审核装饰设计方案时，对美感形式的评估要同时考虑到对称与均衡、比例与尺度、节奏与韵律、对比与调和等基本规则。

功能和美感是饭店装饰布置工作的两个基本出发点。合理的功能是装饰布置的前提，充满美感的视觉效果是装饰布置的深化，是思想性、艺术性的体现。在同样的使用功能和目的的空间里，经过了艺术创意、符合审美法则的装饰布置和随意凑合、不经筹划，其结果是完全不同的。这也正是人们将室内设计、装饰布置称作科学性和艺术性结合的原因所在。

（资料来源：饶勇. 现代饭店经营智慧与成功案例. 广州：广东旅游出版社，1999.）

本章小结

本章内容重点介绍前厅部的基础知识，通过学习，学生应了解前厅部的业务特点，明确前厅部机构设置的基本原则和各岗位的主要职能，熟悉前厅的环境与布局，掌握一定的前厅部管理的基础知识，为进一步学习和研究饭店部门业务管理及毕业后快速胜任前厅部相关管理工作打好基础。

思考题

1. 前厅部的作用及主要任务有哪些？
2. 前厅部的机构设置应遵循哪些基本原则？调查你所处地区的几家大、中型饭店的组织机构设置情况。
3. 前厅部经理有哪些主要职责？
4. 参观几家不同星级的饭店，观察其前厅的环境、布局及总台有何特点。
5. 前厅部员工应具备哪些素质与要求？试与之对照，若从事前厅部工作，你有哪些方面需要进一步改进，才能胜任前厅部工作？
6. 实地参观饭店，观察其大堂的环境与服务氛围，并写出评析报告。

从客人的观点看，抵达饭店时就有准备好的客房，那就是预订的最大成果。这里指的不是一般的客房，而是最能满足客人在预订时提出的要求的客房。预订是一个销售的过程，预订处成功的标志之一是预订员已被训练成为饭店的销售员，而不是接受订单的人。

第 2 章　客房预订业务

学习目标

◎ 熟悉客房的类型、价格及客房状态的分类与控制等。
◎ 理解预订及超额预订的含义与作用。
◎ 了解客房预订的种类和方式，掌握客房预订程序及控制方法和各类房价。
◎ 了解受理预订的确认、更改、取消的方法和要求。
◎ 熟悉客房预订中失约行为的处理方法。

2.1　预订业务的相关知识

客房预订（Room Reservation）是指客人或代理机构为住店客人在抵店前与饭店客房预订部门所达成的订约。对于客人来说，通过预订可以保证入住客人的住宿需求，尤其在旅游旺季期；对于饭店而言，一方面可以提前做好人员、物品及卫生等方面的接待准备，另一方面又可以使饭店提前占有客源市场，提高客房出租率，并获得理想的平均房价。通过预订服务可受理并确认客人住宿要求，记录、储存预订资料，实时控制预订，进而完成客人抵店前的有关准备工作，因而是整个前厅服务及客房销售非常重要的组成部分。因此，对于饭店来说，开展预订业务具有重要的意义。

2.1.1 预订处的岗位职责

1. 预订处主管

预订处主管的岗位职责见表2-1。

表2-1 预订处主管的岗位职责

文件名	预订处主管的岗位职责	页　码	1-1
1. 管理层级关系 （1）直接上级：前厅部经理。 （2）直接下级：预订处领班。 2. 岗位职责：按照本部门各项业务指标要求，对预订的各项管理工作承担责任，确保预订工作顺利进行。 3. 工作任务 （1）执行饭店的经营策略和计划，熟悉客户，了解客源市场情况，正确掌握本饭店的订房情况。 （2）及时编制和更新饭店订房记录，协助前厅部经理定期编制客房出租计划。 （3）复核当日VIP客人预订及安排事项。核查典型散客、团队预订及安排事项。 （4）建立新客户或旅行社档案，每月月末整理客史档案。 （5）审核所有订房要求，亲自处理需要特别安排的订房事宜。 （6）掌握饭店的信用担保预订的相关政策。 （7）掌握客房促销活动的有关政策和计划安排。 （8）督导本岗位的日常工作，安排、调整订房员工作，保证预订工作各环节畅通。 （9）加强预订控制与协调。 （10）检查次日VIP客人预订信息。 （11）检查散客、团队预订资料输入计算机是否正确，确保信息准确、齐全。			

2. 预订处领班

预订处领班的岗位职责见表2-2。

表2-2 预订处领班的岗位职责

文件名	预订处领班的岗位职责	页　码	1-1
1. 管理层级关系 （1）直接上级：预订处主管。 （2）直接下级：订房员。 2. 岗位职责：协助主管负责预订处的管理工作，督导订房员的日常工作，确保所有预计资料正确输入计算机，并做好预订统计工作。 3. 工作任务 （1）掌握整个饭店的房间分布情况。 （2）接受客人和接待单位的电话或书面预订，处理预订传真并及时将预订资料输入计算机。 （3）掌握每日、月、年的预订情况，组织实施预订管理与预测工作。 （4）及时审核已完成的预订业务，尤其是VIP的预订业务。 （5）负责制作每月的分类报表。			

续表

文件名	预订处领班的岗位职责	页 码	1-1
(6) 协助主管培训、督导、检查订房员的工作。 (7) 及时向总台提供预订记录。 (8) 与公关销售部协调团体预订事宜。 (9) 负责本部办公用品的领用、管理工作。 (10) 及时将预订资料整理并存档。			

3. 订房员

订房员（预订员）的岗位职责见表2-3。

表2-3 订房员的岗位职责

文件名	订房员的岗位职责	页 码	1-1
1. 管理层级关系 (1) 直接上级：预订处领班。 (2) 直接下级：无。 2. 岗位职责：积极销售饭店产品，为客人提供客房预订咨询，介绍饭店的服务项目和设施设备，办理预订手续，提供快捷、准确、高效的服务。 3. 工作任务 (1) 受理电话、传真、互联网等不同形式的客房预订，及时将订房资料传递给接待处及相关岗位和部门。 (2) 电话铃响三声内按服务规范接听咨询、预订电话，并做好确认与回复工作。 (3) 处理销售部或其他部门发来的预订单。 (4) 掌握预订的信用、担保、未到失约处理及其他相关政策和规定，受理预订的取消和变更事宜，并及时将这些信息传递到总台接待处和相关部门。 (5) 及时、准确地发出变更单、确认书及婉拒信等。 (6) 按工作标准及程序进行录入、变更、取消等数据处理。 (7) 建立客史档案，进行更新整理及保存。 (8) 爱护使用各种设备，发现故障及时联系维修。 (9) 认真阅读交接班记录，并做好与下一班次的交接工作。 (10) 检查、核实翌日抵达饭店的客人名单，并将有关资料转交接待处。			

2.1.2 客房类型与房价

1. 客房类型

(1) 单人间（Single Room）。单人间又称单人房，房内放置一张单人床、双人床或沙发床。由于单人房比较舒适，客房的隐秘性较强，不受外界干扰，房价低于标准双人客房，因此比较适合从事商务旅游的单身客人使用。

（2）双人间（Double Room）。房内设有两张单人床或单双两便床，在大床间供不应求时，可将两张单人床合为一张大床作为大床间出租。一般用来安排旅游团体客人或会议客人或家庭居住，也可供两个单身旅游者居住。另外，根据住客要求，客房内可加床。

① 标准间（Standard Room）。放置两张单人床，我国饭店的大多数客房属于这种类型。

② 大床间（Double Room）。该房间放置一张双人床，一般适合夫妻或商务客人使用；新婚夫妇使用时，称“蜜月客房”。

（3）三人间（Triple Room）。一般是房内放置三张单人床，供三位宾客同时入住，属经济型房间。目前在中高档饭店中此类房间极少，多以在双人间加一张折叠床的方式来满足三人同住一间客房的要求。

（4）套间（Suite Room）。套间通常由两间或两间以上的房间组成，按照不同的使用功能及室内装饰、配备用品标准等又可细分为以下几种类型。

① 普通套间（Junior Suite）。普通套间又称标准套间、双套间或家庭套间，这种套间格局比较典型，一般由连通的两个房间组成，一间布置为起居室（Living Room），另一间布置成卧室（Bed room），放置一张大床或两张单人床。由于它既可住宿，又有会客场所，因此适合全家人外出度假时入住或一般经商人员居住。

② 豪华套间（Deluxe Suite）。又称高级套间，通常由卧室、会客室、卫生间、小厨房、餐室、书房等组成。豪华套间的特点在于注重客房的装饰艺术与布置氛围，用品配备档次高，功能完善、齐全，房间的装饰布置和设备用品华丽高雅。卧室一般配置大号双人床或特大号双人床。在饭店中，该类房间价格昂贵，数量较少，一般适合有经济实力的富商大贾和知名人士居住。

③ 立体套间（Duplex Suite）。是一种两层楼套房，房间设计布置特点为起居室在下，卧室在上，设有小楼梯相连接，亦称“复式客房”。

④ 总统套间（Presidential Suite）。这种套间装饰布置极其讲究、华丽，房间内摆设豪华家具、古董、陈列工艺品等。一般由七至八间以上的房间组成，包括总统卧室、总统夫人卧室、书房、起居室、会议室、餐厅、书房、随员室、厨房等，通常四星级饭店才设置这种套间。由于总统套房造价昂贵，房价高，而且总统居住的机会也很少，所以该类房间的出租率低，它是衡量饭店级别的标志。当然，有能力承受总统套房开支的客人，也可以享受这种礼遇。

⑤ 特殊客房。是指为某一类人特别设计和布置的客房。例如，我国旅游涉外饭店规定的专为残疾人服务的客房，配置了能满足残疾人生活起居要求的特殊设备和用品。

另外，按房间所处位置还可以划分为内景房（Inside Room）、外景房（Outside Room）、角房（Corner Room）、连通房（Connecting Room）、相邻房（Adjoining Room）等。

2. 房价的种类

1）按价格性质划分

（1）标准价（Rack Rate）。标准价通常就是饭店制定的、价目表上明码公布的各种客房的现行价格，不含折扣、优惠等因素。标准价亦称门市价、柜台价、客房牌价。

（2）商务合同价（Commercial Rate）。饭店与客源单位签订房价合同，根据所签订的合同提供优惠价格的客房，幅度与客人流量、消费水平、信用程度等有关。

（3）免费（Complementary Rate）。为促进客房销售，饭店在互利互惠的原则下，为某些特殊客人提供免费房，以求双方建立良好的合作关系。

2）按客源类型划分

（1）散客价（Free Individual Tourist Rate-FIT Rate）。这种价格往往与饭店门市价相同。但饭店为吸引客人，常常推出含餐或享有其他优惠服务项目的商务散客价格。

（2）团队价（Group Rate）。主要是饭店针对旅行社等团队客人制定的折让价格。目的是确保饭店长期稳定的客源，提高客房出租率。团队价可以根据客源多少、季节等不同情况确定。

（3）折扣价（Discount Rate）。饭店为吸引回头客，向常客（Regular Guest）、长住客人（Long Staying Guest）及其他特殊身份客人（如VIP）提供的一种优惠价格。

（4）家庭价（Family-plan Rate）。这种价格是专门针对携带小孩的客人所提供的一种折让价格。

（5）包价（Package Rate）。饭店为客人，尤其针对团体、会议客人等提供的包括房租、餐费、交通费、游览费等的一揽子报价，以方便客人。

3）按销售季节特点划分

（1）淡季价（Slack Season Rate）。饭店在经营淡季，客源减少时，为刺激消费，提高客房出租率，所制订的、低于门市价一定幅度的价格。

（2）旺季价（Busy Season Rate）。饭店在经营旺季，客源增加时，依照标准价上浮一定幅度的价格，以获得最大收益。

4）按时间段划分

（1）日租金。是指当日入住至次日中午12:00前退房，计收一天房租。

（2）白天租用价（Day Use Rate）。这种房价主要是针对以下几种情况：客人凌晨抵店入住；客人入住与离店发生在同一天；客人退房离店超过了规定时间。一般情况下，超过12:00加收半天房租，超过18:00加收一天房租。

（3）钟点房价（Hour Rate）。饭店推出按小时段计算客房租金的一种促销价格。

5）加床价（Extra Bed Rate）

饭店根据客人要求额外增加床位而实行的价格。

2.2 预订的方式与种类

2.2.1 预订的方式

预订是指饭店与宾客之间达成的一种预期出租或使用客房的协议。为了达成这一协议，客人一般可采取电话、信函、电报、电传、传真、当面洽谈及计算机网络等形式与饭店联系订房事宜。饭店根据客房的使用情况，决定能否满足宾客的预订要求。一旦订房协议形成，则该协议具有一定的经济和法律效力。客人预订客房的方式多种式样，各有不同的特点。目前，客人预订客房的方式（见图2-1）主要有以下几种。

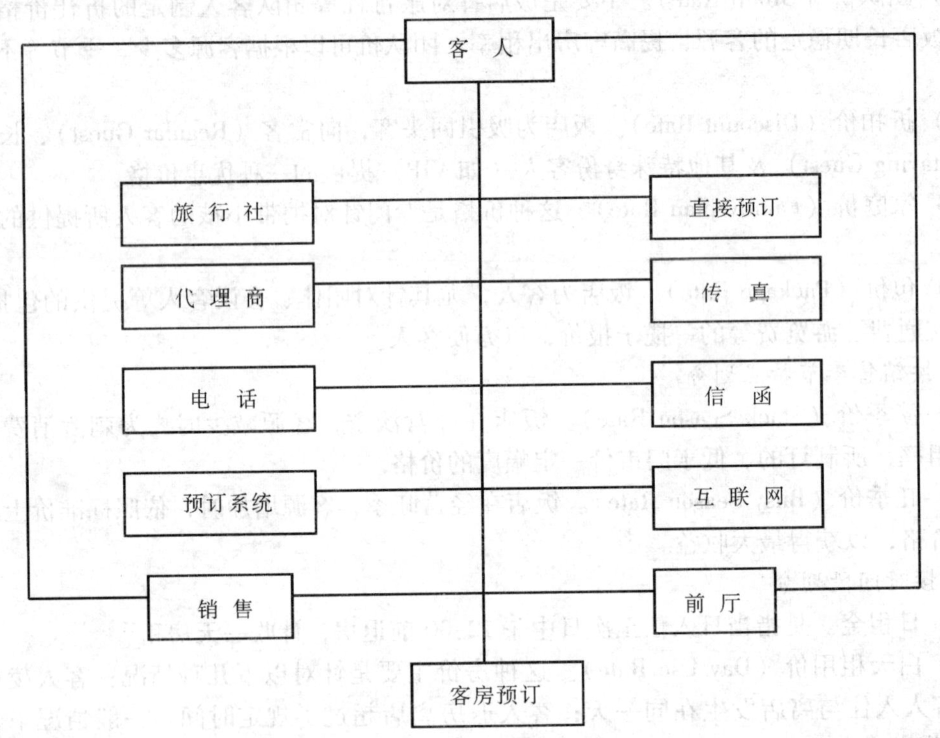

图2-1 客房预订的方式

1. 电话订房

客人通过电话与饭店联系订房比较普遍，这种方式不但简便、快捷，而且能使双方达到迅速有效的沟通。宾客通过电话订房，可以立即了解到饭店是否有自己满意的房间，房间是否合适；预订员也可以了解宾客的订房要求、付款方式、抵离日期、特殊服务要求等。近年来，受付电话（Collect Call）业务发展迅速，并成为国际和国内饭店进行促销、扩大预订业务的非常简便的订房方式。如800免费预订热线，既省时、快捷，又无费用，方便客人进行预订。预订员在受理电话预订时，必须首先听清客人的要求，并及时记录，然后向对方完整地复述，得到客人的确认，避免出现差错。

2. 传真订房

当前国际国内较先进的图文传真订房方式，具有方便、迅速、完整、正规的特点，尤其可以使远隔千万里的客人与饭店之间完整地、毫无遗漏地交换各自的资料及要求，不易出现订房纠纷，同时还可以成为客史档案资料及合同的证明文件。

3. 信函订房

这是一种古老的订房方式，但信函预订较正规，如同一份合同，对宾客和饭店双方都起到一定的约束作用。它较适用于预订客房的时间距离抵店时间间隔较长的情况。通过信函，客人可以详细提出订房要求，并附有客人本人的签名和已备案的代理机构印章及负责人签字，同样可以作为预订客房和客史资料的相关文件。由于速度较慢，现在已较少使用。

4. 口头订房

口头订房即预订员与客人面对面地洽谈订房事宜。采取此种预订方法安全、可靠，一方面使预订员获得机会，详细了解客人的要求，同时还可以根据客人的喜好和行为特点，进行有针对性的促销和推销，还可通过展示客房来帮助客人作出选择。尤其在客人即将离店前，可能主动提出返程预订，但尽可能避免承诺下次入住的具体房号，以免失信于客人。对到店预订的客人，预订员要及时准确地填写预订单，如果是旺季，还应告知客人保留客房的截止时间。

5. 互联网订房

互联网上的信息资料图文并茂，客人可以对饭店有更多的了解。通过互联网进行网上预订，是目前国际、国内较为先进的订房方式，我国提供客房预订服务的各类旅游网站也有很多，如中国携程旅游网（见图2-2）。随着计算机技术的迅速发展以及互联网的不断扩展，越来越多的客人乐于使用这种方便、廉价、快捷，又具有个性化的预订方式。

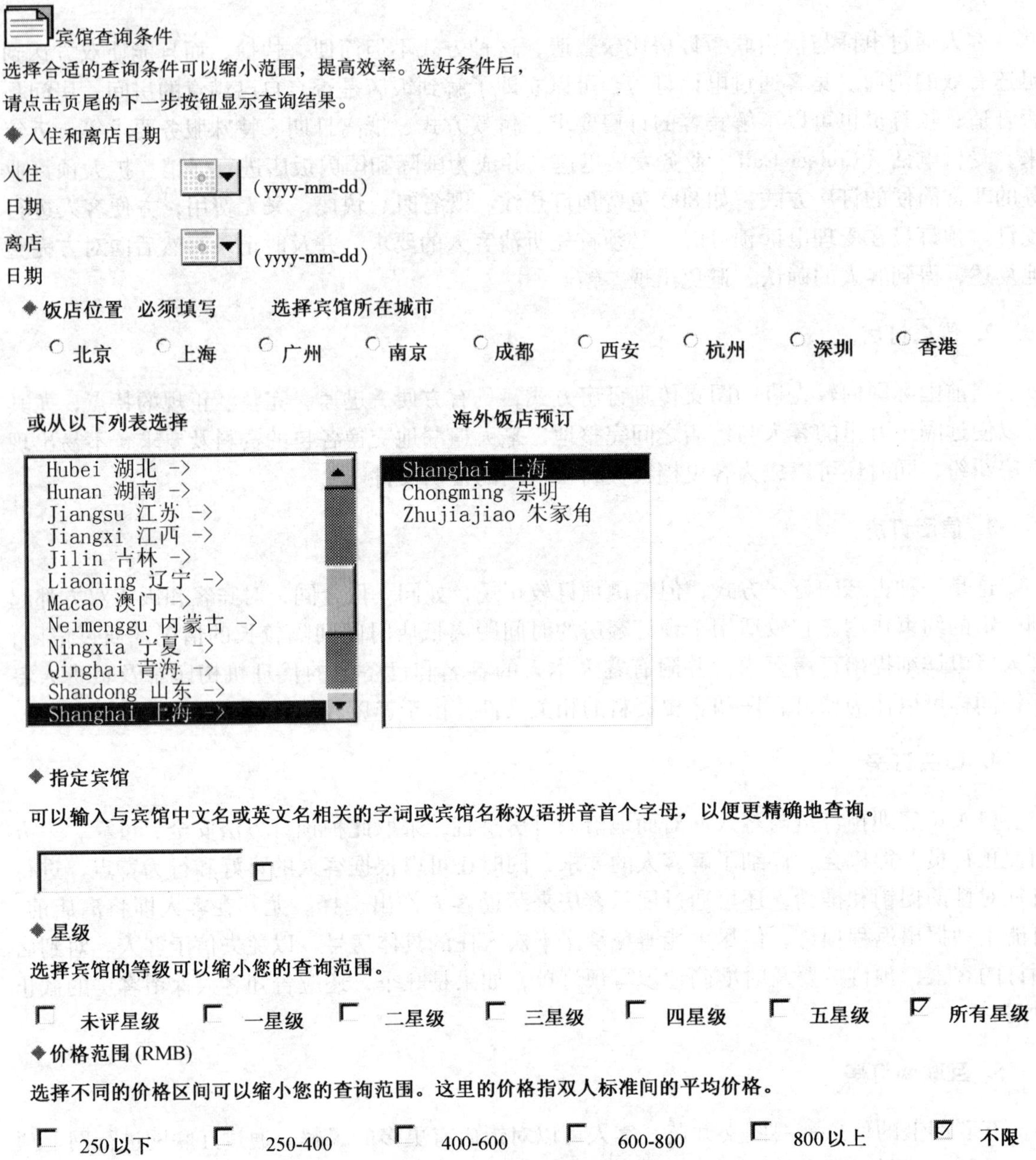

宾馆查询条件

选择合适的查询条件可以缩小范围，提高效率。选好条件后，

请点击页尾的下一步按钮显示查询结果。

◆入住和离店日期

入住日期 (yyyy-mm-dd)

离店日期 (yyyy-mm-dd)

◆饭店位置 必须填写 选择宾馆所在城市

○北京 ○上海 ○广州 ○南京 ○成都 ○西安 ○杭州 ○深圳 ○香港

或从以下列表选择 海外饭店预订

Hubei 湖北 ->
Hunan 湖南 ->
Jiangsu 江苏 ->
Jiangxi 江西 ->
Jilin 吉林 ->
Liaoning 辽宁 ->
Macao 澳门 ->
Neimenggu 内蒙古 ->
Ningxia 宁夏 ->
Qinghai 青海 ->
Shandong 山东 ->
Shanghai 上海 ->

Shanghai 上海
Chongming 崇明
Zhujiajiao 朱家角

◆指定宾馆

可以输入与宾馆中文名或英文名相关的字词或宾馆名称汉语拼音首个字母，以便更精确地查询。

◆星级

选择宾馆的等级可以缩小您的查询范围。

☐ 未评星级 ☐ 一星级 ☐ 二星级 ☐ 三星级 ☐ 四星级 ☐ 五星级 ☑ 所有星级

◆价格范围 (RMB)

选择不同的价格区间可以缩小您的查询范围。这里的价格指双人标准间的平均价格。

☐ 250以下 ☐ 250-400 ☐ 400-600 ☐ 600-800 ☐ 800以上 ☑ 不限

图 2-2 中国携程旅游网客房预订界面

现代通信技术的发展，使客房预订工作更加快捷、准确和方便。传统的客房预订方式还有电报预订、电传预订等，但这些方式已经逐步被电话、传真和互联网预订所取代。客房预订系统正在走向集团化、连锁化和国际化。

2.2.2 预订的种类

1. 临时性预订

临时性预订（Advanced Reservation）是客房预订种类中最常见、最简单的一种预订。临时性预订是指客人的订房日期与抵店日期非常接近，甚至在抵达饭店当天才联系订房。因此，由于时间紧迫，只能进行口头确认，而无法进行书面确认，饭店无法要求客人预付定金，这种预订通常由总台接待处受理。接受此类预订时，要问清客人抵店航班、车次及时间，重复客人的订房要求，让客人核对。尤其要提醒客人饭店将房间保留至当日18:00，这个时限被称为“留房截止时限”（Cut-off Time），超过18:00以后饭店有权将房间出租给其他客人。

2. 确认类预订

确认类预订（Confirmed Reservation）通常是指饭店承诺为客人预订并保留客房至预订日期的18:00或某一事先约定的时间，这是经常采用的一种比较重信誉的预订方式。若客人到了规定时间而未到达，也没有提前与饭店联系，则在用房紧张时期，饭店有权将保留的客房出租给未经预订而直接抵店的客人。

饭店答复客人的订房已经被接受的通知叫做订房确认书（见表2-4），确认预订的方式有两种：口头确认和书面确认。比较而言，书面确认具有明显的优点。

(1) 能使客人了解和证实饭店是否已经正确地理解了他们的订房要求，以及是否能够得到满足。

(2) 以书面的形式，使饭店和客人之间达成协议关系，从而确立并约束双方关系。

(3) 通过书面确认可以使饭店了解更多、更准确的客人资料，如姓名、地址等，并能够得到进一步证实。由于持有预订确认书的客人比未经预订而直接到店的客人，在信用上更加可靠，因此，很多饭店对持有订房确认书的客人常常给予信用限额（House credit limit）升级、一次性结账服务等优惠服务。

表 2-4　订房确认书

订房确认书

RESERVATION CONFIRMATION

公司　　　　　　　　　　　　　　　　致

Company:　　　　　　　　　　　　　　Attn:

地址　　　　　　　　　　　　　　　　电话

Address:　　　　　　　　　　　　　　Tel No.

客人姓名 Guest Name	抵店日期 C/I	离店日期 C/O	房间种类 Room Type	用房数 No. of Room	价目 Tariff	折扣 Discount	房价 Rate
备注: Remarks							

注：预订客房将保留至下午六时，迟于六时到达的宾客，请预先告知。若有任何变动，请直接与酒店联系。我们期待您的光临！

Note: Your room will be held until 6:00 p.m., unless later arrival time is specified. Should there be any changes, please contact the hotel directly for adjustment. We are looking forward to welcoming you.

确认人　　　　　　　　　　　　　　　　确认日期

Confirmed By: ____________　　　　　Confirmed Date: ____________

3. 保证性预订

保证性预订（Guaranteed Reservation）是指宾客通过使用信用卡预付定金、签订合同等方法，来保证饭店应有的收入，同时饭店会保证为这类宾客提供所需的客房，使双方建立起一种更为牢靠的关系。饭店在任何情况下必须保证提供客人所需要的房间，并保留房间至到店日期的次日中午 12:00 的退房结账时间为止。同时客人也要保证按时入住，否则要承担经济责任。一般情况下，保证性预订可以通过预付定金、使用信用卡和订立合同等形式进行担保，以保护双方的利益。

（1）预付定金担保。即客人在抵店前，通过先行交纳预付款的方式，获得饭店的订房保证。饭店的责任是预先向客人说明取消预订、退还预付款的政策及规定，并保证按客人要求预留符合客人要求的房间。从饭店角度来讲，收取预付定金是最理想的保证性预订方式。如果客人未能按时抵店，也未取消预订，则饭店可以收取一天的房费，另将余款退还客人。饭店关于预付定金政策一般都包括以下内容。

① 收取预付定金的期限。

② 支付定金最后截止日期。

③ 规定预付定金数额的最低标准。

④ 退还预付定金的具体规定。

饭店为加强预付定金的管理，要提前向客人发出支付预付定金确认书（见表2-5），说明饭店收取预付定金及取消预订等的相关政策。

表2-5　支付预付定金确认书

ADDRESS:

TEL:　　　　TELEX:　　　　FAX:

DEPOSIT ACKNOWLEDGEMENT

收到预付定金确认书

TO:

发往:

THIS SERVES TO ACKNOWLEDGE RECEIPT OF YOUR REMITTANCE SERVING AS DEPOSET IN FAVOUR OF THE FOLLOWING ROOM RESERVATION.

CHEQUE NO

支票号: ______

AMOUNT:

总　数: ______

NAME OF GUEST

客人姓名: ______

TYPE OF ACCOMMODATION RESERVED

房间类型: ______

RATE PER NIGHT

房费: ______

(PLUS × % SERVICE CHARGE)(加 × % 服务费)

ARRIVAL DATE　　　　FLIGHT No.

抵店日: ______　　航班号: ______

DEPARTURE DATE

离店日: ______

REMARKS

备注: ______

DATE　　　　Reservation Manager, × × Hotel

日期　　　　预订经理

(2) 信用卡担保。是指客人将所持信用卡的种类、号码及持卡人姓名、失效期等以书面形式通知饭店，饭店要验证其信用卡的有效性。即使因各种原因客人不能按时抵店，饭店仍可通过银行或信用卡公司收取客人的房费。例如，美国运通公司组织的“信用卡订房担保计划”，对持“运通卡”的客人，在订房后未按时到店，饭店可以根据订房客人的信用卡号码、姓名及“No show”（预订未到）记录等相关文件，向美国运通信用卡公司或授权的机构收取相关房费，以弥补饭店的经济损失。

(3) 合同担保。是指饭店与有关公司、旅行社等单位就客房预订事宜签署合同，以此确定双方的利益和责任。合同的主要内容包括签约单位的地址、账号以及同意为未按预订日期抵店入住的客人承担付款责任的声明等。同时，合同还规定了通知取消预订的最后期限，如果签约单位未能在规定的期限内通知取消，饭店将按照合同规定收取房费。

保证性预订既保证了满足宾客对住房的需求，维护了客人的利益，也维护了饭店的经济利益，因此，它对饭店和客人双方都是有利的。但要注意的是，对于客人来说，由于饭店为他们保留的房间无法再出租给其他客人，所以即使未使用客房也应付全天的房费。

2.3 客房预订程序

2.3.1 受理预订

1. 接受预订

在受理预订（Handing Reservation）前，只有充分做好各项准备工作，才能为客人提供满意的服务，提高预订工作的效率和质量。预订员首先要准确掌握本饭店客房产品特点、价格及当前预订状况和相关促销政策，在接到客人的订房申请后，要明确客源类型（即散客还是团队），听取客人预订要求，迅速查看有无符合客人要求的房间，从而决定是否接受客人的申请。如果能够接受客人的订房，就要填写客房预订单（见表2－6和图2－3、图2－4），预订单一般包括客人姓名、抵离店日期、房间类型、付款方式及特殊要求等内容。接受预订（Accepting）的基本流程见图2－5，具体内容及要求见表2－7。

表2－6 客房预订单

RESERVATION FORM

预 订 单

Sales& Marketing Dept.

Fax NO.

□New Booking 新预订 □Amendments 更改 □On Waiting List 等候 □Seminar 研讨会 □Cancellation 取消

Guest Name 客人姓名	No. of Rooms 房间数量	Room Type 房间种类	No. of Guests 客人数量	Rate 房价	Company Name 公司名称

续表

Original Arrival Date 预订到店时间：	Original Departure Date 原定离店时间：
New Arrival Date 新到店时间：	New Departure Date 新离店时间：
Arrival Flight 到店航班：	Departure Flight 离店航班：
Billings 付款方式： □ALLC 全付 □RMABF 房费含早餐　POA 自付	□ROOM ONLY 只付房费 □TLX/FAX/LTR/ATIT 已到电传/传真/信件
Remarks 备注：	
Contact Name 联系人姓名：	Company Name 公司名称：
Telephone Number 电话号码：	Fax/Telex Number 传真号码：
Taken By 预订人：	
Date Taken 预订日期：	

预订卡

预订号	0000000004	客户名称	金友软件工作室
预抵店日期	2010.06.24 07:00:00	预订人	Taoqb
预离店日期	2010.06.25 07:00:00	人数	18
预订失效日期	2010.06.24 11:00:00	性别	01 | 男
客户类别	01 | 国内	证件类别	01 | 身份证
国籍	01 | 中国	证件号码	
工作单位		电话	13901863597
住址		备注	
预订方式	01 | 普通	审批人	

折扣类别	01 | 无	折扣率	1.00	折扣金额	0.00
服务费类别	02 | 费率	服务费率	0.10	服务费金额	0.00
附加费类别	01 | 无	附加费率	1.00	附加费金额	0.00

保存(S)　预览(V)　打印(P)　返回(B)

图 2-3　计算机系统客房预订单

*您的姓名:	（*为必须填写项目）
*电 话:	
手 机:	
传 真:	
E-mail地址:	
*您从哪里来:	
*您入住饭店的日期:	请选择 年 请选择 月 请选择 日
*订房类型及其数量:	标准间: 无 无 套 间: 无 无 床位要求: 无 天数: 无
*成人数:	男 没有，女 没有
儿童数:	没有
*结账方式:	现金
您的留言:	
说 明:	● 饭店保留预订的客房至当日下午6时，如非另行通知将自动取消。 ● 退房时间为中午12时。 ● 12岁以下儿童与父母同房，不需加床，将不另收费用。 ● 饭店接受所有主要的信用卡。
	填写完毕 重新填写

图2－4 在线订房客房预订单

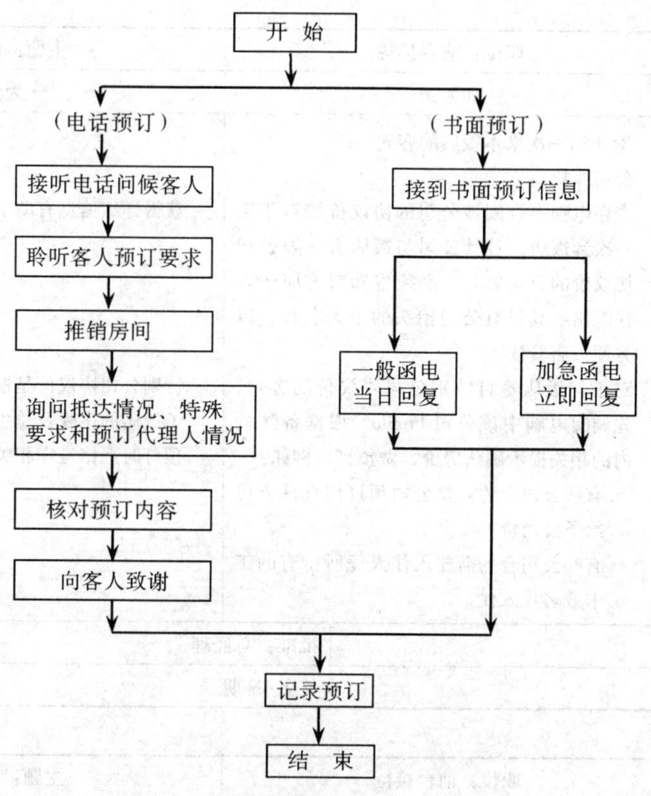

图2－5 接受预订的基本流程

表2－7 客房预订的具体内容及要求

部门：前厅部	职位：前台接待	主题：散客预订
做什么	如何做	为什么
- 欢迎问候客人 - 询问相关订房信息	- 根据饭店标准程序问候客人 - 获取客人相关预订信息： 姓名、人数、抵离日期、房间数、房型、公司，以及是否有入住过本饭店，等等	- 获取详细的客人预订信息，以便于预订 - 如果客人入住过本饭店，可以通过客史查阅其原先入住的房型、房价，以便于适时促销
- 查看当日饭店房况	- 利用 Fidelio 中功能键 Ctrl + F2，查看客人预订日期时间段饭店的客房出租状况，以便于下一步的报价	- 所有预订以饭店当日具体房况为销售前提，以争取客房之最大出租率及收益
- 报价	- 如果饭店在客人预抵期间有房间： 对于返店客人 在电脑客史中查阅客人原先入住的房型、房价、所属公司，并适时促销	

续表

部门：前厅部	职位：前台接待	主题：散客预订
做什么	如何做	为什么
- 确认价格	对于第一次来本饭店的客人 - 公司客户 先在电脑中查阅该公司的协议价格对于第一次到饭店，且其公司与饭店有一般公司协议价的公司客户，必须告知对方应于入住时出示其具有公司抬头的个人名片，以方便饭店验核 对于与饭店签订特别公司协议价的客户，先调阅电脑中该公司 Profile，根据备注栏内的相关提示确认房价、做预订，例如： * 有些公司合约需要公司预订传真件方可给予公司价 * 有些公司合约需要入住人凭所持有的工卡或名片入住	- 获得详细信息有助于提供细致服务 - 特别公司协议价是根据该公司一定时期内给予饭店的房晚及总生意额而定的，故必须于预订时严格遵守相关预订要求
准备：前厅部经理		批准：总经理
签名/日期		签名/日期

部门：前厅部	职位：前台接待	主题：散客预订
做什么	如何做	为什么
	- 散客 根据饭店当前的销售策略，以 Promotion rate 推销饭店的特色房型（江景房）及行政楼层 注：推销时必须在报房价的同时说明该房型的特色、优惠及功能，以便让客人了解到该房的价值 - 确认其他相关注意事项 * 预计抵达时间 * 是否需要小车接机/车（详见车辆预订程序） * 是否对房间有特殊要求——不吸烟楼层、鲜花水果布置 * 付费方式 * 联系电话	- 促销饭店车辆，如客人需要： 向客人报价，如客人接受并确认，将航班号、抵达时间及所订车型代码输入电脑的“Trsp”中，填写用车申请单，交由礼宾部处理 注：所有车辆预订必须立即与车队、礼宾部联系确认是否有车提供相关服务

续表

部门：前厅部	职位：前台接待	主题：散客预订
做什么	如何做	为什么
- 确认预订	- 与客人确认预订房间类型、房价及特别要求后，应立即与客人重复确认相关客房预订 - 确认客人是否需要确认函 - 及时填写相关预订单及预订号，以备查询	- 确保服务的准确性
- 结束预订	- 结束预订之前，再次与客人确认是否有其他需要帮助，之后，感谢客人的预订并告别："Mr. XXX, Thank you for calling, We are waiting for your coming on ..." "* 先生，谢谢您的预订，期待您的光临"	
- 录入电脑	- 及时将客人的预订信息录入电脑，并填写客房预订单 - 如果涉及特别服务项目，通过留 Trace 或直接开单交接，必须做好相关的提示工作 - 如果是特别公司协议价，要求对方发传真确认的，必须做好相关的 Trace 以便于跟踪落实	- 确保饭店房态的准确 - 便于相关预订的审核 - 服务的协作性
准备：前厅部经理		**批准：总经理**
签名/日期		签名/日期

2. 婉拒预订

如果在客人预计抵达的日期内，饭店因客满等原因而无法满足客人的订房要求时，不能就此终止服务，而应主动提出可供客人参考或选择的建议，如建议客人改变抵达日期、房间类型等。也可以征得客人同意，将其列入“等候名单”（Waiting list，具体操作要求见表2－8）中，一旦有了空房，立即通知客人，最后要向客人表示感谢。这样做不但可以促进客房销售，也可以在客人心目中树立饭店良好的形象和信誉。婉拒预订（Turning Down）时，要为客人签发一封致歉信（见图2－6）。

致歉信

尊敬的__________小姐/女士/先生：

由于本饭店____年____月____日的客房已经订满，我们无法接受您的订房要求，深表歉意。感谢您对本饭店的关照与支持，衷心希望今后能有机会为您服务。

顺颂商祺！

××饭店预订处

×年×月×日

图 2-6　致歉信样本

表 2-8　Waiting List 的操作

<table>
<tr><td>部门：前厅部</td><td>职位：前台员工</td><td>主题：Waiting List</td></tr>
<tr><td>做什么</td><td>如何做</td><td>为什么</td></tr>
<tr><td rowspan="7">- Waiting List 的操作</td><td>Waiting List 的定义：
在某时间段内，当饭店客房已全部订满，如果再有客人要求在该时间段内预订客房时，可将客人纳入预订等候名单，等到饭店有房空出时，方便优先安排

争取饭店最佳客房销售：</td><td>Waiting List 的作用：
- 争取饭店客房的最大销售
- 为客人提供标准商务的服务</td></tr>
<tr><td>- 饭店客房已预订满后，饭店仍可接部分超额预订（原则以5%为宜），将客人放在 Waiting List 上，以便在个别有预订的客人因各种原因取消预订，或住店客人提前退房的情况下，可及时联系被列为 Waiting List 的客人，满足他们的入住要求</td><td>- 每天都会有个别有预订的客人取消预订
- 每天都会有个别住店客人因各种原因而提前结账</td></tr>
<tr><td>- 当客人要求入住的日期饭店客房已订满时，必须明确告知客人饭店当日预订满房
- 确认客人要预订的房型、房价、入住天数等预订信息，询问客人是否愿意列入等候名单，说明如果饭店一旦有房时，将与其联络</td><td></td></tr>
<tr><td>- 如果客人愿意被列入等候名单，则留下客人有效联络号码，将客人的预订做入 Fidelio 提示的 Waiting List 内</td><td>- 方便随时联系客人</td></tr>
<tr><td>- 询问客人对预订的通知有无时限要求，如果有，通过“Trace”录入 Fidelio，以提示预订部在客人指定的期限内回复客人</td><td></td></tr>
<tr><td>- 如果客人拒绝被列入 Waiting List，则委婉告别，感谢客人的预订电话，告知饭店期待他/她的日后光临</td><td>- 并不是每个客人都愿意无限制地等待
- 避免客人投诉服务的怠慢</td></tr>
<tr><td>- 当客情允许接纳 Waiting List 客人时，及时联络客人，再次与客人确认后，在 Fidelio 系统内找到客人的预订，根据电脑提示将客人的等待预订转换为正式预订</td><td>- Waiting List 更改前必须与客人再次确认，避免客人因预订其他饭店而不来</td></tr>
<tr><td colspan="2">准备：前厅部经理</td><td>批准：总经理</td></tr>
<tr><td colspan="2">签名/日期</td><td>签名/日期</td></tr>
</table>

2.3.2　确认预订

在接受客人的订房要求后，只要有足够的时间，预订处都应对客人的预订进行确认。确认预订（Confirmation）主要有两种形式，即口头确认（Verbal Form）和书面确认（Written Form）。口头确认一般通过电话确认，即将上一个工作流程所接受的预订，在与客人联系时予以认可和承诺。如果条件允许，饭店一般要向客人寄发预订确认书，以书面形式与客人确认预订的各项内容。书面确认不仅仅是复述客人的预订要求，同时也向客人陈述了价格、定金、日期、取消预订及付款方式等相关规定和政策。书面确认比较正式，实际上是饭店与客人之间达成协议的书面凭证。预订确认书见表 2－9，确认的内容包括：复述客人的订房要求、与客人就房价和付款方式达成一致意见、说明饭店有关取消预订的政策和规定、欢迎客人下榻并表示感谢。

表 2－9　预订确认书

订房确认书

RESERVATION CONFIRMATION

客人姓名 GUEST NAME

到达日期 ARRIVAL DATE ________ 班机号 FLIGHT NO. ________ 离店日期 DEPARTURE DATE ________

房间种类 TYPE OF ACCOMMODTION	人数 NO. OF PERSONS	房价 RATE

备注

REMARKS ________

请将订房确认书交与接待处

Please present this confirmation to the reception desk

公司 COMPANY ________ 致 ATTN ________

地址 ADDRESS ________ 电话号码 TEL. NO. ________

注意：预订客房将保留至下午 6 时，迟于 6 时到达的宾客，请预先告知。若有任何变动，请直接与本饭店联络。

NOTE：Your room will be held until 6：00 P. M. unless later arrival time is specified. Should there be any changes，please contact the hotel directly for adjustment.

确认者 CONFIRMED BY ________ 日期 DATE ________

订房办公室

BOOKING OFFICE ________

2.3.3 预订记录存档

在办理完客人的订房工作后，预订员要把原始预订单的内容输入计算机，以便对订房情况进行统计、存档和制作报表。预订资料是客史档案的依据，通常包括客房预订单、确认书、预付定金收据、预订变更单及客人的各种原始订房资料等。预订资料的存放可以按客人抵店日期的顺序排列存档，这样便于掌握某一个时间段的预订房间数量和客人数量。也可以按英文字母 A ～ Z 顺序存放，根据客人姓名的第一个字母顺序，可以很方便地查找客人的订房资料。预订员要把全部订房资料装订、归类存档，注意每次将最新的资料放在最前面，以便查阅。

2.3.4 预订变更与取消

预订变更指的是客人在抵店之前出于某种原因临时改变预订的日期、房间数量和类型以及其他要求等，甚至取消原来的预订。预订变更的基本流程见图 2－7，预订取消的具体要求见表 2－10。

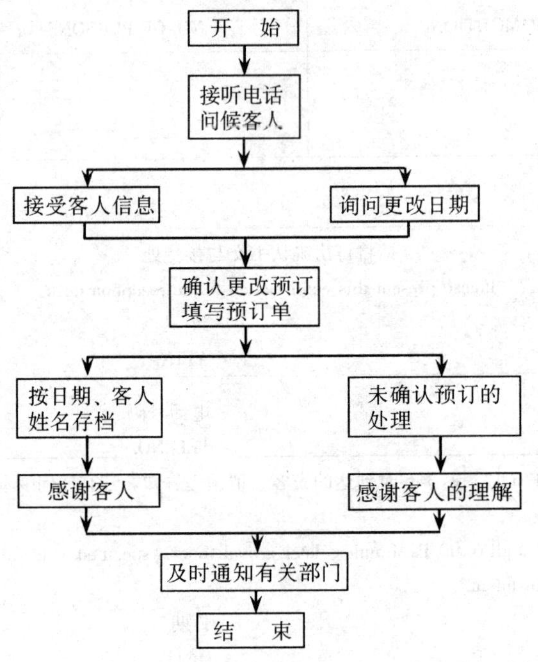

图 2－7　预订变更的基本流程

表 2-10 预订取消的操作

部门：前厅部	职位：前台员工	主题：取消预订
做什么	如何做	为什么
- 问候客人	- 根据饭店既有的程序问候客人	
- 查找预订	- 当客人要求取消预订时，我们通过 Fidelio 系统与客人确认如下信息： * 客人名字 * 抵达日期 - 在系统中查找预订记录	
散客预订的取消 - 取消预订	如果系统中的确有相关预订： - 确认致电人姓名、公司、联络方式 - 确认取消预订的原因 - 将电脑中的预订取消，按系统要求注明取消原因、通知人及联络方式 - 如该预订有订车或其他特别服务要求，必须立即通知相关部门 - 如该预订是当日预抵，且房间有特别入住安排，如鲜花、水果等，必须立即通知相关部门做相应处理 - 如对方需要饭店提供预订取消确认书，立即通知预订部	- 任何预订的取消必须根据 Fidelio 系统的操作提示录入预订取消的原因及通知人，以便于相关数据分析 - 服务的协作性 - 以便于相关费用的确认，避免不必要的损失
团队/会议预订的取消	- 所有非当日预抵团队、会议的预订取消必须通知销售部相关会议、团队负责人，且由预订部负责取消 - 当日预抵团队、会议的取消在销售合同中都注明了取消时限及房数，如超过该基数，必须及时通知销售部相关会议、团队负责人及值班经理，根据指令做相关费用调整 备注：相关团队/会议用房的增加，也必须通知销售部相关负责人	- 运作分工 - 合约对饭店、宾客双方都有着制约与保护作用 - 对于所有当日预抵团队、会议的取消，值班经理必须记录于值班日志中
- 告别	- 询问客人是否有其他需要帮助 - 感谢客人的来电，告知我们期待他的下次惠顾	
准备：前厅部经理		批准：总经理
签名/日期		签名/日期

2.3.5 抵店前的准备工作

按计划实施预订客人抵店前的准备工作，是前厅服务过程中非常重要的前期工作，必须达到及时、有序、细致、无误的标准，有助于相关部门根据计划安排，对不同客源类型、不同身份和特点的客人提供有针对性的服务，并提前做好接待准备。因此，准备工作做得是否充分，将直接关系到前厅服务的质量水准。客人抵店前准备工作内容主要包括以下内容。

1. 核对订房

由于客人抵店前往往发生预订变更、取消等情况变化，为提高预订工作的准确性，预订员对每一个已确认的预订都要进行多次核对，发现问题及时更正或补救。订房核对工作一般分三次进行，具体操作安排如下。

（1）客人抵店前一个月进行第一次核对。

（2）客人抵店前一周进行第二次核对。

（3）客人抵店前一天进行第三次核对。

对于大型团体客人而言，核对的次数和内容要更多、更细致，因为接待团队客人，饭店为此要提前预留相应的客房，在客人离店后，又立即会出现大量客房闲置。因此，饭店必须加强对团体预订的管理工作，尽量减少由此带来的经济损失。

2. 预报客情

预订处按规定的预报、预测周期及时段，依据预订统计资料，将饭店的主要客情，如贵宾（VIP）、大型团队、会议接待、散客等各类型客人的预报表、接待计划等，按规定的时间及时予以送达或通知。

为了做好接待工作，预订处一般在客人抵店前，将有关预订信息以客情预测表的形式传送至各有关部门，以便提前做好接待准备。

（1）近期预测。一般是指半个月或一个月以上的预测。通常统计订房客人数量、每天所需房间、重要客人或会议等。

（2）每周预测。预订处提前一周将客人数量、日期、团队或重要客人等统计出来，制成每周预测表（见表2－11），分送到相关部门。

表2－11　每周预测表

项目 / 预测数 / 时间	特级套房		甲级客房			标准客房			用餐			备注
	团队客人	重要客人	团队	散客	重要客人	团队	散客	重要客人	早餐	午餐宴会	晚餐宴会	
一												
二												
三												
四												
五												
六												
日												
合计人数												
合计空房												

续表

预测订房总数	预测客房收入 制表人 年　月　日

(3) 翌日抵店客人预测。翌日抵店客人预测表比前两种表的内容更详细，包括客人姓名、房号、类型、房价、优惠条件等，提前一天通知有关部门。另外，还可能需要制作 VIP 接待通知单、团队接待通知单等。

3. 预先排房

即按预订要求和接待标准，提前为已办理预订的客人分配房间、确定房号，并将有关变更或补充的通知传达至相关部门。预先排房时应注意以下几个问题。

(1) 注意对散客和团队客人住房区域的划分，减少相互干扰。

(2) 掌握对维修房分期、分批、分区域地进行工程检修及维护，以免影响客人休息。

(3) 由于出租高峰而出现房源紧张时，要加强与客房部的协调沟通。

4. 实施计划

在客人抵店前一天，将已经批准的各项接待及安排计划，例如，次日抵店客人名单、VIP 接待通知单、派车通知单、礼宾鲜花、贵宾水果篮等通知单送达相关部门，共同做好客人抵店前的各项准备工作。

2.3.6　超额预订

1. 超额预订及其幅度控制

所谓超额预订（Overbooking），是指饭店在订房已满的情况下，再适当增加订房的数量，以弥补因少数客人临时取消预订而出现的订房闲置。目的在于充分利用饭店客房，提高出租率。由于种种原因，客人可能会临时取消预订，或出现“无到（No Show）”现象，或提前离店，或临时变更预订要求等，从而可能会造成饭店部分客房的闲置，因此需要进行超额预订，以减少损失。

超额预订是饭店经营管理者的胆识与能力的表现，又是一种风险行为。其关键在于如何有效地实施超额预订，避免或最大限度地降低由于决策失误而造成的经济损失。进行超额预订的决策应基于对市场的预测、客情的分析以及历史的经验。超额预订的关键在于掌握超额预订的数量和幅度。为合理掌握超额预订的数量和幅度，可运用计算公式进行核准。计算公式如下：

$$X = Q \cdot r - D \cdot f$$

式中，X 为超额预订量；Q 为客房预订量；r 为临时取消百分比；D 为预计离店后空房数；f 为延期住宿率。

【例 2-1】 某饭店有客房 800 间，其中长住房 100 间，根据资料统计分析，10 月 2 日预计客人离店后空房 280 间，因进入旅游旺季，申请预订用房数 680 间。另外，据总台预订历史资料分析，饭店旺季延期住宿率为 5%，临时取消率为 8.5%，计算 10 月 2 日可超额预订多少间客房？超额预订率是多少？

解：

超额预订量 $X = Q \cdot r - D \cdot f = 680 \times 8.5\% - 280 \times 5\% = 43.8$（间）

超额预订率 = 超订数量/可订数量 ×100% = 43.8 间/(800 − 100) ×100% ≈6%

则当日可超额预订 44 间客房，超额预订率约为 6%。

2. 超额预订的处理

如果超额预订过度，已订房客人在规定时间到达饭店后，饭店却因客满而无法为订房客人提供所预订的房间，必然会引起客人的极大不满，饭店对此应负全部责任。因而饭店必须积极采取各种补救措施，妥善安排好客人住宿，以消除客人的不满，挽回不良影响，维护饭店的声誉。超额预订的处理流程如图 2-8 所示。

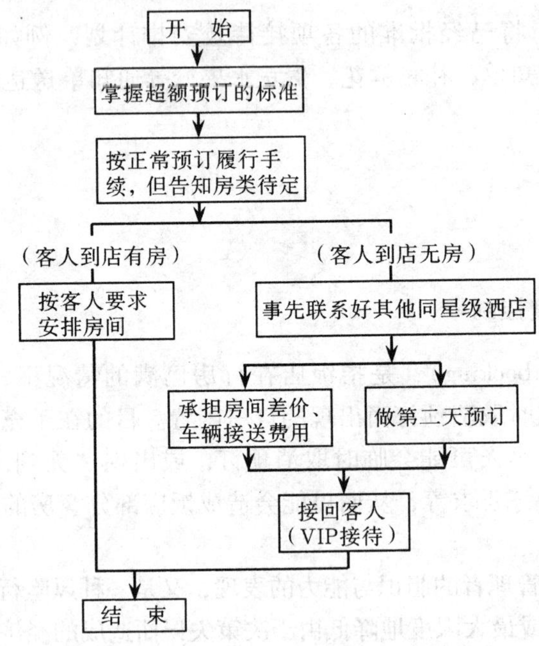

图 2-8 超额预订的处理流程

在出现超额预订时，饭店应该做到以下几点。

（1）客人到店时，由主管人员诚恳地向其解释原因，并赔礼道歉。

（2）与本地区饭店同行加强协作，建立业务联系。一旦超订，可安排客人到有业务协作关系的同档次、同类型饭店暂住。

（3）派车免费将客人送到联系好的饭店暂住一夜。如果房价超过本饭店，差额部分由本饭店承担。

（4）免费提供一次长途电话或传真，以便客人将临时改变地址的情况通知有关方面。

（5）将客人的姓名及有关情况记录在问讯卡条上，以便向客人提供邮件及查询服务。

（6）对属连住又愿回本店的客人先留下其大件行李。转天排房时，优先考虑此类客人的用房安排。次日一早将客人接回，大堂副理在大堂迎候并致歉意，陪同客人办理入住手续。

（7）以重要客人的礼遇安排接待入住，客人在店期间享受贵宾待遇。

（8）事后由前厅部的主管人员向提供援助的饭店致谢。

小资料

超额预订的控制

一般情况下，饭店将超额预订率控制在5%～15%左右为宜。另外，也可以参照饭店最近两年的同期统计资料和最近三天的统计数据，对临时取消率和延期住宿率加以确定。如果超额比例过大，很可能会出现客人到店而无房的情况，所以妥善地控制超额订房比例很重要，但是有很大难度。一般情况下5%的超额订房比例是可行的，更大的比例需要通过长期的工作经验积累及订房资料的分析得出。不过，客房超订操作得不好，也会给饭店带来较大的麻烦，甚至影响饭店的品牌，如一旦预订客人全部到店，使饭店客房供不应求形成违约，引起客人投诉和不满也是常有的事。因此，怎样把握好超额预订的比例及相关的防范措施是采用客房超订策略的关键。控制适当的超额订房比例的主要方法如下。

（1）统计分析过去历年同期订房不到的平均百分比，据此估计现在的超额订房比例。

（2）统计分析过去历年同期临时取消的平均百分比，据此估计现在的超额订房比例。

（3）统计分析过去历年同期平均提前抵离店和延期抵离店的客房数，据此估计现在的超额订房比例。

（4）掌握好团体订房和散客订房的比例。通常情况下，在现有订房中，如果团体订房较多，超额订房比例就应小些；散客订房较多，超额订房比例就可大些，但并不是绝对的。

（5）掌握好淡季、平季、旺季的差别。旺季客房供不应求，客人订房后取消预订的可能性较小，故超额订房比例应小一些。平季客人订房后取消或更改预订的可能性相对比旺季大一些（因为其他饭店尚未客满，客人很容易改住其他饭店），故平季的超额订房比例应大些。淡季一般不会客满，不会存在超额订房问题。

（6）掌握好预订提前量的多少。当客房已订满，饭店还想超额订房时，要看预订提前量有多少。如果明天的已经订满，超额订房就要慎重，因为离客人抵店只有一天时间，客人取消或变更预订的可能性相对较小。如果一个月后的已经订满，超额订房比例就可以高些，因为一个月中客人取消或变更预订的可能性是比较大的。

(7) 考虑现有订房中各种订房所占的比例。如果现有订房都是保证性的，通常不能实行超额订房。保证性的订房较多，超额订房比例应小些；确认类的订房比例较高，超额订房比例应大一些；临时性订房的比例较高，超额订房比例应更大些。

(8) 统计分析各主要订房单位过去历年同期实到人数占订房人数的比例（即到达率，用来估计现在该订房单位实际的到达率）。

(9) 了解附近同级饭店的住房情况，若已客满或接近客满，就应该减少超额订房比例或不进行超额订房；反之则可提高超额订房比例。

(10) 调查分析本饭店在市场上的信誉度。信誉度高的饭店，因为到达率高，所以超额订房比例应该小一些；反之则应大些。

(11) 详细了解每一天退房的精确数字，特别是今后三天内的数字，根据退房数量计算出可用房数，并以此作为基数来接受预订。

(12) 在接受预订时，应充分了解客人的信息。如问清客人入住饭店的具体时间、到达的航班号或火车车次及最晚保留时间，并请客人提供一个随时能联系上的通信方法，以控制预订的到达率。

(13) 根据尽可能精确的退房、预订情况，采用超过可用房适度的比例接受超额预订。

(14) 超额预订不仅仅是可用房数的超出，还有一个房型的匹配问题，所以，总台人员在操作超额预订的当天，首先要做的是房型的匹配，然后才是房数的匹配。如当天的标准房已经超订了很多，但单人房和大床房却无人问津，这就需要总台人员在为客人办理入住时，根据实际情况做适当的调整。客人是一位时，就可以为其安排大床房或建议客人改用单人房。当然，这对总台员工的素质、能力、语言技巧、自信心等等都提出了更高的要求。

(15) 做好万一预订客人全部到店的应对措施。如在附近联系几家相同档次的饭店作为协议单位，在必要时预订一定数量的房间以防万一。同时，在服务上也要进一步跟上，大堂经理或值班经理应亲自送客人去附近饭店，第二天再去把客人接回来，并在房间内放上一张致歉卡等，让客人觉得饭店对他的尊重及歉意，相信会得到绝大多数客人的谅解。

☞ 案例分析

九十九朵红玫瑰

某日，四川锦江宾馆市场营销部订房中心的电话铃急促地响起“您好！订房中心。”“您好！我想预订一间大床房间，时间是 3 月 15 日，住三天。”“好的，请问先生您贵姓？您的单位和电话号码是……”。订房中心的小姐热情地为客人介绍宾馆的设施并为客人杨先生预订好客房。“小姐，有一件事我想请你们帮一下忙，我女朋友在成都，我这次专程去看她，你能帮我订九十九朵红玫瑰吗？我想当天晚上送给她。”“好的，请您将买玫瑰的钱电汇到宾馆，我们为您预订好。”“不行，我现在正在国外，后天就到成都，汇款不方便，我到达宾馆后马上就付款，可以吗？”“杨先生，按照宾馆财务的规定，客人必须先付预订金，因为鲜花具有时效性，每个人对它的需求目的也不一样，我们按照您的要求装饰、包扎好的九十九朵红玫瑰，如果您因为有其他的事不能如期到达成都，那么，将会给宾馆花店造成损失。”“小姐，我已买好了去成都的机票，我一定会到你们宾馆的。”订房小姐迅速地将这一特殊情况请示了经理，经理告诉了订房小姐一个方法：给杨先生发一个传真，请他对客房和玫瑰花的价格及预订确认签字后回传宾馆。可是，此方法杨先生还是不同意。“我在国外办事很忙，收发传真不是很方便，请相信我吧！”面对这一特殊情况，市场营销部经理作出了决定：既然客人选择了我们宾馆，请求我们给予帮忙，说明客人对宾馆充满信任，我们就以部门的名义给他担保，相信他会如期到来。

3月15日晚上9时，杨先生到达宾馆。总服务台的值班经理热情地告诉他：杨先生，你需要的九十九朵红玫瑰已准备好，花店员工马上给您送上房间。杨先生高兴地连声说：“给你们添麻烦了，非常感谢！”

点评

从上面的例子分析，市场营销部订房中心的员工在处理杨先生预订九十九朵红玫瑰的事情上遇到了困难和矛盾：一是按照宾馆规定，电话预订客房的客人需购买宾馆的时效性消费用品（包括鲜花、生日蛋糕等），必须提前到馆支付预订金，市区外的客人可采用汇款的方式进行预订；二是客人因自身原因不能预付或汇款；三是客人如果不能按时抵达宾馆，玫瑰花怎么处理。针对以上情况，市场营销部经理没有强制要求客人预付，也没有拒绝客人提出的帮助，而是采取了特事特办，相信客人，并为客人提供帮助。

宾馆员工在各个岗位中，每天都会遇到各种特殊事情，怎样处理好这些事情呢？我们认为，学会信任客人是很困难的，但往往又是非常必要的。充分信任你的客人，并为之付出十分的努力，你会发现，你获得的将远远超出失去的。同时，你还会找到属于你自己的尊严和久违的成就感。“九十九朵红玫瑰”代表的是一种和谐、理解和无私的信任，它符合现代经营“双赢”的理念。

本章小结

客房预订是前厅部的一项重要业务内容。积极有效地开展预订业务，既能满足客人的订房要求，又可以促进饭店客房的销售。前厅部的正常运转，离不开方便、快捷的预订系统和程序，预订系统必须能够准确、快捷、高效地回应客人的订房要求。一个有效的预订系统通过准确地控制可出租客房和预测客房营业收入，有助于提高客房销售的业绩。本章介绍了关于预订业务的一些基础知识，通过学习，要求了解客房预订的方式、种类，掌握预订的程序和控制方法等知识。

思考题

1. 预订的方式与种类有哪些？受理电话预订的程序和标准是什么？
2. 要制作一份订房记录，预订员需要获取哪些信息？
3. 客房预订工作的基本程序是什么？怎样才能做好客房预订工作？
4. 房价的种类与计价方式有哪些？
5. 什么是超额预订？如何控制好超额预订的幅度？
6. 预订推销的方式有哪些？如何做好预订推销工作？
7. 如何处理客房预订中的失约行为？
8. 预订客人到达前，饭店应主要做好哪些工作？

总台是最早迎接客人和最后送走客人的地方，也是树立饭店良好形象的所在。从总台接待员向客人表示由衷欢迎的那一刻起，入住登记的接待工作就开始了。

第3章　总台接待业务

学习目标

◎ 熟悉总台接待中需要使用的各种表格和设备。
◎ 熟悉接待工作中常见问题的处理对策。
◎ 掌握散客和团队客人的接待程序及标准。
◎ 了解总台排房与接待技巧。
◎ 熟悉客房状况的控制方法。

3.1　总台接待业务概述

3.1.1　接待处的岗位职责

1. 接待处主管

接待处主管的岗位职责见表3－1。

表3－1　接待处主管的岗位职责

文件名	接待处主管的岗位职责	页　码	1－1
1. 管理层级关系 （1）直接上级：前厅部经理。 （2）直接下级：接待处领班。 2. 岗位职责：按照本部门各项业务指标要求，全面负责房务安排、总台问讯、入住接待和结账、留言等有关服务工作。协助前厅部经理检查和控制总台的工作程序，保证下属各班组之间与饭店其他部门之间的衔接和协调，督导员工为客人提供优质高效的服务。			

续表

文件名	接待处主管的岗位职责	页　码	1－1
3. 工作任务 （1）向前厅部经理负责，对接待处进行有效管理。 （2）协助制定接待处的岗位责任制、操作规程和其他各项规章制度，并监督执行。 （3）协调前厅服务及工作秩序，负责总台班次调整及安排。 （4）审核当日、次日的房况和房务安排，准确掌握房态。 （5）督导下属员工及时准确地把客人资料输入计算机，审核客史档案记录、补充、存档等项工作。 （6）掌握 VIP 客人抵离店动态，亲自参与 VIP 等重大活动的排房和接待工作。 （7）调查和处理客人的投诉和特殊要求。 （8）及时申领添加总台各种办公用品、宣传品等。 （9）对总台计算机、传真机、复印机等专用设备安排维护保养工作，确保设备正常运转。 （10）检查下属员工仪容仪表及出勤、纪律等情况。检查并督导下属保持管辖区域内卫生清洁。 （11）按计划实施对下属员工的岗位技能培训，强化员工的销售意识，不断提高员工的业务水平和素质。 （12）按部门要求对下属员工出勤及工作表现进行考核评估。 （13）做好下属员工的思想工作，帮助有困难的员工解决实际困难，充分调动员工的工作积极性。 （14）做好接待处的安全防范工作。			

2. 接待处领班

接待处领班的岗位职责见表 3－2。

表 3－2　接待处领班的岗位职责

文件名	接待处领班的岗位职责	页　码	1－1
1. 管理层级关系 （1）直接上级：接待处主管。 （2）直接下级：接待员。 2. 岗位职责：协助主管做好接待处的管理工作，确保接待服务质量，并承担责任。 3. 工作任务 （1）检查、打印营业报表，并督促分送给饭店领导和有关部门。 （2）认真核对客房状况，及时准确地掌握房态。 （3）检查下属员工出勤、仪容仪表及服务质量。 （4）与预订、行李及客房服务中心保持业务联系，协调合作。 （5）为团队和重要客人办理入住手续，并将信息及时通知有关部门，共同做好接待工作。 （6）对客人要求协助等特殊要求，立即安排或及时汇报。 （7）发生意外事件时，应立即向大堂副理和前台主管汇报。 （8）按规定录入和统计境外和境内客人户籍资料。 （9）检查并确保总台各种用品、宣传品齐全，计算机、复印机等设备使用正常。 （10）督导接待员按照规定，认真做好客人住宿登记和验证工作，并注意做好协查通缉犯工作。 （11）认真细致地做好领班的交接班，并检查督促各岗位做好交接班工作。			

3. 接待员

接待员的岗位职责见表 3－3。

表 3－3 接待员的岗位职责

文件名	接待员的岗位职责	页 码	1－1
1. 管理层级关系 （1）直接上级：接待处领班。 （2）直接下级：无。 2. 岗位职责：为客人办理入住登记及离店结账手续，主动、热情地为客人提供优质的接待、问讯等服务。 3. 工作任务 （1）为客人办理入住登记手续，安排房间，尽可能满足客人的特殊需求。 （2）做好 VIP 客人入住的各项准备工作。 （3）为客人办理换房、加床、续住等手续。 （4）负责发放客房钥匙。 （5）负责将有关客人抵离店情况的资料进行整理、归档。 （6）适时补充接待工作必需的表格与文具用品。 （7）填写、录入并统计入住散客及团队客人登记单。 （8）按查控要求，发现可疑情况立即采取措施。 （9）保持总服务台清洁整齐，检查所需的表格、文具和宣传品是否齐全。 （10）认真核对掌握客人的生日资料，并做好礼品单的派送工作。 （11）掌握房态和客房出租情况，制定客房出租报表。 （12）认真核对上一个班次输入计算机的客人资料，及时、准确地输入当班的客人资料。			

3.1.2 接待准备工作

为保证对客服务工作的高效率和高质量，饭店必须做好客人入住登记前的各项准备工作。总台可以利用预订阶段收集到的客人信息，来完成入住登记前的准备。

（1）熟悉情况。了解当天的订房数量、房间类型和客人的基本情况等，特别是团体客人和 VIP 客人的情况。

（2）预先分配房间。为方便客人，并对客房分配进行有效管理，接待员应根据预订确认书中的订房要求，提前制订客房预分方案。

（3）检查预留房状况。对于给客人预留的房间，接待员要与客房部保持密切联系，注意掌握客房状况的变化情况，特别是 VIP 客人的房间。

（4）准备好入住资料。将住宿登记表、欢迎卡、客房钥匙及其他相关的表格、单据等，准备齐全，以供客人入住登记之用。

3.1.3 客房状况控制

1. 客房状况显示的作用

客房状况显示是指将饭店每一间客房所处的状态、类型、住客状态等，随时全面、准确地显示出来的一项基础管理工作。饭店通常具有两种客房状况显示系统：客房短期状况显示系统和客房长期状况显示系统。客房短期状况，亦称客房现状，该系统能够显示每一间客房的当前状况。客房长期状况，亦称客房预订状况，该系统能够显示未来某一时段某种类型客房的可销售数量或不同房态（Room Status）。主要作用如下。

（1）客房状况显示系统可以及时为饭店销售、预订和接待部门提供准确的客房待售、预售、已销售及不能销售的状况，获得重要的信息，为分析客房销售状况及制定预订的决策提供依据。

（2）在销售淡季，可以使管理及服务人员从中及时分析原因，结合价格调整、公关促销等营销手段和措施加大客房销售力度，提高出租率，减少房费损失。

（3）在销售旺季，除了满足预订需求，尽量为排房提供更大的选择空间等要求以外，通过客房状况差异统计分析，还可以找出造成损失的原因，并采取积极、有针对性的措施，改善管理，提高服务水平，达到增加营业收入的目的。

2. 房态的分类与控制

1）*房态的分类*

（1）住客房（Occupied）。住店客人正在使用的房间。

（2）空房（Vacant）。已完成卫生清扫工作，可随时出租的房间。

（3）走客房（Checkout）。客人已结账离店，待清扫或正在清扫的房间。

（4）待修房（Out of Order）。因房间设施设备故障，待修或正在修理而不能出租的房间。

（5）保留房（Blocked Room）。为接待会议、团队或重要客人而提前预留的房间。为客人保留客房时，接待员应熟悉预订资料，弄清保留的原因及客人情况，并填写保留房记录簿。

此外，对于下列几种状态的客房，客房部在查房时，应注意掌握并通知总台。

（1）外宿房（Sleep Out）。客人在外留宿未归，总台做好记录并通知大堂副理和客房部，由大堂副理双锁客人房间，客人返回时，大堂副理为客人开启房门。

（2）携带少量行李住客房（Occupied with Luggage）。住店时只携带少量行李的客人居住的房间。为了防止逃账等意外情况，客房部应将此情况通知总台。

（3）请勿打扰房（Do Not Disturb）。该客房门口“请勿打扰”灯亮，或门把手上挂有“请勿打扰”牌，服务员则不能进房间提供服务。超过饭店规定时间，则由总台或客房部打电话与客人联系，以防客人发生如患急病等意外事件。

(4) 双锁房（Double Lock）。为免受打扰，客人从房内双锁客房，服务员使用普通钥匙无法打开门，对这种客人要加强观察和定时检查。另外，饭店发现客人外宿未归或客房内有特殊情况时，也会采取双锁客房的措施。

2）*房态的控制*

对于已使用计算机系统管理的饭店，控制房态是比较容易的，其房态变更和转换过程是实时和自动的，屏幕显示直观，一目了然。使用计算机管理系统的饭店，其客房各种状态分别由客房部、总台等予以转换和控制，达到掌握和控制房态的目的。例如，客房部每天通过由计算机提供的楼层住客状况表来完成卫生清扫的组织安排；走客房清扫完毕，经主管或领班检查并确认可以重新出租后，通过电话通知或利用客房部终端设备输入计算机，使客房由走客房改为可租房；客房出租时，总台接待员则将客人资料及客房出租等信息输入计算机，使可租房转换为住客房；客人结账退房后，收银员将客人已结账信息输入计算机，使客房由住客房变为走客房（待清扫房）等，从而使各种房态都可以通过计算机输入、显示、变更、自动转换来反映客房状况（见图3-1），达到控制客房状况的目的，从而为客房预定和销售提供前提条件。

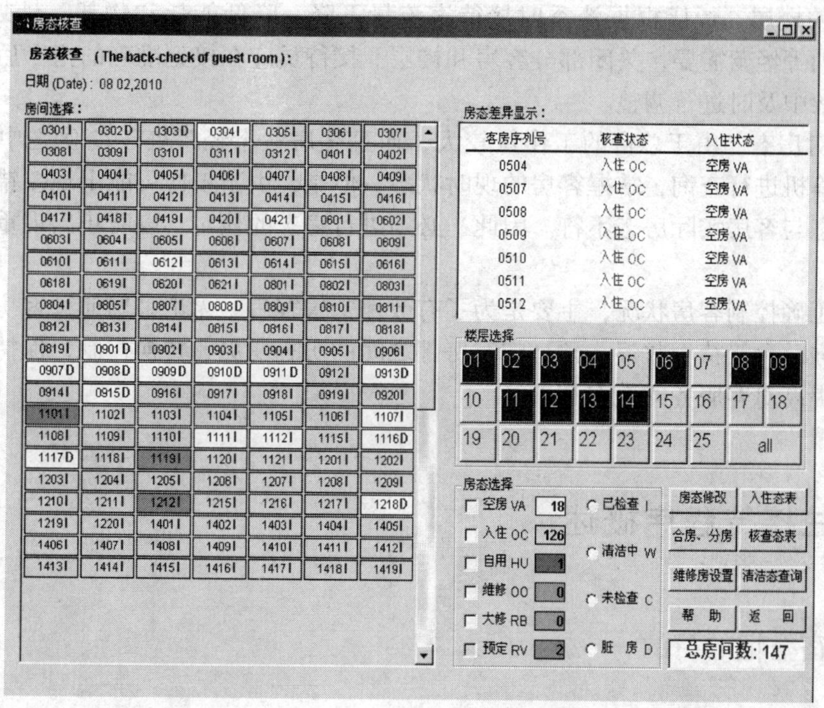

图3-1　计算机系统显示的房态

3. 客房状况的转换与核对

(1) 入住。客人在办理完入住登记手续后，接待员应立即制作客房状况条，将空房改为住客房，或将资料输入计算机，完成计算机系统的房态变更。因此，这项操作不能粗心大意，否则会影响客房状况控制的准确性。

(2) 换房。换房有两种可能，一种是由住客提出，另一种是饭店自身要求。例如，住客未按时离店，也可能由于需集中排房而向客人提出换房。因此，必须慎重处理，并按换房服务操作手续进行换房。

① 在搬运客人物品时，应安排两人以上的服务人员在场，注意事先征得客人同意。

② 问清（或解释）换房原因。

③ 填写客房、房租变更单，送达相关部门或岗位。

④ 更改住房卡或客房状况卡条相关内容。

⑤ 填写客房状况调整表。

⑥ 将换房原因记入客史档案。

(3) 退房。为客人办理完结账和退房手续后，应立即通知客房服务中心，同时改变客房状态。采用计算机管理系统的饭店，此项工作可实现将房态由已结账房到待清扫房的自动转换。

(4) 关闭楼层。饭店根据淡季时接待客流量下降、降低能耗和物耗、计划维护设备、组织人员培训等经营需要，关闭部分客房和楼层。接待员应在接到准确的指令后，在计算机或客房状况架中及时进行调整。

(5) 核对房态。由于总台的工作量较大，而且客房状态经常处于变化之中，虽然饭店可以通过计算机进行查询，掌握客房的现时状态，但是，由于工作可能出现差错，造成总台接待处的房态与客房实际房态不符。因此，必须进行房态的核对，以防止出现重复售房等现象的发生。

总之，正确控制客房状况，主要是为了有效地销售客房。无论采用何种客房状况控制系统，都要加强总台接待、收银、预订与客房部之间的房态变更、转换控制，保持信息沟通及协作，最终提高对客服务的效率和质量。

3.2 入住接待程序概述

3.2.1 住宿登记的目的

住宿登记是整个入住接待服务过程中一个必要的、关键的阶段，也是客人与饭店之间建立正式合法关系的基本环节。总台对散客（有预订和无预订）、团队客人以及 VIP 客人都要依照国家出入境管理法规及饭店、旅馆住宿登记的有关制度办理入住登记手续。饭店入住登记工作的必要性主要反映在以下几个方面。第一，建立合法依据。办理入住登记手续是饭店与客人之间建立正式、合法关系最重要的依据，为客人住店利益和饭店利益提供保障。第二，提供客情依据。这是饭店营销部门获得市场信息重要和直接的渠道。第三，协调服务依据。总台接待处根据客人的不同要求，经常与问讯、礼宾、收银等岗位以及销售、公关、餐饮、客房、娱乐等部门协调合作，共同为客人提供舒适、方便、满意的服务。

(1) 办理住宿登记是遵守国家法律中有关户口管理的规定。按照国家法律的规定，饭店应认真负责地为客人办理住宿登记手续，登记和记录客人的姓名、性别、国籍、出生年月、有效住址、职业、有效证件的名称和号码等详细资料。

(2) 办理住宿登记可以使饭店获得客人的相关信息。通过办理入住登记手续，饭店可以获得客人的姓名、职业、国籍、住宿天数、离店日期、付款方式、房型、房价等基本信息，对搞好饭店经营及服务十分重要；为向有关部门提供服务信息，协助对客服务及客情的分析提供了依据。

(3) 办理入住登记是客人对所需客房及房价的确认过程。对于预订客人，客人与接待员可通过入住登记过程核实订房的相关内容；而对于未预订客人，接待员可通过客人所登记的详细资料准确地为客人分配房间；同时根据营业季节、状况的变化，在客人入住登记时，接待员按照有关规定，也可以依据客人自身情况及客房的状况，进行分房及适当调整房价。

(4) 办理入住登记为饭店相应表格、文件的形成提供了可靠依据。通过办理入住登记能够获得住客资料，饭店可在此基础上制作出各种相关的表格及文件，这是饭店营运、管理所不可缺少的依据，也是饭店安排订房、控制客房状况、财务收支，提供其他服务的基础。

(5) 办理入住登记是向客人推销饭店其他设施及服务项目的大好时机。大多数客人开始并不一定了解饭店的设施及服务内容，接待员可在为客人办理入住登记的过程中，抓住时机，运用技巧，进行再推销。在介绍客房的基础上，进一步使客人了解饭店提供的其他设施及服务项目，迎合客人的心理需求，为饭店带来更多的效益。

3.2.2 入住接待程序

客人抵店时，可能经过长时间的旅行，希望接待员能够提供热情周到、高效率的入住接待服务。因此，接待处的主要工作就是根据客人的不同要求，合理地分配房间，有条不紊地为客人办理入住登记手续，尽量缩短办理入住登记的时间，力争使每一位客人满意，使客人对饭店形成良好的第一印象。接待工作的基本流程见图3-2。

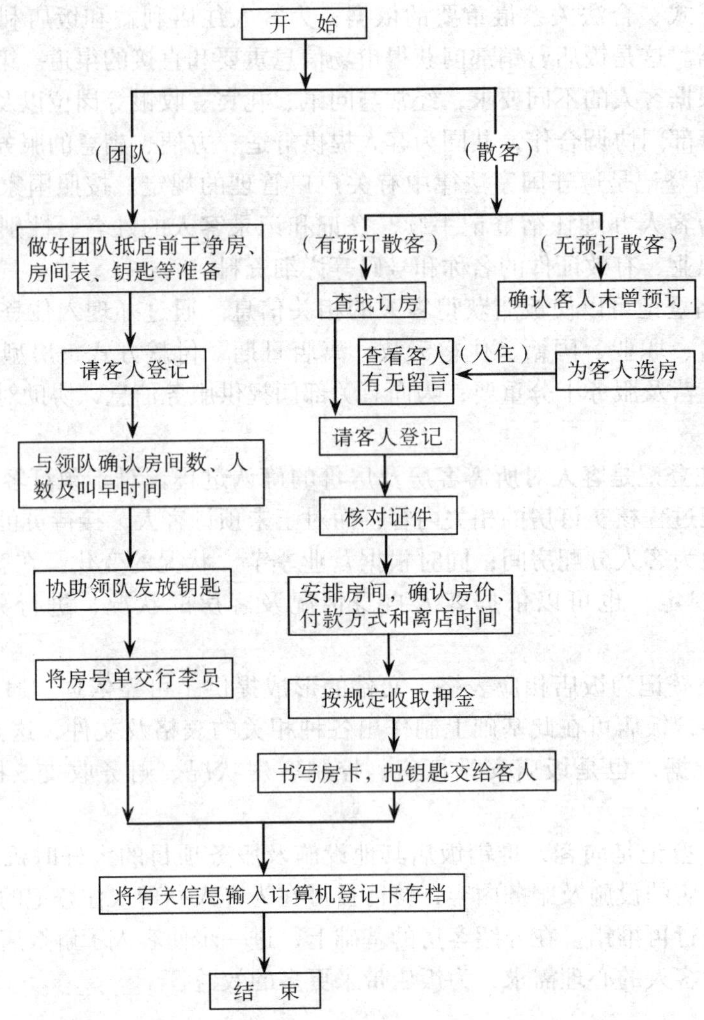

图 3－2 接待工作的基本流程

1. 零散客人入住接待程序

散客入住接待的工作流程如图 3－3 所示。

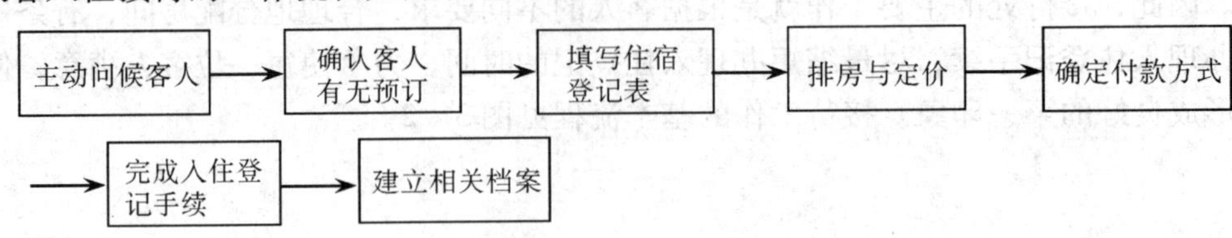

图 3－3 散客入住接待的工作流程

1）主动问候，表示欢迎

客人到达总台时，接待员应面带微笑向客人问好致意，以示真诚，并表示乐于为客人提供服务。如果已经知道客人的姓名，应用姓名称呼客人。

2）确认客人有无预订

为客人办理住宿登记时，接待员应首先弄清客人是否订房。

（1）对于已经订房的客人，接待员应核对当日抵店客人名单，从计算机中迅速查到客人姓名，调出订房资料，复述订房要求。

（2）若客人持有订房凭证（Voucher），接待员应将副本留下，作为向代理机构结算的凭据，向客人复述凭证所列各项内容，如订房凭证发放单位的印章、客人姓名、饭店名称、居住天数、房间类型、抵离店日期等，并回答客人询问。

（3）对于已付定金的客人，应向客人确认已收到的定金数额。

（4）对于未预订而直接抵店的客人，问清其用房要求，确定有无满足客人要求的房间可供出租。并根据饭店客房使用情况，用建议的方式向客人推销客房。如果不能满足客人的要求，也应设法为客人联系其他饭店，主动帮助客人，以塑造饭店在客人心目中的美好形象。

3）填写住宿登记表并查验证件

对于已办理预订手续的贵宾或常客，由于饭店已掌握较完整的资料，因此，准备工作可以做得更充分、更具体，提前准备登记表、欢迎卡、钥匙卡，并装入信封，经查验身份证件后，只需在登记表上签名确认即可。通常饭店接待贵宾时均提供专人引领，先进房间，享受在房内办理登记手续的特殊礼遇。而对未办理预订而直接抵店的客人，接待员要热情、耐心地提供帮助，尽可能缩短办理登记手续的时间。

（1）住宿登记表填写的主要内容。客人到达饭店住宿需要做的第一件事，就是要在总台办理接待入住登记手续，填写住宿登记表。各饭店设计的住宿登记表的格式和项目不尽相同，但内容一般包括两类：一类是国家法律对户口管理所规定的登记项目，如宾客的姓名、国籍、出生年月、地址、有效证件（护照、身份证）、职业等；另一类是饭店在运行和管理中需要了解的登记信息。我国饭店一般使用三种住宿登记表，即“境外旅客临时住宿登记表”、“国内旅客住宿登记表”和“团体人员住宿登记表”（见表3－4、表3－5、表3－6）。填表总的要求是不缺项、不漏项，字迹清晰，外文缩写规范。

表3－4　境外旅客临时住宿登记表

REGISTRATION FORM OF TEMPORARY RESIDENCE FOR VISITORS

房号：Room NO.

（请用正楷填写 PLEASE USE BLOCK LETTERS）

姓名 SURNAME/FIRST NAME	中文姓名 NAME IN CHINESE	国籍、地区或籍贯 NATIONALITY/REGION

续表

性别 SEX	出生日期 DATE OF BIRTH	停留事由 REASON FOR STAY	职业/公司名称 PROFESSION/COMPANY
国（境）外住址 HOME ADDRESS		入住日期 DATE OF ARRIVAL	退房日期 DATE OF DEPARTURE
请注意： PLEASE NOTE： 1. 退房时间是中午12时 CHECK OUT TIME IS 12:00 NOON 2. 收款处设有免费贵重物品保险箱 SAFE DEPOSIT BOXES ARE AVAILABLE NO CHARGE AT FRONT OFFICE CASHIER COUNTER 3. 访客请在晚上11时前离开客房。 VISITORS ARE REQUESTED TO LEAVE GUEST ROOMS BY 23:00 HRS 4. 结账后请交回客房门钥匙。 PLEASE RETURN YOUR ROOM KEY TO FRONT OFFIICE CASHIER COUNTER UPON CHECK-OUT			结算方式 KINDLY INDICATE FORM OF PAYMENT 现金 CASH 旅行社传单 VOUCHER 信用卡 CREDIT CARD 客人签名 GUEST SIGNATURE

以下由服务员填写　TO BE FILLED IN BY FRONT OFFICE CLERK				
护照或 证件名称：	号码	证件 种类：	证件 号码：	签证 有效期：
签证签 发机关：	入境 日期：	入境 口岸：	接待 单位：	
日租：　　房号：			值班职员签名：	

表3-5　国内旅客住宿登记表

房号：　　　　房租：　　　　编号：

姓名	性别	年龄	籍贯	工作单位	职业
			省　市 县		

续表

<table>
<tr><td>户口地址</td><td colspan="6"></td><td>从何处来</td><td></td></tr>
<tr><td colspan="3">身份证或其他有效证件名称</td><td></td><td>证件号码</td><td colspan="4"></td></tr>
<tr><td rowspan="4">同
宿
人</td><td>姓名</td><td>性别</td><td>年龄</td><td>关系</td><td rowspan="4">备
注</td><td colspan="3">请您将贵重物品存放在收银处的免费保险箱保存，以防丢失</td></tr>
<tr><td></td><td></td><td></td><td></td><td colspan="3"></td></tr>
<tr><td></td><td></td><td></td><td></td><td colspan="3"></td></tr>
<tr><td></td><td></td><td></td><td></td><td colspan="3"></td></tr>
<tr><td>付款方式</td><td colspan="5">□现金　□旅行支票　□信用卡</td><td colspan="3">客人签名：</td></tr>
<tr><td>来店日期</td><td colspan="3"></td><td colspan="2">当班接待员</td><td colspan="3"></td></tr>
<tr><td>离店日期</td><td colspan="3"></td><td colspan="2">当班接待员</td><td colspan="3"></td></tr>
</table>

表3-6 团体人员住宿登记表
REGISTRATION FORM OF TEMPORARY RESIDENCE FOR GROUP

团队名称：（全称）　　　　　　日期　年　月　日　至　月　日
Name of Group　　　　　　　　Date　Year　Mon　Day　Till　Mon　Day

房号 Room No.	姓名 Name in Full	性别 Sex	出生年月日 Date of Birth	职业 Profession of Occupation	国籍 Nationality	护照号码 Passport No.
何处来何处去 Where from and to						

留宿单位：　　　　　　　　　　接待单位：

注：“团体人员住宿登记表”一式三份。一份给陪同或领队，一份给财务部结账，一份留给服务台存档。

在填写时应注意以下事项。

① 房号无误。填写房号准确无误，以便查询和识别住店客人，并建立客账。这对于保持正常业务管理和运转及客人利益都是至关重要的。对于使用多间客房的同行住客最好在每

张登记表上注明同行客人房号。

② 房价相符。房价是建立客账及预测客房营业收入的重要依据，无论是手工填写或计算机录入，都要注意从预订到入住各个环节价格的一致性。

③ 付款方式确认。客人确定采用哪种付款方式，可以使饭店结合客源类型决定信用级别或限额，确保饭店避免经济损失。

④ 地址清楚。这将有助于客人离店后账务处理、邮件及遗留物品处置，对将来进行业务推销也可以发挥作用。

⑤ 账单编号齐全。客史档案以登记表的"账单联"为依据，并按字母顺序排列存档备查。这样便于饭店按客人姓名字母顺序查出账单存根，以处理客人离店后的账务问题。

⑥ 饭店声明明确。在住房卡上印制建议客人使用贵重物品保管箱、会客须知、结账截止时间、超时离店房费收取、贵重物品免费保管、查验证件及登记等内容，请客人予以理解和配合。

⑦ 抵离店日期准确。接待员在住宿登记表上用时间戳打上客人的入住时间，这有助于及时提供邮件服务及排房工作。正确地记载客人到店、离店日期及时间，对于邮件、查询和结账服务是非常重要的。另外，客房销售、客房预订及收入的预测和统计都依赖于准确的抵、离店日期。所以，接待员要按规定在登记表上用时间戳打印客人入住日期和时间。

⑧ 接待员签名清晰。目的是当客人住宿遇到问题时可以责任到人，以提高服务质量。与制作其他表格的要求一样，具体经手办理客人入住手续的接待员及时在登记表上签名，这也是前厅服务质量控制的措施之一。

（2）证件的种类（见表3－7）。

表3－7 证件的种类

护照	身份证件	签证
（1）外交护照（DIPLOMATIC PASSPORT） （2）公务护照（SERVICE PASSPORT） （3）官员护照（OFFICIAL PASSPORT） （4）普通护照（PASSPORT） （5）特别护照（SPECIAL PASSPORT） （6）团体护照（GROUP PASSPORT） （7）联合国护照（UNITED NATIONS PASSPORT）	（1）旅行证（Travel Document） （2）身份证（Certificate of Identity） （3）海员证（Seamen's Passport） （4）回美证（Permit to Reenter The United States） （5）返日证（Reenter Permit to Japan） （6）香港特别行政区护照 （7）香港居民来往大陆通行证 （8）港澳同胞回乡证 （9）中华人民共和国旅行证 （10）中华人民共和国外国人居留证 （11）中华人民共和国外国人临时居留证	（1）外交签证——W （2）公务签证——U （3）礼遇签证——Y （4）另纸签证 （5）团体签证——T （6）互免签证——M （7）定居签证——D （8）职业签证——Z （9）学习签证——X （10）访问签证——F （11）旅游签证——L （12）乘务签证——C （13）过境签证——G （14）常驻我国的外国记者签证——J－1 （15）临时来华采访的外国记者签证——J－2

在查验证件时，要注意证件有无涂改、伪造；核对照片是否与持证人相符；证件的有效期、入境日期和入境口岸等。另外应注意的是，在递接证件时，应用双手，查验完毕归还证件时，应礼貌称呼客人的姓氏，并向客人表示感谢。验证服务标准见表3-8。

表3-8 验证服务标准

文件名	办理入住登记、验证服务标准	页 码	1-1
(1) 新员工上岗前，将登记验证作为重点工作进行培训，经公安机关考试合格后持证上岗。 (2) 登记时，接待员必须认真地核对住宿登记表上的所有项目，严格执行公安部门的有关宾客登记、验证及户籍管理的规定。身份证和护照、签证必须齐全、有效，发现过期失效的一律不得办理入住登记手续。发现查控人员，立即报告安全部门。 (3) 当班经理、主管负责检查当班接待员入住宾客的登记，若有遗漏，要及时与宾客联系补齐，以确保信息的准确。 (4) 在登记、验证过程中，如遇接待员不能处理的特殊情况，须逐级上报，不可擅自处理。 (5) 定期对登记、验证工作进行考核，考核不合格者不允许上岗。对在登记、验证方面出现问题的接待员，视情节轻重进行处理。			

4）排房与定价

（1）分配房间。针对预订客人，为了减少客人等候时间，同时方便客房的分配与管理，接待员应在客人抵店之前，根据其订房要求，提前预留适当的房间。但饭店内同类型客房也存在差异，如位置、景观、内部装饰等方面，因此，具体的房号一般应在征得客人意见之后再确定。同时，接待员在为客人办理入住登记时，应进一步核实客人的订房要求有无变化，并了解客人对客房的具体要求，根据现时客房状况及其他相关因素，为客人安排房间。

接待员为没有预订的客人安排房间时，要主动、耐心地询问客人的具体住房要求，在充分了解客人用房需求的基础上，根据饭店的现时房态向客人推荐两种以上不同类型、价格的房间供其选择，并对不同类型房间的状况、特点加以详细介绍，尽量满足客人的各种要求。

（2）确定房价。对已办理预订并提前由接待处预留房间的客人，在征求客人意见后确定房号及价格。注意必须遵守预订确认书中已标明的价格，不能随意变更。对事先没有预订而直接抵店，尤其是初次到店的客人，根据当时的可租房状况和饭店未来用房需要，热情地向客人推荐、介绍客房并报价和定价。在定价时，要依据饭店有关房价的相关政策及规定，可以将价格在一定范围内浮动，但要经过有关管理人员的同意与批准。房价确定后，注意向客人重复，得到客人的确认。

5）确定付款方式

接待员在为客人办理入住登记手续时，应了解客人的付款方式。确定付款方式的目的，主要是为了确定客人和饭店的信用关系，确保饭店的利益不受损害。另外，不同的付款方式所享受的信用限额也是不同的。客人常用的付款方式有现金支付、信用卡支付、转账支付、支票支付、有价订房凭证、他人代付等。

（1）现金支付。对饭店而言，现金支付风险小，利于周转，也很方便。但要注意及时通知客人补交预付款，防止发生逃账现象。接待员根据饭店定金政策和客人交付的预付款数，决定所给予的消费信用限额。

（2）信用卡支付。接待员首先核验客人所持信用卡是否属于饭店规定的可接受的信用卡，检查有无残缺、破损及有效期限，然后使用压卡机压印签购单，告诉客人信用限额，然后，将信用卡退还客人，最后将签购单和账单一并交收银处。

（3）转账支付。转账支付一方面可以大大简化客人抵（离）店账务手续，另一方面可以促使公司、旅行社等客源组织单位不断为饭店带来新的、更多的客源。因此，饭店对这些客户单位的信用和财务状况等应有清楚的了解和认识。接待员将客人要求与预订单付款方式核准无误后，向客人具体说明转账款项范围，如房租、餐费、电话费、洗衣费等，同时当面说明办理客人自付项目的有关手续及规定。

（4）支票支付。通常国内企业、公司等用支票支付费用，国外客人使用旅行支票支付费用。因此，饭店有关部门必须加强对总台接待员、收银员有关核收支票的业务培训。在实际操作中要注意以下几方面的情况。

① 拒收字迹不清和过时失效的支票。

② 核查支票持有者的有效身份证件并登记。

③ 对于有背书的二手支票，应请客人再次背书。

④ 对有疑惑之处，接待员或收银员应当面问清，并立即向财务主管负责人汇报或向银行查询。现在银行计算机系统更加完善，饭店也普遍使用计算机联网系统及时验证支票，这对于严防空头支票等损害饭店利益的现象发生具有准确、高效的保护作用。

（5）有价订房凭证。饭店为扩大客源市场，与客房预订代理商订有合同。这些由代理商介绍的客人，通常在当地已交过费用（包括房费等），并持订房凭证到饭店登记入住。总台接待员应注意以下事项。

① 核实订房凭证正本和副本是否有效及一致。

② 核实相关联的预订单和传真订单内容是否一致，有无差异。

③ 礼貌地提醒客人为其在店内的其他消费选择支付方式。

（6）他人代付。有些客人提出为其他客人代为支付在店费用。总台接待员应坚持请客人填写“承诺付款书”并签字确认。承诺付款书（Guarantee of Payment）是一种专用单据，用于同意为其他客人代付账款的客人与饭店达成信用关系的凭据。通常为一式三联：一联由同意代付账的客人保存，一联与收银处客账存放在一起，另一联由总台接待处保存备查。另外，还要仔细核查承诺付款人的信用状况及付款能力。

6）完成入住登记手续

（1）填写房卡。接待员在完成以上工作后，一般还要填写房卡，请客人签名并交给客人。房卡（Hotel Passport），也称欢迎卡、钥匙卡或饭店护照，它起着证实客人身份的作用，同时也有促销、向导和说明的作用。一般在客人抵店前填写，或在客人入住填写登记表时，由接待员填写欢迎卡。房卡的设计也因饭店不同而有所不同。这种折页式的房卡除了有总经理欢迎辞、客人姓名，房号、有效期等内容外，通常还印有饭店服务设施、位置、服务时间、会客须知等相关内容，起到了服务指南和推销的作用。

（2）将客房钥匙交给客人，介绍客房楼层位置、房号、电梯、餐厅等。

（3）检查钥匙架是否有客人邮件和留言。

（4）安排行李员引领客人到房间及运送行李。

（5）向客人道别，并致祝愿语。

7）传递、储存信息，建立相关表格资料

（1）客人办理完入住登记手续离开总台后，接待员要把客人的入住信息及时通知客房部，以便客房部服务员做好接待准备工作。

（2）将住宿登记表中的有关内容输入计算机，并将填写好的表格、资料分类存档，以便建立客史档案。

（3）在“预期抵店客人名单”（Expected Arrive List，EA list）中注明该订房单的客人已经入住。

（4）制作客人账单

① 在印制好的账单（Folio）上打印客人姓名、抵店日期、结账（离店）日期、房号、房间类型及价格等，然后将账单（一式两联）与住宿登记表（账务联）及信用卡签购单一并交收银处保存。

② 对于转账客人，一般需制作两份账单：一份（A单）记录应由签约单位支付的款项（已在合同及预订单、登记表中标明范围），是向签约单位收款的证明。另一份（B单）则是记录客人自付的款项。

小资料

地铁登记——马里奥特饭店用尽“地利”

在许多城市，一些大酒店地处繁华中心地段，位于城市人口流动的主要集散地或邻近交通枢纽，这使得许多酒店在争夺客源时有了独有的“地利”优势，如果都能像休斯敦·马里奥特饭店那样精心运作的话，就一定能化优势为胜势。

从休斯敦·马里奥特饭店到飞机场之间有一条地铁，是市民们进出航空港的主通道。地铁站就设在饭店的地下二层，不时会有客人从地铁站直接越过总台入住酒店。

饭店工程技术部专门设计了一种能快速办理入住手续的手提计算机，客人亲切地称之为“移动总台”。饭店在地铁出口处设置3～5名接待员，在大堂再设1～2名登记员。接待员每人配发一台重量1公斤左右的手提终端，直接为已预订客房的客人办理入住登记手续。接待员只需将客人的信用卡在计算机上轻轻一刷，预订即可被正式确认，然后将早已预备好的房间钥匙交给客人，客人便可乘联通地铁的电梯直接抵达楼层。整个过程简单迅捷，极为方便，客人无须穿越大厅，也不必再到总台去办理任何手续。

保证这个登记系统正常工作有两个关键点：一是在顾客抵达以前，必须尽可能地掌握客人的有关信息，如客人的付款方式、所需房型以及预计抵达时间等；二是手提计算机信息能被迅速准确地接收，在饭店总台有一个无线电接收器，它专门接收由手提式终端传送来的客情资料，并进一步予以确认。自从这套系统启用以来，每天约有60%的住客通过这种方式登记入住。

自助登记——凯悦饭店的“一分钟搞定”服务

据不完全统计，顾客们对于饭店前台服务的投诉主要集中于办理登记手续耗时太多上，尤其是那些已经办理了预订手续的客人，仍然需要花费同样多的时间却得不到任何优先。

已经办理预订手续的顾客依然得耗费大量的时间办理登记手续现象的产生，很大程度上应归因于登记办理的管理过程的人工控制性，而在原有的技术条件下，即使是一些世界级的大饭店也未必能完全解决这个问题，一直到凯悦饭店的“一分钟搞定服务”推出后，人们才算找到了解决办法。

凯悦饭店在海特高科技公司的协助下研制出一种“一触即可”的自助登记系统，该机器由键盘、显示器、读卡仪、打印机和钥匙传送器构成，并安装在一个特制的黑色架子上。住客插入信用卡和身份证明，确认了姓名、房间类型选择后，机器便自动传送出1～2把钥匙，同时还打印出一份印有房号及客房路线图的登记单。整个手续办理的过程简捷省时，一般来说，凡已预订的客人只需60秒钟，而事先无预订的客人也只需不到90秒。比起原来的人工登记，确实便利了不少。

除了入住登记外，这套系统还可以用来查阅客人消费记录、办理结账离店手续，同时饭店也可以更加有效地分派员工，加强对客服务。“一分钟OK”的“一触即可”服务自推出以后，迅速得到了广大商务饭店的青睐，因为商务客人大都喜欢便捷、有效、高质量的服务。

特别总台——文华怡东酒店的前厅快速服务处

“特别总台”能真正急商务客人之所急，从根本上改变过去前厅接待时，顾客排队等候的尴尬局面。自推出以来，获得好评如潮，为酒店带来了更多的商务客源。

素有“东方明珠”美称的香港是世界上最繁忙的大城市之一，城区面积大，街道错综复杂，交通经常超负荷运转。许多顾客风尘仆仆抵达怡东酒店时早已是满脸倦色，疲惫不堪，一心只想以最快的速度办好入住手续，到房间里舒舒服服洗个澡、痛痛快快睡个觉。

文华怡东酒店是香港开埠以来最成功的酒店之一，这就使许多客人绕了大半个香港慕名前来投宿。在许多酒店从未出现过的顾客排队办理手续的情形在这里早已司空见惯，人们宁可忍受着旅途的疲惫也要在这里住上一晚，因为这里的环境和服务实在是太诱人了。

来自荷兰的总经理林迅先生将这一切看在眼里，丝毫不敢有所懈怠，“至少从这一个环节上来说，低效率的入住登记就不符合商务客人的需求”。于是，文华怡东酒店一改多年来的排队办理入住手续的惯例，在大厅里另外开设了一个专门为已预订的商务散客和VIP客人办理入住手续的前厅快速服务处，人们戏称之为“特别总台”。

从此，所有来店前已经办理了预订手续或是持有VIP优惠的客人就无须再到总台前去排长队了。“特别总台”里设有宾客专用座椅，边办手续边休息，这里的服务员都是经过专门训练的高级职员，外语娴熟，谈吐优雅，而且反应敏捷，能在最短时间里办好所有事项。“特别总台”为文华怡东酒店增添了许多亮色。

（资料来源：饶勇．现代饭店营销创新500例．广州：广东旅游出版社，2000：159.）

2. 团队客人入住接待程序

团队客人入住服务标准见表3－9。

表3－9 团队客人入住服务标准

文件名	团队客人入住服务标准	页码	1－1
1. 准备工作 （1）按照团队要求提前分配好房间。 （2）在团队抵店前，预先备好团队的钥匙，并与有关部门联系确保房间为完好房。 （3）将房间分配表交与领队。 2. 接待团队入住 （1）前台接待人员与销售联络员一同礼貌地把团队客人引领至团队入店登记处，请客人登记。 （2）团队联络员告知领队有关事宜，包括早、中、晚餐用餐地点，饭店其他设施等。 （3）接待人员与领队确认房间数、人数及叫早时间。 （4）经确认后，请团队联络员在团队明细单上签字且前台接待处人员亦须在上面签字认可。 （5）团队联络员和领队接洽完毕后，前台接待员需协助领队发放钥匙，并告知客人电梯的位置。 3. 信息储存 （1）手续完毕后，前台接待员将准确的房号名单转交礼宾部，以便行李发送。 （2）修正完毕所有更改事项后，及时将所有有关信息输入计算机。			

3.2.3 住宿条件变化的处理

由于种种原因，客人在住宿期间可能换房或更改离店日期，尽管这样会在一定程度上给饭店的服务、接待与管理工作带来不便，饭店还是应该尽量满足客人的要求，使客人获得最大程度的满足。

1. 调换房间

调换房间的基本工作流程见图3－4。

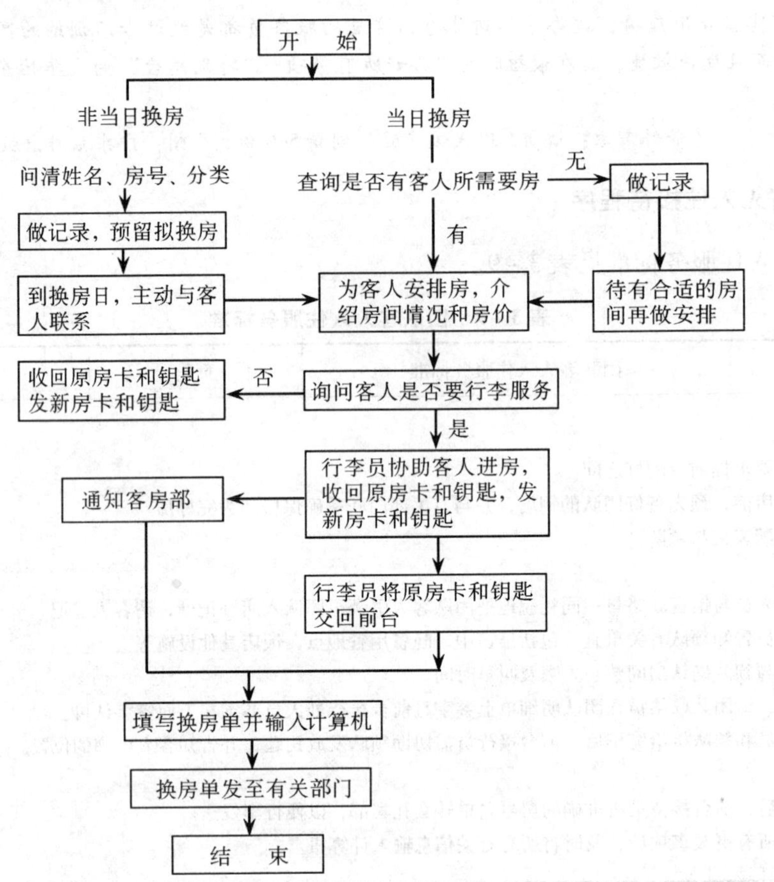

图 3－4 调换房间的基本工作流程

（1）了解换房原因。调换房间有时是按客人的要求进行的，有时则是饭店方面要求的。调换房间通常有以下几种原因。

① 正在使用的房间在价格、大小、种类、噪声、舒适程度以及所处的楼层、位置、房号、朝向等方面不理想。

② 客房设备设施损坏或出现故障，维修需要较长时间。

③ 现住客续住，影响到指定预订该房客人的入住。

④ 客人在住宿过程中，人数发生变化。

⑤ 其他接待任务。

由于饭店原因需要客人换房，接待员必须向客人解释清楚，求得客人的谅解与合作。

（2）查看客房状态资料，为客人安排房间。客人提出调换房间要求时，首先要通过计算机等查看客房状态资料，了解是否有符合客人需要的房间。如果暂时没有，则需向客人说明。若房间档次升高，则要加收房费。饭店自身原因要求客人换房时除外，并要对给客人带来的不便表示歉意。

（3）填写换房通知单（见图 3－5）。填写换房通知单，由行李员分送至客房部、预订处、收银处、总机等相关部门。这些部门应根据换房通知单修订原有资料。如客房部服务员接到此单后，按退房要求对原住房进行检查，并对走客房进行清扫；电话总机更改资料，方便电话转接；前厅收银处接到通知单后，转移客账；问讯处更改资料，方便邮件转交和访客查询；礼宾部及时协助客人提拿行李等。

（4）为客人提供换房时的行李服务。

（5）发放新的房卡与钥匙，由行李员收回原房卡与钥匙。

（6）接待员更改计算机资料，更改房态。

迁房通知单

ROOM CHANGE SLIP

由房号 FROM ROOM ______	转运房号 TO ROOM ______
由收费 FROM RATE ______	转至收费 TO RATE ______
日期 DATE	时间 TIME

图 3－5 换房通知单

2. 更改离店日期

客人在住宿过程中，可能会由于情况变化，而提出提前离店或延期离店的要求。如果客人要求提前结账离店，接待员应通知预订处更改有关预订记录，并通知客房部尽快清扫房间，同时要更改房态。一般饭店的结账时间为中午 12:00。有的饭店也根据具体情况，允许客人适当推迟退房时间，但时间亦不会太长。如果时间较长，则可能视情况收取房费；也可能经过一定的审批程序，不加收房费。

接到客人续住要求后，要问清客人姓名、房号、续住时间，然后与预订处联系，核实订房情况，确定是否能够满足客人的续住要求。如果可以，接待员要填写“推迟离店通知单”（见表 3－10），通知客房部、预订处、收银处等相关部门，并更改计算机资料。

表 3－10 推迟离店通知单

EXTENSION OF STAY

延长退房通知

______饭店

RM ______
房间

续表

IS ALLOWED TO STAY
UNTIL
可停留至

________________ AM

PM
DATE ________________
日期

FRONT OFFICE MANAGER
前厅部经理
SIGNED ________________
签名

3.2.4 常见问题的处理及对策

入住登记过程是总台接待工作中一项操作性强，又十分细致的工作。接待员在实际工作中可能遇到各种各样的问题，需要协调解决。

1. 贵宾接待

对于贵宾，接待员应在贵宾抵店前安排好房间并确认，准备好客房钥匙、欢迎卡、打印登记表等，将信息及时通知各有关部门和岗位，并在贵宾入住时协助大堂副理办理入住登记手续。接待贵宾时，要填写VIP接待通知书（见表3－11），贵宾接待的基本流程见图3－6。

表3－11 VIP接待通知书

团队/姓名	性别	国籍	身份	VIP级别	房型	房号
抵店日期	月 日 时 分			车次或班（包）机		
离店日期	月 日 时 分			车次或班（包）机		
接待事项	迎送	□ 大堂经理 □ 部门经理 □ 驻店经理 □ 总经理 □ 团体迎候				
	入住	□ 总台登记 □ 客房登记 □ 专梯				
	看望	□ 部门经理 □ 驻店经理 □ 总经理				
	致意	□ 总经理名片 □ 贵宾优惠卡 □ 欢迎标语 □ 欢迎信				

续表

<table>
<tr><td rowspan="9">接待事项</td><td>鲜花</td><td colspan="2">□ 枝花　□ 花束　□ 盆花　□ 花篮</td><td>费用</td><td>□ 全费　□ 折扣__%　□ 全免</td></tr>
<tr><td>房内食品规格</td><td colspan="2">□ V_V　□ V_A　□ V_B　□ V_C</td><td>费用</td><td>□ 全费　□ 折扣__%　□ 全免</td></tr>
<tr><td>用车</td><td colspan="2">车型：　数量：</td><td>费用</td><td>□ 全费　□ 折扣__%　□ 全免</td></tr>
<tr><td>用房</td><td colspan="4">□ 全费　□ 折扣__%　□ 全免</td></tr>
<tr><td>就餐事宜</td><td>就餐日期</td><td>就餐地点</td><td>中式</td><td>西式</td><td>就餐标准</td></tr>
<tr><td>早餐</td><td></td><td></td><td></td><td></td><td></td></tr>
<tr><td>午餐</td><td></td><td></td><td></td><td></td><td></td></tr>
<tr><td>晚餐</td><td></td><td></td><td></td><td></td><td></td></tr>
<tr><td colspan="6">其他：</td></tr>
<tr><td colspan="7">费用结算方式：</td></tr>
<tr><td colspan="7">备注：</td></tr>
<tr><td colspan="7">接待单位：________　填表人：________　批准人：________
接待单位电话：________　检查时间：________　日期：________</td></tr>
</table>

分送：□ 总经理室　□ 管家部　□ 前厅部　□ 餐饮部　□ 康体娱乐部　□ 大堂副理
□ 市场营销部　□ 工程部　□ 财务部　□ 保安部　□ 总机

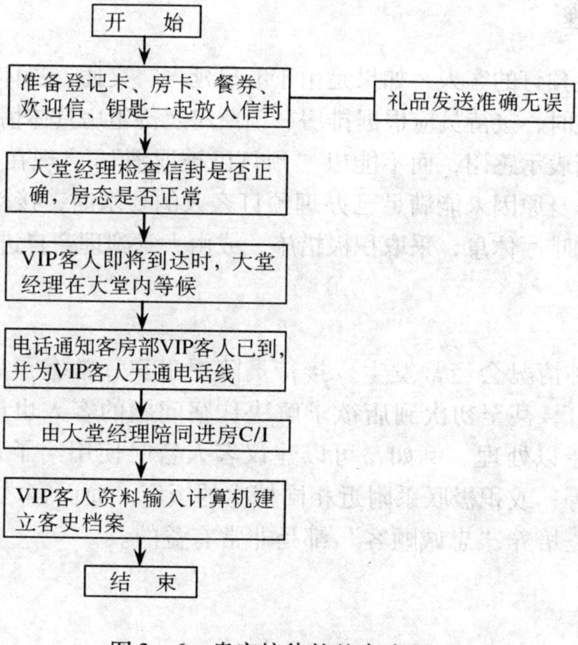

开　始

↓

准备登记卡、房卡、餐券、欢迎信、钥匙一起放入信封 —— 礼品发送准确无误

↓

大堂经理检查信封是否正确，房态是否正常

↓

VIP客人即将到达时，大堂经理在大堂内等候

↓

电话通知客房部VIP客人已到，并为VIP客人开通电话线

↓

由大堂经理陪同进房C/I

↓

VIP客人资料输入计算机建立客史档案

↓

结　束

图 3－6　贵宾接待的基本流程

2. 重复卖房

有时由于工作的疏忽，接待处已将客房卖出，但未能及时更改房态，导致该房间被重卖；或由于未能与客房部及时沟通信息，而不能掌握客房的实际状态，以致重复卖房。这样会给服务工作带来不利的影响，也会使新到的客人和原来的客人感到不悦，饭店应特别重视这类问题。

行李员引领新入住的客人进房前，应先敲门，如果发现卖重房，要向双方客人致歉，然后请新入住客人在楼层稍候，用电话报告接待处。接待处经过核实，确属卖重房后，应立即找出一间相近楼层同类型的客房，签发新的房卡与钥匙，并更改房态，同时安排另一行李员送上楼层，收回原来的房卡与钥匙。最后要注意提醒前厅收银处做好建账工作。

3. 预付款与承诺代付

饭店所制定的信用政策，一般会要求客人交纳预付款。如果客人流露出不满情绪，接待员在耐心解释信用政策的同时，也要机动灵活地处理，对回头客及信用良好的客人可适当放宽政策；对随身钱款不足、但住店天数较多的客人，可以建议客人根据付款能力暂定住店天数，不轻易回绝这类客人。

对于承诺为其他房间客人代付款项的客人，应请其填写承诺付款书，并办理与其要求相符合的信用程序。

4. 预订失约的处理

对于未办理保证性预订的客人，如果是由于航班延误、交通、身体患病等客观因素或无法抗拒的原因而延迟入住时，接待员应根据排房、预留房及待租房具体情况，热情地接待这类客人，并对客人入住饭店表示感谢，而不能以“预订已被取消”、“现在无房”等言语简单、生硬地回绝。由于饭店自身原因未能满足已办理预订客人的要求时，接待员应首先向客人致歉，先安排客人在大堂或咖啡厅休息，采取积极措施，或由大堂副理亲自进行妥善处理。

5. 无房间出租

在销售旺季，这种情况会经常发生。接待员除对贵宾、常客予以特殊关照、积极安置外，对其他未办理预订，甚至初次到店欲求解决住宿问题的客人也应同样以“急客人之所急”的心态，妥善地予以处理。例如，可以建议客人暂时使用给予最大折扣价的套间或房间加床，然后再换房等；或积极联系附近相同档次的饭店。简而言之，解决好诸如此类的难题，对提高饭店声誉，培养“忠诚顾客”都是非常有益的。

6. 特殊要求处理

接待员对于客人在入住时提出的“不接听电话”、“不接待来访客人”、“房号保密”等特殊要求，应予以高度重视，立即在计算机或客房状况架卡条上作特殊标记，并通知总机、客房部、保安部等部门和岗位，不应草率行事，以免引起客人投诉。

7. 遇到不良记录客人

接待员在遇到有不良记录的客人光顾饭店时，凭以往经验或客史档案，要认真、机智、灵活地予以处理。例如，对于信用程度低的客人，通过确立信用关系、仔细核验、压印信用卡、收取预付款等方式，确保饭店利益不受损害，及时汇报；对于曾有劣迹、可能对饭店造成危害的客人，则应以“房间已全部预订”等委婉说法，巧妙地拒绝其入住。

☞ 案例分析

五分钟调换房间

日本东京大仓酒店是世界十大最佳饭店之一，其服务水准有口皆碑。1994年夏，两位中国客人赴日本考察，下榻该酒店。第二天，中国客人准备去九州参观，酒店知悉后，立即提供小面包车接送。开车的是位50岁开外的司机，自接客人上车离开酒店起，一路上停留数处，每次上下车，司机都是站立在车门口迎送。90度鞠躬，两位中国客人感到很不好意思。那天参观内容较多，回到酒店已是灯红星烁。中国客人劳顿了一天，十分疲乏，走进房间却发现室内卫生清扫不彻底，桌上物品没有放齐，垃圾筒里还有上午临走时扔下的废纸。洗手间盥洗台上梳洗用品没有更换。两位客人便与总台接通电话，把房间情况叙述一遍，总台答应马上派人来解决此事。

不到两分钟，值班人员已赶到中国客人的房间，先是规规矩矩地鞠躬，接着便是连声不迭的“对不起”。“这么晚了，还给两位增添那么多麻烦，敬请原谅”，值班人员歉意深重地说道：“我马上请人为两位先生重新清扫整理房间，并配齐所有物品……”。说到此处，他稍稍停顿一下，听听客人对此建议的反应。看到中国客人没有表态，他又继续说：“或者我立刻安排另一个房间，不知两位意下如何?”

中国客人接受了第二种补救措施。值班人员又深深地一鞠躬，感谢客人的谅解。他很快重开了一个OK房，并亲自帮助提行李，把客人送进房间。整个问题的处理用时不到5分钟。

✍点评

考察过日本酒店的中国同行回来都有一个感觉，即日本酒店的硬件设施与我国同级酒店相比，并没有好多少，有些酒店还不如我们，但是日本酒店员工的服务意识和业务素质明显高于我们。在日本，无论低星级还是高星级酒店，从业人员至少有两点值得我们学习：一是礼貌。接受90度鞠躬是身居日本的一大享受。客人在酒店内走动，不管到达哪个岗位，员工必定暂停手中的工作，鞠躬致礼。还会站立一旁让客人通过，直到客人走远才继续工作。本例中那位开车司机每到一处便站在车门口迎接，便是良好职业习惯与道德的反映。二是微笑。总体来说，国际友人认为在日本酒店见到的微笑更多，更甜、更富有亲情。问候语和"May l help you?"（我可以帮助您吗?）在日本随处可以听到。相比之下。我国酒店便显得不足。现在不少酒店已经觉察到这一点，并采取了种种措施，但"微笑"水准还不高，人情味还不足。

另外，大仓酒店员工的效率意识，也是值得我国同行学习的。服务失误情况发生后，他们的夜间值班人员两分钟内赶到客人房间，整个问题的处理不到5分钟。服务效率低是我国部分酒店依然存在的弊病。在抓服务质量的时候，更多考虑的是态度和技能，较少关注服务效率，其实服务效率不高，在很大程度上已经影响了部分酒店的形象与声誉。

本例中的酒店客房工作没有做好，致使客人投诉，这当然是不可取的。但是，他们发现问题后能以最快的速度补救，并给客人以选择，这样的处理效率与方式值得学习。

本章小结

总台是饭店接待服务中的关键环节之一，总台接待工作的好坏，直接影响饭店的营业收入和饭店的声誉。本章主要介绍了入住登记的相关知识及接待程序，以及客房状况控制等内容。做好接待的准备工作，熟悉客房状况，了解对客服务程序，对于做好客房销售工作及提供优质接待服务有着非常重要的意义。

思考题

1. 总台接待员怎样才能做好接待的准备工作?
2. 住宿登记的目的是什么？住宿登记表有哪些基本内容?
3. 试述入住登记的程序。
4. 简述VIP客人和团队入住登记的程序。
5. 主要的客房状态有哪些？如何有效地控制房态?
6. 如何正确处理客人的换房要求?

客人来到饭店后当然希望能够有服务员迎接，帮助搬运行李，并提供各种应接服务。从事这种接待服务的人员向客人提供面对面的服务，比起别的部门与客人接触得更多。他们的服务虽然简单，但却极其重要，因为他们是最初迎接客人，也是最后送别客人的人。日复一日圆满地接收和处理这样的琐事就是饭店活力的根基，是饭店魅力的触发剂。

第4章 前厅服务

学习目标

◎ 了解和掌握前厅服务的具体项目及相关业务知识。

◎ 掌握行李服务的工作程序。

◎ 了解商务楼层的日常工作流程。

◎ 熟悉金钥匙服务的相关知识。

4.1 礼宾服务

前厅部是饭店业务活动和对客服务的一个综合性部门。我国大、中型饭店一般将礼宾服务与总台问讯、接待、结账等作为前厅服务过程中的几个平行机构而单独设置。在礼宾服务机构名称上，有些饭店称为行李处（Bell Counter/ Bell Service），有些饭店为了体现其等级、规模不同于其他饭店，设立礼宾部（Concierge），服务范围更广泛，而且更具个性化。在服务功能上，礼宾服务主要是向客人提供店内、店外的应接服务、行李服务、报刊/邮件服务以及寻人和委托代办服务等。礼宾服务是饭店前厅服务的“窗口”，对客人“第一印象”和“最后印象”的形成起着重要作用。

4.1.1 行李处的主要岗位职责

1. 礼宾主管

礼宾主管的岗位职责见表4－1。

表4－1 礼宾主管的岗位职责

文件名	礼宾主管的岗位职责	页 码	1－1
1. 管理层级关系 （1）直接上级：前厅部经理。 （2）直接下级：行李领班。 2. 岗位职责：协助前厅部经理和副经理工作，具体负责指挥和督导下属员工，为客人提供高质量、高效率的迎送宾客、行李接运、委托代办、分发、收存、转寄报刊信函等服务，确保本班组工作正常运转。 3. 工作任务 （1）掌握当日、次日客房出租状况，以及餐饮宴会、VIP客人、团队抵离店等客务信息。 （2）根据任务情况合理安排班次，调配岗位和工作任务，保证各岗位工作正常运转。 （3）检查下属员工的仪容仪表、着装、行为举止及出勤情况等。 （4）办理委托代办服务，满足客人提出的特殊要求。 （5）与前台接待、销售代表协调合作，及时为团队客人取送行李。 （6）督导检查客人寄存的行李物品符合饭店规定。 （7）检查行李车、物品存放货架、行李网、客用雨伞等设备用品的完好程度。 （8）按部门要求对下属员工出勤及工作表现进行考核评估。 （9）按计划对所辖员工进行培训。 （10）阅读有关报表，了解当日离店的客人数量、团队情况、饭店内重大活动及接、送机情况。			

2. 行李领班

行李领班的岗位职责见表4－2。

表4－2 行李领班的岗位职责

文件名	行李领班的岗位职责	页 码	1－1
1. 管理层级关系 （1）直接上级：礼宾主管。 （2）直接下级：行李员。 2. 岗位职责：组织下属员工为客人提供行李运送、机场迎送、委托代办、收发报刊信函等服务。 3. 工作任务 （1）掌握当日、次日团队、VIP客人预期抵离情况。 （2）检查行李员、门童仪表、举止及出勤等情况。 （3）检查行李接送记录、寄存记录，填写值班日记，做好交接班工作。 （4）安排人员及时、准确地分发报刊信函。 （5）当礼宾主管不在时，受理委托代办事宜。 （6）协助管理和疏导门口车辆，确保通道畅通。			

3. 行李员

行李员的岗位职责见表4-3。

表4-3 行李员的岗位职责

文件名	行李员的岗位职责	页　码	1-1
1. 管理层级关系 （1）直接上级：行李领班。 （2）直接下级：无。 2. 岗位职责：热情迎送客人，提供礼宾服务，为客人提供接运和寄存行李、收发报刊信件、留言找人和传真的送达及办理小件维修等项服务。 3. 工作任务 （1）为客人提供拉门服务。 （2）为客人抵离店提供行李接运服务，为换房客人提供行李服务。 （3）负责公共告示栏信息更新。 （4）召唤和预订出租车，协助疏导车辆。 （5）对衣冠不整者，予以礼貌劝阻。 （6）引领入住客人进房间，主动介绍饭店及客房设施设备和服务项目。 （7）代客寄存行李物品。 （8）收发并分送报刊、信件及留言。 （9）为住店客人取送商务中心传真。 （10）饭店公共区域寻人服务。 （11）维持饭店大厅入口的清洁和秩序。 （12）提供问讯服务。 （13）完成上级交办的其他任务。			

4. 机场代表

机场代表的岗位职责见表4-4。

表4-4 机场代表的岗位职责

文件名	机场代表的岗位职责	页　码	1-1
1. 管理层级关系 （1）直接上级：礼宾主管。 （2）直接下级：行李员。 2. 岗位职责：为客人提供店外接送服务，在机场或车站接送客人及办理客房预订，积极推销饭店产品，提供信息服务。 3. 工作任务 （1）预订车辆，并跟随车辆提供接送服务。 （2）协助客人办理入住登记手续。 （3）随时注意机场、车站交通变化情况，与饭店前台保持联系。 （4）负责接送抵离饭店的客人及行李物品。			

4.1.2 迎送宾客服务

迎送宾客服务主要由门童、行李员、饭店代表等提供，一般可分为店内迎送和店外迎送两种。

1. 店内迎送服务

1）迎宾

（1）客人到达饭店时，门童应主动、热情、面带微笑向客人点头致意，并致问候语或欢迎语，同时用手势示意方向，为客人拉开大门。若行李员距离较远，应使用手势示意，切忌大声喊叫，以免扰乱前厅安静的气氛。若客人乘车，门童应使用规范手势，示意司机停在指定地点或客人容易下车的地点。车停稳后，为客人拉开车门，主动向客人热情问候，对常客和贵宾应能礼貌、准确地称呼客人姓名。拉车门时要站在前、后门中间，用左手拉开车门，右手则挡在车门框上沿，防止客人碰伤头部，此为“护顶”（如图4－1所示）。

图4－1 为客人开车门并护顶

（2）开门时原则上要先女宾后男宾、先外宾后内宾、先老人后小孩，若无法判断，则先开靠近台阶的后门。

（3）客人行动不便或遇到残疾客人时，立即上前搀扶，并提示行李员为残疾客人准备轮椅。

（4）及时为客人拉开饭店的正门，如果客人行李物品较多，应主动帮助提拿，并提醒客人清点件数，带好个人物品，进入大厅时立即交给行李员。

（5）团体客人到店时，待客车停稳后，门童站立在车门一侧，迎接客人下车，主动点头致意、问候，接过行李物品，搀扶行动不便的客人、老人或儿童下车，最后示意司机将车开走或停放在指定地点。

（6）如果遇到下雨天，应主动打伞接应客人下车进店，并提醒客人可以将雨伞锁在门口的伞架上。

（7）住店客人进出饭店时，应热情地招呼致意。

2）送别

（1）客人离店时，门童应主动为客人叫车，将车引导至便于客人上车，又不妨碍其他车辆停车的位置，协助行李员装好行李，并请客人清点，然后请客人上车，右手挡在车门上沿，防止磕碰客人头部，并向客人道别，预祝客人旅途愉快，欢迎客人再次光临。最后，轻轻关上车门，面带微笑，后退一步，挥手道别，目送客人离开，以示礼貌。

（2）关车门时，要等客人坐稳后再关，注意不要夹住客人衣角。

（3）如果客人暂时外出，可以说“一会儿见”，避免客人反感。

（4）送别团体客人时，门童应站立在车门一侧，向每一位上车的客人点头致意，欢迎客人再次光临，主动搀扶老人或行动不便的客人，待客人全部到齐，司机关门后，伸手示意司机开车，并目送客人离去，表示感谢客人光顾。

3）其他日常服务

（1）保持大门环境清洁。大门是饭店门面，虽然门童不负责清扫，但有责任保持门口及大厅的清洁，发现有杂物时，立即通知PA予以清除，发现纸屑、烟蒂时，马上捡起投进垃圾桶内。另外，还应随时检查大门的完好程度，发现问题，及时报修。

（2）做好门前安全工作。协助保卫人员做好门前保安工作，注意门前来往客人，确保饭店安全。

（3）回答客人问讯。礼貌地回答客人问讯，对不能确定的问题，可以请客人到问讯处询问。

（4）指挥疏导门前交通。及时疏导车辆，保持门口、车道通畅，维护门口良好秩序。在用车高峰或雨雪天时，主动为客人调度、联系出租车。

（5）填写服务指南卡。门童对不熟悉饭店周围环境的客人，应热情耐心地问清客人所去目的地，然后告诉司机，并填写“服务指南卡”，记下车号、日期、时间及目的地，然后将卡片交给客人留存。

2. 店外迎宾服务

店外迎宾服务主要由饭店代表负责。饭店代表，顾名思义，就是为方便客人，代表饭店在机场、车站、码头等主要出入境口岸为客人提供高效的迎接和送行服务，是饭店给予客人的“第一印象”，更是饭店对外宣传的窗口。饭店代表可谓是饭店CI形象策略和公共关系中至关重要的一员。因此，店外迎送实际上是前厅礼宾服务的延伸，饭店代表是客人所见到的第一位服务人员。饭店代表的仪表仪容、行为举止、服务效率将给客人留下深刻印象。图4－2为接机服务的流程。

（1）客人抵达前：

① 准确掌握航班、车次及客人情况；

② 提前做好准备工作，备好接机牌；

③ 安排好交通工具（见表4－5）；

④ 站立在显眼位置举牌等候。

(2) 客人到达时：

① 代表饭店向客人表示欢迎和问候；

② 根据预抵店客人名单予以确认；

③ 搬运并确认行李件数，挂好行李牌；

④ 引领客人上车。

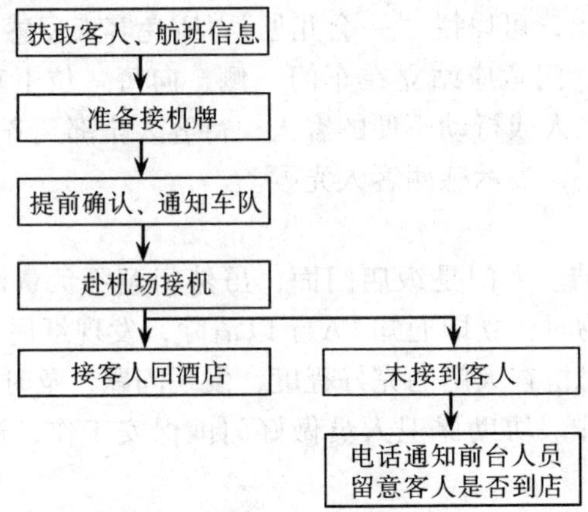

图 4-2 接机服务的流程

表 4-5 饭店车辆安排记录

饭店车辆安排记录

HOTEL LIMOUSINE SERVICE RECORD

Date: ________

编号 No.	客人姓名 Guest Name	服务项目 Services	航班号码 Flight No.	预计抵达/离开时间 ETA/ETD	车型 Car Type	车队 Transportation	经手人 Handle By	备注 Remarks
01								
02								
03								
04								
05								
06								

(3) 在路途中：

① 主动介绍本地和饭店概况；

② 协助做好入住登记手续；

③ 始终与总台保持联系，及时通知变化情况。

(4) 客人抵店后：

① 引领客人到总台办理手续；

② 将行李物品交付行李员运至房间；

③ 协助大堂副理做好 VIP 贵宾接待。

4.1.3 行李服务

行李服务由前厅部的行李处负责提供，饭店将行李处设在客人很容易发现的位置，所处的位置能够使行李员便于观察到客人抵店、离店的进出情况，便于与总台协调联系。由于散客与团队客人有许多不同的特点和要求，因此，行李服务规程也有不同的要求。图 4－3 为行李到店时的服务流程。

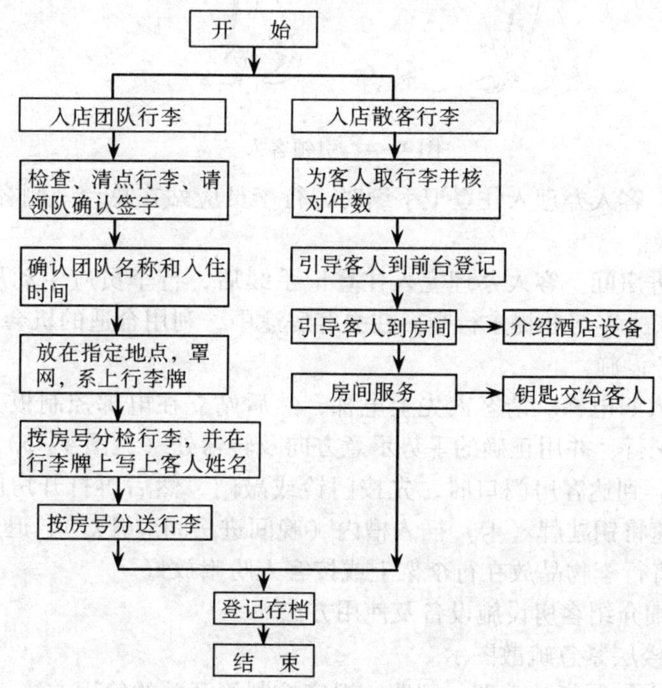

图 4－3 行李到店时的服务流程

1. 散客行李服务

1）散客到店时的行李服务

(1) 在客人乘车抵达饭店时，行李员应主动上前迎接。客人下车后，迅速将行李卸下车，请客人清点行李件数，并检查行李有无破损。然后根据行李的多少，决定是否需要使用行李车。装行李车时，注意把大件行李和重的行李放在下面，小的、轻的行李放在上面。对于客人的贵重物品和易碎物品，行李员不必主动提拿，如果客人要求帮助，行李员应该特别小心，防止丢失或破损。

（2）引领客人到总台接待处。在引领过程中礼貌地询问客人是否已办理了预订。引领客人时，要走在客人的左前方，距离二三步远，步伐节奏与客人保持一致（见图4－4）。遇到拐弯处或人多时，要注意回头招呼客人。

图4－4 引领客人

（3）等候客人。客人办理入住登记手续时，行李员应站在总台一侧客人身后1.5米处，看管行李，听候召唤。

（4）引领客人进房间。客人办理完入住登记手续后，行李员应主动从接待员手中领取房间钥匙，引领客人去客房并提拿行李。在去客房途中，利用合适的机会，主动向首次抵店的客人介绍饭店服务设施。

（5）主动为客人叫电梯。请客人先上电梯，然后站立在电梯控制板旁边。电梯到达楼层停稳后，请客人先行，并用正确的手势示意方向及转弯处（见图4－5）。

（6）敲门进房。到达客房门口时，先按门铃或敲门，然后再打开房门。客房设有节电钥匙控制开关，迅速将钥匙牌（卡）插入槽内（晚间进房间应开灯），退到房门一侧，示意客人先进房间，并将行李物品放在行李架上或按客人吩咐放好。

（7）向客人详细介绍客房设施设备及使用方法。

① 介绍该房间楼层紧急疏散图示。

② 介绍床头柜上控制板的电器、照明、温度控制等开关的使用方法。

③ 重点介绍饭店有特色的服务。

④ 扼要说明电视节目内容。

⑤ 打开冰箱，介绍小酒吧服务。

⑥ 提示客人洗衣袋、洗衣单摆放位置并介绍洗熨衣服务。

⑦ 介绍卫生间冷热水、晾衣绳及电源的使用方法。

在介绍过程中，始终关注客人的表情及神态，并回答客人的提问。如果客人曾经住过本饭店，则可不必介绍。

（8）离开客房。房间介绍完毕，行李员应再次征求客人意见，表示随时愿意提供服务，并祝愿客人住店期间生活愉快，然后与客人道别。退出房间时，要面向客人，将房门轻轻关上。

（9）返回行李处，填写散客行李进店搬运记录（见表4-6）。

陪同客人进电梯

陪同客人出电梯

图4-5 陪同客人进出电梯

表4-6 散客行李进店搬运记录

日期：

房号	进店时间	行李件数	预计离店时间	行李员姓名	备注

2）散客离店时的行李服务

散客离店时的行李服务流程见图4－6，其服务标准见表4－7。

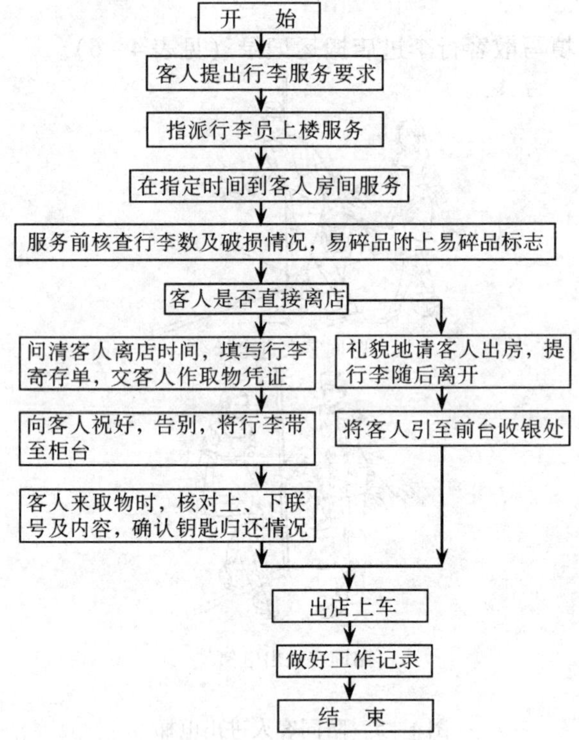

图4－6　散客离店时的行李服务流程

表4－7　散客离店时的行李服务标准

文件名	散客离店时的行李服务标准	页　码	1－1
1．接到通知收取客人行李：当接到客人离店时要求收取行李电话时，应问清房号、行李件数和收行李时间。 2．登记：将上述内容登记在散客离店登记单上（见表4－8）。 3．收取行李 （1）推行李车，3分钟内到达客人房间。 （2）问候过客人后，同客人一起点清件数，检查有无破损，并确认有无遗留物品。 （3）将客人引导至大堂。 4．帮助客人离店 （1）确认客人已结清账目，帮客人提行李出店上车。 （2）必要时通知门童为客人叫出租车。 （3）礼貌告别。			

表 4－8　散客离店时行李搬运记录

日期：

房号	离店时间	行李件数	收取行李时间	行李员姓名	车号	备注

2. 团队行李服务

（1）团队客人到店时的行李服务标准见表 4－9。

表 4－9　团队客人到店时的行李服务标准

文件名	团队客人到店时的行李服务标准	页　码	1－1

1. 接收行李

（1）当团队行李送到饭店时，尽快推出行李车。

（2）点清行李件数，检查行李有无破损，如遇损坏，须请团队行李人员签字证明，并通知团队陪同及领队。

（3）客人下车后，上车检查是否有遗留物品。

（4）统计行李件数，请领队签名确认，并确定团队名称和入住楼层。

（5）整齐码放行李，全部系上有本饭店标志的行李牌（见图 4－7），并用网子罩住，以防丢失、错拿。

2. 分拣行李

（1）根据前台分配的房号，分拣行李，并将分好的房号清晰地写在行李牌上。

（2）与前台联系，问明分配的房间是否有变动，如有变动须及时更改。

（3）迅速将已知房号的行李送至房间。

（4）如遇行李姓名卡丢失的行李应由领队帮助确认。

3. 送行李到房间

（1）将行李平衡摆放在行李车上，在推车入店时，注意不要损坏客人和饭店财物。

（2）在进入楼层后，应将行李放在门左侧，轻敲门三下，报出“行李员 BELL SERVICE”。

（3）客人开门后主动向客人问好，固定门把行李送入房间内，待客人确认后方可离开，如果没有客人的行李，应婉转地让客人稍候并及时报告领班。

（4）如果客人不在房间，按照房号将行李放在房内行李架上。

（5）对于破损和无人认领的行李，要同领队或陪同及时取得联系以便及时解决。

4. 行李登记

（1）送完行李后将每间房间的行李件数准确登记在团队入店登记单上（见表 4－10），开门直接送的行李应注意“开门”字样，并核对总数是否同刚入店时一致。

（2）按照团队入住单上的时间存档。

行李牌 LUGGAGE TAG

日期
Data ______________

房间号码
Room Number ______________

行李件数
Pieces ______________

车号
Taxi No. ______________

行李员
Bellman ______________

宾客签字
Guest Signature ______________

No. 000001

城市酒店（上海）
CITY HOTEL SHANGHAI

房间号码
Room Number

行李员
Bellman ______________

No. 000001

图 4－7　行李牌

表 4－10　团队行李进出店登记表

日期：

团队名称				人数		抵店日期		离店日期	
	时间	总件数	行李押运员		饭店行李员		领队签字		车号
进店									
离店									
房号	进店件数			离店件数			行李收取时间		
	行李箱	行李包	其他	行李箱	行李包	其他	备注		
合计									

进店　　　　　　　　　　　　　　　离店
行李主管：　　　　　　　　　　　　行李主管：
日期/时间：　　　　　　　　　　　日期/时间：

（2）团队客人离店时的行李服务流程见图4-8，其服务标准见表4-11。

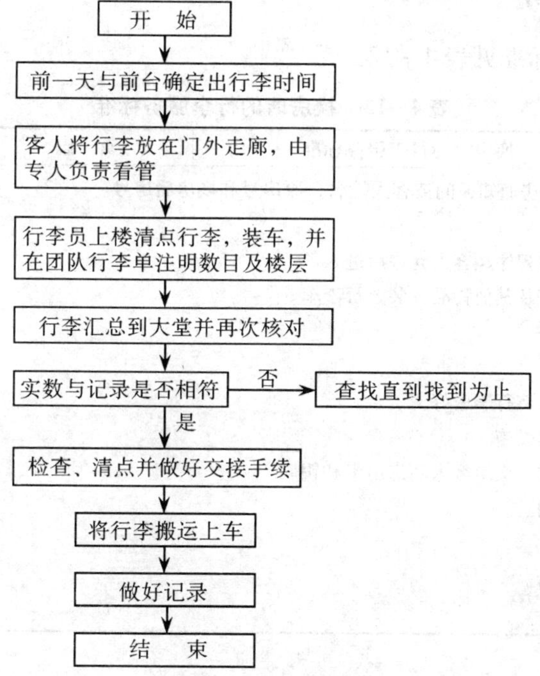

图4-8 团队离店时的行李服务流程

表4-11 团队离店时的行李服务标准

文件名	团队离店时的行李服务标准	页 码	1-1
1. 准备 （1）仔细审阅前台送来的团队离店通知。 （2）将第二天预离团队的团号、房间号、人数与计算机内档案核实。 （3）与团队入店时填写的行李表核对，并重建新表。 （4）夜班领班将核实后的表格交下一班领班。 2. 收取行李 （1）依照团号、团名及房间号码到楼层收取行李。 （2）与客人确认行李件数，如客人不在房间则检查行李牌号及姓名。 （3）如客人不在房间，又未将行李放在房间要及时报告领班解决。 （4）按指定位置摆放行李，并罩好，以免丢失。 3. 核对 （1）统计行李件数的实数是否与登记数相吻合。 （2）请陪同或领队一起过目，签字确认。 （3）当从前台得到该团行李放行卡后，方可让该团队离开。 4. 行李放行及存档 （1）团队行李员确认完毕行李件数团号和团名后，请其在离店单上签上姓名及车牌号。 （2）把团队离店登记单存档。			

3. 换房时的行李服务

换房时的行李服务标准见表4－12。

表4－12 换房时的行李服务标准

文件名	换房时的行李服务标准	页　码	1－1
1. 接到换房通知：接到前台换房通知，问清客人姓名、原房号和换房后房号。 2. 到原客人房间 （1）到客人原房间，按进房程序经客人允许后进人。 （2）请客人清点要搬的行李及其他物品，装上行李车。 3. 引领客人到新的房间 （1）引领客人到新房间。 （2）为客人开门，帮助客人将行李放好。 （3）必要时向客人介绍房内设施。 （4）收回客人原房卡和钥匙，交给客人新房房卡和钥匙。 （5）向客人道别，退出房间。 4. 换房完毕 （1）将房卡和钥匙交回前台。 （2）做好记录。			

4. 行李寄存服务

（1）寄存行李。

① 客人寄存行李时，行李员应主动问候客人，热情接待，礼貌服务。

② 确认客人身份。请客人出示房卡，确认客人为住店客人；外来客人的行李原则上不予寄存。

③ 礼貌地询问客人所寄存行李中，是否有贵重物品或易燃易爆、易损易腐烂的物品等，以及提取行李的时间。

④ 填写寄存行李卡。请客人确认行李物品件数后，在双联行李寄存卡（见图4－9）上签名。

⑤ 将寄存卡的上联（提取联）交给客人，提醒客人注意保存，下联（寄存联）系在客人行李上，并向客人简要说明注意事项及饭店的有关规定。

⑥ 将寄存的行李有秩序地码放在行李架上，同一客人的行李要集中存放，并用绳子系在一起，以区别于其他客人的行李物品，避免客人领取时错拿。

（2）提取行李。

① 主动问候客人，请客人出示提取联，并与寄存联核对。

② 核对无误后，将行李物品从行李架上取下，交给客人，请客人当面清点并签字。

③ 将寄存卡的上联和下联装订在一起存档。

○ No. 000001

行李寄存牌 LUGGAGE STORAGE TAG

宾客姓名
Guest Name ______________

房间号码 日期
Room Number ________ Date ________

行李件数
Pieces ______________

行李员
Bellman ______________

宾客签字
Guest Signature ______________

城市酒店（上海）
CITY HOTEL SHANGHAI

宾 客 联 Guest Portion No. 000001

行李寄存牌 LUGGAGE STORAGE TAG

日期
Date ______________

宾客姓名
Guest Name ______________

房间号码
Room Number ______________

寄存内容 Description	数量 Quantity	寄存内容 Description	数量 Quantity
化妆箱 Beauty Case		旅行袋 Traveling Bag	
密码箱 Brief Case		西装袋 Wardrobe Park	
高尔夫球箱 Golf Bag		衣物 Clothing	
便携式行李箱 Pullman Trunk		包裹 Parcel	
硬行李箱 Suitcase		纸箱 Paper Box	
其他 Others			

行李员
Bellman ______________

宾客签字
Guest Signature ______________

CITY HOTEL SHANGHAI 城市酒店（上海）

行 李 寄 存 条 件:

本酒店接受贵客寄存行李，其条件如下：

1. 寄存于本酒店之物品，如遇任何形式的意外或事故导致损失，本酒店将概不负责。
2. 寄存之物品中不得夹带任何易碎品。
3. 如果贵客于物品寄存之日起，三十天内不来领取，则本酒店有权予以处理。
4. 如果有任何人出示本寄存牌下联，索取寄存之行李，本酒店有权将该物品发交于他而无须辨认领取人身份。
5. 对寄存物品本酒店有权要求当场进行开包安全检查。

Conditions of storage

Luggage is accepted for storage by the hotel on these teams.

1. The articles are deposited with the hotel at the sole risk of the Owner. The hotel will not be responsible for any loss or damage however arising.
2. It is not permitted to carry breakable in deposit articles the hotel will not be responsible for any loss arising in storage or transportation.
3. The articles deposited are not collected with one month from the date of the receipt, the hotel shall have the right to dispose it without any notice.
4. The hotel is authorized to deliver the articles to any person presenting the luggage claim check, with out requiring any proof of identity and shall not be responsible for any loss or damage. However arising, which may be suffered by the Owner as a result there of.
5. The hotel may request for articles to be opened for security inspection prior or acceptance of same forstorage.

图4－9 双联行李寄存卡

④ 如果他人代领行李，则客人应事先将代领人的姓名等情况写明，使用提取联和有效证件领取行李。

⑤ 如果客人的寄存卡提取联丢失，必须凭借足以注明客人身份的证件领取，并要求客人写出已领取行李的说明，与寄存卡装订在一起备查。

4.1.4 委托代办服务

1. 寻人服务

当访客来到饭店欲找寻某位住店客人，而这位客人恰好不在房间，请求礼宾部帮助时，行李员应先问清住客的姓名，经与总台核准后，由行李员在前厅等公共区域举着写有这位客人姓名的“寻人牌”呼唤寻找客人。行李员边举牌行走，边敲出牌上安置的铜铃或其他发声装置，以便发现或提醒客人。在店内寻找非住店客人，或在其他营业场所、娱乐区域寻人时，还可通过电话与各营业点值班服务员联系查找。寻人服务的流程见图 4－10。

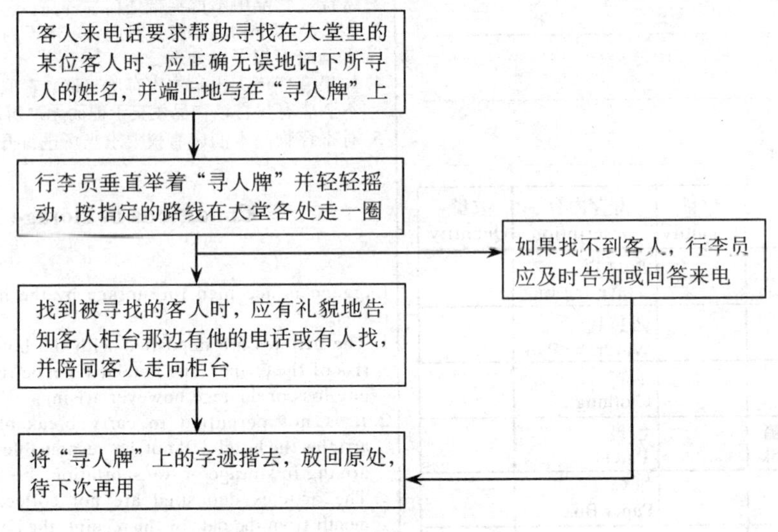

图 4－10 寻人服务的流程

2. 泊车服务

泊车服务是饭店设专职泊车员，负责客人车辆的停放服务。客人驾车到店时，泊车员将车辆钥匙寄存牌交给客人，礼貌地提醒客人保管好随身携带的物品，然后将客人的车辆开往停车场。泊车员应注意车内有无遗留的贵重物品及其他物品，车辆有无损坏之处，并将停车地点、车位号、车牌号、车型等内容填入工作记录。客人离店需用车时，出示车辆寄存牌，泊车员迅速将客人的车辆开到饭店大门口，交给客人。泊车服务对泊车员素质要求较高，除应受过严格的专业训练，具有优秀的驾车技术和很强的安全意识外，更应具有高度的责任心。

3. 递送转交服务

递送转交服务的内容包括客人的邮件、传真文件、物品，饭店的各种报刊、信件、表单等，通常由行李员分送到客人房间或饭店相关部门。

（1）递送服务。

① 行李员按当日客房状况显示的住客情况，派送客房报纸，并填写报纸递送记录。

② 注意服务规范，乘员工电梯，走员工通道。

③ 递送住客邮件、传真时，应先按门铃或敲门，主动问候，然后再请客人当面确认签收。

④ 递送留言时，可从门缝下塞进去，以免打扰客人。

⑤ 客人暂时不在房间时，应做留言提示。

⑥ 对无此收件人的邮件，经反复核准后应及时退回邮局。

（2）转交服务。转交物品是指住店客人的亲戚朋友、接待单位或其他有关人员送给客人的物品，因客人外出而见不到客人，又不能久等，而委托饭店转交客人。

① 接受物品时，首先要确认本店有无此客人，然后请来访者填写一式两份的委托代办单（见表4-13），注明来访者的姓名、地址、电话号码，以便联系，还要注明转交物品的名称和件数。

② 接受物品时一定要认真检查，并向来访者说明不寄存易燃易爆、易腐烂物品。

③ 鲜花、水果等，可以先送到客人房间摆放好，并将赠送者的名片夹在上面。

④ 如果是住店客人转交物品给来访者，则要请住店客人写明来访者的姓名。待来访者前来领取时，要请他出示证件并签名。

表4-13 委托代办单

转交物品委托书

ENTRUSTED REMINDER

FILE NO.

编号：________

I ENTRUST THE ASST. MANAGER TO TRANSFER THE THING BELOW TO ________ IN ROOM ________.

现委托大堂副理将下列物品转交给________ 房客人________

DESCRIPTION OF ARTICLE

转交物品

BRAND

牌子：________

COLOR

颜色：________

MODEL

型号：________

SIZE

规格：________

NUMBER
数量：________________

OTHERS
备注：________________

GUEST SIGNATURE
委托人签名：________________

COMPANY
公司：________________

DATE/TIME
日期/时间：________________

A. M. SIGNATURE
经手人签名：________________

4. 预订出租车服务

客人外出要预约出租车时，行李员应将客人的订车要求准确地记录，替客人联系预订出租车。出租车可以是饭店本身所拥有的，也可以是出租车公司在饭店设点服务的，或是用电话从店外出租车公司叫车。根据客人要求，也可提前预订包车。预约订车单见表4－14。

当被叫的出租车到达饭店门口时，行李员应向司机讲清客人的姓名、目的地等。必要时充当客人的翻译，向司机解释客人的要求。也可填写一张向导卡给客人，卡上用中文写上客人要去的目的地及饭店的名称和地址等。

表4－14 预约订车单

预约订车单
TAXI RESERVATION FROM

房号： Room No.			姓名： Name	
人数 No. of guests			日期 Date	时间 Time
车型大、中、小 Type l. m. s			出发地 Starting from	
单程 One way	双程 Two way	目的地 Destination		
要求 Special requirement				

NOTE：
① Please fill in the blank of the form in detail.
② Please hand it to service counter or taxi service desk.

饭店提供的其他委托代办服务还有衣物寄存、外修外购、雨具出租及保管等。委托代办服务范围较大，客人要求随机性强、变化也快，各饭店对此类服务虽有比较明确的规程及规定，但仍需前厅服务人员急客人所需，竭尽全力为客人排忧解难。要做好委托代办服务，必须保持和发展同店外有关单位的沟通及良好合作关系。另外，在委托代办服务中还有一项重要的金钥匙服务，将在下一节专门介绍。

4.2　金钥匙服务

无论在世界的哪个角落，金钥匙们都将倾尽全力，去延续我们肩负的使命：以真诚服务于我们的职业，我们的饭店，乃至整个旅游业。

——国际金钥匙组织创始人：费迪南德·吉列特

There will always be, in every country, Clefs D'or members who are able to continue with our mission: to be of service to our profession and the hotel and tourist industry.

——The Founder President: Ferdinand Gillet

4.2.1　金钥匙的含义

"金钥匙"的全称为"国际饭店金钥匙组织"（UICH），是一个国际性的饭店服务专业组织。金钥匙服务，最早是法国在1929年率先提出的，他们将"客人委托、饭店代办"式的个性化服务上升为一种理念。1952年，在此基础上成立了饭店业委托代办的组织——金钥匙组织。经过70多年的发展，国际饭店金钥匙组织已有34个国家和地区的4 500多名成员。1997年1月，在意大利首都罗马举行的第45届国际饭店金钥匙年会上，中国饭店金钥匙被接纳为国际饭店金钥匙组织第31个团体会员。

"金钥匙"的英文为Concierge，词义为门房、守门人、钥匙看管人，其原型是19世纪初期欧洲饭店的"Concierge"（委托代办）。而古代的Concierge是指宫廷、城堡的"钥匙保管人"。关于"Concierge"一词的来源，一种说法是来源于拉丁文，语意为"保管"、"管理"或是仆人；另一种说法即古代法语的衍生意思，这个词为"The Comte Des Cierges"（蜡烛伯爵，即保管蜡烛的人），是负责满足一些到豪华场所娱乐的贵族们的奇想和渴望，以及其他需求的人。古时，遍布在那些荒无人烟的边境地区，照顾过往的旅行商队的人，被称为"Concierge"，这种职业最终在中世纪传到欧洲，在一些知名的政府建筑、宫廷和城堡里，"Concierge"变成"钥匙的保管人"。1800年，随着铁路和游轮的增加并初具规模，旅游业欣欣向荣，现代饭店的"Concierge"便诞生了。费迪南德·吉列特先生是金钥匙组织的主要创始人，他为金钥匙事业呕心沥血，被尊称为"金钥匙之父"。

"金钥匙组织"是指全球饭店中专门为客人提供金钥匙服务并以个人身份加入了国际金

钥匙组织的职员的国际专业服务民间组织。Les Clefs D'or 是法文，就是法语“金钥匙”的意思。1929 年 10 月，来自法国巴黎 Grand Hotel 饭店的 11 个委托代办建立了金钥匙协会，协会章程允许金钥匙们通过提供服务而得到相应的小费，他们发现那样可以提高对客服务效率，随之还建立了城市内的联系网络。欧洲其他的国家也相继开始建立类似的协会。1952 年 4 月 25 日，来自 9 个欧洲国家的代表在法国的戛纳举行了首届年会，并创办了“欧洲金钥匙大饭店组织”（L' Union Europeene des Portiers des Grands Hotels，UEPGH）。1970 年改名为 UIPGH（Union International Portiers Grands Hotels），1994 年改名为 UICO（Union International Les Clefs D'or）。1997 年又变成了今天的名称“UICH”（Union Internationale Des Concierges D'Hotels）。

金钥匙的含义应包含五点内容：首先，金钥匙是一种服务标志，两把金光闪闪的交叉钥匙代表着饭店委托代办的两种主要职能：一把金钥匙用于开启饭店综合服务的大门，另一把金钥匙用于开启该城市综合服务的大门，也就是说，这是一种综合服务总代理的醒目标志。其次，金钥匙代表着饭店顶级的专业化服务，这种服务虽不是无所不能，但以“追求卓越、尽善尽美”为宗旨，涵盖了宾客所需要的接、送、买、订、寄、取、租、代等广泛的服务内容，凡是不违背法律和社会道德的服务，都是金钥匙服务的业务范畴。第三，“金钥匙”是对饭店中专门为宾客提供金钥匙服务的个人或群体的称谓，他们是饭店的形象大使和综合服务代言人，只有他们才有资格在由金钥匙组织指定的燕尾服上佩戴国际饭店金钥匙组织的交叉金钥匙徽章，为宾客提供金钥匙服务。第四，金钥匙是一个以友谊、协作为原则的合作网络，网络成员通过掌握丰富信息并使用共同的价值观和信息高速公路形成庞大服务网络，作为提供超常服务的强大保障。第五，金钥匙是个国际性专业化组织，该组织是全球饭店中专门为客人提供金钥匙服务并以个人身份加入组织而形成的国际专业服务民间组织。

从“委托代办”的含义可以看出，“金钥匙”的本质内涵就是饭店的委托代办服务机构，演变到今天，已经是对具有国际金钥匙组织会员资格的饭店的礼宾部职员的特殊称谓。“金钥匙”已成为世界各国高星级饭店服务水准的形象代表，一个饭店加入了金钥匙组织，就等于在国际饭店行业获得了一席之地；一个饭店拥有了“金钥匙”这种首席礼宾司，就可显示不同凡响的身价。换言之，大饭店的礼宾人员若获得“金钥匙”资格，也会倍感自豪。因为他代表着全饭店的服务质量水准，甚至代表着饭店的整体形象。“金钥匙”也是现代饭店个性化服务的标志，是饭店内外综合服务的总代理。它的服务理念是在不违反当地法律和道德观的前提下，使客人获得“满意加惊喜”的服务，让客人从进入饭店到离开饭店，自始至终都感受到一种无微不至的关怀和照料。

“金钥匙”是饭店综合服务的总代理，被誉为“万能博士”，其佩戴的两把交叉的金钥匙，意味着尽善尽美的服务，也象征着为客人解决一切难题。金钥匙的服务内容涉及面非常广泛，能够充分满足客人的各种个性化需求，包括计划安排在国外城市举办的正式晚宴；为一些大公司作旅程安排；照顾好那些外出旅行客人和在国外受训的客人的子女；可以向客人提供市内最新的各种信息，并为客人代购歌剧院和足球赛的入场券；甚至可以为客人把金鱼送到地球另一边的朋友手中。只要找到"金钥匙"，他会竭尽全力为客人安排好一切。

金钥匙的服务理念就是满意加惊喜，随着金钥匙服务理念在我国饭店业的普及，目前"金钥匙"已成为饭店服务档次的体现，高档饭店都以拥有"金钥匙"为荣。一个饭店有无"金钥匙"是评定该饭店服务水准的一个标准，同时也将是饭店评报星级的考核内容。

4.2.2　金钥匙的作用

最权威的饭店管理专家认为，金钥匙是高星级饭店管理的心脏与灵魂，对于优化饭店管理、形成高素质的服务群体意义深远。概括地讲，金钥匙在饭店管理、服务中的作用可用"桥梁"、"中心"、"龙头"来形容。

1. "桥梁"——沟通宾客与饭店、饭店管理与服务的桥梁

宾客的需求是以最小的投入换取最好的享受，而饭店的需求毫无例外都是谋求效益的最大化。因此，二者之间的需求需要沟通与磨合才能达到和谐。金钥匙给客人提供超值服务，让宾客感到物有所值或物超所值，无疑是加强宾客与饭店沟通的有效途径。金钥匙在对宾客服务的过程中，也很好地协调了宾客关系，一改传统的饭店服务中餐饮、客房、康乐各自为战的局面，为宾客提供吃、住、行、游、购、娱一条龙服务，从而成为饭店服务的代言人和总代理。"有事请找金钥匙"已成为经常入住高星级饭店的高档客人的口头禅，进而达到宾客与饭店的及时沟通。

在传统的饭店管理和服务中，一般都实施四级垂直管理模式，一级对一级负责，好处是责任明确，分工细致，但由于管理链和服务链衔接不够紧密，对客服务的时效性、管理的时效性大打折扣，也影响了饭店最大的财富——员工创造力的发挥。金钥匙在饭店的出现，很好地弥补了这一不足，由于金钥匙提出的"创造性思维"、"越俎代庖"、"只重效果，不重过程"的工作理念，使工作时效性大大增强，并以其自身网络优势和综合服务代言人的特殊角色不再烦琐地逐级上报、批复，从而实现了服务链条的优化组合，使服务群体形成一个亲密合作、利益共享的高效群体，进而能以最快捷、最直接的方式把有关服务信息反馈到管理层，使传统的管理、服务沟通更加直接，联系更加紧密。

2. "中心"——饭店收集社会信息的"信息中心"和了解宾客的"情报中心"

在当前的饭店经营中，明智的饭店经营者已把信息管理放到与人、财、物管理同等重要的位置，金钥匙利用网络组织无疑在信息管理中占有很大优势：在收集服务信息方面，一方面金钥匙可以通过组织内部的计算机网络了解有关订房信息及国内各地的旅游饭店信息等；另一方面金钥匙可以与本地金钥匙会员联合，广泛收集社会服务信息，如饭店所在城市的政治、经济、文化、历史、工农业、商贸、旅游场所及有关业务等。如美国旧金山的金钥匙，除利用计算机查询外，用不同颜色的文件夹对信息进行分类，一般使用蓝色代表饭店，绿色

代表旧金山的市情，红色代表酒乡，黄色代表游览胜地。在每一栏中有细分栏目，市情内有音乐、医疗、教育等，音乐包含音乐厅、歌剧院、爵士乐吧、钢琴吧、夜总会等，饭店金钥匙每月都及时核对时间表，收集整理的信息与饭店各部门联网，为宾客提供准确周到的服务奠定坚实的信息基础。

在收集宾客信息方面，由于金钥匙是面对面接触客人的服务群体，金钥匙的客史档案往往是最精确、最优秀的客档，客人的喜好、生活习惯、性格、脾气都是客档记录的主要内容，如美国一名金钥匙能记住 1 000 多辆车号，3 000 多名宾客姓名，保证了及时主动为客人服务。翔实准确的客人信息往往是饭店改进管理、提供超常服务、铸造忠诚客源群体的有力武器。

3. “龙头”——引导饭店优质服务良性发展的龙头

金钥匙在许多饭店是服务的明星，他们看上去似乎无所不能，对客人而言，犹如一把万能钥匙，为他们解决一个又一个难题。高涨的工作热情、强烈的责任心、丰富的知识、体贴入微的关怀以及工作性质的要求、与饭店各部门长期所形成的和睦融洽的关系等，都决定着金钥匙有意或潜意识，甚至不自觉间引导培育饭店优质服务群体的形成。

(1) 培训员工。金钥匙有较长的工作年限，接触的部门较多，积累了丰富的工作经验，深谙待客之道，是最佳的培训师。因此，金钥匙无论在工作中的言传身教，还是培训中对礼貌礼节、服务意识、服务技巧的示范，都可收到其他部门或个人所达不到的效果。

(2) 对外联络。饭店往往与外界各单位有密切联系，如车站、机场、航空公司、旅行社、报社等。在这些单位中，大多数与委托代办业务直接相关，在与相关单位建立良好关系的同时，金钥匙无疑成为饭店对外联系的排头兵，也为饭店外联队伍建设做好铺路工作。

(3) 为前台各部门提供准确、翔实的宾客情报和社会信息。在信息化时代，谁拥有丰富的信息谁就掌握了胜利的武器，金钥匙的丰富信息引导着服务更趋个性化，饭店管理更趋科学化，引导饭店的服务群体越来越注重宾客的切身感受，为提升服务质量，强化管理功能提供了第一手资料。

(4) 组织员工的业余活动，增强集体凝聚力。在饭店组织的一些文体活动和联谊活动中，“金钥匙”利用其自身系统的社会关系，帮助联系和安排，落实活动的各项细节，使之有声有色，丰富了员工生活，加强了员工交流，使服务群体能够和谐配合，达到最佳的合作效果。

对于饭店各班组的工作，金钥匙往往会予以配合，并提出必要的帮助，使饭店“一条龙”服务进行得更为顺畅，提高了饭店整体的服务质量，进而带动整个饭店的优质服务群体的顺利形成和良性发展。

总之，新世纪的金钥匙一定会更加辉煌，因为这个遍及全世界 34 个国家的国际组织，拥有一大批高素质、有朝气、肯进取的饭店从业者，他们具有强烈的使命感和良好的敬业精神，正如国际金钥匙组织创始人 Ferdinand Gillet 所说，“无论在世界哪个角落，金钥匙们都将倾尽全力，去延续我们肩负的使命，真诚服务于我们的职业，我们的饭店乃至整个旅游业”。

4.2.3 中国饭店金钥匙服务项目

自1992年中国产生了第一名国际饭店金钥匙会员开始，金钥匙以其自身网络化、个性化的优势在中国旅游饭店业独领风骚。1988年5月，国家旅游局设立旅游饭店金钥匙专业委员会，把金钥匙服务作为饭店业一个服务项目，要求星级饭店“引入金钥匙服务”。从此，金钥匙在中国旅游饭店业的发展纳入了科学发展的轨道。

金钥匙服务在广州率先引入饭店业后，于1995年11月召开了中国饭店金钥匙第一届服务研讨会，这标志着金钥匙在中国饭店业的正式开展。短短几年中，无论是从服务项目、服务理念拓宽深入上，还是在组织建设、人员素质方面都有了惊人的飞跃。中国金钥匙把服务精神置于个人利益之上，提出了“服务第一”的服务观念，提出了“在宾客惊喜中找到富有人生”的人生观和“在服务中实现自身价值”的价值观，从而向健康有序的方向发展。在长沙召开的中国饭店金钥匙第五届年会上，金钥匙组织把网络化发展的金钥匙和科技化的金钥匙作为新世纪中国饭店金钥匙的发展方向，以网络化、个性化、国际化、专业化的服务顺应了新世纪中国饭店业乃至世界饭店业的发展潮流。如今，金钥匙已成为国际性的服务品牌，是饭店的文化、服务的艺术，代表了饭店服务的最高水平和发展趋势。

饭店金钥匙服务已被国家旅游局正式列入星级评定标准，规定三星级以上的饭店都应有金钥匙服务。饭店金钥匙服务对高星级饭店而言，是一种管理水平和服务水平成熟的标志，是在饭店具有高水平的设施、设备以及完善的操作流程基础上，更高层次饭店经营管理艺术的体现。饭店金钥匙服务对城市或地区旅游业而言，将对其服务体系的形象产生深远的影响。因为，中国饭店金钥匙是由一群富有丰富的服务经验，对中国旅游业发展和饭店发展负有历史使命感和责任感的人组成的，他们共同的任务是使中国的旅游饭店业能够与国际接轨，同时能够在国际上树起自己的品牌。这样，中国会吸引更多客人的光顾，饭店就有效益，行业就有发展。金钥匙不仅给各城市的旅游饭店业的创新服务注入了新的活力，而且对各城市旅游服务业的健康和良性互动发展来说也是一种动力。饭店金钥匙在中国的逐渐兴起，是我国经济形势的发展，以及旅游总体水平发展的需要，将成为中国各大城市旅游体系中的一个品牌，即代表着热情好客独具饭店特色的一种服务文化，并将成为该城市饭店业的一个传统。

简单来说，“金钥匙”就是饭店的委托代办服务，隶属于各饭店前厅礼宾部，它既是饭店内综合服务的代理，也是饭店内外旅游综合服务的代理。好的饭店都拥有自己的“首席礼宾司”，“金钥匙”是礼宾司的首领，客人可以通过他佩戴在衣领上交叉成十字形的金钥匙徽章辨认出来（金钥匙组织的徽标见图4－11～图4－13）。两把交叉的金钥匙意味着尽善尽美的服务，意味着此人能满足客人在旅游中的各种需求。“金钥匙”被有经验的旅游者和商务人士描绘成“万能博士及某些方面的专家”，只要客人所提的要求在正常范围内，“金钥匙”都可以提供帮助。

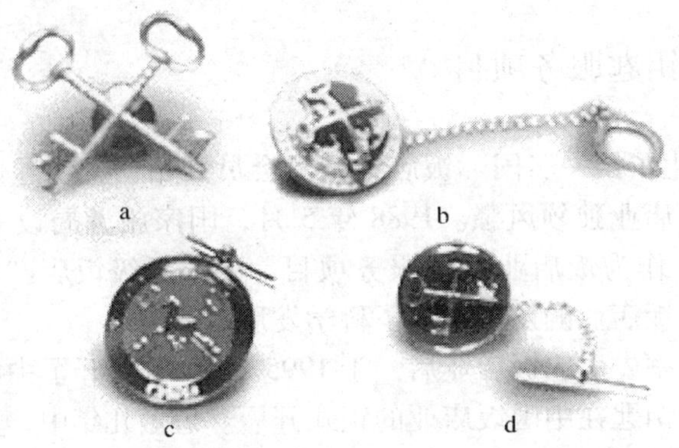

图 4－11　金钥匙组织的徽标

（a 为国际金钥匙组织职务标志，b 为国际金钥匙组织徽章，c 为中国饭店金钥匙组织徽章，d 为中国饭店金钥匙组织联合委员徽章）

图 4－12　国际金钥匙组织标志

图 4－13　中国金钥匙组织标志

“金钥匙”提倡“个性化”的服务。由于他们经验丰富，几乎可以解决一切烦扰旅游者的问题。他会为客人处理所有的信件和留言，预订音乐会的入场券、订餐、推荐旅游路线、介绍好的饭店和商店。他还是一位旅游顾问、个人与生意上的助手、一位社会学顾问、一位自信的秘书以及能为客人做任何杂事的人，他致力于建立一个关系网，广交朋友，即使他无法立即解决难题，他也会通过朋友找到解决途径。饭店金钥匙的服务哲学，是在不违反法律的前提下，使客人获得满意加惊喜的服务。特别是目前中国的旅游服务必须要考虑到客人的吃、住、行、游、购、娱等方面内容。让客人从接触饭店开始，一直到离开饭店，自始至终都能感受到一种无微不至的关怀。

饭店金钥匙的一条龙服务，是从客人下榻饭店那一天起，围绕住店期间的一切需要而开展的。例如，从订房到安排车去机场、车站、码头接客人；根据客人的要求介绍特色餐厅，并为其预订座位；联系旅行社为客人安排好导游；当客人需要购买礼品时，帮助客人在地图上标明各购物点等。最后当客人要离开时，在饭店里帮助客人买好车（船、机）票，并帮客人托运行李物品；如果客人需要的话，还可以订好下一站的饭店，并与下一城市饭店的金钥匙落实好客人所需的相应服务。总之，让客人自始至终，都感受到一种无微不至的关怀与宾至如归的温馨感。从中人们不难想象饭店金钥匙对城市旅游服务体系、饭店本身和旅游者带来的影响。“金钥匙就应无所不能，在合法的基础上，客人的任何要求都能满足。”从中国饭店业的发展趋势来看，金钥匙将会越来越受重视。

饭店金钥匙对中外商务旅游者而言，是饭店内外综合服务的总代理，是一个在旅途中可以信赖的人，一个充满友谊的忠实朋友，一个解决麻烦问题的人，一个个性化服务的专家。而在中国旅游的客人正在继续加深对饭店金钥匙的认识，以便知道如何获得饭店金钥匙的帮助。在中国的一些大城市里，金钥匙委托代办服务被设置在饭店大堂，他们除了照常管理和协调好行李员和门童的工作外，还负责许多其他的礼宾职责。中国饭店金钥匙服务项目见表4－15。

表4－15　中国饭店金钥匙服务项目

文件名	中国饭店金钥匙服务项目	页　码	1－1
（1）行李及通信服务：运送行李、收发传真、电子邮件等。 （2）问询服务：指路等。 （3）快递服务：国际托运、国际邮政托运、空运、紧急包裹、国内包裹托运等。 （4）接送服务：汽车服务、租车服务、接机服务。 （5）旅游服务：个性化旅游服务线路介绍。 （6）订房服务：房价、房型、折扣、取消预订。 （7）订餐服务：推荐餐馆。 （8）订车服务：汽车租赁代理。 （9）订票服务：飞机票、火车票、戏票。 （10）订花服务：鲜花预订、异地送花。 （11）其他一切合理合法服务：美容、按摩、跑腿、看孩子、邮票等。			

4.3　问询服务

4.3.1　问讯服务

1. 访客查询

这是问讯服务的主要内容之一，通常有以下两方面内容。

（1）查询客人是否住在本饭店。受理访客查询时，通过计算机中的有关信息，查看客人是否住在本饭店，然后核准房号。应先以电话的形式与住店客人联系，将访客情况告诉客人，经客人同意才可以将房号告诉访客。如果客人不在房间，可通过寻人服务等方法在店内其他场所帮助访客寻找被访的客人，或提供留言服务。如果客人已经退房，则应向对方说明。

（2）查询客人房号。这种查询采用电话查询的形式最多，应予以特别注意。饭店必须为住店客人保密，保证客人不受无关人员或房客不愿接待人员的干扰。因此，未经客人允许，不能将房号告诉其他客人，或直接将访客带入客房，应以委婉的口吻，礼貌地回答有关查询。

2. 饭店活动查询

有关饭店内部情况的问讯服务内容通常涉及以下几个方面。

（1）餐厅、酒吧、咖啡厅等营业场所位置及服务时间。

（2）宴会、会议、展览会举办场所的具体位置及时间安排。

（3）饭店提供的娱乐健身、医疗服务、洗衣服务等方面的收费标准及营业时间等。

对于客人的这类问题，问讯员不能作出模棱两可的含糊回答，如使用“我想可能”、“大概没下班”、“也许还在营业吧”等语言。应立即与有关部门联系核实，为客人作出圆满、肯定的答复。对于重要客人，必要时可以安排行李员为其指点引领，消除客人的疑惑和不安的情绪，提供及时、到位的服务。另外，作为问讯员必须熟悉本饭店所有的服务项目和服务设施，积极向客人宣传和推销饭店产品。

3. 店外情况查询

这类问讯服务涉及范围非常广，内容也很多，要求问讯员具有较广的知识面。

（1）饭店所在地区的交通情况，诸如公共汽车、地铁车站、火车站、码头、机场等。

（2）本地区著名旅游景点的位置、特色及与饭店的距离等。

（3）本地主要商业区、购物中心等商业设施情况。

（4）有关餐饮、风味小吃、娱乐场所的位置、经营特色等情况。

（5）政府部门、商业机构、使领馆、大专院校等位置及交通状况等。

（6）国内国际航班、火车车次的时刻表、价目表等情况。

（7）近期有关大型文体、会展等活动的组织、位置等情况。

为了准确、圆满地回答上述查询，问讯员应具备较高的职业素质，包括善解人意、和蔼可亲的态度，耐心细致、较宽的知识面、流利的外语以及较强的应变、沟通、协调能力等。对于当时不能回答的问题，问讯员应向客人致歉，然后迅速查阅有关资料，给客人一个满意的答复。查询服务的工作标准见表 4 – 16。

表4-16　查询服务的工作标准

文件名	查询服务的工作标准	页 码	1-1
1. 接到查询要求：仔细聆听，给予答复。 2. 查询住客服务 （1）根据客人提供的信息，通过计算机迅速查寻。 （2）查到，询问访客姓名。 （3）将电话转入住客房间，征询住客意见是否接听后，或将电话转入房间，或婉言回拒。 （4）若查不到，向查询者解释或提供其他线索，帮助查找。 3. 查询饭店或地方资料 （1）对熟悉的情况，随问随答。 （2）对不清楚的问题，请客人稍等，查询后给予答复。 （3）对不清楚、又一时查不到的信息，和客人说明，并请予谅解，或转交大堂经理处理，或记下客人姓名、房号及询问内容，待查询后回复客人。 （4）经查询后仍无法解答的问题，回复客人并向客人道歉。 4. 收集信息资料：随时收集客人感兴趣、经常查询的信息资料列入知识手册。			

4.3.2　留言服务

问讯处受理客人留言一般分为两类，即访客留言和住客留言。留言服务的工作标准见表4-17。

表4-17　留言服务的工作标准

文件名	留言服务的工作标准	页码	1-1
1. 查寻客人信息 （1）接到留言要求后，迅速在计算机中查寻客人的名字、房号是否与要求留言者所提供信息相符。 （2）核对客人是否正在住店，客人是否预抵但尚未登记入店，除非客人已结账离店，否则应做留言。 2. 准确记录留言内容 （1）记录留言方姓名、电话号码，是从何处打来的电话。 （2）准确记录留言内容。 3. 重复留言内容：将对方姓名、住店客人姓名、电话号码及留言内容重复一遍以便确认。 4. 留言条处理 （1）打印留言条，装入留言信封。 （2）一联留言条交行李员在30分钟之内送往客人房间，一联留底备查。			

续表

<table>
<tr><td>文件名</td><td>留言服务的工作标准</td><td>页码</td><td>1-1</td></tr>
<tr><td colspan="4">5. 总机接留言
（1）通过电话系统打开客人房间内电话上的留言灯，以便通知客人查询留言。
（2）通知前台做留言条处理。
6. 住店客人留言：将客人的房间号码、目前时间、客人姓名在留言登记本上记录后由行李员签字取走，送往客人房间。
7. 取消留言
（1）当客人收到留言后应将计算机中的留言取消。
（2）灭留言灯。
8. 夜班核查留言：夜班问讯员每天零点从计算机中打印出当天留言记录表，取消当天在计算机中的留言，灭掉房间里的留言灯。
9. 预抵客人的留言
（1）计算机留言方法和住店客人留言一致，只是留言储存在计算机中，等客人入店登记后由打印机自动打印出。
（2）手工留言，存放在问询处存档中，每天查询，在客人到店的当日将其取出，与客人住店登记卡放在一起，以便客人入住登记时及时收到留言。
10. 有时间限制的重要留言
（1）在所限时间前15分钟内仍无法联系到被留言的客人时，及时上报，采取查询客人接待单位，礼宾员摇铃寻人，客房部到房间确认房况及留言状态等措施。
（2）及时将处理结果反馈给留言者。</td></tr>
</table>

1. 访客留言

访客留言是指来访客人给住店客人的留言。问讯员在接待来访客人时，经核实由于被访客人不在房间，可以向访客建议，是否给住店客人留言，由服务员将留言转达被访客人。“访客留言单”通常被印制成一式三联（见表4-18），问讯员在受理访客留言后，首先开启留言灯，将留言单第一联放入钥匙、邮件架内，第二联送达总机，第三联则装入信封，交给行李员送往客房，或将留言信封从房门下塞进房内。这样，客人可以通过以上三个途径尽早获知访客留言的内容。问讯员在确认客人已取到留言单后，要及时关闭留言灯。提供访客留言服务要注意以下问题。

（1）各班次交接班时应对上一班次和本班次留言处理情况交代清楚。

（2）留言传递要做到迅速、准确。

（3）楼面客房服务员予以配合，在客人回房间时提醒有关访客留言事宜。

表4-18 访客留言单

From：MR./MRS./MISS ________		For ________
Room No. ________		Date ________
Telephone ________		
□Will call again	□Please call back	□Will come again
Message ________		
Clerk ________	Time ________	

2. 住客留言

住客留言是指住店客人给来访客人的留言。住店客人欲离开房间或饭店时，希望给来访者留言，这时，问讯员请客人填写“住客留言单”（见表4-19）。住客留言单通常印制成一式二联，总台问讯处和电话总机各留一联。在来访客人到达饭店后，经问讯员核实，按住客要求将住店客人所填写的留言单（应提前装入信封）交给来访者或将留言内容予以转告。提供住客留言服务时应注意以下问题。

（1）交接班时将留言受理情况交代清楚。

（2）住客留言单上已标明留言内容的有效期限，即过了有效期来访客人仍未取走，也未接到留言者最近的通知，饭店才可以将留言单按作废处理。

（3）接受客人电话留言时，要听清客人留言内容，准确记录，经复述，被客人确认无误后，再填写留言单，然后按留言服务程序办理。

表4-19 住客留言单

Where To Find Me	
To：________	From ________
Room No. ________	Date ________
Between ________ AM/PM To ________ AM/PM	
I will be at：	
Message ________	
Clerk ________ Time ________	

4.3.3 钥匙管理与控制

客房钥匙的发放与控制，既是对客人的一项服务，又是一种保护饭店和住店客人人身与财产安全的重要手段，这项工作主要由问讯处负责。目前客房的电子门锁被广泛采用，既安全又操作方便。因此，客人在住店期间可以自己保管磁卡钥匙，在结账离店时交回，这样既方便客人又可省去上述钥匙发放和控制的环节。

1. 住店客人交领钥匙的流程

（1）客房使用磁卡门锁的饭店，有时客人外出时，会将钥匙交放总台，总台服务员收下后应放入相对应的钥匙格内。

（2）当住店客人回来领取钥匙时，总台服务员应有礼貌地要求客人出示饭店房卡，或问清客人的姓名。

（3）查验饭店房卡或在计算机里根据客人报出的房号查出客人的姓名，核对无误后将房间钥匙交给客人。

（4）当根据房号在计算机查出的姓名与客人自报的姓名不符时，有可能是客人记错了房号，然后，可根据客人姓名，查出其房号，确保准确无误。

（5）如有可疑现象，可详细询问细节（如抵店日期或预订情况等）。经查询后仍存有疑点，应立即告知大堂副理处理。

2. 配制钥匙的流程

（1）夜班人员要根据空房表核对钥匙，统计遗失数目，待第二天上报前厅主管。

（2）前厅主管每天早上根据夜班人员报告的钥匙遗失情况，负责与客房服务中心核实有无发现客人遗留在客房的钥匙，并去结账处核实有无客人结账后留下的钥匙。在确认遗失后，填写配制调换钥匙登记单，注明需配制的房号及数量，经前厅部经理签字后送交保卫部。

（3）对于磁卡门锁，应立即消除原卡门锁密码。

3. 处理客人遗失钥匙的流程

（1）当有客人报告钥匙丢失时，可先请客人回忆去过哪些地方，帮助客人及时寻找。

（2）当确定找不到时，应告诉客人为了安全起见，请客人换房间。

（3）如客人不愿意换房，应立即用计算机封锁卡，消除无卡门锁密码，并输入新密码，重新配发钥匙交给客人。

（4）向客人说明遗失钥匙需赔偿损失费，请客人在杂项入账单上签字，并送交结账处计算机入账。

4.3.4 邮件服务

1. 接收邮件

收到邮件后，应仔细清点，先对邮件进行分类，如客人的邮件、员工的邮件、办公单位的邮件等，然后要在邮件登记单（见表4-20）上记录日期和时间，迅速、准确地发送。问讯员一定要认真负责，以免给客人造成不应有的损失，影响饭店的形象和声誉。处理宾客邮件、信件的程序见表4-21。

表4-20 邮件登记单

邮件登记单

REGISTRATION FORM FOR CABLE. TELEX. LETTER. AND PARCEL

日期 DATE	TIME 时间		房号 ROOM NO.	收件人 RECEUVER	种类 TYPE	发件地 FROM	编号 REF. NO.	经手人 CLERK	收件人签名 SIGNATURE
	RECEUVE 收到	SEND 发出							

表4-21 处理宾客邮件、信件的程序

程序 PROCEDURE	处理宾客邮件、信件程序	编号 REF. NO.	
执行职位 POSITION RESPONSIBLE	行李员	涉及部门 DEPT. CONCERNED	

处理宾客邮件、信件程序

Guest's Postal Items、Letters Handling Procedure

- 对所收的邮件（平信、挂号信、包裹单、汇款单、印刷品、特快专递等）及时打上时间戳，并检查邮件是否完好无损。
- 将邮件登记在《住店客人邮件递送簿》上。
- 查询计算机，确定收件人的房号，填写“邮件留言单”，行李员将留言单的客人联送入客房，当客人回店时将邮件交给客人，并请客人签名。
- 在即将抵店客人的邮件上注明抵店时间，并且将信息输入计算机，并将这类邮件整理好放在接待台，准备随时交给客人。
- 将查不到收件人的邮件，按字母顺序放入待客来取柜，并且每天早、中班各查询一次计算机，努力及时找到收件人，并及时转交给客人。
- 查不到收件人的挂号信、包裹单、印刷品、汇款单、特快专递必须在收到的第7天退回。所有退回的邮件必须在“邮件退回登记本”上注册。

（1）确认客人的姓名和房号。对寄给住店客人的邮件，要根据邮件上的信息查找客人，找到收件人后用铅笔在信件上写上房号，按客人房号发一份邮件通知单（见表4－22），通知客人领取。问讯员应每晚定时检查钥匙架，如果发现该住客仍未取走信件，则应派行李员将信件送入客房。

表4－22 邮件通知单

住客通知

GUEST NOTICT

____

先生、太太、小组　　　　　　　　　　房间号码

TO MR./MRS./MISS ____________________　ROOM NO. ____________________

FROM：INFORMATION DESK

PLEASE BE INFORMED THAL THESE IS A

兹收到一份　□ TELEX/FAX　电传/传真

□ CABLE　电报

□ REGISTERDD LETTER　挂号信

□ MALL/PARCEL　信件/包裹

□ OTHER

请联络询问处索取

FOR COLLECTION PLEASE CONTACT INFORMATION DESK

THANK YOU

顾客签名

GUEST SIGNATURE ________________

经办人

CLERK ____________________

（2）寄给住店客人，但名单上查无此人的邮件，应根据不同情况进行处理。

① 对寄给已离店客人的一般邮件，如果客人离店时委托饭店转寄邮件（邮件转寄单见表4－23），饭店应予以办理，否则应按寄件人的地址退回。

② 对于预订尚未到达的客人邮件，应与该客人的订房资料一起存档，待客人入住时转交。

③ 对于暂时无法找到收件人的邮件，一般可以保留一段时间，若超过保管期限，则可退还给寄件人。

表 4－23 邮件转寄单

IMPORTANT
本酒店将负责为阁下转递邮件，除非特别指示，期限为两周。
We shall be responsible for this forwarding instruction for a period of 2 weeks only, unless otherwise instructed.

收件日期 Mails received	邮件种类 Item	转递日期 Date forwarded	经办人 Clerk
______	______	______	______

邮件转寄单

MAIL FORWARDING INSTRUCTION

请以正楷书写
Block letter please　　Date of departure ________

姓名	surname	first	middle
Mr.			
Mrs.			
Miss.			

转至　　期限　　前
Forward to　　up to
暂时地址 Temporary address
□ ____________________
永久地址 Permanent address
□ ____________________
Hold for my return arrival till ______ ______ ______
Month day

客人签名　　日期　　经办人
Guest signature ________　Date ________　Clerk ________

2. 邮寄服务

为了方便住店客人，饭店也可以为客人提供邮寄服务，其关键环节是准确掌握邮资标准。

（1）掌握国内、国际信件邮资标准。

(2) 根据客人信件的重量、目的地、邮寄方式，迅速准确计算所需邮资。

(3) 当面为客人粘贴符合标准的邮资。

(4) 按时将信件送往邮局。

(5) 每班结束工作前，清点邮票数量和现金金额，并填写邮票、现金平衡表。

4.4 结账服务

4.4.1 客账管理

客账管理是一项十分细致而又复杂的工作，时间性和业务性都很强。其工作的好坏，直接关系到能否保证饭店的经济效益，准确反映饭店经营业务活动的状况，也反映了饭店的服务水平和经营管理效率。因此，要做到账户准确、转账迅速、记账准确、结账准确快捷。表4-24为散客账务处理的内容与要求。

表4-24 散客账务处理的内容与要求

项 目	规范内容与要求
入住登记	核查总台传来的住客登记单是否有接待员及输单员的签名后，打开计算机核对客人姓名、房号、抵离日期、房价、折扣签字、付款方式等资料是否与住客登记单相符。
收取预付金	(1) 对上门客人，因没有交托单位或信用担保人，应在客人办理入住手续时，收取预付金，原则上按住店期间的全部房费等计算。 (2) 现金结算：根据接待员开出的房价、入住天数等收取预付金，并开出预付款收据。 (3) 信用卡结算：应检查信用卡的真伪，收受范围有效性，核对银行公布的止付名单，并把信用卡压印在签购单上或在POS机上做预授权，同时开出预收款收据，并写明信用卡种类、号码。 (4) 支票结算：应检查支票的收受范围及有效性，并请客人出示身份证或有效证件，查对后做好记录，同时开出预收款收据，写明支票种类及号码。 (5) 持记账凭证（VOUCHER）结算：应认真查验VOUCHER的有效性，是否签字有效人的签字，并核对VOUCHER注明的饭店名称，住店日期、房间类别、数量等与实际登记的是否一致，超额部分也要收取预付金。 (6) 转账结算：应核对转账结算名册中有无客人姓名，并检查付款授权书中接待单位的认可签字及同意转账的项目，超出转账项目范围的也要收取预付金。 (7) 预收款收据一式三联：一联交客人做离店结账凭证，一联随现金支票交财务部入账，其中收取信用卡和记账凭证的一联留总台结账处，待客人结账后再交财务部入账，另一联存根备查。 (8) 预付金收取后应在登记单上签名，并注明种类和金额，一联同其他单据放入房间账卡内，另一联退总台，总台接待员看到收款员的签名，即将房间钥匙交给客人。

续表

项 目	规范内容与要求
归集、核对客人消费账目	(1) 客人在饭店餐厅等营业场所的消费项目，除设有与总台结账计算机联机的以外，需用手工的输入，要做到以下两点。 ① 收到收银机联机的账单后，应认真核对账单上的签字、房号与账卡内住宿登记单上的房号、签字是否相符，与账单登记单上的金额是否一致，再打开计算机，核实账单上的内容是否已全部输入客人的账户后，将账单插入客人的房间账卡内。 ② 收到未联机的账单后，也应按上述要求认真核对账单和登记单，再打开计算机，将账单内容输入客人账户，并将账单插入客人的房间账卡内。 (2) 账单登记单一式二联，签字核对后，一联留总台结账处，一联退回有关收银点。
结账	(1) 客人结账时，应主动礼貌问好，当问清客人确是离店结账后，应立即通知楼层服务员（或服务中心）检查该客人房间的小酒吧等其他项目消费情况，催开消费单据或用电话报账。 (2) 将客人房间账卡内的入住登记单、账单等资料全部取出，工作流程如下。 ① 检查客人钥匙上房号与入住登记单、账单上的房号是否一致。 ② 检查取出的账卡资料内有无附件，有无宾客同意转账单。 ③ 检查客人刚刚发生的其他费用是否已入账。 ④ 打开计算机核对客人的全部账单是否已输入账户，特别要检查那些未能与总台结账联机的费用发生点。 ⑤ 账单内容确定无误后，将客人离店的时间输入计算机，并打印账单，账单打印出后，应复核一遍，确实无误后递交给客人确认签字，客人如对账单中的某些项目提出争议，应报告主管处理。 ⑥ 向客人收回预收款收据，并核对，如果客人的预收款收据遗失，而查核确有预收款的，请客人在预收款收据遗失单上签字。 ⑦ 根据客人在订房委托书上选择的付款方式收取款项，用信用卡付款的，应查看是否超过信用卡的限额，超过限额是否已有授权，如无授权应马上与信用卡公司取得联系授权，并请客人在签购单上签名；用现金结算的，如预收的预付金额小于或大于实际费用数，应请客人补付差额或把余额退给客人，并请客人在现金支出单上签字，同时核对该单上的签字与入住登记表上的签字是否相符；用转账方式结算的，应检查转账结算名册里印鉴样本与该客人在账单上的签字是否一致，转账项目标准是否与订房委托书一致，如有超出委托书范围以外部分，应收取费用，并将转账付费与自理费用分别打印账单。 (3) 结账后在客人入住登记单上盖上“已结账”章，并在计算机里做“CHECK OUT”，关闭国内外长途电话，防止漏账。
交款编卡	(1) 清点当班取得的现金支票，信用卡等，按款项类别分类填制缴款单，一式二联，送交总出纳员签收后，一联退换交款人备查。 (2) 采用封包交款的，应将核对无误后填制的交款单连同现金支票、信用卡等装入特制的信封内封好。投入指定的保险箱内，并请在场的其他收银员在登记表上签字见证。 (3) 把已离店结账或挂账的账单以及预付单据等按现金支票、信用卡等分类整理，并计算出每一类合计金额。 (4) 编制收银员报告，与各类账单一起交夜审员审核，报告中要列明发票账单的使用情况。

1. 建账

在客人办理完入住登记手续后，总台接待员应根据住宿登记表和预订单有关内容，按不同客人类型制作相应的账单，并连同登记表（账务联）立即送交收银处。总台收银处接到接待员开具的客人账单后，按照不同类型账单予以核收并建账。

（1）散客。

① 签收客人账单。

② 检查账单各项内容如客人姓名、房号、房型、房价、抵离店日期、付款方式等是否填写齐全、正确。如有异议，应立即与接待员核实。

③ 核准付款方式。如果使用信用卡支付账款，应检查账单中所附的信用卡签购单是否压印齐全，并查验信用卡有效期等。

④ 对照信用卡公司或银行机构所发“黑名单”（注销名单）予以核实。

⑤ 检查有关附件如住宿登记表、房租折扣审批单、预付款收据等是否齐全。

⑥ 将客人账单连同相关附件放入标有相应房号的分户账夹内，存入住店客人账单架中。

（2）团队。

① 签收团队总账单。

② 检查总账单中团队名称、团号、人数、用房总数、房价、付款方式、付款范围等项目是否填写齐全、正确。

③ 查看是否有换房、加房或减房、加床等变更通知单。

④ 建立团队客人自付款项的分账单，注意避免重复记账或漏记账单。

⑤ 将团队总账单按编号顺序放入相应的团队账夹内，存入住店团队账单架中。

2. 记账

（1）散客或团队客人在店期间所发生的费用，要分门别类地将该客人按房号设立的分户账准确记录各项费用，例如，客人应自付款项中的长途电话费、洗衣费、传真费、餐饮费、健身娱乐费等。

（2）客人支付的预订金、预付款、转记其他客人分户账及应收账款，应分门别类地准确记入该客人的分户账。

（3）核收店内各营业点传递来的各种账单（凭证），并逐项核准项目、单位名称、金额、日期、客人姓名、房号、客人签名及经手人签名等。

（4）将核准的账单（凭证）内容分别记入分户账或总账单内。注意把结账时要交给客人的单据与分户账单收存在账夹内，其他单据按部门划分存收，交稽核组复核。

3. 结账

（1）散客结账。

① 客人提出结账要求后，收银员核准房号、姓名、抵离店日期等，找出账单，收回客房钥匙。

② 通知客房服务中心查房。

③ 核准无误后，收银员打印账单，请客人过目核实并签字。

④ 结清账款数额，唱收唱付及找零，并在账单或收据上加盖“已收讫”印章，打印结账离店日期和时间。

⑤ 在离店客人登记表上打印结账时间，并与客人交回的客房钥匙一并交接待处。

⑥ 对客人表示感谢，欢迎客人下次再来。

（2）团队结账。

① 根据预期离店团队名称、房号等，通知客房服务中心检查房间和酒水使用情况。

② 核准团队公付账范围，做到转账、自付分开。

③ 打印团队总账单，请团队陪同确认并签名。

④ 为该团队客人分户自付账打印账单及收款。

⑤ 如出现账目付款争议或疑问，及时请主管或大堂副理协助解决。

⑥ 在任何情况下，不得谈及团队房价等商业秘密。

⑦ 团队要求延时离店，立即报告销售经理批准，否则按当日房价计费。

4. 特殊情况的处理

（1）客人出现欠款。如果客人在入住登记时交纳的押金已经用完而继续消费时，收银员应及时通知客人补缴，防止出现逃账现象，给饭店造成经济损失。催款时应注意语言艺术和方式方法，可以用电话通知，也可以用结账通知书（见表4－25）的形式通知客人。

表4－25 结账通知书

The Notice for Settling an Account

感谢您下榻我店。您住宿的房间，房金及其他费用已累计 ________ 元，金额已超过我店规定的使用限额。

Thank you for your staying with us. We beg inform you that the accumulated folio amount of the room No. in which you are lodging with the other expenses totals ________ yuan.

劳驾去总服务台结算账款。我店可用现金或信用卡付款。

Which has exceeded the credit set by our hotel. Would you settle the account at the Front Desk. Bill can be Paid either in cash or credit card.

谢谢您的惠顾与合作。

Thanks for your cooperation.

××酒店

总服务台谨启

The Front Desk

××Hotel

（2）他人代付房费。他人代付房费时，最好有客人的书面授权，填写承诺付款书（见表4－26）以免出现纠纷。

表 4-26 承诺付款书

承诺付款书

GUARANTEE OF PAYMENT

i）全部费用

我承诺支付____________________房____________________先生/小姐的

ii）房费

iii）其他费用（请特别说明）

付款方式为现金/信用卡（信用卡号码　　　　）

i）total charge I will guarantee pay for Miss./Mr. of room number ________ during the stay from ________ to ________ by cash/My Credit Card Number ________.

ii）room charge

iii）others（please specify）

客人姓名 Guest Name ____________________	签名 Signature ____________________
房号 Room Number ____________________	日期 Date ____________________
特别费用说明 Please specify the other charges：	经办人： Prepared By：________

（3）结账时要求优惠。客人在结账时，往往以各种理由要求优惠，这时，要视具体情况而定。如果符合优惠条件，收银员要填写“退账通知书”（一式二联，分交财务和收银处），然后由前厅部经理签名认可，并注明原因，最后在计算机中做退账处理。

（4）结账查房时发现房间丢失或损坏物品。这种情况在客人办理退房离店手续时出现较多，必须妥善处理。原则上应要求客人予以赔偿，但要具体问题具体分析，特别是客人不承认的情况下，更应处理好，尽量保证饭店不受到经济损失，又能够使客人接受，不让客人丢面子。

小资料

追回浴巾

客人退房时，将客房内的用品带走的事时有发生，福建省西湖大酒店大堂陈经理运用了心理学基本原理，成功地解决了浴巾追讨问题。

（1）让客人觉得你是信任他的。即明知是这位客人拿走了浴巾，也要表现出信任他的态度。陈经理对客人说：X 先生，对不起，在您的房间里少了一条浴巾，我们的服务员找不到，请您帮我们回忆一下放在哪儿了。这其中的“我们的服务员找不到”没有责备客人，而是把错留给了酒店；“请您帮我们回忆一下”又给客人以信任。

（2）善于“拐个弯”。客人回答说：“没见到”，于是陈经理就拐个弯说：“那么请您回忆一下，是否您的亲戚在这儿洗澡时，不小心把浴巾一块带走了，如果是这样的话，您替他付费也行”。这时，客人开始盘算这条浴巾是否值得付费。

(3) 给客人台阶下。客人经过思考回答：“亲戚也没拿”。陈经理又恳切地说：“那么麻烦您进房间帮我们查找一下好吗?”并在客人真的进房“查找”时，服务员立即退出，这样给客人一个台阶。接着客人从旅行包中取出浴巾，放在沙发背后，出了房门后，反而批评服务员：“你们是怎么搞的嘛，浴巾放在沙发背后也看不见!”

(4) 给客人留面子。陈经理的责任在于追回浴巾，而不是评价客人素质。他热情地与客人握手道别，并欢迎他再次光临。

4.4.2 外币兑换业务

饭店为方便中外宾客，经中国银行授权，根据国家外汇管理局公布的外汇牌价，代理外币兑换以及旅行支票和信用卡业务。外币兑换员和总台收银员应接受规定项目的专门技术、技能操作培训，增强识别假钞和安全防范能力，维护国家尊严和利益。外币兑换的工作规范见表4－27。

表4－27 外币兑换的工作规范

现钞兑换	1. 按规定时间，每日早上根据中国银行公布的外汇行情，调整好外汇牌价表。 2. 请客人填写外币兑换水单（见表4－28）一式三联，要求填写国籍、姓名、护照号、房号及日期。 3. 收到外汇后要认清币种、面值、鉴别真伪、唱票收取，发现可疑，应及时与中国银行联系。 4. 根据客人所兑外币，填写在客人已填写的外币兑换水单上，要求分栏填明现金、外币符号及金额，按当日公布的外汇现钞牌价，计算出应兑换人民币金额。 5. 根据计算出的金额付给客人人民币，将外币兑换水单第二联给客人，第一联送中国银行，第三联留存。
旅行支票兑换	1. 请客人填写外币兑换水单一式三联，要求填明国籍、姓名（签名）、护照号、房号及日期。 2. 该客人当面在旅行支票上复签一栏中签字，如客人持有签过字的旅行支票，一定要求客人当场背书。 3. 查看旅行支票初签与复签的签字字体是否相同，如有疑问，要请客人在支票背面重新背书或查看客人护照上的签名。 4. 根据客人所要兑换的旅行支票、填写在客人已填写的外币兑换水单上，分栏填写支票、外币符号及金额，按当日公布的外汇旅行支票牌价，计算出应兑换人民币的金额，并扣去规定的贴息。 5. 根据计算出的金额付给客人人民币，将外币兑换水单第二联交给客人作为凭证，第一联送中国银行，第三联留存。
解送银行	1. 每天兑换工作结束后，应将当日兑换的外币现金、旅行支票分别做代兑换支票的结汇单，根据银行要求逐栏写清楚。 2. 复核收到的外币同付出的人民币的兑换金额，将兑付的人民币金额与库存现金轧平后，方可将所有外币现钞按规定做成封包，在规定时间内将封包送交中国银行，换回兑付出的人民币。 3. 加强对库存现金保管，制订有效的制度，遵守执行。

表 4-28 外币兑换水单

××HOTEL
Foreign Exchange Voucher
外币兑换水单

Guest Name：
客人姓名
Room No.
房号

Date：
日期

Currency Type 外币种类	Amount 金额	Exchange Rate 汇率	RMB 人民币

Guest Signature
客人签名
Cashier Signature
收银员签名

Total：
合计

4.4.3 贵重物品保管

饭店为保障住店客人的财产安全，通常免费提供贵重物品保管服务。一种是设在客房内的小型保险箱，密码由客人自己设定，操作简单，方便适用；另一种则是设在总台的客用保管箱，由收银员负责此项服务。前台客用保管箱一般设置在总台收银处后面或旁边单独的一间房内，每个小保管箱都有两把钥匙，一把由收银员保管，一把由客人保管，两把钥匙同时使用时，才能开启保管箱。贵重物品保险箱的服务标准见表 4-29。

表 4-29 贵重物品保险箱的服务标准

文件名	贵重物品保险箱的服务标准	页 码	1-1
1. 设在前台的贵重物品保险箱，只限住店客人使用。 2. 在客人开启保险时，必须按照《贵重物品保险箱记录》上所列的各项内容一一填写清楚，不得缺项。 3. 客人在使用过程中，每次开启必须由客人本人填写记录，领班和使用人必须签名。 4. 保险箱必须由本人当面开启，其他任何人以任何形式都不可以代领。 5. 客人丢失钥匙，要请大堂经理和保安部人员到场，请工程部人员当面毁坏箱锁，重新配锁，并请客人照价赔偿。 6. 保险箱的钥匙必须由当班的领班负责保管，并对下一班的经理进行交接。 7. 定期检查保险箱使用情况和保险箱保管情况，发现问题及时上报。 8. 对保险箱的使用情况，每班要进行详细的交接记录。			

（1）保管箱启用。

① 主动问候，问清客人要求。

② 请客人出示房卡或钥匙牌，确认其是否为住店客人。

③ 填写贵重物品寄存单，请客人签名确认，并在计算机上查看房号与客人填写的是否一致。

④ 根据客人要求，选择相应规格的保管箱，介绍使用须知和注意事项，将箱号记录在寄存单上。

⑤ 打开保管箱，请客人存放物品，并到一旁回避。

⑥ 客人将物品放好后，收银员当面锁上箱门，向客人确认已锁好，然后取下钥匙，一把交给客人，另一把由收银员保管。最后，提醒客人妥善保管钥匙，向客人道别。

⑦ 在保管箱使用登记本上记录各项内容，并将贵重物品寄存单存档。

（2）中途开箱。

① 客人要求开启保管箱，核准钥匙和房卡以及客人的签名后，当面同时使用总钥匙和该箱钥匙开启。

② 客人使用完毕，请客人在寄存单相关栏内签名，记录开启日期及时间。

③ 收银员核对、确认并签名。

（3）客人退箱。

① 取出物品后，收银员请客人交回钥匙。

② 请客人在寄存单相应栏内签名，记录退箱日期和时间。

③ 收银员在客用保管箱使用登记本上记录该箱的退箱日期、时间、经手人签名等内容。

④ 将贵重物品保管箱寄存单妥善收存备查。

（4）客人钥匙遗失处理。

① 饭店在寄存单上印制使用须知及赔偿金额。

② 收银员在启用保管箱、介绍注意事项时，向客人说明饭店的有关规定。

③ 确认客人遗失钥匙后，客人要求取物，此时收银员、保安人员和客人均应在场，在办理完规定手续后，由工程部人员强行打开保管箱。撬开保险箱委托书见表 4－30。

④ 收银员取出寄存单，请客人确认签名。

⑤ 收银员在总台客用保管箱使用登记本上详细记录并签名。

表 4－30 撬开保险箱委托书

<table>
<tr><td colspan="4">撬开保险箱委托书
AUTHORITY TO BORE SAFE DEPOSIT BOX
日期 Date ____________</td></tr>
<tr><td colspan="4">客人姓名 Guest Name 房号 Room No.</td></tr>
<tr><td colspan="4">我谨此申明承担遗失__________号保险箱钥匙的全部责任。
我委托酒店当面为我撬锁，以便我索取贮存之物。我同意赔偿撬锁及换锁钥匙的一切费用。为此，酒店不负任何责任。
I hereby assume complete responsibility for the loss of key to safe deposit box No. And authorize the hotel to bore the lock in my presence in order that I may have access thereto. I agree to reimburse the hotel for the cost of boring and replacing the lock and key and hereby release the hotel from any and all liability.</td></tr>
<tr><td>保险箱使用者签名
Signature of Box Holder</td><td colspan="3"></td></tr>
<tr><td>永久地址
Permanent Address</td><td colspan="3"></td></tr>
<tr><td>证　人
Witnesses</td><td colspan="3"></td></tr>
<tr><td>大堂副理
Assistant Manager</td><td></td><td>收银员
Cashier</td><td></td></tr>
</table>

4.5 电话总机服务

4.5.1 总机房员工的岗位职责

1. 总机主管

总机主管的岗位职责见表 4－31。

表 4－31 总机主管的岗位职责

文件名	总机主管的岗位职责	页　码	1－1
1. 管理层级关系 （1）直接上级：前厅部经理。 （2）直接下级：总机话务领班。 2. 岗位职责：负责总机房的日常管理工作，确保准确、迅速地转接所有电话，保证设施设备运转正常。			

续表

<table>
<tr><td>文件名</td><td>总机主管的岗位职责</td><td>页　码</td><td>1－1</td></tr>
<tr><td colspan="4">3. 工作任务
（1）制订总机班工作计划，根据业务忙闲情况合理调整班次。
（2）按计划对下属员工进行业务培训，确保员工掌握话务工作程序和工作技能，培养员工的高度责任感。
（3）检查和督导话务员正确操作，为客人提供电话接转及查询服务。
（4）定期对下属员工工作表现进行考核评估。
（5）安排话机维修及购置计划。
（6）检查并维护计算机、计费机、寻呼系统等设备运转正常。
（7）保持总机房的卫生清洁。
（8）安排并检查收费、记账、转账等工作，使之符合饭店及电信部门规定。
（9）负责饭店电话号码单的编辑和印刷，并及时提供给各部门使用，对有变化的电话号码及时更改。
（10）每天更换、调整信息栏的内容，为话务员提供有关服务信息。
（11）保存一份所有行政人员及部门经理的手机号码及家庭电话号码。
（12）有重要宾客接待任务时，提醒当班人员予以重视，并布置检查。
（13）协调总机班与饭店其他部门之间的关系，与各部门保持良好的沟通与协作。
（14）处理客人有关电话服务的投诉。
（15）完成前厅经理和管理部门临时交办的其他任务。</td></tr>
</table>

2. 总机话务领班

总机话务领班的岗位职责见表 4－32。

表 4－32　总机话务领班的岗位职责

<table>
<tr><td>文件名</td><td>总机话务领班的岗位职责</td><td>页　码</td><td>1－1</td></tr>
<tr><td colspan="4">1. 管理层级关系
（1）直接上级：总机主管。
（2）直接下级：话务员。
2. 岗位职责：督导话务员按规程为客人提供电话接转、寻呼等项服务，确保饭店内外电话通信联络畅通。
3. 工作任务
（1）直接对总机主管负责，保证当班工作能按主管要求进行。
（2）监督、检查当班话务员的服务态度、服务质量和劳动纪律等。
（3）带领并监督话务员按程序接转电话。
（4）解答宾客提出的各种疑难问题。
（5）检查叫醒、留言服务及记录。
（6）协助主管做好话务员岗位培训。
（7）指导话务员正确使用和维护通信设备。
（8）保持总机房的卫生整洁。
（9）协助主管制订各时期话务员的工作计划，提供主管所需的记录、报表和总结等。</td></tr>
</table>

3. 总机话务员

总机话务员的岗位职责见表4－33。

表4－33 总机话务员的岗位职责

文件名	总机话务员的岗位职责	页 码	1－1
1. 管理层级关系 （1）直接上级：总机话务领班。 （2）直接下级：无。 2. 岗位职责：及时为客人接转电话，提供相关服务，保持话务通信畅通，使客人满意。 3. 工作任务 （1）迅速、准确地接转内外线电话，提供查询服务。 （2）提供店内寻呼、电话留言、叫醒服务。 （3）受理长途、直拨电话业务。 （4）向其他部门或岗位转达客人要求。 （5）正确使用和维护各种通信设备。 （6）维护工作区域卫生整洁。 （7）严格执行安全保密制度，保守通信机密。			

4.5.2 总机服务项目及服务规程

1. 电话转接服务

电话转接服务的程序见表4－34。

表4－34 电话转接服务的程序

程序 PROCEDURE	接转内外线电话的程序	编号 REF. NO.	
执行职位 POSITION RESPONSIBLE	总机话务员	涉及部门 DEPT. CONCERNED	

接转内外线电话的程序

Phone Call Connecting and Exchanging Procedure

- 保持工作状态，随时准备应答。
- 听到电话蜂鸣声立即应答，蜂鸣声不得超过三声。
- 外线电话和客房电话用中英文应答。
- 内部电话用中文应答：“你好，总机”。
- 听清客人的要求，如果对方讲话不清楚，可请对方重复一遍，但态度要谦和。
- 对于没人接或占线的电话，总机要表示歉意。说“对不起”，并向客人说明原因。
- 主动为客人提供留言服务。
- 对于所有要求接往客房的电话，总机必须查询客人的姓名，核对无误后方可接线。
- 在线路繁忙时，总机必须使用保留键，并请对方稍候，然后迅速、准确地处理在手的电话。

2. 查询服务

查询服务的服务标准见表4－35。

表4－35 查询服务的服务标准

文件名	查询服务的服务标准	页 码	1-1
1. 接听电话 （1）电话铃响三次内接听电话，用礼貌用语向客人问好。 （2）清晰地报出自己所在部门。 （3）表示愿意为客人提供服务。 2. 聆听问询 （1）认真聆听客人所讲的问题。 （2）必要时，请客人重复某些细节或含混不清的问题。 （3）重述客人问询的内容，以便客人确认。 3. 回答问询 （1）及时、准确地给客人满意答复。 （2）若需查询方能找到答案，请客人挂断电话稍候。 （3）在计算机储存的信息中查寻客人问询内容，找到准确答案。 （4）在机台操作接通与客人房间的电话。 （5）清晰地报出所在部门，重复客人问询要求；得到客人确认后，将答案告诉客人；待客人听清后，征询客人是否还有其他疑问之处，表示愿意提供服务。			

3. 长话服务

饭店向客人提供国内、国际直拨长途电话服务，亦称DDD和IDD。通话结束后，计算机会自动计算通话费用并打印出账单，还可以与饭店计算机管理系统接口，直接记入客人账户。因此，话务员要按照饭店电话服务规程，加强与其他相关部门的联系及协调，使计费设备系统正常运转，保证费用及时收回入账。处理直拨长途电话的程序见表4－36。

表4－36 处理直拨长途电话的程序

	处理直拨长途电话的程序	编号 REF. NO.	
执行职位 POSITION RESPONSIBLE	总机话务员	涉及部门 DEPT. CONCERNED	

处理直拨长途电话的程序

Long Distance Call Service Procedure

- 总机话务员在接到客人要求开长途电话的通知后，必须详细问清客人的姓名房号。
- 查询计算机看客人是否有权限开通长途电话服务，如果有足够权限，告知客人放下电话后就可以直接拨通。
- 为客人开通长途电话权限。
- 客人通话后，总机人员要及时将电话收费单转交总台收银处，为客人记账。

◈ 每一个开通长途电话的请求都要详细登记下来。

◈ 一家饭店可能同时有许多人要接通长途电话，对此都要一一登记好，在线路比较忙的情况下妥善安排。

4. 电话叫醒服务

电话叫醒服务（Wake-up Call）是饭店对客服务的一项重要内容，涉及客人的计划和日程安排，特别是叫早服务（Morning Call）往往关系到客人出行的航班和车次，因此，绝对不能出现差错，贻误叫醒时间。否则，会给饭店和客人带来不可弥补的损失。饭店向客人提供叫醒服务的方式有两种：人工叫醒和自动叫醒，无论哪种方式，话务员都应认真、仔细。电话叫醒的服务标准见表4－37，叫醒服务登记表见表4－38。

表4－37　电话叫醒的服务标准

文件名	电话叫醒的服务标准	页　码	1－1
1. 接听客人叫醒服务 （1）当接到客人需要叫醒服务时，要问清客人房号、姓名及叫醒时间。 （2）复述客人叫醒的要求，以便客人确认。 （3）检查叫醒客房的种类和客人类型，如果是套房、VIP，必须做出特别提示。 （4）祝客人晚安。 2. 把叫醒信息输入机台 （1）按机台上的叫醒键，输入客房号码和叫醒时间。 （2）按机台执行键。 （3）将套间客房的叫醒信息输入卧室的电话分机。 （4）夜班话务员再次检查叫醒的输入情况、客房情况、套房状况等。 （5）按照最早的叫醒时间，打开叫醒打印机并检查叫醒系统的工作情况。 3. 填写叫醒登记本 （1）将叫醒时间输入机台后，在叫醒登记本上按时间顺序填写客人的房号、叫醒时间。 （2）认真复查，签上话务员姓名。 4. 人工为VIP客人叫醒 （1）在客人指定的叫醒时间，按下客人的房间号码。 （2）用亲切和蔼的语气称呼客人的姓名。 （3）叫醒时要讲：早上好×××，现在是×点钟，已到您的叫醒时间。 （4）祝客人愉快。 5. 团队叫醒 （1）接到客人电话要求将整个旅游团的客人全部叫醒时，应礼貌地请客人到前台问询处登记。 （2）受理23:00时以后的团队叫醒服务预订，记录团号、叫醒时间、预订人姓名、预订人房号。 （3）根据前台问询处提供的叫醒记录，中班话务员负责找出团队用房表，并与叫醒登记表核对，夜班话务员必须再次复核团队。 （4）按要求将团队叫醒输入机器。 （5）检查叫醒团队客人的情况，如有问题必须及时纠正。			

续表

文件名	电话叫醒的服务标准	页 码	1－1
6. 特殊情况处理 （1）如果发现漏叫或没有打印出来的叫醒客人，话务员必须用电话叫醒客人，并做好记录。 （2）如果客房叫醒无人应答，话务员必须立即通知客房服务中心或大堂经理去客房检查，并做出详细记录。 （3）如果客人要求取消叫醒服务，话务员必须在登记本、计算机上同时作出更正，并在交接班笔记上说明。 （4）如果客人要求多次叫醒时，话务员必须在《叫醒登记本》上作出说明。			

表 4－38 叫醒服务登记表

叫醒服务登记表

WAKE-UP CALL CONTROL SHEET

序号/团队代号 ROOM NO/ GROUP CODE	客人/团队名称 GUEST/GROUP NAME	日期 DATE OF CALL	时间 TIME OF CALL	备注 REMARKS	预订时间 BOOKING TIME	预订叫醒方式（A：电脑 B：人工） WAY OF BOOKING	经办人 CLERK

5. 电话留言服务

电话留言的服务标准见表 4－39，电话留言通知单见表 4－40。

表 4－39 电话留言的服务标准

文件名	电话留言的服务标准	页 码	1－1
1. 接听店外客人留言 （1）客房电话无人接听，店外客人要求留言。 （2）话务员认真核对店外客人要找的店内客人的房号、姓名是否与饭店信息一致。 （3）准确地记录留言者的姓名和联系电话。 （4）准确地记录留言内容。 （5）复述留言内容与店外客人核对。 2. 将留言输入计算机 （1）使用计算机查出店内客人房间，通过固定的计算机程序输入留言内容。 （2）核实留言内容无误。			

续表

文件名	电话留言的服务标准	页　码	1 - 1
(3) 在留言内容下方输入为客人提供留言服务的服务员姓名。 (4) 打印出留言。 3. 按客房留言灯 (1) 按客房留言灯开启程序开启留言灯。 (2) 每日接班和下班时核对留言和留言灯是否相符。 (3) 当客人电话查询时，将访客留言内容准确地告知客人。 4. 取消电话留言 (1) 关掉留言灯。 (2) 清除留言内容。			

表 4 - 40　电话留言通知单

MR　先生
TO MRS ____________ 女士
MISS　小姐
ROOM NO. ________ TIME ________
房号　时间
DATE ____________
日期

YOU HAD A TELEPHONE CALL
贵客有一电话来自

MR　先生
FORM　MRS　女士
MISS ____________ 小姐
TEL NO. 电话号码 ________ PLACE 地点 ________
令友并无留言　☐ PARTY LEFT NO MESSAGE
令友将再给你电话　☐ PARTY WILL CALL YOU AGAIN
请你打电话过去　☐ PLEASE RETURN CALL
令友曾到访　☐ RARTY CAME TO SEE YOU
令友再次来访　☐ PARLY WILL COME AGAIN
电讯/包裹　☐ TELEX/PARCEL
MESSAGE: ____________
____
____
____
____

THANK YOU
谢　谢

CLERK 经办人 ________
F/O OS

6. 免打扰服务

免打扰服务的程序见表 4－41，免打扰登记单见表 4－42。

表 4－41　免打扰服务的程序

程序 PROCEDURE	总机免打扰服务的程序	编号 REF. NO.	
执行职位 POSITION RESPONSIBLE	总机话务员	涉及部门 DEPT. CONCERNED	

前厅部总机免打扰服务的程序
Do Not Disturb Call Service Procedure

- 接到电话要求提供免打扰服务后，要仔细询问客人的房号、设定时间和取消时间，记录在免打扰服务记录本上。
- 如果客人要求在入住期间全程设立免打扰服务，总机话务员要通知总台接待员做好记录，以便于客人退房时总台接待员及时通知总机，取消该房间的免打扰服务。并将以上内容记录在免打扰服务记录本上。
- 如果客人要求在某一时间段内设立免打扰服务，总机话务员也应通知接待员，请其在客人退房时通知话务员，以避免因客人行程有变动而影响下一位客人入住。
- 到达客人设立免打扰时间或接待员通知客人退房后，当班话务员应取消该房间的免打扰服务，并做好记录。

表 4－42　免打扰登记单

日　期	房　号	DND 范围	时　间	通知人	经手人

4.6　商务中心服务

对于商务客人来说，饭店内的商务服务是否周全、及时，关系到能否顺利完成公务目的，所以饭店内的商务设施就值得关注了。为方便客人，饭店一般都在大堂附近设有商务中心（Business Centre），环境安静、舒适、优雅，专门为客人提供商务洽谈、打印文件、网络服务、收发电子邮件和传真、复印、翻译等服务。商务中心是现代饭店的重要标志之一，是商务客人经常光顾之处，是客人“办公室外的办公室”。

4.6.1 商务中心员工的岗位职责

1. 商务中心主管

商务中心主管的岗位职责见表4－43。

表4－43 商务中心主管的岗位职责

文件名	商务中心主管的岗位职责	页 码	1－1
1. 管理层级关系 （1）直接上级：前厅部经理。 （2）直接下级：商务中心领班。 2. 岗位职责：向前厅部经理负责，督导、安排、指导员工工作，保证商务中心的工作正常进行。 3. 工作任务 （1）负责检查员工的仪容仪表、礼貌礼节、考勤和劳动纪律等，并做工作指示。 （2）做好与业务往来部门的沟通协调工作，与电信局有关部门密切联系，保证电信业务的顺利进行。 （3）妥善处理服务工作中的投诉事宜。 （4）负责下属员工的班次安排和考勤。 （5）抓好员工的业务技能培训和考核工作。 （6）负责管辖范围内的设施设备的管理、维护和报修工作。			

2. 商务中心领班

商务中心领班的岗位职责见表4－44。

表4－44 商务中心领班的岗位职责

文件名	商务中心领班的岗位职责	页 码	1－1
1. 管理层级关系 （1）直接上级：商务中心主管。 （2）直接下级：商务中心文员。 2. 岗位职责：负责商务中心的日常管理，确保提供迅速、快捷、高效的商务服务。 3. 工作任务 （1）检查文员仪容仪表和出勤情况。 （2）安排调整文员班次。 （3）指导文员正确使用计算机、传真机、复印机等设备，按规程和标准为客人提供服务。 （4）保持工作区域和谈判间的卫生整洁。 （5）按规定收费，统计每日营业收入。 （6）按计划申领办公用品，并负责保管。 （7）维护和保养商务中心的各种设备。 （8）按计划对文员进行培训及考核评估。			

3. 商务中心文员

商务中心文员的岗位职责见表4－45。

表4－45 商务中心文员的岗位职责

文件名	商务中心文员的岗位职责	页 码	1－1
1. 管理层级关系 （1）直接上级：商务中心领班。 （2）直接下级：无。 2. 岗位职责：提供热情、周到、快捷、高效的商务文秘服务，满足客人需求。 3. 工作任务 （1）为客人提供收发传真、复印、翻译和打印等服务，并为客人保密。 （2）迅速、准确地回答客人有关商务服务的各种问题。 （3）保持工作环境的整洁和办公设备的良好。 （4）提供国际、国内长途电话服务。 （5）提供常用办公小文具。 （6）提供商务服务咨询业务。 （7）提供谈判间服务。			

4.6.2 商务中心的主要服务项目及服务规程

由于商务中心工作的特殊性，考虑到客人的需求，应配备齐全的设施设备和用品，包括会议室、谈判间、传真机、复印机、可上网的计算机、打印机、扫描仪、直拨电话、投影仪、幻灯机、录像机、大屏幕电视和其他办公用品，以及商务辅助工具，例如，多语种字辞典、计算器、电话簿、最新航班、车船时刻表、报纸、杂志等信息资料。服务人员应热情礼貌、业务熟练、服务快捷，为客人提供高水准、高效率的商务服务。图4－14为商务中心服务的标准流程。

1. 复印服务

复印的服务标准见表4－46。

表4－46 复印的服务标准

文件名	复印的服务标准	页 码	1－1
1. 准备 （1）拿到原稿后，首先识别纸张的规格，告诉客人复印价格，并问明客人具体要求（如复印纸型规格、复印张数）。 （2）填写复印登记表（见表4－47）。 2. 复印 （1）打开机器，排选适当的纸匣，按操作程序复印。			

续表

文件名	复印的服务标准	页 码	1-1
(2) 确认纸张的尺寸和复印数量。 (3) 检查所做的复印是否清晰。 (4) 取原件，如果原件是若干张，应按客人原件顺序排好。 3. 装订 (1) 客人复印后要求将文件按原件顺序规格装订，要为客人选择中意的装订封皮和环套，无问题后，将复印件卡放在装订机上，按下打空卡打出孔洞，完成装订。 (2) 如果装订的文件较厚，应分批进行，但要注意每批的打孔位置，做到封皮及复印文件码放在一起，同时打孔装订。 4. 结账 (1) 开账单。 (2) 将复印件及原件交给客人后收费，如果客人签单，将第一、三联交给结账处，第二联留底。 (3) 如果是店外客人，请其先付押金。 (4) 在登记本上记录。			

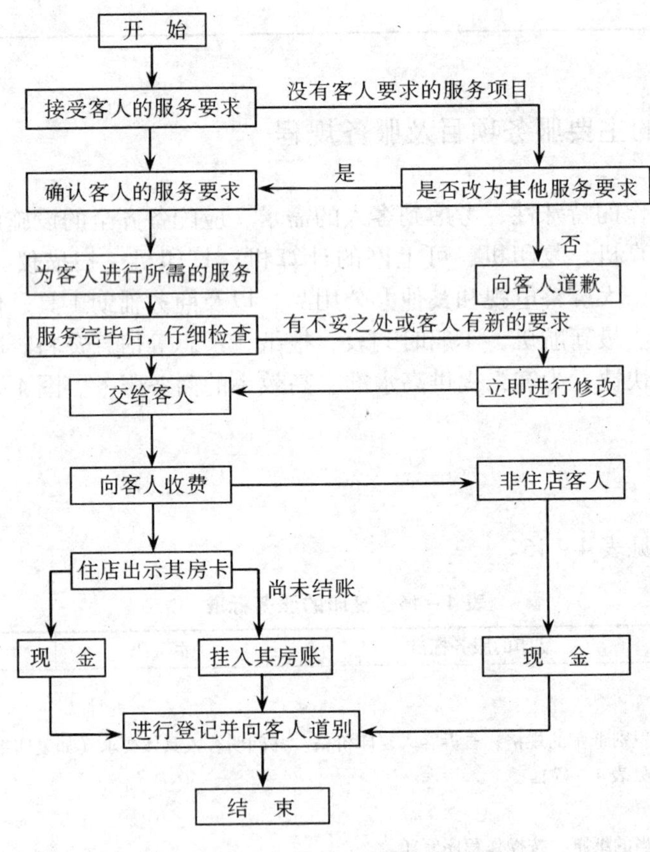

图 4-14 商务中心服务的标准流程

表4－47 复印登记表

传真单/复印单

FAX NO./NUM. OF COPIES

雅高商务饭店

ACK CYBER HOTEL

房号 ROOM NO.				

宾客姓名 NAME：　　　　日期 DATE：

说明 EXPLANTICN		金额 AMOUNT	
目的地 DESTINATION：	收费 CHARGE：	¥	
传真号码/复印份数 FAX NO./NUM. OF COPIES			
分钟 MIN			
	服务费 SERVICE CHARGE		
	总金额 TOTAL：	¥	

付款 PAYMENT	现金 □ CASH	记账 □ ACCOTUNT	公司账 □ HOUSE ACCOUNT

收款员 CASHIER	账项编号 TRANS NO.	日期 DATE	时间 TIME	房号 ROOM NO.	部名 DEPT	金额 AMOUNT

请勿在以上空格内填写

DO NOT WRITEIN ABOVE SPACE

职员签署 CLERK SIGNATURE　　　　宾客签署 GUEST SIGNATURE

2. 打印服务

文件打印的服务标准见表4－48。

表4－48 文件打印的服务标准

文件名	文件打印的服务标准	页　码	1－1

1. 准备
   (1) 向客人介绍有关打印的价格及大概完成的时间。
   (2) 认真阅读每一个字，看不清楚的字句要及时与客人核对。
2. 打印
   (1) 打开机器，按要求的规格进行排版、打印。
   (2) 打出一份请客人核对。
   (3) 将客人修改过的文件打印，同时请客人检查确认。
   (4) 修改无误后打出正式件，和原稿一起交给客人查收。
   (5) 询问客人是否需要保留该文件，如需保留，请其说出确切保存时间，如不要求保留则删除该文件。
3. 结账
   (1) 准备客人的账单并登记时间。
   (2) 请客人在账单上签字。
   (3) 确认客人已签单，然后立即入账。
   (4) 若是店外客人，请其先付押金。
   (5) 在登记本上记录。

3. 传真收发服务

传真收发的服务标准见表4－49。

表4－49 传真收发的服务标准

文件名	传真收发的服务标准	页　码	1－1

1. 接收
   (1) 接到传真后，首先要与计算机核实，再通知客人（如果没有弄清房号，一定要设法查清）。
   (2) 客人来取传真时，开单收费，将传真件交予客人。
2. 发送
   (1) 先请客人坐下，并迅速递给客人传真纸。
   (2) 问清客人发送地，请客人填好传真发送表（包括国家和地区代码、客人姓名、房号、预计离店日期、客人签字）。
   (3) 告诉客人发送传真计费方式，填表后，确认国家及地区代码。
   (4) 发传真时，要把账单号、传真号、张数写在账单和传真登记表上，发完后要把起始时间写在登记表上，所用时间写在账单上。
   (5) 按机器操作程序发送，发送成功后，将原稿还给客人。
   (6) 在旺季，有时传真机会全部使用，应礼貌地向客人解释并告诉客人：我们会尽快为您发出，请不必担心，在客人不等发的情况下，告诉客人传真发出后将把原件送回房间，请客人先签单。
3. 结账
   (1) 费用包括发送费价、服务费。
   (2) 将总价正确入到客人房账或收取现金。
   (3) 将发送报告订在账单的第三联上连同所收款一起交给结账处，将账单第一联交给客人，第二联留底。如果客人签单，将第二联留底，第一、三联交给结账处。
   (4) 若是店外客人，请其先付押金。

4. 会议室出租服务

会议室出租的服务标准见表4－50。

表4－50 会议室出租的服务标准

文件名	会议室出租的服务标准	页 码	1－1
1. 接受预订 （1）店内客人预订会议室须问清姓名、房间号并告诉客人租金。 （2）店外客人来电话预订会议室须留下客人的姓名和电话号码。 （3）客人来商务中心预订会议室，请客人在《会议室预订日记本》上签字并交押金。 （4）所有商务中心的会议室预订必须在《会议室预订日记本》上记录。 2. 询问客人 （1）询问是否需要饮品，如茶、咖啡、点心等。 （2）询问是否需要投影仪、录像机、放大机、信纸等。 （3）询问客人有无特殊要求，提前做好准备。 3. 检查会议室 （1）在会议室出租一小时前检查会议室布置规格和用品摆放。 （2）检查会议室是否整洁，确保为客人提供整洁、舒适的环境，发现问题及时解决。			

5. 秘书、翻译服务

秘书、翻译的服务标准见表4－51。

表4－51 秘书、翻译的服务标准

文件名	秘书、翻译的服务标准	页 码	1－1
1. 准备 （1）当客人提出秘书或翻译服务时，首先要了解专业范围、语种和具体要求，并向客人报价。 （2）选择合适的秘书、翻译人员，并征求客人意见。 （3）秘书、翻译人员要事先做好准备。 （4）对客人的译稿、讲话和有关资料必须严格保密。 2. 翻译、秘书服务 （1）提供笔译服务时，接到翻译件要当场阅览一遍，弄清原文内容，同时询问客人译完文稿时间，如有疑问要请教有关专家。翻译后的稿件，应经其他翻译人员进行一次以上的审核校对，最好将译稿打印出来，征求客人意见，如果客人要求写作修改，须按客人要求尽快完成。 （2）提供口译服务时，要主动征询客人谈话对方的情况，对口译的要求，应准备的资料、用品，口译时要注意礼节礼貌，并做好翻译记录。 （3）提供秘书服务时，要主动征询客人对秘书工作的要求、时间安排、注意事项、秘书工作的文具用品单，事后主动征求客人意见。 3. 结账 （1）开账单收费。 （2）在登记本上记录。			

4.7 商务楼层服务

现代高档豪华饭店一般都设有商务楼层，也叫行政楼层（Executive Floor），专门接待商务客人等高消费客人，为客人提供优质服务。该楼层提供有别于普通客房楼层的贵宾式服务，因此，被人们誉为“酒店中的豪华酒店”。

4.7.1 商务楼层的需求特征

由于入住商务楼层客人的特殊性，他们对商务楼层提出了有别于一般饭店其他楼层的更高要求。因此，为满足这些客人的需要，与一般饭店客房相比，商务楼层应具备以下需求特征。

1. 公务要求与豪华性

美国旅游资料中心的调查结果表明，1/4 以上的公务旅游者乐于下榻大型豪华饭店。如果将那些出入小型豪华饭店的公务旅游者也一并计算在内，44% 的公务旅游者选择豪华住宿设施。饭店的知名度越高，对公务旅游者的吸引力越大。根据调查，只有 1/3 的公务旅游者经常或总是选择隶属于同一连锁的饭店。在对部分回头客的调查中发现，公务旅游者考虑是否“回头”，饭店客房的质量和面积及饭店的商务设施起着决定性的作用。需要指出的是，某些影响回头客的重要因素，如清洁卫生、客房质量和饭店安全等都与饭店的特色无关，而餐厅、服务方式和本身设备等虽与饭店特色有关，但又不是影响公务旅游者“回头”的关键因素。

大部分公务旅游者不是自己选择旅游目的地，而是因工作需要或由他人决定的；大部分公务旅游者不是自己花钱，而是由公司花钱，因而消费出手大方，往往住豪华型饭店，消费很高。因此，商务楼层的客房样式、大小与普通客房无异，但提供的日用品及商务楼层的客房室内装潢应较为高档。现代商务楼层的象征不仅是“豪华”，它还要与电子技术和计算机设备紧密联系起来。饭店要提供商务服务和通信服务，楼层的商务中心服务功能要齐全，环境要好，服务时间要长。

2. 需求特征与多功能性

瑞士饭店进行专门调查表明，吸引公务旅游者的饭店必须具备以下特点：方便的位置，安全贴切的服务，合理的价格，完备的商务设施、室内娱乐活动，宽大的客房，一流的餐厅，高雅的气氛，配备无烟客房、健身俱乐部、游泳池等。调查还表明，公务旅游者经常性的服务需求是订餐、订机票、租车、机场接送、发送传真、翻拍照片、确认机票及秘书服务等。为了争取公务旅游者，在传统服务项目的基础上，还开设多项特别服务，如个人计算机、同声传译、专家服务等。一些客人对语言信箱、信息网络、视听设备、电话答录设备以及复印、传真、打印等设备都有较高的要求。

3. 工作特征与服务的多样化

大多数公务客人或长或短要在客房内办公，这就不同于旅游者。客房设施的设置要考虑办公条件，如办公桌要大，座椅要舒适，灯光要明亮，配备常用的文具用品等。因此商务楼层标准客房的写字台和床头照明应更亮一些，以便客人看书写字。在写字台上有电话和国际互联网接口，这样，客人在客房里办公时，可以很方便地使用笔记本电脑收发电子邮件，在互联网上交流信息，在伏案写字时也不必再起身到床头去接听电话。

入住商务楼层的客人除希望得到一般宾客“家外之家”的享受外，更希望得到多样化、个性化的服务。对入住商务楼层的客人采取针对性的、个性化的、优质的服务，是赢得客人忠诚的重要因素。

4. 娱乐特征与休闲性

公务客人对休闲时间的利用兴趣广泛，有的甚至是专为饭店的设施或活动而来。因此，要关心饭店公务客人的“八小时之外”，让他们愉快充实地度过休闲时光，多数商务楼层均在楼层上布置各种娱乐设施，如棋牌类、影音设备等。但由于客人需求大相径庭，一些饭店设有专职人员进行调研，并为公务客人组织有关活动。如多数商务楼层在夜间均设置各类娱乐活动，客人可以在此免费喝各种酒水饮料，可以在此交朋友，可以看书，可以看电影、电视、VCD 等，或进行其他娱乐活动。有些饭店甚至将娱乐设施放置在客房内，令客人不出客房就可以享受其所需的各项娱乐活动。

5. 商务特征与安全性

入住商务楼层的客人尤其是商务客人都希望客房安装电子门锁，甚至要求电话、传真加装保密装置，以防泄露商业机密。公务客人对商务楼层酒廊等公共区域或会议室，也会提出安全和保密的要求。因此商务楼层应尽量选择能单独分隔开来的楼层，或采用先进科技方法来达到对楼层的保密。

4.7.2　商务楼层的布局特色

商务楼层与普通客房楼层在布局上有明显不同，它可以向商务客人提供更多、更细致、更具个性的专业化服务。

1. 单独设接待处

凡预订商务楼层的客人，都可以在到店后直接在楼层快速登记入住，以及离店时在本楼层结账退房。接待处设计精巧，环境氛围轻松，旁边设置有沙发等休息座位，使得这种“一对一”式的轻松、开放专用的服务接待方式更显个性化，更具温馨感。

2. 单独设酒廊

在商务楼层设置环境优雅、独具匠心设计的专用酒廊（Lounge），并提供冷饮、热饮、早餐、午茶，还可以安排鸡尾酒会及会晤朋友，是商务楼层吸引商务客人的重要场所。这种酒廊的设置，提高了商务楼层客人始终被尊重的“身份感”，使客人体会到“家”的感受。

3. 单独设商务中心

商务楼层一般设有专用商务中心及规格不等的会议室、洽谈室等设施，以供商务客人随时召开会议，或与客户会晤及洽谈生意。商务中心设备先进、种类齐全，从文件打印、复印、分拣至装订等一应俱全，而且服务效率高。

4.7.3 商务楼层的管理及服务特色

商务楼层的管理是一套相对独立运转的接待服务系统，在行政管理上通常隶属于前厅部，在人员素质和服务内容上，均有不同于总台的特殊要求。

1. 硬件设施要求

商务楼层的客房样式、大小与普通客房存在一定程度的差异，它所提供的日用品及商务楼层的客房室内装潢应力求高档。现代商务楼层的象征不仅是“豪华”，它还需要与电子技术和计算机设备紧密联系起来。

（1）提供商务设备设施。如语音信箱、信息网络、视听设备、电话答录设备以及复印、传真、打印等设备。楼层上的商务中心服务功能要齐全，环境要好，服务时间要长。

（2）提供各种先进的会议设施。入住商务楼层的客人可能有各种会议，如研讨会、论坛、讲座、培训、会谈等，因此商务楼层应设置相应的、大小不同的会议场所及配备相应的设施设备，如要求会场有各种信源接口，具有同声传译系统、电子投票系统、多媒体咨询系统、声像播放系统和电子系统。

（3）对客房设备设施的要求。商务楼层应尽可能为客人提供宽敞的活动空间，客房的照明应达到便于工作的足够亮度，办公桌要宽大。马里奥特将集团属下的“工作客房”内设计了可伸缩的写字台，座椅是可调节高度的靠背旋椅，床头柜成为集空调、电视、灯光到窗帘启闭于一体的电子控制中心，客房安放两张大的双人床。注重通过客用品、材料、色调等来增强家居感。客房内家具成套化、组合化，多用木质材料，多暖色调，多采用棉织品、手工织品和舒适的纤维编织品。Mini bar 发展成一个小的“购物中心”。房内娱乐、电视和音乐选择，均可通过 CD 资料库或 Internet 网络进行。

2. 服务要求

入住商务楼层的客人除希望得到一般宾客“家外之家”的享受外，更希望得到“公司外公司”的服务，它要求商务楼层为这些商务客人提供其公司从事公务活动所需要的服务，如管理服务、经纪服务、信息服务、文秘服务、交通服务、休闲服务和保健服务等。他们欢迎专门的早餐和酒吧；他们要求有适当的洽谈公务的场所，齐全的娱乐健身设施，如健身房、网球场、游泳池、桑拿浴等。要求房间内提供更多的文具，有保险柜、供会客用的额外的椅子等。他们对传真、电话、计算机、打字、复印、秘书等商务服务有很高的要求，饭店还应具备快捷方便的通信手段。他们对价格和付款方式往往不太注重；对叫醒服务、邮件传递服务、洗熨衣服务等较其他客人有更多的要求。

（1）人员的专业素质和特殊素质要求。在商务楼层从事接待服务的管理人员及服务人员，在形体、形象、气质、知识、技能及外语等方面条件突出，均接受过严格、系统的专业培训。他们在熟练掌握了前台预订、接待、结算等技能的同时，还应掌握商务中心、餐饮方面的服务技能和技巧，尤其善于与宾客交往、沟通，能够圆满地处理客务关系，合作与协调性强。

（2）个性化的私人管家服务。商务客人之所以优先选择商务楼层，设施及环境的舒适条件固然是重要因素，但最为他们看重的是商务楼层所提供的细致入微、个性化的“私人管家”服务。

① 对客人一见如故。商务楼层的接待服务人员只要见过客人一次，第二次再见面时就可以称呼客人的姓名和头衔，客人由此产生被重视和被特别关照的心理满足感和荣誉感。

② 对客人体贴入微。商务楼层的接待服务人员对每一位在此下榻的客人都要作详尽的客史档案记录，记录下客人的喜好、偏好，使客人每次下榻时都会惊喜地看到按自己的习惯和喜爱的方式所布置的房间，甚至连所喜爱的某种品牌或特殊规格的物品都已放在熟悉的位置。因此，商务楼层的房价虽然大大高出普通客房的房价，但是却不断吸引着众多的回头客及商务客人。

③ 提供特殊服务。价格昂贵的商务楼层实行了许多特殊的服务，有“单独入住登记”——客人进入饭店，穿过大堂，直奔电梯，然后来到商务楼层特有的单独总台。在这里，客人不用按传统的方式排队办理入住手续，这里设有客人专用座椅，客人可边办手续边休息，饭店往往也同时为客人提供免费的酒水和饮料，以供客人在长途旅行之后消除疲倦和解渴，这里的服务员都是经过专门训练的高级职员，外语娴熟，谈吐优雅，而且反应敏捷。能提供个性化服务是商务楼层客人的普遍要求，饭店根据对客人详细的资料收集，尽可能地提供针对性的服务，达到服务的高水准。对于入住商务楼层的客人，饭店应通过网上信息平台获取客人的兴趣与偏好，针对客人的个性需求和自身能力重新整合饭店产品，全面提升服务和管理水平，充分体现饭店与顾客共同设计产品的特色，客人在自己参与“设计”的饭店里，会得到最大程度的满足。威斯汀酒店发现顾客在登记入住时期望更多的个人接触，并喜欢参与登

记注册过程，他们便发起一项“PODS”活动。“PODS”是“People Offering Distinctive Service（提供区别服务的人们）”的缩写。“PODS”的优势是消除了心理障碍，让员工提供友好、个性化的服务。夏威夷 WAIKOLOA 凯悦酒店为给客人提供多项选择，如果客人是个赛车迷，客人随时可以坐上一辆法拉利赛车在 WAIKOLOA 的私人赛车场上尽兴。如果客人想同海豚一起游泳，WAIKOLOA 凯悦酒店可以为客人提供与受过训练的海豚一起探测珊瑚礁的机会。马里奥特的庭院酒店引进自我客房服务，客人通过电话向厨房点菜，菜看准备好后客人自己到厨房去取。HILTON 集团针对商务旅游者的特点，提供个性化服务，如快速入住、退房、优先定房，并提供全球速递服务，即把客人的邮件派专人送到世界各地 145 个城市内的任何指定地点，时间只需 24～72 小时。

4.7.4 商务楼层的服务程序

1. 商务楼层的日常工作流程

商务楼层的日常工作流程见表 4－52。

表 4－52 商务楼层的日常工作流程

文件名	商务楼层的日常工作流程	页　码	1－1
1. 行政楼层早班接待员在 7:00 到前厅部报到，取出客人邮件，与值夜班人员交接班。 2. 打印当日房况报表、预抵店客人名单、在店客人名单等，然后在预离店客人名单上标上记号，以便做好预离店客人结账等相应服务的准备工作。 3. 值班台负责接待、结账及商务中心服务等项工作。 4. 7:10 备好自助餐台、餐具等，提供早餐服务。 5. 准备并检查客房水果、鲜花篮、礼品，核对欢迎卡、总经理欢迎致辞等，并与预抵店客人名单逐一核对。 6. 早餐服务于 10:00 结束。 7. 主管召集当日工作例会，传达饭店有关信息和安排当日工作。 8. 接待入住客人，办理入住登记手续，并送上迎宾茶或咖啡，主动介绍商务楼层各种服务项目及饭店其他服务设施。 9. 为离店客人办理结账手续及代订车辆、安排行李员等事宜。 10. 检查是否有客人需要洗、熨衣服务。 11. 受理并安排预订机票、预订饭店等委托代办服务。 12. 中班 13:30 上班，打印各种报表。 13. 中班 15:30 与早班交接班。 14. 提供午茶服务（16:00～17:00）。 15. 提供鸡尾酒会服务（18:00～19:30）。 16. 中班做好第二天的各项准备工作。 17. 中班晚间 23:00 下班，并委托前厅总台代理夜间服务。			

2. 客人入住前的准备工作程序

客人入住前的准备工作程序见表4－53。

表4－53 客人入住前的准备工作程序

文件名	客人入住前的准备工作程序	页 码	1－1
1. 查阅订单。 2. 根据客人的历史档案或订单的特别要求安排房间及输入计算机。 3. 检查订车情况。 4. 准备好登记卡。 5. 准备好住房卡、钥匙。 6. 准备好欢迎信并交客房台班放进房间。 7. 预送鲜花、水果。			

3. 入住登记程序

入住登记程序见表4－54。

表4－54 入住登记程序

文件名	入住登记程序	页 码	1－1
1. 接到客人抵店信息后，迅速找出其订房资料及登记卡。 2. 通知所在楼层台班准备欢迎茶。 3. 迎接及引导客人到休息室。 4. 询问客人喜爱什么饮料，并迅速送上饮品。 5. 请客人出示有效证件，并代客人填写。 6. 确认客人的入住天数、房间种类及房价。 7. 请客人在登记卡上签名。 8. 如果可能，请客人留下名片。 9. 询问客人的付账方式，刷信用卡或收保证金。 10. 发放住房卡和房间钥匙。 11. 介绍商务楼层的优惠服务。 12. 引导客人到房间。 13. 在登记卡上打上时间，输入计算机。 14. 通知行李处入住客人的房号。 15. 做好客人的计算机档案。			

4. 引导客人到房间的程序

引导客人到房间的程序见表4－55。

表 4－55 引导客人到房间的程序

文件名	引导客人到房间的程序	页　码	1－1
对于新入住商务楼层的客人或 VIP 客人，都要求由商务楼层的接待员引导客人到房间。 1. 告知客人所在楼层、房号、景色等。 2. 示意客人行进方向。 3. 乘电梯时，先按电梯，并请客人先进入电梯，到所在楼层，让客人先出电梯门，然后快走两步继续指引客人到房间。 4. 示意客人到达所住房间。用钥匙打开房门，先开启门厅灯，在门口环视房间一周，若无异常情况方能将客人请进房内。 5. 向客人介绍房间的设施、设备以及饭店的一些情况，若客人说不必介绍，就应立即退出房间。 6. 介绍完毕后，征求客人是否还有吩咐，若没有，立即向客人告别，祝客人住得愉快，把钥匙交给客人后迅速离开。 7. 将房门轻轻拉上，立即返回工作岗位。 8. 若该客人的行李是由行李员运送的，须向行李处询问客人的行李运送情况，确保将行李准确无误地送到客人的房间。			

5. 迎、送客梯服务程序

迎、送客梯服务程序见表 4－56。

表 4－56 迎、送客梯服务程序

文件名	迎、送客梯服务程序	页　码	1－1
1. 迎客梯的服务程序 （1）当听到客梯上、下提示声，应快步走到该客梯门前。 （2）当客梯梯门开启时，接待员应站在客梯一旁，内侧手扶梯门，外侧手收于背后，腿站直，身微鞠躬，恭请客人出客梯。 （3）面带微笑，向客人打招呼。要熟记并经常称呼客人姓氏。 （4）询问客人房号或客人是否需要帮助。一手示意客人房间方向，指引客人进房。 （5）若客人是办理入住登记手续，则引导客人进入休息厅。若遇参观者，应礼貌地请其下楼层，为他们按下去的电梯，并致歉。 2. 送客梯的服务程序 （1）当听到客房关门声，或看到客人自房间出来，应预先帮客人按住电梯。 （2）寻声判断客人自哪一边出来，面向客人，微笑向客人打招呼，称呼客人的姓氏，并询问客人是否下楼。 （3）当听到客梯上、下提示声，应快步到该客梯门前，并一手示意客人客梯的方向。 （4）当客梯梯门开启时，接待员应站在客梯一旁，面向客人，内侧手扶梯门，外侧手收于背后，腿站直，身微鞠躬，一手示意客人进客梯。 （5）当所有客人进入客梯后，可松开扶梯门的手，向后退两步，面向客梯，两手交叉于背后，微鞠躬恭送客人直到客梯门关上，说“祝您愉快”。 （6）当电梯门已开启而客人还未走进电梯间时，应礼貌地请梯内客人稍等。			

6. 早餐服务程序

早餐服务程序见表 4－57。

表 4－57 早餐服务程序

文件名	早餐服务程序	页　码	1－1
1. 当客人莅临餐厅时，应立即上前接待客人，面带笑容，礼貌地与客人打招呼。当弄清客人人数后，服务员即做一个请的手势，并在客人左前方距离 50 厘米左右引导客人入座。			

续表

文件名	早餐服务程序	页 码	1-1
2. 帮客人拉开椅子，并为客人铺好餐巾，把同一张台上多出来的餐具收走。 3. 询问客人是否需要咖啡和茶，要求从客人右边服务。 4. 向客人介绍用餐形式。 5. 收餐具。 （1）在客人用餐过程中，要勤巡台，检查是否需要换烟灰缸。要求烟灰缸不能超过两个烟头或有杂物。 （2）收客人吃完后的空餐碟（杯），则要做一个手势，征询客人是否可以撤下空餐碟（杯）。然后从客人的右边把此碟（杯）收走。 （3）在收餐碟过程中，要询问客人对早餐的质量和服务的意见。 6. 为客人添咖啡或茶。 7. 如客人认为咖啡太浓，则用一个茶壶，装上开水，然后倒进客人的咖啡里，并征询客人的意见，看看是否适合客人的口味。 8. 添加、补充自助餐台上的食物、饮料和餐具。8:30～9:00间，更换冰块。 9. 注意保持自助餐台和餐厅地面的清洁。 10. 当餐厅内有客人进餐时，厅内电话只用作转接客人的电话。 11. 送客。当客人用餐完毕，准备离座之际，服务员应主动上前拉开座椅，还要检查客人是否遗留物品，如有，应及时送还客人，并对客人光临表示感谢。 12. 迅速把餐桌、餐椅清理干净。			

7. 下午茶服务程序

下午茶服务程序见表4-58。

表4-58 下午茶服务程序

文件名	下午茶服务程序	页 码	1-1
1. 引领客人入座，为客人拉开座椅。 2. 询问客人是否先饮用咖啡、茶或其他饮料。 3. 上茶点，并希望客人能喜欢。 4. 收餐具。当客人用餐后，可为客人撤掉空碟。 5. 在客人用茶点过程中，要勤巡台，换烟缸，收空餐具，为客人添咖啡、茶。 6. 送客。为客人拉开座椅并道别。			

8. 鸡尾酒会服务程序

鸡尾酒会服务程序见表4-59。

表4-59 鸡尾酒会服务程序

文件名	鸡尾酒会服务程序	页 码	1-1
1. 引导客人入座，为客人拉开座椅。 2. 询问客人是否饮用饮料或鸡尾酒。			

续表

文件名	鸡尾酒会服务程序	页 码	1-1
3. 要勤巡台，换烟灰缸，收空餐具及台面杂物。 4. 送客。为客人拉开座椅并道别。 5. 各项程序和要求可参照早餐服务程序。			

案例分析

我能帮助你们

××饭店按常规每天派一名饭店代表前往火车站为几列豪华旅游列车接站。中日友好协会的某旅行团乘车抵达，该团成员皆为老人。不知是因为导游的粗心没有通知酒店，还是此团将要下榻的酒店没有接站服务，只见这些老人在拥挤的站台上，手提肩背沉重的行李左冲右突。××饭店的饭店代表小王，正巧没有这趟车的接站任务，看到这种情况他略加思索，便快步上前征得随团陪同的同意，用简单而准确的日语告诉客人，他是××饭店的饭店代表，可以为大家提供无偿的行李服务。请大家先将大件行李集中，清点数目。然后迅速推来行李车把行李一一搬上车，跟着团队向停车场走去。日本客人看着小王推着行李车，心里都有一种到家见到亲人的感觉。次日，由于所下榻饭店的服务质量低下，该团全体成员要求当天下午搬至××饭店入住，因为昨天小王的义举打动了他们。当他们在××饭店大堂见到小王时，那亲切的招呼声引来了许多客人好奇的目光。一个月后，同一系列的团队也改住××饭店，该饭店因此受益匪浅。

点评

小王打动客人的是一种高尚的职业道德和不求任何功利的主动助人的服务精神，体现了良好的个人素质和饭店代表的崇高使命感。我国有一位“金钥匙”曾经说过：“我以我自己能终生去做一名专业服务人员而骄傲，因为我每天都在帮助别人，客人在我这里得到的是惊喜，而我们也在客人的惊喜中找到了富有的人生。我们未必会有大笔的金钱，但我们一定不会贫穷，因为我们富有经验，富有信息，富有助人的精神，富有同情心、幽默感，我们富有为人解决困难的知识和技能。”这些话语，看上去朴实无华，但每句话都闪烁着人生的亮丽。小王的所作所为，正是这种服务思想的具体体现，是饭店最终赢得并保住客人的秘密所在。

本章小结

前厅以多元化的服务功能赢得了客人的信赖与认同。本章主要介绍了礼宾、收银、问讯、商务中心、总机和商务楼层等一系列服务，通过学习，使学生熟悉前厅各项服务的程序，加深对前厅各项服务内容和要求的认识与了解，培养良好的服务意识。

思考题

1. 散客和团队的行李服务程序分别是什么？
2. 问讯服务的业务范围包括哪些？
3. 换房时的行李服务应注意哪些问题？
4. 在查询服务中，应如何保证客人的隐私权？
5. 话务员应具备哪些素质？话务服务应注意哪些问题？
6. 客人丢失行李寄存卡提取行李时，应如何处理？
7. 如何做好客人存取行李服务？
8. 怎样为客人提供准确快捷的结账服务？
9. 如何做好客人的留言服务？
10. 如何理解金钥匙服务？中国饭店金钥匙的服务项目包括哪些？
11. 怎样才能做好叫醒服务？
12. 怎样防止客人逃账？

前厅部销售业务的重要性及意义可以在饭店的收入主要依靠销售客房产品中看出，从这种意义上可以说总台接待员的主要任务就是销售客房。为了在激烈的市场竞争中求得生存和发展，饭店的经营者都会努力制定正确的价格政策，使其物有所值，并努力用更好的服务和设施来留住客人。

第5章　前厅部销售管理

学习目标

◎ 掌握客房销售的要求和排房技巧。
◎ 掌握制定房价的依据和方法。
◎ 熟悉和掌握客房销售技巧。
◎ 了解客房报价的方法和技巧。
◎ 掌握常用的客房定价方法。
◎ 熟悉客房经营指标和主要经营报表。

5.1　客房销售概述

5.1.1　客房销售的一般工作要求

对于总台接待人员来说，要在接待过程中成功地销售客房及饭店其他产品，自身要掌握相应的知识和信息，熟悉销售工作的要求。

（1）销售准备。

① 仪表仪态要端正，要表现出高雅的风度和姿态。

② 总台工作环境要有条理，使服务台区域干净整齐，不零乱。

③ 熟悉饭店各种类型客房的情况，以便向客人介绍。

④ 了解饭店所有餐厅、酒吧、娱乐场所等各营业场所及公共区域的营业时间与位置。

（2）服务态度。

① 要善于用眼神和客人交流，表现出热情和真挚。

② 面部常带微笑，对客人表示“欢迎，见到您很高兴”。

③ 用礼貌用语问候每一位客人。

④ 举止行为要恰当、自然、诚恳。

⑤ 回答问题要简单、明了、恰当，不夸张宣传住宿条件。

⑥ 不贬低客人，耐心向客人解释问题。

一个讲礼貌、训练有素的前台服务人员是饭店经营最宝贵的财富之一，他所造成的客人对饭店的第一印象，将决定客人是否再次光顾，甚至会自动为饭店宣传，扩大饭店的影响。

（3）销售工作。

① 要善于用描述性语言向客人介绍几种客房的优势，说明能给客人带来的好处，以供客人选择，但不要对几种客房作令人不快的比较。

② 不要直接询问客人需要哪种价格的房间，应在介绍客房情况的过程中，揣摩客人心理。

③ 要善于观察和尽量弄清客人的要求和愿望，有目的地销售适合客人需要的客房。

④ 不要放弃对潜在客人推销客房。必要时可派人陪同客人参观几种不同类型的客房，增进与客人之间的关系，以助于对犹豫不决的客人促成销售。

5.1.2 客房销售的具体要求

1. 熟悉、掌握本饭店的基本情况及特点

大部分客人并不十分了解饭店的设施和服务内容，为了信心十足地向客人介绍和提供建议，接待员必须熟悉和掌握本饭店的基本情况及特点，包括饭店所处的地理位置及交通情况；饭店建筑、装饰、布置的风格及特点；饭店的等级与类型；饭店的服务设施与服务项目的内容及特色；饭店产品的价格与相关的销售、推广政策和规定等。了解和掌握上述信息，是做好客房销售工作的先决条件。同时，也要对饭店的主要产品之一——客房进行完整的了解，如各类房间的面积、色调、朝向、功能、楼层、价格及计价方式、特点、设施设备等，接待员只有对以上内容了如指掌，才能向客人详细介绍，提高销售的成功率。

2. 了解和掌握竞争对手的情况

在饭店业竞争日趋激烈的情况下，准确、全面、完整地获得竞争对手的信息，是饭店占据优势的有力手段，也是制定营销策略的客观依据。接待人员在详细了解本饭店的产品情况基础上，还要熟悉竞争对手的有关情况，掌握本饭店与竞争对手在饭店产品的质量、内容、特点、功能及价格等方面的异同，扬长避短，充分发掘自己饭店的特点和优势，加以着重宣

传，吸引客人的注意力。

3. 熟悉本地区的旅游项目与服务设施

接待员通过宣传本地区的城市功能特点，以及在此地举行的相关活动内容使客人对当地产生兴趣，增加在本地逗留的时间和机会，加深饭店在客人心中的印象，增加客人的回头率，进而提高饭店的营业收入。

4. 注意分析客人的心理需求

不同的客人会有不同的需求，接待员应根据客人的年龄、职业、国籍、身份等方面情况，初步判断客人的支付能力、消费需求等，从而适机有针对性地开展销售工作。销售客房的过程看似简单，但其中却包含着很强的艺术性、技巧性。它来源于对客人言谈举止的细心观察和判断；取决于接待人员对客人消费心理和需求的正确把握。只有通过细致观察和耐心了解，才有可能把握客人特点，才能有助于同客人沟通和交流，有利于成功地推销客房及其他饭店产品。

5. 表现出良好的职业素质

前厅是客人接触饭店的第一个环节，客人对饭店服务的体验是从前厅部员工的仪容仪表和言谈举止开始的。因此，接待员必须以真诚的态度、礼貌的语言、得体的举止、高效的服务，接待好每一位客人。接待员为人热情、开朗，对自身工作岗位热爱，对客人积极、主动，都是进行成功推销的前提及必要保障之一。

5.1.3 客房分配技巧

为客人迅速、准确地排房是体现前厅服务水平的一个重要方面，客房分配应根据饭店的客房使用情况和客人的具体要求等进行。对于团队客人和有预订的客人，一般可以预先分房；而对于没有预订的客人，分房与办理入住登记手续则要同时进行。不管是哪种情况，都应有一定的要求和技巧，以提高客人的满意度。

（1）排房顺序。预先为贵宾、散客和团队排房，不仅可以保证客人的需要得到满足，而且使前厅、客房、餐饮服务等相关业务部门的正常运转具备稳定的工作基础。通常可按下列顺序进行。

① 团队客人。由于团队用房量大，抵店前和离店后会经常出现预留房闲置、待售空房比较集中、数量多等状况，因此要注意采用相对集中排房的原则，尽量避免团队与散客、团队与团队之间的相互干扰，同时也便于行李接送。

② 贵宾和常客。提前将这类客人的房间安排好，并及时通知其他部门和岗位。

③ 已付定金等保证性预订客人。

④ 要求延期续住的客人。

⑤ 普通预订但已通知具体航班、车次及抵店时间的客人。

⑥ 未预订而直接抵店客人。

(2) 排房技巧。

① 对于同一团队的客人，要尽量安排在同一楼层邻近的房间或相近的楼层，并尽可能与散客分开，以免相互干扰。

② 对于残疾、年纪大、带小孩或行动不便的客人，尽量安排在离电梯或服务台较近的房间，以方便他们的出行及受到关照。

③ 注意不要把敌对国家的客人安排在同一楼层。另外，对于风俗习惯、宗教信仰等明显不一致的客人，也应尽可能分楼层安排他们的房间。

④ 注意客人对房号等的忌讳，尽量予以调整。

⑤ 对于 VIP 客人，应安排同类型客房中最好的房间。

⑥ 在经营淡季，可以集中使用几个楼层的房间，以节约劳动力，降低能耗。同时，也便于对客房进行集中维护保养。

5.1.4　客房销售技巧

1. 把握客人的特点

每家饭店都在千方百计地寻求自己的客源，以实现经营目标。前厅服务人员应着重了解本饭店所寻求的客源有什么特点，饭店能为他们提供什么产品，也就是要把握客人的特点进行销售。要把握客人的特点，必须了解客人的年龄、职业、国籍、身份等，然后针对客人的特点，灵活运用销售政策与技巧。

不同类型的客人有不同的特点，对饭店服务也就会有不同的要求。例如，商务客人一般是因公出差，对房价不太计较，而且往返饭店的可能性极大。前厅服务人员应根据其特点，向他们推销环境安静舒适、有宽大的写字台、光线明亮、办公设备齐全、便于会客、价格较高的客房或商务套房。有些饭店还在向商务客人推销的客房房价中包括提供免费的早餐、饮料以及免费洗衣等服务项目。另外，对商务客人而言，他们的工作是不分淡旺季的，前厅服务人员在经营的旺季，应注意为这类客人留有一定数量的房间。若商务客人对饭店的服务感到满意，他们很可能成为饭店的常客；对于度假旅游的客人，应向他们推荐景色优美、价格适中的客房；向度蜜月的新婚夫妇推荐安静、不易受到干扰的大床间；向知名人士、高薪阶层客人推荐套房；向带孩子的父母推荐连通房或相邻房；向老年客人或行动不便的客人推荐靠近电梯、餐厅的客房；等等。只有通过细致入微的观察和认真的分析，才能抓住客人的心理，使销售工作更具有针对性，为饭店争取更多的客源。

2. 突出客房商品的价值

在销售客房商品的过程中，接待员要强调客房的使用价值，而不仅仅是价格，因为客人购买的是客房的价值。但是客房价值的大小是通过价格体现出来的，只有价格与价值相对平衡时，客人才会认为物有所值。客房的价值必须经过服务人员宣传，客人才能理解，从而使客人乐于接受。例如，在与客人洽谈的过程时中不能简单地说："一间300元的客房，您要不要?"而应该根据客人及客房的特点，推销时适当地进行描述。例如，刚装修过的、具有民族特色的、能看到美妙景色的、十分安静、豪华舒适的、最大的、在顶层的房间等。除了介绍客房的自然状况特点外，还应该强调客房为客人本身带来的好处。例如，"孩子与您同住一套连通房，您可以不必为他担心"；"由于这间房间很安静，您可以好好休息，不受干扰"；"这间客房最适合您了，这将方便您与其他人联系"。

只有证实了客人的特殊需要，才有可能在强调客房的价值时，做到有针对性。前厅服务人员只有通过深入的调查研究，才能发掘出各类型客房的特点。在没有认真地介绍客房前，不要急于报价。下面是两个报价的例子可作参考："在六楼有一间最近才装修过的客房，房间面江，很安静，便于您休息，而且离电梯也不远，它的价格是500元。""恰好有一间您所希望的大房间，在这个客房内可以看到美妙的山景，行李员会帮您把一切都安顿好的，这个客房的价格只有300元。"报价后，如有可能，还应介绍可提供的服务项目，如"这个房价包括两份早餐、服务费、一杯由酒吧提供的免费饮料"，这种将价格放在所提供的服务项目中的"三明治"式报价方式，能起到减弱价格分量的作用。

在通常情况下，等级越高、质量越好的房间，价格越高。如果把价格与价值比作天平的左右两端，卖方与买方各掌一端，当价格一头砝码重（价格高）的时候，服务人员应充分运用语言艺术，使另一头砝码的分量（价值）加重，使两端保持基本平衡，促成双方成交，这就是"加码技巧"的运用。

总之，强调客房的价值，回答客人希望了解的关键问题，即付了这个价钱，能得到什么；这间房是否值这个价钱。在介绍客房过程中，任何不切实际的夸张或错误的介绍都应坚决避免，因为客人会很快发现所有不实之处，从而产生上当受骗的感觉。

3. 针对性地向客人提供价格选择的范围，给客人进行比较的机会

许多饭店的接待员在向客人介绍客房时，会为客人提供一个可选择的价格范围。如果客人没有具体说明需要哪种类型的客房，前厅服务人员可根据客人的特点，有针对性地推荐几种价格不同的房间，如两至三种，以供客人选择。如果只推荐一种客房，就会使客人失去比较的机会。推出的价格范围应考虑到客人的特点，一般来说，由较高价到较低价比较适宜。例如，"靠近湖边，新装修的客房是500元"；"进出方便、别墅式的客房是400元"；"环境安静、景色优美、在四楼的客房是300元"。然后问客人："您喜欢哪一种?"

除客人已指定客房的情况外，由高价向低价报，往往能使多数客人选择前几种较高价格的客房，至少，在客人有可能选择最低价格的情况下也会选择中间价格，因为人们往往避免走极端。由高价向低价报，还可以使服务人员在觉察到客人认为价格太高的情况下，有推出较低价格的余地。在口头推销中，向客人推荐的价格以两种为宜，最多不能超过三种，因为价格种类太多，客人不容易记住。

在洽谈房价的过程中，前厅服务人员的责任是引导客人、帮助客人进行选择，而不应硬性推销，以致得不偿失。客人可能会因不喜欢某类客房或价格过高而找托辞，前厅服务人员不要坚持为自己的观点辩护，更不能贬低客人的意见，对客人的选择要表示赞同与支持，使客人感到自己的选择是正确的，即使他选择了一间最便宜的客房。

4. 坚持正面的介绍以引导客人

前厅服务人员在向客人介绍客房时，应坚持采用正面的说法，着重介绍各类客房的特点、优势，以及给客人带来的方便和好处，不要做不利的比较。例如，饭店只剩下一间客房时应该说“您运气真好，我们恰好还有一间漂亮的标准间”，不能说“很不幸，这是最后一间房间了”。应该问“您在这里住多久?”而不应该问“是不是只住一晚?”在销售客房的过程中，要把客人的利益放在第一位，以不影响客人的利益为前提，宁可销售价格较低的客房，使客人满意。如果客人感到他们是在被迫的情况下接受高价客房的，那么虽然这次得到了较多的收入，但却失去了今后可能得到的更多的收入，只有满意的客人才会成为回头客人。

5. 采用适当的报价方式

为了搞好总台销售工作，接待员必须了解自己饭店所销售的产品和服务的特点及其销售对象。其中，掌握对客报价方法和推销技巧是做好销售工作的重要前提，所以，不断地研究总结和运用这些方法和技巧，已成为销售工作取胜的一个重要环节。对客报价是饭店为扩大自身产品的销售，运用口头描述技艺，引起客人的购买欲望，借以扩大销售的一种推销方法。其中包含着推销技巧、语言艺术、职业品德等内容，在实际推销工作中，非常讲究报价的针对性，只有适时采取不同的报价方法，才能达到销售的最佳效果。掌握报价方法，是搞好推销工作的一项基本功，以下是饭店常见的几种报价方法。

（1）“冲击式”报价。先报出房间价格，再介绍客房所提供的服务设施和服务项目等。这种方式比较适合推销价格较低的房间，以低价打动客人。

（2）“鱼尾式”报价。先介绍客房所提供的服务设施和服务项目及特点，最后报出房价，突出客房物有所值，以减弱价格对客人的影响。这种方式比较适合推销中档客房。

（3）“三明治”报价。“三明治”报价又称“夹心式”报价。此类报价是将价格置于所提供的服务项目中，以减弱直观价格的分量，增加客人购买的可能性。此类报价一般由接待人员用口头语言进行描述性报价，强调提供的服务项目是适合于客人的，但不能太多，要恰如其分。这种方式比较适合推销中、高档客房，可以针对消费水平高、有一定地位和声望的客人。

6. 注意推销饭店其他产品

在销售客房的同时，不应忽视饭店其他服务设施和服务项目的推销，要使客人感到饭店产品的综合性和整体性。前厅服务人员销售饭店的其他服务设施和服务项目时，应注意时间与场合。如果客人在傍晚抵店，可以向客人介绍饭店餐厅的特色，还可以向客人介绍饭店内的娱乐活动的内容；如果客人深夜抵店，可以向客人介绍 24 小时咖啡厅服务或房内用餐服务；如果经过通宵旅行，客人清晨抵店，很可能需要洗衣及熨烫外套，这时可向客人介绍饭店的洗衣服务。接待人员的推销如果能迎合客人的需求，客人不仅会乐于接受，而且会对此心存感激。饭店的设施和服务项目，如果不向客人宣传，就有可能长期无人使用，因为客人不知道还有这些设施和服务项目。其结果是，客人感到不方便，饭店也因此损失了销售机会而影响了营业收入。因此，前厅服务人员要细心地了解客人的需求，主动向客人销售饭店的其他服务设施与服务项目，以增加饭店的营业收入。

7. 特殊情况下的销售技巧

（1）对“优柔寡断”客人的销售技巧。有些客人，尤其是初次住店的客人，也可能在听完接待员对客房的介绍后，仍然不能作出决定。在这种情况下，接待员应对他们倍加关注与耐心，认真分析客人的需求心理，设法消除客人的各种疑虑，任何忽视、冷淡与不耐烦的表现都将导致客房销售工作的失败。在与犹豫不决的客人洽谈时，前厅服务人员应注意观察客人的表情，设法理解客人的意图。可以用提问的方式了解客人的特点及喜好，然后有针对性地向客人介绍各类客房的优点。也可以运用语言和行动促使客人下决心。如递上住宿登记表说：“这样吧，您先登记一下……”或者“要不您先住下，如果您不满意，明天再给您调换房间”等。如果客人仍然保持沉默或者犹豫不决，可以建议客人在服务人员的陪同下，实地参观几种类型的客房，使客人增强对房间的感性认识。如果使用的方法恰当，这部分客人有可能成为饭店的常客。

① 了解动机（度假、观光、娱乐），针对不同情况，灵活机动地开展销售工作。

② 要在推销的同时介绍饭店周围的环境，增加感染力和诱惑力。

③ 熟悉饭店的各项服务内容，附加的小利益往往起到较好的促销作用。

④ 需要多一些耐心和多一番努力。

（2）对“价格敏感”客人的销售技巧。

① 总台员工在报价时一定要注意积极描述住宿条件。

② 提供给客人一个选择价格的范围，要运用灵活的语言描述高价房的设施优点。

③ 描述不同类型的客房时，要对客人解释说明客房特征和设施特点。

④ 熟悉本饭店所提供的特殊价格政策，认真了解价格敏感型客人的背景和要求，采取不同的销售手段，给予相应的折扣，争取客人住店。

（3）工作繁忙时的销售。由于团队客人和外地客人的到店时间比较集中，往往会出现客人排长队的现象，客人会表现出不耐烦。这时就需要总台员工做到：

① 做好接待高峰前的接待准备，了解会议及团队到店时间，做好准备工作，以减少客人办理入住手续的等候时间，同时也应注意房况，确保无误。

② 入住高峰时，要确保手头有足够的登记所需的文具用品，保证工作有序完成。

③ 入住高峰，可选派专人指引，帮助客人办理入住登记，以缩短客人的等候时间。

④ 按“先到先服务”原则，认真接待好每一位客人，做到忙而不乱。

5.2　房价管理

5.2.1　客房价格的构成

客房商品的价格是由客房的成本和利润所构成的。图 5－1 为客房价格的构成示意图。

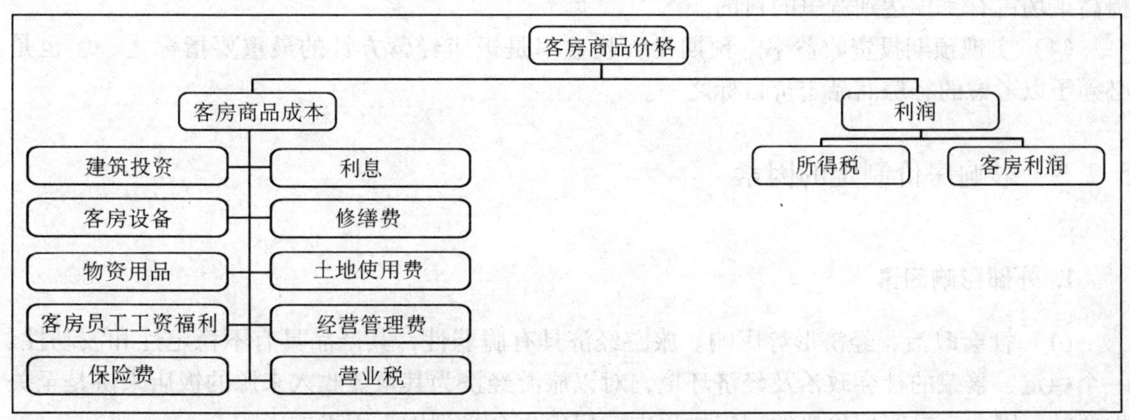

图 5－1　客房价格的构成

5.2.2　客房定价的目标

（1）追求利润最大化。追求利润最大化是制定客房价格最基本的目标。利润最大化分为短期利润最大化和长期利润最大化。饭店经营者必须在不同时期确定不同的价格水平。从严格意义上讲，应以长期利润最大化作为追求目标，应避免盲目调价，相互杀价。另外，客房的需求量还受到除价格以外很多不确定因素的影响，因而对需求量和成本的测算往往还要根据市场影响而变动。实践证明，高房价并不能保证实现利润最大化，而低房价也未必意味着客房利润的减少，只有适当的价位才能实现客房商品利润的最大化。

（2）提高市场占有率。饭店要提高市场占有率，就要增加客房销售量，还要提高其他设施设备的利用率，降低经营成本。就价格因素而言，要达到提高市场占有率的目的，就要采取价格策略。饭店经营者要注意价格策略所带来的不利影响。

① 低价位并不一定能够增加客源，提高市场占有率。因为客房商品需求量还要受其他诸如政治、经济、交通、季节等多方面因素影响。

② 低价位可能有损饭店自身形象和声誉，影响服务质量。不应忽视低价位对管理人员和服务人员的误导，出现“低价位、低水平服务”的现象。

（3）提高竞争力。价格是竞争的有力手段，但具有竞争力的价格可以有不同形式。

① 与竞争对手同价。在少数卖方市场的情况下，饭店客房商品与竞争对手的客房商品如有明显差别，而且消费者了解本地区产品价格水平，就可以采取跟随行业领头人定价的方法。

② 高于竞争对手价格。饭店的硬件设施设备水平，包括客房在内的产品以及服务质量等方面，如果超出竞争对手的水平，则可以确定新的、较高的价位。

③ 低于竞争对手价格。在一定条件下，采用低价进入市场，可以很快扩大市场份额，提高市场占有率，达到竞争的目的。

（4）实现预期投资收益率。预期投资收益率是饭店经营方针的最重要指标之一，也是必须予以考虑的客房商品定价目标之一。

5.2.3 影响房价制定的因素

1. 外部影响因素

（1）社会政治、经济形势影响。旅游经济具有脆弱性，其产品具有不稳定性和波动性。一个稳定、繁荣的社会政治及经济环境，对以旅游经济为其重要收入来源的饭店来讲是至关重要的。因此，在客房价格的制定过程中，房价也会受到以下因素的影响。

（2）季节性影响。季节性强是旅游业的一大特点，季节直接影响饭店经营的好坏。

（3）供求关系影响。当供过于求时，饭店业不得不考虑降低价格；当供不应求时，饭店业要考虑适当提高价格。客房商品的价格随供求关系的变化而不断调整。

（4）竞争对手价格影响。竞争对手的价格是饭店制定房价时的重要参考依据。因为在定价过程中，首先要调查本地区同等级、同档次、具有同等竞争力饭店的房价，做到“知己知彼”。

（5）行业组织的价格约束。客房房价还要受本地区政府主管部门以及行业协会等组织和机构对饭店价格政策的约束，如某地区对所在地区饭店客房价格的最高上限等。

（6）客人消费心理。客人的消费心理也是进行定价时应予以重点考虑的因素，尤其是客人对某一种商品价格能够接受的上限和下限。

2. 内部影响因素

（1）定价目标。定价目标是指导饭店进行客房定价的首要因素，这是饭店确定经营方针的重要依据。

（2）饭店地理位置。“商业饭店之父”斯塔特勒说过：“对任何饭店来说，取得成功的三个根本要素是地点、地点、地点。”可见，地理位置对于饭店经营的确非常重要。位于市中心区、繁华商业区、距离机场、火车站比较近、交通便利的饭店，其房价的制定或调整的条件就会有利一些。而位于市郊、远离繁华商业区、交通条件等地理位置较差的饭店，虽然地价便宜，经营成本低，但由于其对客人的吸引力差，因此房价会相应低一些，以提高饭店的竞争能力。

（3）经营成本及投资成本。这是影响客房价格水平的基本因素，比如投资成本回收期的长短，以及目标利润率的高低，都会对房价的制定产生影响。在进行客房定价时，必须考虑成本水平。

（4）饭店服务质量。在定价过程中，除考虑饭店硬件设施设备的档次外，还必须考虑服务质量水平。

5.2.4　常用的客房定价方法

1. 随行就市法

就是以同一地区、同档次竞争对手的客房价格作为定价的依据，从而确定饭店客房价格。这是饭店业中一种常见的以竞争为中心的定价方法，一般分为两类：一类是以同等级别饭店的平均价格水平作为定价目标；另一类是追随“领导型饭店”的价格，以减少风险。

2. 千分之一法

千分之一法亦称建造成本定价法，是根据建筑总成本来制定房价的方法。建造一座饭店的总成本包括两部分，一是指建材、设备、用具等的费用，另一个是指建造饭店所耗用的技术费用、人工费用等，这两者之和构成总成本。根据建造成本定价法，总成本除以客房总间数，得出平均每间客房所占的建造成本，再除以 1 000，即得出这个房间的房价。

$$平均房价 = \frac{饭店建筑总成本}{饭店客房数} \times 1‰$$

例如，一座新建饭店拥有 500 间客房，总造价为 5 000 万美元，按照千分之一法计算房价：每间客房房价 = 50 000 000/500 × 1‰ = 100 美元。

这种定价方法非常简单，但是它只考虑了客房的成本因素，而没有考虑客房类型、面积、客房与餐饮、娱乐等其他各种设施设备投资比例的差异，以及供求关系、市场竞争等相关因素，因而缺乏科学性和合理性。因此，一般可以用这种方法作为制定房价的出发点，在使用时，饭店管理者还应综合分析这些因素的影响，进行适当调整。

3. 客房面积定价法

这种方法是先通过确定客房预算总收入来计算单位面积的客房应得的收入，然后再确定每间客房应得的收入，从而确定客房价格。假设计划期内客房预算总收入为 y，计划期天数为 n，客房总面积为 M，某间客房面积为 m，预计计划期客房出租率为 r，则

$$房价 = \frac{y}{M \cdot n \cdot r} \cdot m$$

【例 5－1】 某饭店 2003 年 5 月份客房预算总收入为 160 000 美元，该饭店客房总面积为 2 000平方米，预计客房出租率为 70%，面积为 20 平方米的单人间客房价格是多少？

$$单人间客房价格 = \frac{160\ 000}{2\ 000 \times 30 \times 70\%} \times 20 = 76（美元）$$

这种定价方法主要受客房预算收入的影响，房价制定是否科学合理，主要取决于经营者预算收入的准确度是否符合实际。如果预算收入较高，则客房价格也较高；如果市场不接受，或预算收入偏低，则会给饭店经营和预期利润率带来负面影响。

4. 赫伯特定价法

赫伯特定价法亦称赫伯特公式法，由美国饭店和汽车旅馆协会主席罗伊·赫伯特于 20 世纪 50 年代首创。这种定价方法以目标收益率为定价的出发点，在已确定计划期各项成本费用及饭店利润指标的前提下，通过计算客房部应承担的营业收入指标，最终确定房价。在定价操作过程中，结合国际上普遍采用的统一会计制度，通过参照资产负债表和损益表，反映饭店收支状况，在预测成本支出基础上，再来制定价格。这种定价方法计算的结果比较准确，但需要大量的市场信息和相应的资料。其具体计算步骤如下。

（1）估计饭店总投资额。

（2）确定正常情况下的目标收益率，并计算出目标利润额。

$$目标利润额 = 总投资额 \times 目标收益率$$

（3）估计饭店的税金、保险费和折旧。

（4）估计饭店的行政管理、水电消耗及维修保养、营销费用等。

（5）计算饭店经营总收入，即(2)＋(3)＋(4)。

（6）估计饭店各部门的利润（不含客房部）

（7）计算客房部应获得利润，即(5)－(6)。

（8）估计客房部营业费用。

（9）计算客房部应取得的营业收入，即(7)＋(8)。

客房部营业收入 = 目标利润 + 饭店管理营业费用 − 其他部门利润 + 客房营业费用

（10）确定客房预期销售量。

（11）计算客房平均房价。

$$平均房价 = \frac{客房营业收入}{预计客房出租间天数 \times 365 \times 年均客房出租率}$$

【例 5－2】 某饭店有客房 80 间，预计明年的客房出租率为 75%。其成本费用及利润指标预测如下。

利润指标：产权筹资 1 000 000 美元，要求达到 20% 的税后投资收益率

所得税税率：17%

折旧费：600 000 美元

利息：应付抵押贷款为 4 000 000 美元，年利率为 10%

财产税和保险费：32 000 美元

管理费：135 600 美元

营销费：41 000 美元

维修保养费：63 200 美元

公用事业费：73 000 美元

客房部营业费用：210 000 美元

餐厅营业收入：640 000 美元

餐厅部门利润：占营业收入的 15%

其他营业部门的部门利润：38 500 美元

下面，我们采用赫伯特定价法计算客房价格。

投资数额	
举债筹资	4 000 000
产权筹资	1 000 000
预计客房出租间天数（75% 出租率）	21 900 间天
利润指标（1 000 000 ×20%）	200 000
税前利润［200 000 ÷（1 −17%）］	240 964
利息（4 000 000 ×10%）	400 000
税前、利息前利润指标（240 964 +400 000）	640 964
折旧费	600 000
财产税和保险费	32 000
扣除固定费用前的收益指标	1 272 964
未分配营业费用	
管理费	135 600

营销费	41 000
维修保养费	63 200
公用事业费	73 000
合计	312 800
营业部门利润指标	1 585 764
减：餐厅部门利润（640 000 × 15%）	96 000
其他营业部门的部门利润	38 500
客房部部门利润指标	1 451 264
客房部营业费用	210 000
客房部营业收入指标	1 661 264
平均房价（1 661 264 ÷ 21 900）	76

与客房面积定价法相同，赫伯特定价法也是以客房营业收入为依据，只不过客房面积定价法可以具体计算每一种类型客房的房价，而赫伯特定价法只能计算客房的平均房价。与千分之一法相比，赫伯特定价法更准确、合理，因为赫伯特定价法充分考虑了饭店的利润指标、经营成本和费用以及非客房部的营业收入，把制定房价中的各种相关因素加以综合考虑。但是它也存在一定问题，就是许多因素是估计的，由此推算出的房价也可能不合理。关键在于客房营业收入及有关利润指标是否合理。

5. 盈亏平衡定价法

盈亏平衡定价法指的是饭店在既定的固定成本、平均变动成本和预计客房销售量的条件下，实现销售收入与总成本相等时的房价，也就是饭店收支平衡时的客房价格。

$$客房价格 = \frac{每间客房日费用额}{1 - 税率}$$

其中，每间客房日费用额包括客房固定费用分摊额与变动费用的部分。

客房固定费用日分摊额可以依据不同类型的客房使用面积进行分摊。

$$每平方米使用面积固定费用 = \frac{全年客房固定费用总额}{客房总使用面积 \times 年天数 \times 客房出租率}$$

客房变动费用总额可以按客房间数进行分摊。

$$每间客房日变动费用 = \frac{全年客房变动费用总额}{客房数 \times 年天数 \times 出租率}$$

每间客房日费用额 = 客房使用面积 × 每平方米使用面积固定费用 + 每间客房日变动费用

【例 5-3】某饭店共有客房 280 间，其中标准间 250 间，每间 25 平方米；双套间 20 套，每套 48 平方米；三套间 10 套，每套 68 平方米。假设保本出租率为 50%，预计客房全年总费用为 1 000 万元，其中固定费用 830 万元，变动费用 170 万元，营业税率 5%。则

$$每平方米使用面积固定费用=\frac{8\ 300\ 000}{(250\times25+20\times48+10\times68)\times365\times50\%}=5.8\ (元)$$

$$每间（套）日变动费用=\frac{1\ 700\ 000}{(250+20+10)\times365\times50\%}=33.3\ (元)$$

$$标准间房价=\frac{25\times5.8+33.3}{1-5\%}=188\ (元)$$

$$双套间房价=\frac{48\times5.8+33.3}{1-5\%}=328\ (元)$$

$$三套间房价=\frac{68\times5.8+33.3}{1-5\%}=450\ (元)$$

若饭店以上述价格进行经营，当客房出租率高于 50% 时，饭店即可盈利；若提高房价，在客房出租率不变的情况下，饭店也可以盈利。因此，这种方法常常作为饭店各种定价方案进行比较和选择的依据。

小资料

需求差异定价法

差异定价法是一种新的更有效的方法。差异定价策略就是根据客人不同的需求特征和价格弹性，对客人执行不同的价格标准。这种定价策略采用了一种客人划分标准，这些标准是一些合理的原则和限制性条件。在这种划分标准下，客人就能根据自己的需求、消费方式及愿意接受的价格水平而将自己划分到合适的房价类别中去。这些标准一方面使那些对价格比较敏感的客人选择低价，当然他们对客房的选择余地也很小；另一方面那些愿意付高价的客人可以随意地挑选自己所喜爱的房间。这种划分标准的重要作用在于：饭店在向一个细分市场的客人销售打折客房的同时，又能保证另一个细分市场的收入不会减少。

这种定价中有所区别的策略也很容易向客人解释，每种房价都有其合理性。运用房价区分系统，饭店就能对它所有的客房进行收益管理。这种区别定价的缺点是它比其他的定价方法更难管理，要求饭店建立复杂的预订系统和收益管理系统。

使用这种方法对不同的客人采用不同的价格标准，这样不仅能获得更多的收入，而且能使更多的客人满意。这种观念是许多行业确定价格的基础，关键是要确定那些将"愿意并且能够消费得起的客人"和"为了使价格低一点而愿意改变自己消费方式的客人"区分开的标准，并据此制定有效的细分策略（如航空公司只对周末愿意在目的地停留的客人提供优惠机票就是一种有效的方法）。

饭店客人至少可以分为两类：即商务旅游者和休闲度假旅游者。这两类客人的目的和要求很多，且各不相同，根据这些客人的消费特点，又可以将这些客人重新组合。任何一位客人的购买决策都是在不同的条件（不同的时间、地点和目的）下做出的。充分利用客人的这些消费特点，力图通过创新的房价和一揽子服务，增加来自价格弹性高的细分市场（即休闲度假旅游者所在的市场）的收入，同时确保来自价格弹性较低的细分市场的收入不至于减少。

通过采用划分标准和其他的限制性房价政策，饭店可以尽可能地增加在目标市场的营业收入，同时避免来自高价细分市场的收入减少。航空公司采用的"周末逗留"要求就是一个极好的划分标准。这种标准将休闲旅游者（一般愿意在周末逗留）和商务旅游者（一般不愿在周末逗留，希望办完事就走）成功地区分开来。限制条件不能太苛刻，否则会阻碍目标群体的购买，但同时又不能太宽松，不然会让属于其他细分市场的客人享受到不应该享受的优惠。

差异化定价策略可以有效地提高饭店的收入水平。但是无论饭店如何制定价格，绝对不可忽视的一个因素，就是竞争对手的价格水平。特别是现在由于网络的发展，客人可以通过网络方便地了解所有饭店的报价并从中选择最合理的价格。这一点对于那些在地理位置或者星级标准方面缺乏垄断优势的饭店更为重要。

需要注意的是，客房价格制定后，在实际经营过程中，应保持相对的稳定性。但随着市场环境的变化，饭店还应及时进行调整，以保证客房利润目标的实现。同时，饭店还要认识到，房价的调整（调低或调高）可能会影响到客房销售工作，引起客人和竞争对手的各种反应。因此，饭店应密切注意市场动态，充分考虑各种可能，做好应对准备工作，使房价的调整能够真正达到预期目标。

5.2.5 客房经营的统计分析

作为饭店经营活动的中心和信息中心，前厅部要利用经营管理过程中获得的各种统计信息资料，分析和研究客房商品经营状况及对策。

1. 前厅统计分析报表

1）客房营业日报表

客房营业日报表（见表5－1）可以全面反映饭店当日的客房营业状况，一般包括各类用房数、各类客人数、客房出租率、客房收入及当月和去年同期的统计数字等内容。

表5－1 客房营业日报表

年 月 日

客房情况	当天	本月累计	去年同期
客房总数			
饭店自用房			
维修房			
免费房			
可出租客房			
已出租客房			
客房出租率			
客房收入			
平均房价			

续表

	人数	房数	今天在店	人数	房数
预订			散客		
预订未到			团队		
预订取消			长住客人		
按预订已到			VIP		
其中：团队					
未预订开房					
续住					
实际在店					
原定今天离店				备 注	
延长停留					
提前离店					
今天实际离店					
明天预期离店					
明天预期抵店					
明天预期在店					
明天预计空房					

2）客房收入报告

客房收入报告（Rooms Revenue Report）（见表 5－2）是详细反映饭店每间客房收入情况的报告。

表 5－2　客房收入报告

Room No. 房号	Types 房间类型	No. of Guest 男	 女	Rate 房价	 实际收入	 备注	Nat. 国籍
601	S	√		100	100		A
602	S		√	100	90	10% Disc.	J
603	S	√		100	0	Comp.	B
604	T			120	0	House Use	
605	T	√		120	120		CA
606	D			110	110		A
607	D		√	110	105	Single Rt.	F
608	D			110	0	O. O. O.	
609	S		√	100	100＋50	Late Out 50% Plus	
610	S			100			

说明：Disc. 折扣；Comp. 免费；O. O. O. 待修房；House Use 饭店自用房；Single Rt. 单人房费；Late Out 推迟离店。

3）在店团队统计表

在店团队统计表见表5-3。

表5-3 在店团队统计表

年 月 日

序号	团队编号	团队名称	到店日期	离店日期	用房数	人数		转账款项	现收款项
						外	内		
1									
2									
3									
4									
5									
6									
7									
8									
9									
10									
合计									

送：总经理室、销售部、收银处　　　　制表人：

4）客房销售预算表

客房年度销售预测是指对预期的年度客房销售进行营业收入计划分析的过程，其结果是制定客房年度销售预算表（见表5-4）。制作客房年度销售预算计划，要依据三个方面的信息：第一，饭店总经理下达的客房年度销售的各项指标；第二，近两年以来客房实际营业状况统计资料；第三，预期年度的客房预订统计资料。其制定步骤如下。

（1）根据统计资料提供的数据，分析并权衡出租率，以及平均房价与客房年度销售各项指标之间的关系。

（2）确定客房出租率和平均房价的浮动百分比。

（3）计算年度客房出租间天数。

（4）根据季节差别和饭店的接待能力，科学、合理地将客房销售预计达到的平均房价、出租率、间天数及客房营业总收入按月分解并单列。

（5）填制客房年度销售预算表并报饭店总经理审核。

表 5－4　客房年度销售预算表

项目 月份	间天数				平均房价				出租率				客房营业收入			
	2001年实际	2002年预计	2002年实际	2003年预计	2001年实际	2002年预计	2002年实际	2003年预计	2001年实际	2002年预计	2002年实际	2003年预计	2001年实际	2002年预计	2002年实际	2003年预计
1																
2																
3																
4																
5																
6																
7																
8																
9																
10																
11																
12																
合计																

2. 主要客房经营指标分析

1）*客房出租率*

客房出租率是反映饭店经营状况的一项重要指标，是指饭店实际出租客房数在可供出租客房总数中所占的比例。计算公式为

$$客房出租率 = 实际出租房间数/可供出租客房总数 \times 100\%$$

客房出租率表明饭店客房的利用水平，是反映饭店经营管理水平和经济效益的一个重要指标。客房出租率并非越高越好。理想的年平均客房出租率应控制在 80% 左右为宜，最高不应超过 90%，否则，就属于“破坏性经营”。保持理想客房出租率的目的主要如下。

（1）维护保养饭店及客房设施设备。饭店设备完好率低，将直接影响对客服务质量，而且对饭店长远利益产生负面影响。

（2）提高和加强对员工的培训。由于饭店长期保持过高的客房出租率，使饭店员工无暇参加各种提高业务素质和专业素质的培训，从而导致服务质量下降，对经营和管理工作造成极大的压力。

另外，掌握保本出租率对饭店的经营管理也有着重要的指导作用。其计算方法如下。

$$保本出租率 = \frac{保本营业额 \div 平均房价}{可供出租客房间天数} \times 100\%$$

其中：

$$保本营业额 = \frac{固定成本总额}{1 - 变动成本率 - 税率}$$

【例 5-4】某饭店共有客房 200 间，年固定成本 1 000 万元，变动成本率为 12%，营业税税率为 5%，当年每间客房的平均房价为 300 元，则

$$客房保本营业额 = \frac{10\ 000\ 000}{1 - 12\% - 5\%} = 12\ 048\ 193（元）$$

$$保本出租率 = \frac{12\ 048\ 193 \div 300}{200 \times 365} \times 100\% = 55\%$$

如果这家饭店的客房出租率低于 55%，饭店就会亏损；若高于 55%，饭店就可以盈利。

2）双开率

饭店经营者仅仅测算客房出租率并不能完全、准确地反映客房出租状况及产生的效益和成本费用。因为在已出租房间中，每间房住 2 位客人与每间房只住 1 位客人的成本费用和效益是不同的。因此，使用“双开率”这个指标，并与客房出租率配合使用，才能全面、科学、正确地反映客房出租状况及由此产生的经济效益。双开率是指在已出租客房中，双人使用的房间数所占的比例。计算公式为

$$双开率 = \frac{双人使用的房间数}{已出租客房总数} \times 100\%$$

$$双人使用房间数 = 客人总数 - 已出租房间数$$

【例 5-5】某天某饭店共接待客人 420 人，当日出租客房 300 间，则双开率为

$$双开率 = \frac{客人总数 - 已出租客房数}{已出租客房总数} \times 100\% = \frac{420 - 300}{300} \times 100\% = 40\%$$

需要注意的是，双开率与客房出租率配合使用才有意义。在客房出租率一定的情况下，双开率越高，反映饭店的经济效益越好。如果在饭店待出租房间多的情况下，总台接待员应注意提高开房率，否则，在这种客房状况下，增加双开率，只会降低经济效益。

3）客房销售效率

客房销售效率是实际客房销售收入占可供出租客房按牌价出租的销售额的百分比。其计算公式为

$$客房销售效率 = \frac{客房实际销售额}{全部客房牌价出租的总销售额} \times 100\%$$

【例 5-6】某饭店共有可出租客房 270 间，其中单人间 50 间，房价为 40 美元；标准间 180 间，房价为 70 美元；普通套房 30 间，房价 125 美元；豪华套房 10 间，房价 180 美元。某日的客房收入为 12 000 美元。则

$$客房销售效率 = \frac{12\ 000}{50 \times 40 + 180 \times 70 + 10 \times 180} \times 100\% = 73.2\%$$

客房销售效率不仅能够反映客房销售数量的多少，还能反映出客房平均销售的价格和客

房类型等情况，更能体现客房销售的实际效果。

4）理想平均房价

理想平均房价是指饭店各类客房以现行牌价，按不同的客人结构出租时可达到的理想的平均房价。它是一定时间内，从最低价格出租客房和从最高价格出租客房价格得出的平均值。计算时要结合客房出租率、双开率及客房牌价进行。

【例5－7】某饭店共有客房400间，其类型及出租牌价见表5－5。预计未来该饭店的客房出租率可达80%，双开率为30%，计算期为12个月，求其理想平均房价。

表5－5 某饭店的客房类型及出租牌价

客房类型	数量/间	牌价/元	
		1人住	2人住
单人房	50	140	—
标准间	300	200	260
普通套房	40	300	400
高级套房	10	450	600

（1）从低档到高档计算每日客房收入。为客人排房时，先从最低档的单人房开始，依次向高一档的客房类型递进，直至把客人全部安排完为止。由此计算出的客房收入就是每日最低客房收入。

饭店平均每天的开房数为400×80%＝320间，每日客房收入分别为

$$50 \times 140 = 7\,000\ （元）$$

$$270 \times (1 - 30\%) \times 200 + 270 \times 30\% \times 260 = 58\,860\ （元）$$

每日客房收入总计：7 000＋58 860＝65 860（元）

（2）从高档到低档计算每日客房收入。为客人排房时，先从最高档的高级套房开始，依次向低一档的客房类型续排，直至把客人全部安排完为止。由此计算出的客房收入就是每日最高客房收入。

每日客房收入分别为

$$10 \times (1 - 30\%) \times 450 + 10 \times 30\% \times 600 = 4\,950\ （元）$$

$$40 \times (1 - 30\%) \times 300 + 40 \times 30\% \times 400 = 13\,200\ （元）$$

$$270 \times (1 - 30\%) \times 200 + 270 \times 30\% \times 260 = 58\,860\ （元）$$

每日客房收入总计：4 950＋13 200＋58 860＝77 010（元）

（3）计算理想平均房价。

$$理想平均房价 = \frac{(66\,860 + 77\,010) \div 2}{400 \times 80\%} = 224.8\ （元）$$

将饭店的实际平均房价与理想平均房价进行比较，可以较为客观地评价饭店客房的经济效益。

☞ 案例分析

巧妙推销豪华套房

某天，南京金陵饭店前厅部的客房预订员小王接到一位美国客人从上海打来的长途电话，想预订两间每天收费在120美元左右的标准双人客房，三天以后开始住店。小王马上翻阅了一下订房记录表，回答客人说由于三天以后饭店要接待一个大型国际会议的多名代表，标准间客房已经全部订满了。小王讲到这里并未就此把电话挂断，而是继续用关心的口吻说："您是否可以推迟两天来，要不然请您直接打电话与南京××饭店去联系询问如何？"美国客人说："我们对南京人地生疏，你们饭店比较有名气，还是希望你给想想办法。"

小王暗自思量以后，感到应该尽量不使客人失望，于是接着用商量的口吻说："感谢您对我们饭店的信任，我们非常希望能够接待像您这样尊敬的客人，请不要着急，我很乐意为您效劳。我建议您和朋友准时前来南京，先住两天我们饭店内的豪华套房，每套每天也不过收费280美元，在套房内可以眺望紫金山的优美景色，室内有红木家具和古玩摆饰，提供的服务也是上乘的，相信你们住了以后会满意的。"

小王讲到这里故意停顿一下，以便等客人的回话，对方沉默了一会儿，似乎在犹豫，小王于是开口说："我料想您并不会单纯计较房金的高低，而是在考虑这种套房是否物有所值，请问您什么时候乘哪班火车来南京？我们可以派车到车站来接，到店以后我一定陪您和您的朋友一行亲眼去参观一下套房，再决定不迟。"美国客人听小王这么讲，倒有些感到情面难却了，最后终于答应先预订两天豪华套房后挂上了电话。

✍ 点评

前厅预订员在平时的岗位促销时，一方面要通过热情的服务来体现；另一方面则有赖于主动、积极的促销，这只有掌握销售心理和语言技巧才能奏效。上面案例中的小王在促销时确已掌握所谓的"利益诱导原则"，即使客人的注意力集中于他付钱租了房后能享受哪些服务，也就是将客人的思路引导到这个房间是否值得甚至超过他所付出的。小王之所以能成功，在于他不引导客人去考虑盲从，而是用比较婉转的方式报价，以减少对客人的直接冲击力，避免使客人难于接受而陷于尴尬。小王的一番话使客人感觉自己受到尊重并且小王的建议是中肯、合乎情理的，因此很难加以否定，最终实现了饭店积极主动促销的正面效果。

本章小结

本章主要介绍了客房销售和房价管理的基础知识，以及前厅部的常用报表和一些重要的经营指标。通过学习，使学生了解客房销售基础知识，掌握客房的销售技巧，并进行经营统计分析，为做好前厅部的销售和管理工作打好理论基础。

思考题

1. 客房销售应注重哪些技巧？常用的报价方式有哪几种？
2. 客房定价的目标是什么？影响房价制定的因素有哪些？
3. 常用的客房定价方法有哪些？
4. 向价格敏感型和优柔寡断型客人推销的方法分别是什么？
5. 什么是客房面积定价法？如何计算？
6. 什么是赫伯特公式？怎样运用？
7. 如何分析客房经营的主要指标？

前厅是饭店业务活动的中心，也是饭店的信息中心。饭店的一切经营活动都是建立在大量的信息或数据的基础上，每一个部门的经营管理都需要信息的支持，部门与部门之间的协调更离不开信息，特别是与经营有关的信息。在前厅部业务管理中应用计算机，大大提高了工作效率，有利于前厅与其他部门之间的信息沟通与协调。

第6章　计算机技术在前厅部的应用

学习目标

◎ 了解饭店管理信息系统的组成与特点。
◎ 明确前厅部采用计算机进行管理与服务的目的，以及对前厅管理的意义。
◎ 熟悉前厅部计算机系统的预订、接待、房态控制和经营统计等功能。
◎ 了解计算机技术在饭店业中的应用。

6.1　计算机技术在饭店管理中的应用

6.1.1　饭店管理中计算机技术应用的发展过程

饭店使用计算机技术进行业务管理，始于20世纪60年代的美国，希尔顿饭店最早于1963年安装了一台IBM的小型计算机，用于饭店客房管理的自动化，此后越来越多的饭店开始引入计算机。我国在20世纪80年代初将计算机技术运用于饭店管理中。但由于当时的技术等因素的限制，我国饭店业的计算机应用开始大多是从国外引进软件系统，然而由于价格、技术人员、计算机平台与语言技术方面的影响与限制，它的使用范围并不广泛。从1983年开始，国内软件系统开始起步并逐步发展起来。国产管理系统及应用软件使用范围最初主要局限在客房预订业务及房况控制，后来逐渐扩展到收银业务、前台业务和后台管理。通过多年来的实践和推广，不断研制并开发了国产化饭店计算机管理系统及应用软件，在技术先进性、功能性、安全性、经济性以及良好开放性和通用性等方面与国际同行品牌形成了强有力的竞争，从此计算机逐渐成为饭店业必不可少的经营管理辅助工具。

目前几乎所有三星级以上的大、中型饭店都使用计算机来进行管理。计算机技术在饭店管理中一经运用，便显示了其无比的优越性，其处理数据的速度、准确性以及其多功能和多部门应用能力都非常突出。计算机在饭店中的应用是逐渐发展的，最初的饭店计算机技术只应用于订房和客房控制，以取代总台大量的文字工作、烦琐的手续和各类报表、计算等，后来逐渐运用到饭店收银管理和全部总台操作，到今天已经发展成为多功能饭店综合管理系统。尽管饭店计算机系统仍有不完善之处，各种品牌之间的质量差异较大，但其在饭店管理中的地位已不可动摇。饭店业的发展离不开现代科学技术，离不开计算机的应用。将计算机技术应用于饭店管理，可以大大减少饭店业的管理人员，减少一定的管理成本，提高工作效率，提高饭店业的经济效益。但是，饭店业的发展不能完全依赖于计算机和电子应用技术，还要靠现代化的管理理念，实现饭店业现代化管理的先导应取决于管理者。随着计算机技术的进一步发展和观念的转变，大部分饭店都将采用计算机进行经营管理，应用范围也将越来越广泛和深入。

6.1.2　饭店管理信息系统概述

信息技术的迅速发展，给饭店业带来了巨大的变革。计算机在饭店管理中发挥着越来越重要的作用，特别是在信息管理方面。21 世纪是知识经济时代，而知识经济则是信息技术产业飞速发展的产物。21 世纪的饭店，从经营方式到管理方式都将发生质的变化。随着市场竞争的加剧，许多饭店使用高新科技来辅助自身的经营管理工作。计算机技术的迅速发展，给饭店计算机应用带来了蓬勃生机。在我国，饭店计算机应用已经历了十多个年头，计算机在饭店管理中发挥着越来越重要的作用，出现了饭店计算机管理信息系统、饭店安全保卫系统、饭店计算机门锁系统、饭店信息服务系统及饭店娱乐系统等。计算机从饭店的预订、接待开始，已深入应用到饭店的各部门，特别是饭店的信息处理，计算机已成为重要的信息处理工具。饭店管理信息系统（HMIS）多功能、高效、方便的特点给饭店的服务工作带来了全新的景象。更重要的是，这一信息技术的引进，促进了饭店内部管理的网络化，并从根本上实现了饭店流程的再造，使工作质量和效率得以大幅提高。

1. 饭店管理信息系统引起的饭店变革

（1）饭店经营管理过程的变化。运用管理信息系统，饭店的经营管理发生了根本的变化。第一，管理系统迅速、高效的特点使员工的工作效率大大提高。管理系统为员工处理大量烦琐、重复性的工作，可以使员工有更多时间来实现高效的个性化服务。第二，管理系统多功能的特点可以让一个员工在工作期间处理各种相关的工作内容。一职多能，可以实现岗位的职能综合化。这既是对人力资源的优化使用，也是提高饭店服务质量的必然要求。第三，管理系统的运用，使饭店的前后台实现了信息的共享。信息流的顺畅必将给饭店带来一股价值流。服务工作流程的简洁、科学都进一步提高了饭店的核心能力，加上饭店独有的专业服务能力，就形成了饭店的竞争优势，并最终提高了宾客的消费价值。

（2）饭店组织结构的变化。饭店流程的再造不仅是因为信息技术提供了驱动力，更重要的方面在于饭店组织和人力资源的管理。只有相应地转变饭店的组织结构，才能使信息技术和人力资源及组织的管理相互协调。在信息时代，饭店必须由传统的组织结构向顾客导向的组织结构转变。第一，从金字塔组织结构转变为倒金字塔组织结构。前台员工应成为倒金字塔组织结构的最高一个层次，后台员工、管理人员和职能部门的员工必须支持前台员工的工作，为优质服务提供必要的条件。第二，服务工作决策权从管理部门和职能部门转移到服务工作第一线。饭店管理人员应授予服务人员必要的决策权，将服务质量管理职能从高层管理部门转移到服务工作第一线，使每位服务员都成为服务工作的“管理人员”。第三，减少管理层次，以便上下级之间的信息沟通。减少管理层次，可以使管理人员直接从服务人员那里了解市场信息，从而迅速地根据宾客的需要，作出各种经营管理决策。

（3）饭店管理观念层上的变化。知识经济时代的竞争，归根结底是人才的竞争。饭店管理者必须意识到知识、才智是本饭店最大的资产。因此，饭店应尽力留住各类人才，充分利用智力资源来形成本饭店的战略优势。第一，饭店管理者要在饭店内部树立起尊重知识、尊重人才的风气。服务人员要由机械操作型向学习型、思考型转变。第二，饭店管理者要保持学习的能力。只有不断学习，饭店才能避免被时代淘汰的局面。在知识经济时代，每个饭店都没有什么长期的竞争优势，唯一的优势就是保持比竞争对手更快的学习能力。第三，饭店管理者要为所有员工创造一个良好的学习环境。了解饭店的环境和信息需求，建立和造就一个能促进学习、积累知识和信息共享的环境，使每个员工都认识到知识共享的好处。

2. 饭店管理信息系统的特点

（1）HMIS 是一个现代饭店管理的辅助系统。HMIS 是一个以人为主体的人机综合控制系统。整个饭店的管理还是依靠人来进行，计算机仅是一个数据处理的工具，管理人员根据计算机数据处理的信息结果，迅速作出管理决策，以达到有效经营管理的目的。因此，经过 HMIS 的快速信息处理，管理人员可以迅速得到管理所需的信息，通过 HMIS 的辅助管理，使饭店管理更加科学化，日常事务处理更加有序、更加规范、更加准确。

（2）HMIS 是一个开放式系统。HMIS 是一个具有输入、输出功能的开放式系统，输入的是各种票据、登记单、账单、报表等，输出的是各种统计报表、汇总表等。通过输出控制整个饭店的物流和资金流。另外，一个 HMIS 不可能与外界环境隔绝。HMIS 不仅能够对环境进行分析，并采取行动去适应环境，而且能在一定范围内、在一定程度上推动和改造环境。因此，HMIS 是一个开放式的，而不是封闭不变的系统。

（3）HMIS 是一个反馈系统。HMIS 是一个综合控制系统，它处理的是饭店具体的业务数据。由于饭店处于一个变化的社会环境中，所处的情况在不断变化，在开发 HMIS 系统时，各种因素不可能完全考虑进去。如果 HMIS 在运行过程中，不根据实际情况加以调整和扩充，往往会因脱离实际而无法有效运行。因此，为延长 HMIS 的生存周期，必须根据 HMIS 输出的结果信息以及外界的信息，随时调整内部处理方式或扩充相应处理功能。这种反馈系统使得 HMIS 输出的结果更加精确、更加实用。

（4）HMIS 是一个具有层次性的系统。现代饭店的科学管理具有很明显的等级制。各级管理职责分明，分工明确，下级服从上级，等级制度严格。HMIS 为适应这种管理，也将软件设计成相应的层次，一般分为三个层次：最低层为作业层，主要是录入和管理一些基础数据，利用 HMIS 的目的是为了提高服务质量；中间层是管理层，主要是管理一些综合数据，其目的是提高饭店管理的精确度，使得整个饭店的计划、组织、控制及激励等更加有效、更加有的放矢；最高层为管理决策层，使用对象为饭店高层管理决策者，是对整个 HMIS 输出的结果信息作出管理上的重大决策，这是计算机在饭店中应用的真正价值体现。但目前大多数 HMIS 达不到这个层面，今后 HMIS 在决策层中的应用必定会越来越受重视，如饭店营销策略制定、成本控制决策、财务计划决策、目标利润制定等，都是计算机应用的主要领域。

3. 饭店计算机管理系统的组成

（1）计算机系统组成。一个完整的计算机系统由硬件系统（Hardware）和软件系统（Software）两大部分所组成。硬件系统主要是计算机的机器部分，包括控制（Control）、处理（Process）、储存（Store）、输入（Input）、输出（Output）等设备。软件系统是根据饭店管理的要求编制的应用程序，主要包括操作系统、数据库管理和应用软件。

（2）饭店计算机管理系统组成。饭店计算机管理系统是一个能接收、处理、储存并实时控制的高度智能化的综合信息处理系统。图 6－1 为饭店计算机管理系统组成示意图。

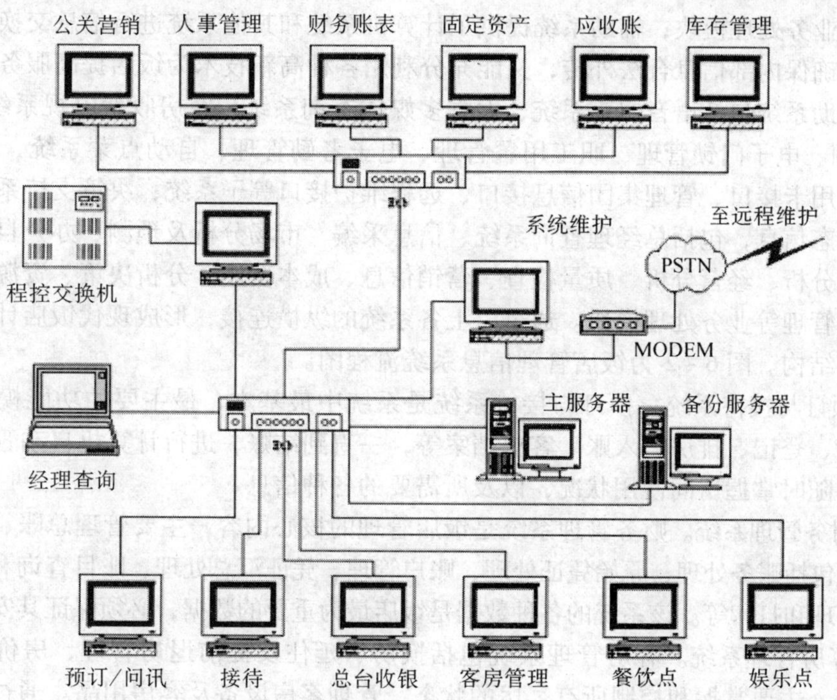

图 6－1　饭店计算机管理系统组成示意图

4. 饭店管理信息系统的主要内容与功能

饭店是为宾客提供综合性服务的企业，从饭店与客人发生联系开始，经入住接待、住店消费，到结账离店，构成了客人在饭店的一个完整活动周期。针对这一过程，饭店必须建立一整套面向客人的服务流程，以达到完善对客服务、严格内部管理的目的。HMIS 适应现代化饭店管理的需求，充分利用先进技术，以增收节支、加强销售、加强财务控制和成本控制为主要思路，以计划、预测、目标管理、动态数据分析为管理目标，通过前后台联网，覆盖了饭店前后台管理的全部业务，在饭店内形成了一个信息高速通道。这样，作为饭店的领导和各部门的管理层，可以方便、准确、及时地了解整个饭店及各部门关于经营、控制、服务、管理的各种动态瞬间数据及动态趋向，掌握日、月、季的统计数据及同期对比情况，从而可以开源节流，降低成本，堵住浪费和漏洞，并为领导层预测、决策、服务和管理提供先进、严谨的解决方案。

在饭店业务管理中，系统功能可分为前台系统、后台系统、辅助系统、决策支持系统四大部分。前台系统涵盖了饭店管理的基本业务流程，业务中心是为客人提供简便、快捷的优质服务。前台系统包括客房预订、总台接待、客房管理、餐饮娱乐管理、商务中心管理、程控电话管理等业务处理模块；后台系统提供饭店对自身的人、财、物进行综合管理的手段，包括财务管理、人事管理、工资管理、工程部管理、仓库管理、安全管理、商场管理、固定资产管理等业务处理模块；辅助系统提供了计算机系统和其他系统进行信息交换的各种接口和手段，既确保内部信息合法外传，又能充分利用各种高新技术为饭店提高服务档次提供技术保障。辅助系统包括语音留言系统、大堂多媒体查询系统、客房收费电视系统、Internet/Intranet 联网、电子门锁管理、职工用餐管理、电子考勤管理、自动点菜系统、点歌收费系统、银行信用卡接口、管理集团信息接口、远程维护接口等子系统；决策支持系统为饭店管理层提供动态信息，包括总经理查询系统、信息采编、市场分析及预测、办公自动化、档案管理、销售分析、经营分析、质量检查、营销信息、成本费用、分析决策、资源管理、薪资核总、经营管理等业务处理模块。通过以上各系统的纵横连接，形成现代饭店计算机管理的基本模式和结构。图 6 – 2 为饭店管理信息系统流程图。

（1）预订与接待系统。预订与接待系统是系统中最基本、最主要的功能模块，主要从客人的预订、登记、排房、入账、客史档案等，一直到结账，进行计算机自动管理，使饭店各有关部门随时掌握房间使用状况，以及所需要的各种信息。

（2）财务管理系统。财务管理系统是饭店管理的核心内容，主要管理总账、明细账、总分类账等，包括账务处理、原始凭证处理、账户管理、凭证汇总处理、账目查询和银行对账处理、报表处理和打印等。该系统的各种数据是饭店最为重要的数据，必须保证其安全性。

（3）客房管理系统。客房管理系统包括换房、延住及提前退房管理、房价管理、卫生状态管理等。主要掌握和控制所有客房的状态，管理客房设备及客房用品。通过该模块，客房部和有关管理人员，随时可以掌握客房状态和使用情况，如空房数、维修房数、住客房数

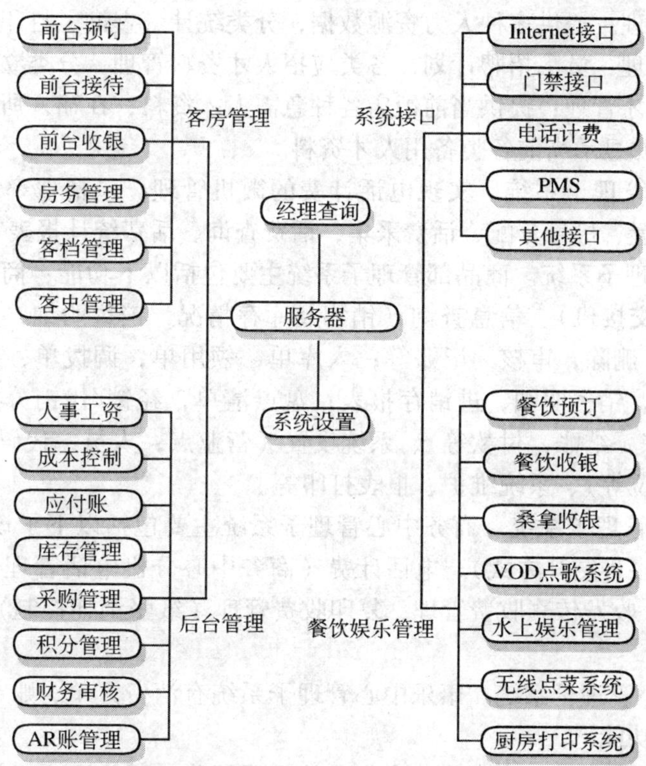

图6-2 饭店管理信息系统流程图

等，还可以控制客房用品的使用和消耗，减少浪费。

(4) 餐饮管理系统。餐饮管理系统可以完成餐厅、酒吧等部门的点单、结账、转账等业务，并生成各种报表。主要包括生产管理、资源管理和资源交换系统三部分。各个模块通过执行相应的功能来实现餐厅运作过程中的各个环节管理，包括餐前工作安排、服务过程控制、提供营销基础数据等。

(5) 仓库管理系统。仓库管理系统主要针对客用品、办公用品和商品等，包括入库、领料、调拨、仓库明细账管理和物品统计、报表打印等。可以提高资金的利用率，减少库存积压，达到账物相符，有效提高工作效率。

(6) 人事管理系统。包括招聘录用、培训、考核记录、工资、考勤管理等。

① 员工档案管理：输入、修改、删除、查询饭店员工，打印员工基本信息等。

② 员工培训记录：记录饭店员工的培训及培训成绩等信息。

③ 员工奖惩记录：记录饭店员工的各类奖惩记录备案。

④ 员工调离记录：记录员工岗位调离记录。

⑤ 饭店部门管理：对饭店设置部门进行增加、删除、编辑等管理。

⑥ 代码管理：饭店部门代码管理。

⑦ 人力资源管理：提供多种人力资源数据，分类统计、查询、打印等功能。

⑧ 员工招聘管理：员工招聘计划，各类应招人才资料管理，分类立档。

⑨ 饭店备用人才管理：提供当前饭店各种急需人才资料，在输入所需人才类型情况后，将自动查询、分析并显示当前各类备用人才资料。

（7）程控电话管理子系统。实现电话计费的微机管理，包括费率设置、节假日优惠、时段优惠、部门设置、机号分配、话费采集，话费查询、话费统计报表等。

（8）商品部管理子系统。商品部管理子系统主要包括以下功能：商品销售（商品零售，商品批发，服务员交接班）、信息查询（销售及库存情况，销售明细、累计等）、单据处理（单据输入，修改，删除，审核，记账等；入库单，领用单，调拨单，报损单等）、统计报表（日、月末统计，销售明细，进销存报表；盘点清单，经销/代销分类统计）、应收账务（定金，费用，转账，结账，付款等）、系统设置（营业点，人员，代码，收银点，优惠等；商品类别，往来单位等）、系统维护、报表打印等。

（9）商务中心管理子系统。商务中心管理子系统主要包括以下子模块：收银操作（优惠处理，服务费，多种结算方式）、电话计费（商务中心分机电话管理）、结账处理（多笔费用一次性结算）、收发传真收费管理、复印收费管理（纸张消耗控制）、报表、系统维护、报表打印等。

（10）康乐中心管理子系统。康乐中心管理子系统有消费开单、账单管理、结账、报表管理、系统维护等功能。

（11）客史档案管理。回头客是饭店收入的重要部分，留住回头客就等于稳定了饭店的主体收入。客史管理能让在饭店住过的客人有宾至如归的感觉，客人在登记时，住过的房间、房价、折扣、消费、身份、来店次数、吃过的菜肴、喜好、信誉程度等信息都能快速反映出来，让服务员能够快速缩短与来宾的“感情距离”，提供有针对性的服务，让回头客真正感受到“被尊重”和“回家”的感觉。系统能根据客人的消费进行分析并反馈出客人的消费倾向和消费喜好，根据客人的喜好进行重点服务，让消费者的喜好得到最大程度的满足，把客人的消费最大程度留在饭店，为饭店创造最大的效益。

（12）固定资产管理。完成固定资产的增加、减少、其他变动（原值变动、累计折旧变动、预计使用年限、预计净残值、部门调拨）等日常业务资料的录入、处理；自动计提折旧；固定资产增减变动的历史资料查询，卡片打印；固定资产清单、固定资产增减表、费用分配表、固定资产及累计折旧明细表、固定资产价值结构分析表等一系列有关固定资产的业务报表和分析报表的输出。

（13）市场销售子系统。包括饭店客源市场、客人的个性需求及满意度的定期分析与比较；饭店新产品、新目标市场的选择及开发；饭店营销计划及营销策略的制定和实施；有效录入关键客户、潜在客户的评价及与竞争对手的差异，进行饭店销售预测；聘用和培训销售人员、销售的日常调度，以及按区域、产品、客源的销售数量的定期分析等。

（14）经理查询系统。经理查询系统涵盖了上至总经理下到各部门经理对营业状况的各种组合分析和查询功能，无论是对单个营业项目的多时段分析，还是对多个营业项目的比较分析，系统都能应付自如，这些基于管理层的对业务流、数据流的实时控制和动态分析，为决策者提供第一手的全面、准确的分析结果，是饭店经营者的得力助手。

饭店管理信息系统经过十几年的发展历程，已经达到相当高的水平，出现了饭店决策支持系统，使得饭店管理信息系统的应用扩大了广度和深度，进一步促进了计算机在饭店信息管理方面的应用。另外，在饭店计算机信息管理系统的基础上，还应实现饭店与饭店或相关企业的联网，形成集团性的内部计算机网络，以便在较大的区域内传递各种信息，并利用互联网进行宣传、预订、销售等电子商务，充分发挥计算机在信息领域的重要作用。

5. 饭店计算机管理系统的作用

饭店管理实质上是对饭店运营过程中人流、物流、资金流、信息流的管理，计算机管理就其表现形式来看，是对饭店大量的常规性信息的输入、存储、处理和输出，可以说计算机管理是人工管理的最大协助者，其作用主要表现在以下几个方面。

（1）计算机管理大大提高了饭店的运作效率。每天对客房状况的统计、订房信息、登记信息的记录、提供查询、为客人提供结算账单等的业务量很大，用手工方式进行上述业务运作，速度慢，需要的人手多，出现错误的可能性大，计算机管理则可以大大提高业务运作的速度和准确性。

（2）计算机管理可以使饭店信息管理规范化，提高服务质量。由于计算机处理信息的速度很快，可以大大减少客人在住宿登记、用餐、娱乐、购物、结账时的等候时间，为客人提供及时、准确、规范的服务，大大减少出现差错的可能性，并随时进行有关信息的查询，为客人提供诸如 morning call（叫早）、留言等服务，有利于饭店开拓客源市场，树立良好形象。

（3）计算机管理系统的应用使饭店的经济效益得到提高。应用计算机管理系统可以节省大量的人力物力，增加饭店的服务项目，提高饭店的服务档次，从总体上提高饭店的经济效益。报表、库存、商场、餐厅等均可做到日清月结，处理及时，跑冒滴漏问题得到根本解决。

（4）全面的信息采集和处理可以辅助提高饭店的决策水平。面对市场的激烈竞争，要加强对各种营业进行预测分析，对饭店经营状况进行全面分析。而饭店计算机系统既能及时提供历史资料和当前数据，又可以提供同期对比分析及其他分析的模式，使管理人员很方便地完成复杂的分析工作。饭店的管理者离不开对饭店运营的内部控制，如控制客房数量、餐饮原料数量、客房消耗品数量，由于饭店计算机系统提供了更加及时准确的信息和数据，可以极大地帮助管理人员的控制决策。

6. 饭店集团管理信息系统

广域网系统最适合饭店集团的信息管理，集团总部可以通过广域网系统有效地管理所属各个饭店；所属饭店也可以通过广域网系统互传信息数据，相互了解各自的经营情况。根据饭店集团公司的管理要求，结合未来集团公司经营的管理模式，确定系统的处理功能。要求各经营饭店必须每日提供饭店实际经营的基本信息，通过网络传输到公司总部，再通过系统的数据处理系统得出汇总后的各类数据报表，供公司高层管理人员查阅，并为管理决策提供参考。饭店集团管理信息系统的软件结构如图 6 –3 表示。

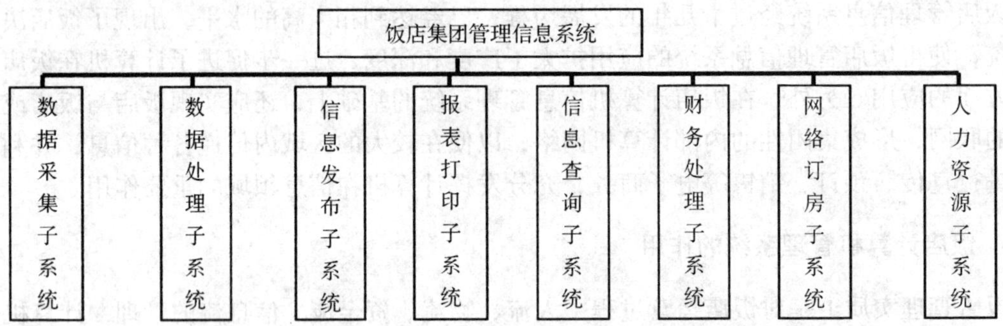

图 6 –3 饭店集团管理信息系统的软件结构

（1）数据采集子系统。主要采集系统的原始数据，有来自下属饭店的数据，也有来自公司外部的数据和网上的数据，凡是与经营相关的数据，系统都可以进行收集。公司对下属饭店采集数据可以采用固定格式的形式，公司采集外部数据可以采用公司网站的调查表形式或采用网络关系营销方式。

（2）数据处理子系统。该子系统是对采集来的数据进行分类汇总处理，形成管理决策所需的数据信息，并产生各种分析报表。例如，下属饭店通过网络传输到公司总部的数据，可以通过数据处理子系统自动产生数据报表（见图 6 –4）。

××集团 2003 年客房餐饮经营情况报表

统计日期：2010 年 5 月

单位：收入（万元） 出租率（%） 房价（元）

饭店	2010 年 4 月				2010 年 5 月			
	房款收入	餐饮收入	平均出租率	平均房价	房款收入	餐饮收入	平均出租率	平均房价
饭店 A	550	100	61	600	760	210	84	680
饭店 B	840	120	90	790	900	190	95	844
饭店 C	670	80	62	720	882	150	77	800
饭店 D	490	110	68	500	610	138	65	650
饭店 E	529	230	86	620	730	186	85	540
饭店 F	650	80	91	490	791	149	73	658
饭店 G	380	90	84	590	490	203	86	780
饭店 H	706	300	94	680	845	320	79	649
饭店 I	327	176	59	488	408	190	92	559
饭店 J	629	82	75	560	760	110	81	590

图 6 –4 饭店经营数据报表

（3）信息发布子系统。该子系统主要是对外发布信息，一种是通过网站发布的公众信息，另一种是直接对下属饭店发布的经营信息。信息发布子系统一般通过网站的形式发布，公众信息直接在页面上就能看到（见图6-5），公司下传的指令或经营信息可以通过页面上的饭店登录口令和密码进入查阅（见图6-6）。

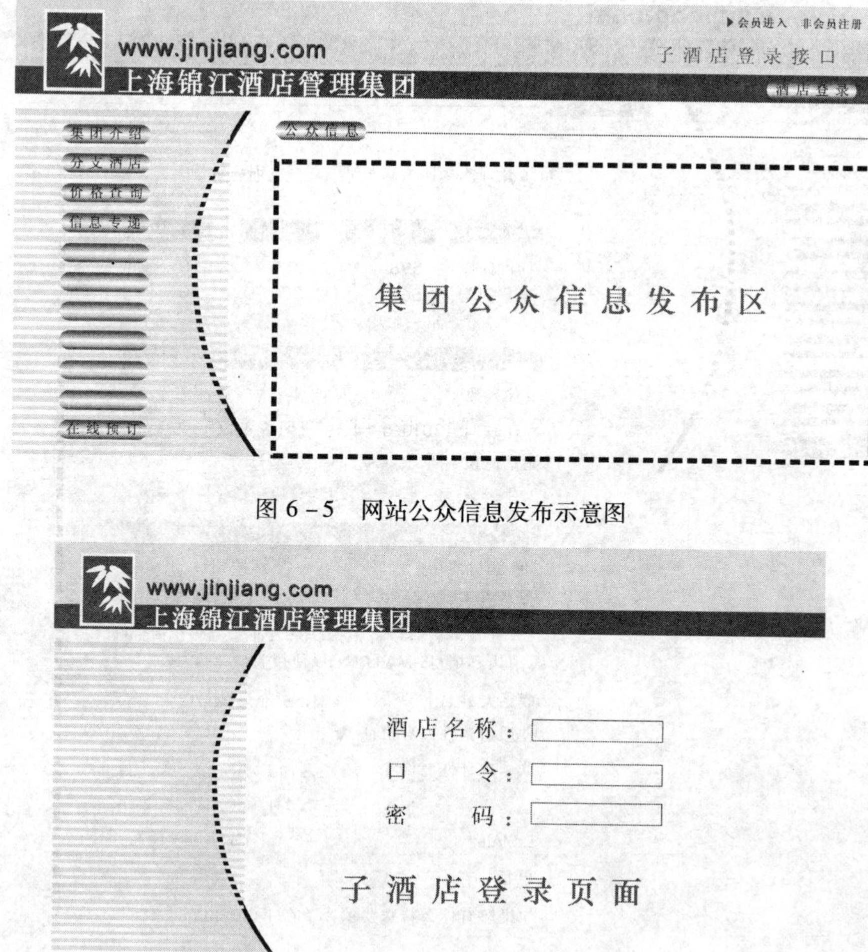

图6-5 网站公众信息发布示意图

图6-6 酒店登录身份验证示意图

（4）报表打印子系统。该子系统主要是集中处理报表的打印工作，用于分析和存档。

（5）信息查询子系统。该子系统主要供公司管理人员查询数据用，可以对系统所有的经营和管理信息按权限规定进行查询，以提高管理工作的效率。主要提供给公司总部的管理人员查询有关数据信息。

（6）财务处理子系统。该子系统主要处理公司财务，也可以供各部门和下属饭店查询有关财务数据，并可产生公司经营的财务报表。

（7）网络订房子系统。该子系统实现网络订房，为公司开展电子商务做准备，同时实现公司的网络营销任务。公司下属饭店的客房资源都统一通过公司网站实现网络销售。图6－7为网上在线预订客户登记页面示意图。

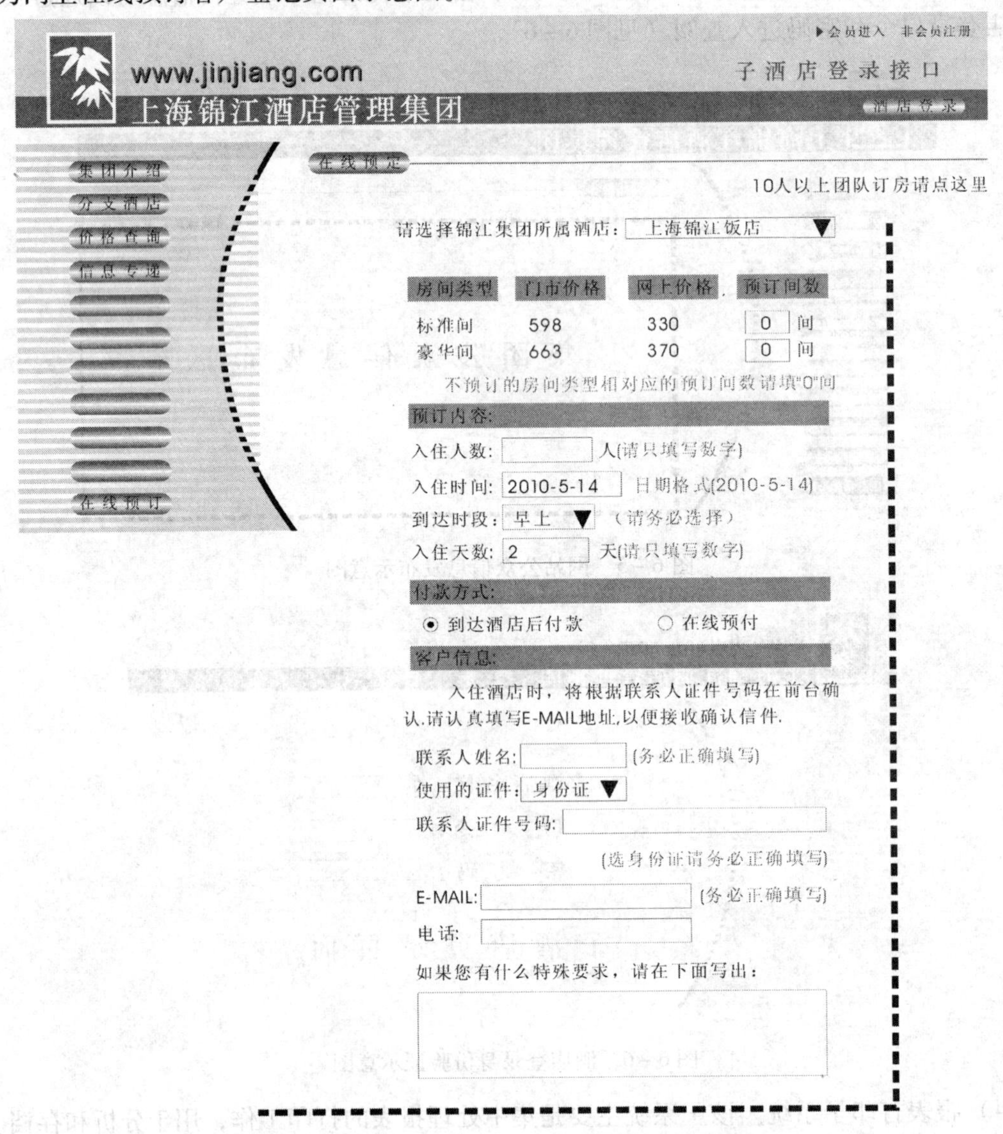

图6－7　网上在线预订客户登记页面示意图

（8）人力资源子系统。公司集团化运作，人是最重要的资源，合理开发人力资源是公司经营的首要任务，该子系统对公司的管理人员实现统一管理，如调配、培训、晋升等。

6.2 计算机技术在前厅部的应用

前厅是饭店业务活动的中心，也是饭店的信息中心。客人抵店最先接触和离店最后经历的业务部门就是前厅的总台。饭店经营管理信息的产生、传递、处理都和前厅有关。在前厅业务管理中，计算机用来处理客人的预订和登记信息，并提供客房分配的功能；客人离店结账也可通过计算机，包括转账处理、挂账处理、冲账处理等；计算机同样可以不厌其烦地回答客人所提出的各类问题，这对树立良好的饭店形象很有价值。在前厅部，计算机还可建立客人资料档案，把各种客户和团体资料收集起来，进行分类归档和统计分析，以便为管理决策服务。

前厅部还可以通过计算机信息网络，把客人的各项消费信息直接从各部门传递到总台，使信息传递既快捷又准确，实现对客人的一次性结账。在饭店未使用计算机以前，消费信息的传递是通过人工从各部门汇集到总台的，难免有传递环节的疏忽，导致传递不及时。有时客人已离店，消费单才传到前厅的总台，使饭店蒙受了不必要的损失。计算机信息系统的运用，有效地避免了客人的逃账现象，并把前厅的信息有效地向各个部门传递，大大提高了前厅的工作效率，有利于前厅与其他部门之间的信息协调与处理。

6.2.1 计算机技术应用对前厅管理与服务的意义

随着时代的发展和市场的变化，饭店实现计算机管理是大势所趋。前厅作为饭店前台业务管理中心、信息中心和协调中心，使用计算机技术进行管理和控制意义重大。

1. 提高工作效率

前厅每天要处理大量有关客房预订、入住登记、户籍管理、问讯、结账等业务，手工操作速度慢、效率低，数据处理手段滞后，不适应经营管理发展和服务的需要。运用计算机技术则可以克服这些障碍，极大地提高前厅服务的工作效率。

2. 提高服务质量

前厅服务种类繁多，客人需求变化随机性强，常常因发生信息错误、传递失误等而影响服务质量。计算机技术则由于其信息存量大、处理速度快以及实时性控制等，显示了更大的优越性，从而为提高服务质量和服务水平提供了可靠的技术保障。

3. 使前厅管理严谨规范

饭店计算机管理系统及应用软件本身就是完整的管理模式，它集中反映了经营者的宗旨、组织、计划、控制及经营目的。因此，恰当地、不失时机地引进并很好地使用计算机技术，对加强前台和后台管理，完善功能，保持管理风格，提高饭店管理规范化水平都具有重要意义。

4. 提高饭店的经济效益

采用计算机技术不仅可以节省人力、物力，提高前厅部工作效率，而且还可以提高饭店的整体管理水平，增强市场竞争力，从而使饭店最终达到增收节支和成本控制、物流控制的目的，更大地提高经济效益。

6.2.2 前厅部计算机管理系统的主要功能

饭店管理信息系统包括客房预订、销售、前台管理、财务管理等模块。其中最基本、最主要的是前台管理模块（图6－8为前厅部计算机系统示意图），主要从客人的预订、登记、排房、入账、客史档案等，一直到结账，进行自动管理，使饭店各有关部门随时掌握房间使用状况，以及管理所需要的各种信息（图6－9为前厅管理模块信息流向示意图）。

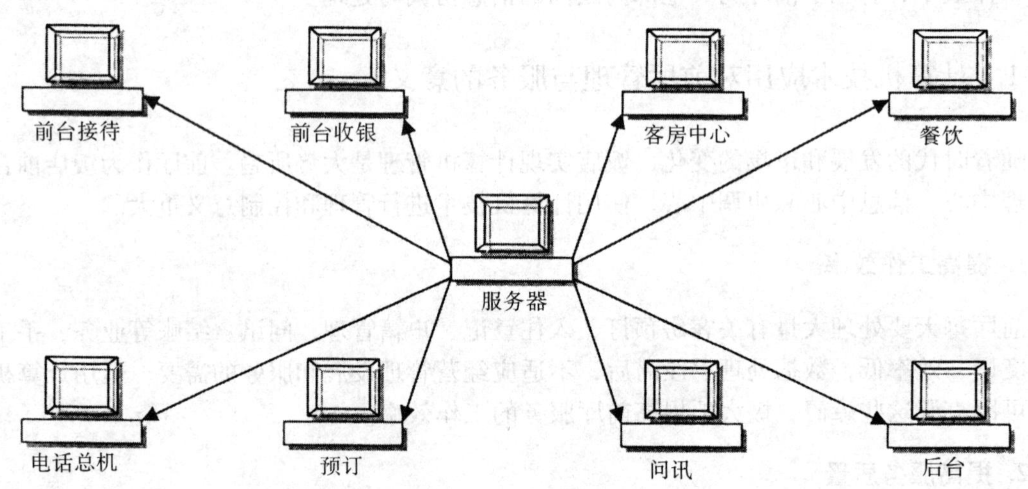

图6－8 前厅部计算机系统示意图

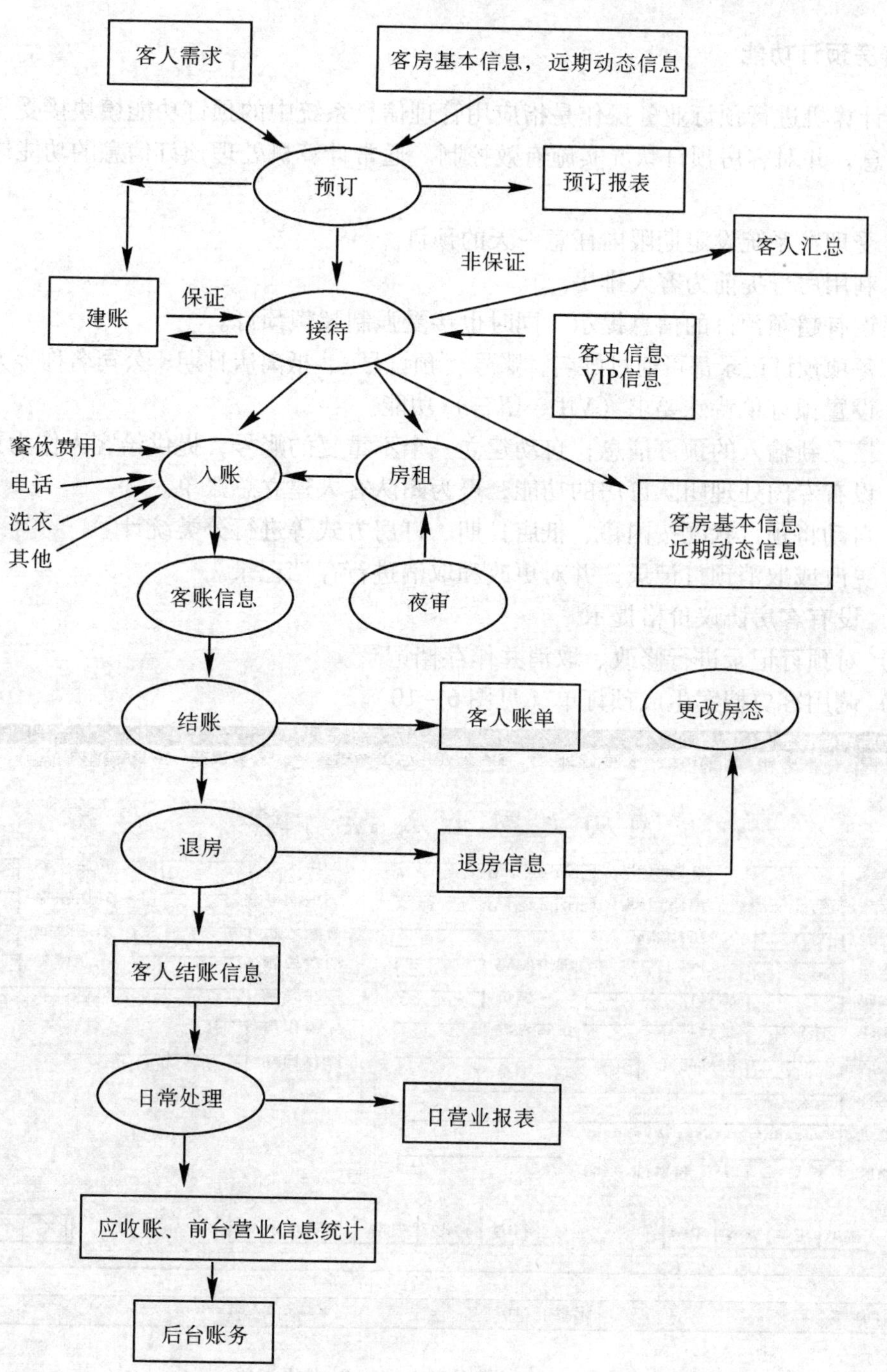

图6-9 前厅管理模块信息流向示意图

1. 客房预订功能

利用计算机进行预订业务操作是指应用管理信息系统中的预订功能模块接受和处理客人的订房信息，并对客房预订状况实施有效控制。通常计算机处理预订信息的功能体现在以下方面。

（1）受理在系统设定期限内任意一天的预订。

（2）利用房号提前为客人排房。

（3）设有超额预订的信息提示，同时也接受强制超额预订。

（4）每项预订记录都可通过姓名、账号（预订号）、抵离店日期、公司名称等方式查询。

（5）设置预订单特殊要求（VIP、留言）功能。

（6）接受新输入的预订信息，自动建立一个不重复的账号，提供给客人作为预订号。

（7）设有专门处理团队订房的功能，可为团队客人建立总账单。

（8）自动将预订状况按国籍、抵店日期、订房方式等进行分类统计。

（9）更改或取消预订记录，并对更改和取消进行存档记录。

（10）设有客房协议价格提示。

（11）对预订记录进行修改、取消并作存档记录。

（12）调用客史档案生成预订单（见图6－10）。

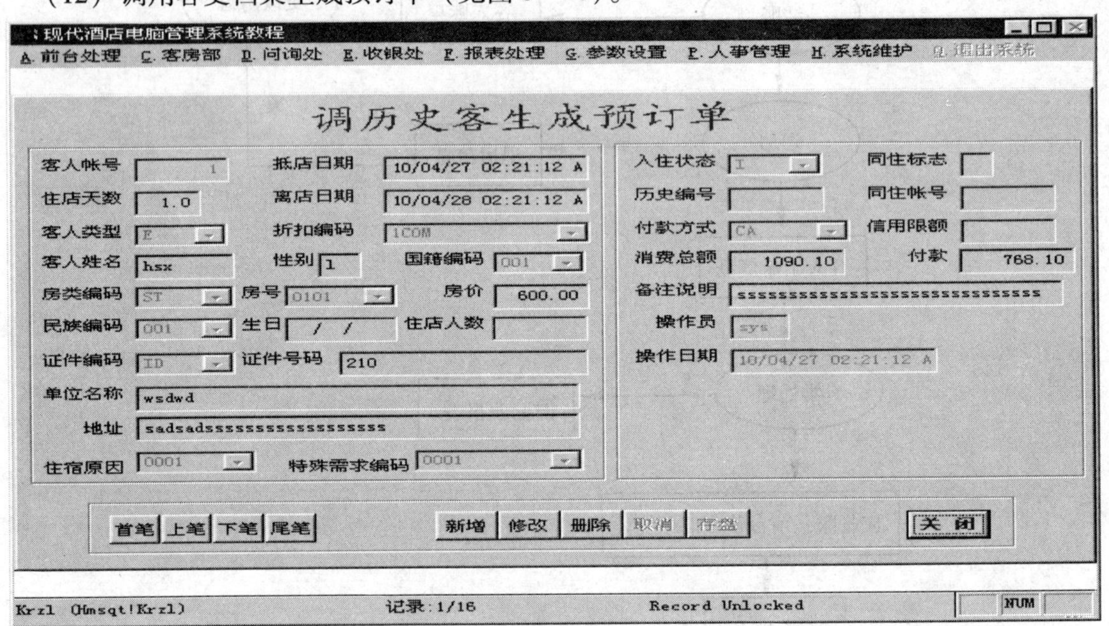

图6－10 调用客史档案生成预订单

客房预订单的生成方式如下。

(1) 新建预订单（见图 6－11）。功能描述：输入预订客人基本资料。注意“客人账号”由计算机自动递增生成。下拉列表框资料（如客人类型、折扣编码）等在“参数设置”主菜单中增加或修改。

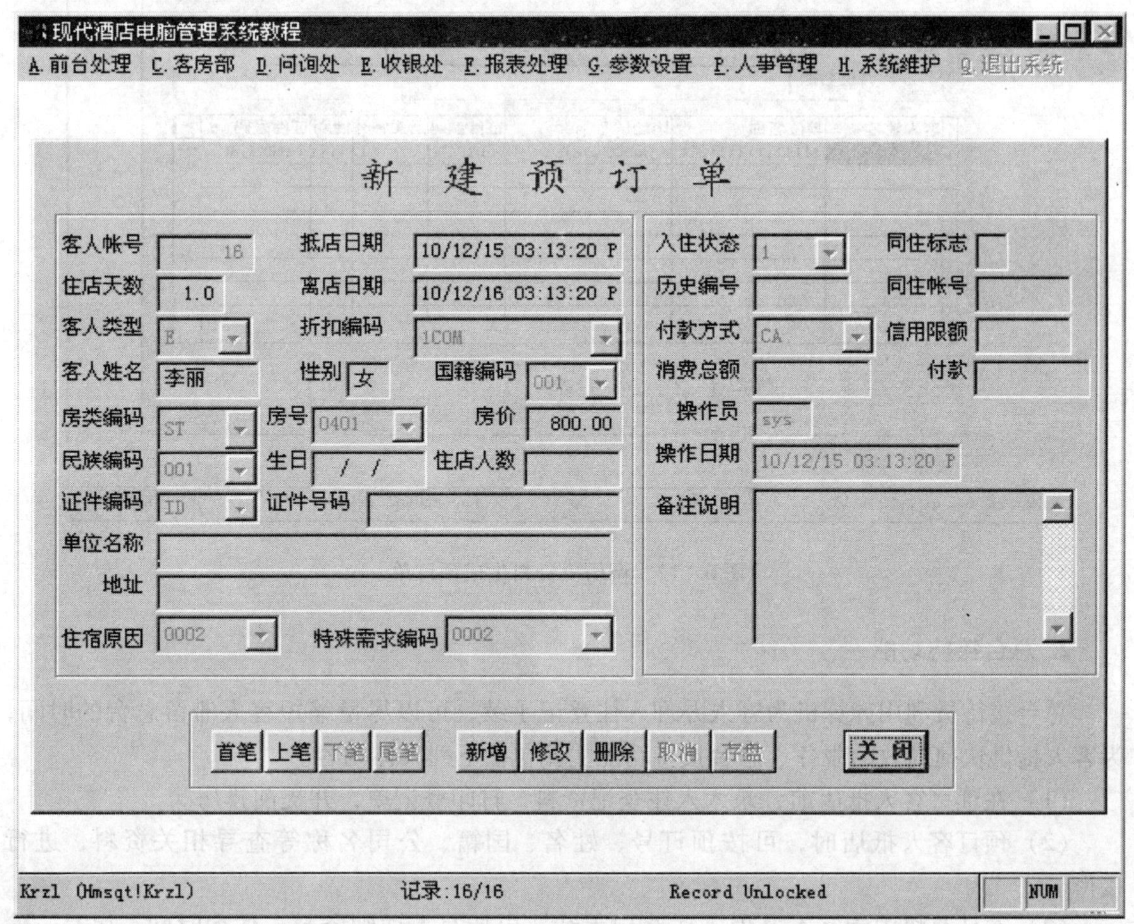

图 6－11　新建预订单

(2) 调历史资料生成预订单（见图 6－12）。功能描述：输入客人姓名、历史账号及单位名称后，单击“确认”按钮自动生成预订单。单击“退出”按钮返回调用菜单。

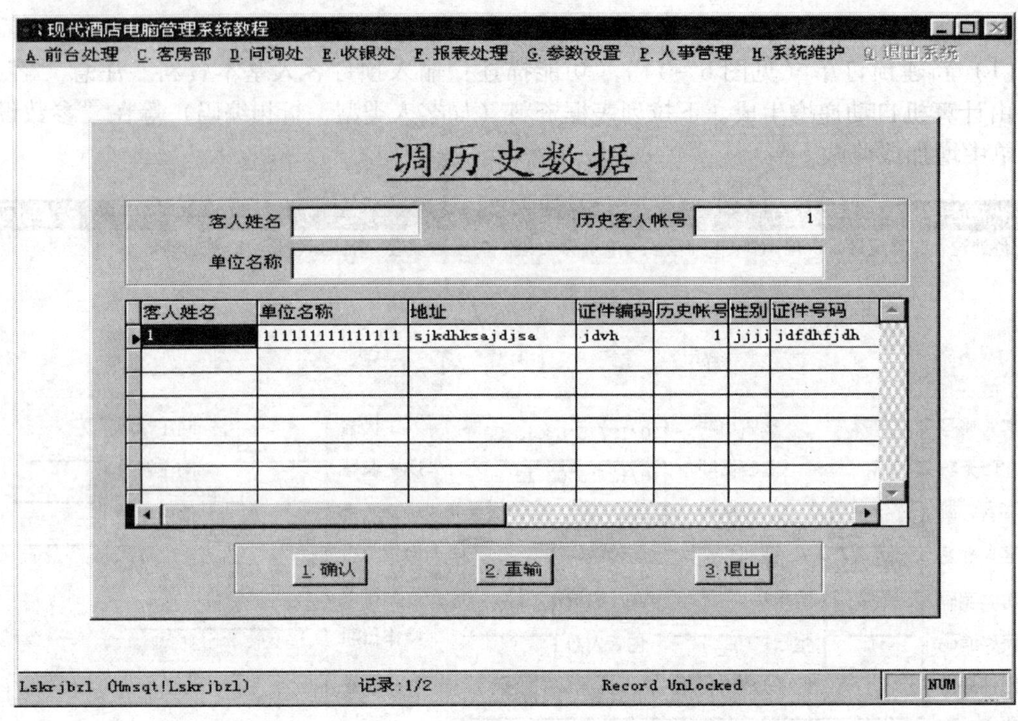

图 6－12 调历史资料生成预订单

2. 总台接待功能

总台接待员利用计算机为客人办理入住登记手续，可以尽量缩短客人滞留总台的时间，为客人提供快捷高效的服务。总台接待功能主要包括下列具体内容。

（1）在预订客人抵店前，录入入住登记资料，打印登记单，并提前排房。

（2）预订客人抵店时，可按预订号、姓名、国籍、公司名称等查寻相关资料，进行接待。

（3）在计算机中为客人办理入住登记手续，包括客人详细资料、住宿时间、房号，输入或更改房价，自动为客人建立账单。

（4）在接待无预订客人时，系统可提供现时空房表。

（5）设有可调用的即时显示的客史档案，以简化接待无预订回头客的手续；而对初次到店的客人，则可以自动为其建立客史档案。

（6）预订单、客史资料生成入住登记表。

（7）对于客人入住后提出的诸如换房、更改房费、变更住宿时间和付款方式等要求，可以随时在系统中进行修改，并对每次变更保留记录，以备核查。

（8）设有专门的团队客人入住登记功能，可以定义团队公付项目，将团队结账按公付、自付分类处理。

(9) 离店客人重新入住功能。

(10) 随时显示客房状况，包括出租率、房态、可售房、住店人数、当日预抵离房数等。

(11) 对于当日预期离店而尚未离店的客房，设有专门提示，并可自动在设立的离店时间（一般为12:00），将这些房号打印出来。

(12) 按客人姓名，系统可自动调出回头客信息及历次住店统计信息，以确定房价优惠。

总台接待员为客人办理入住登记手续的方式如下。

(1) 散客入住。功能描述：输入散客入住资料。注意“客人账号”由计算机自动递增生成。下拉列表框资料（如客人类型、折扣编码）等在“参数设置”主菜单中增加或修改（见图6-13）。

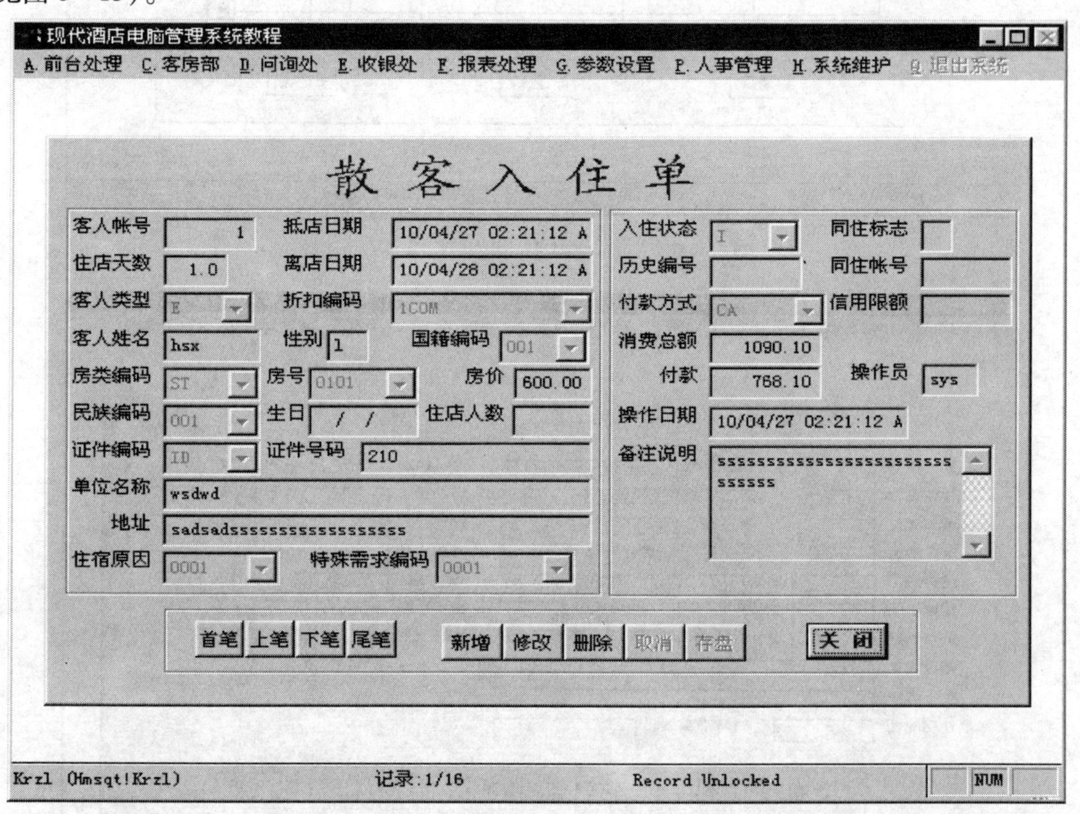

图6-13 散客入住登记单

(2) 预订转入住。功能描述：输入预订客人姓名、房号、客人账号及单位名称等条件，单击“确认”按钮转入住单（见图6-14）。

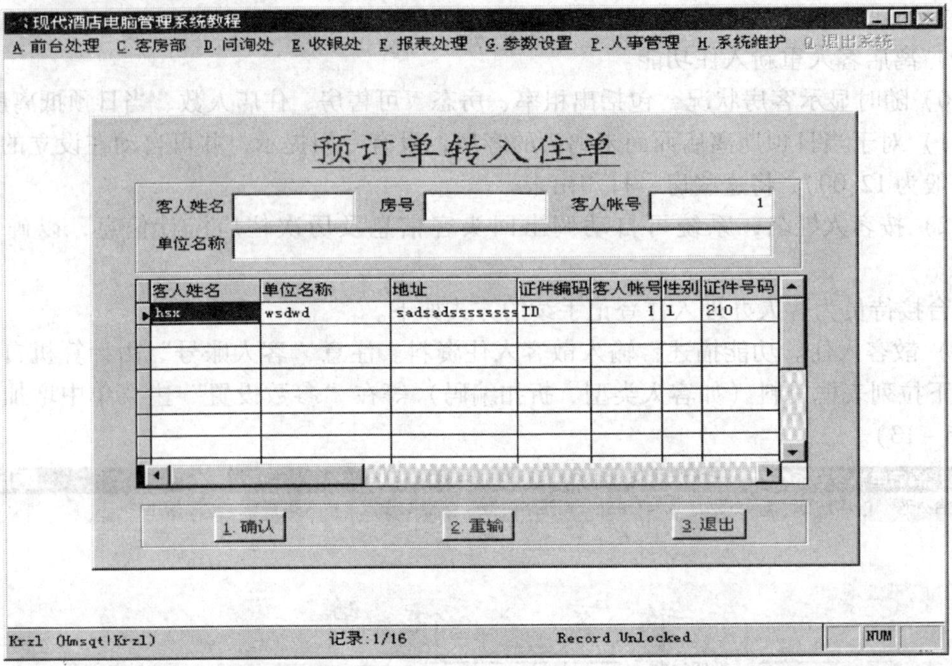

(a)

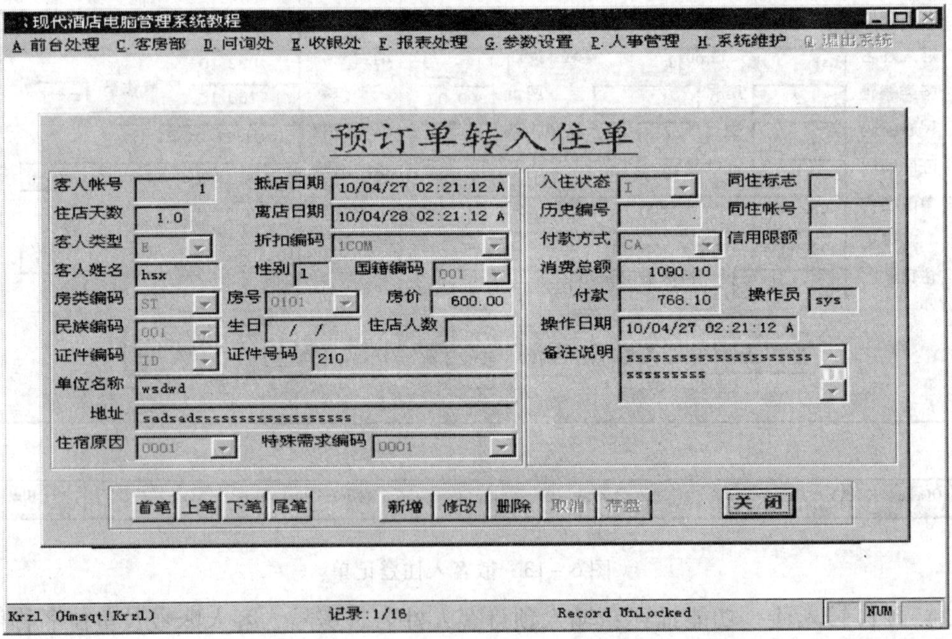

(b)

图 6－14　预订单转入住单

（3）回头客登记。功能描述：回头客登记时，系统自动调出客人历史信息（根据姓名从档案库查找）。并在屏幕上方显示客人上次入住日期和房间号，在屏幕下方显示客人历次消费记录和客人的习惯爱好信息（见图 6－15）。

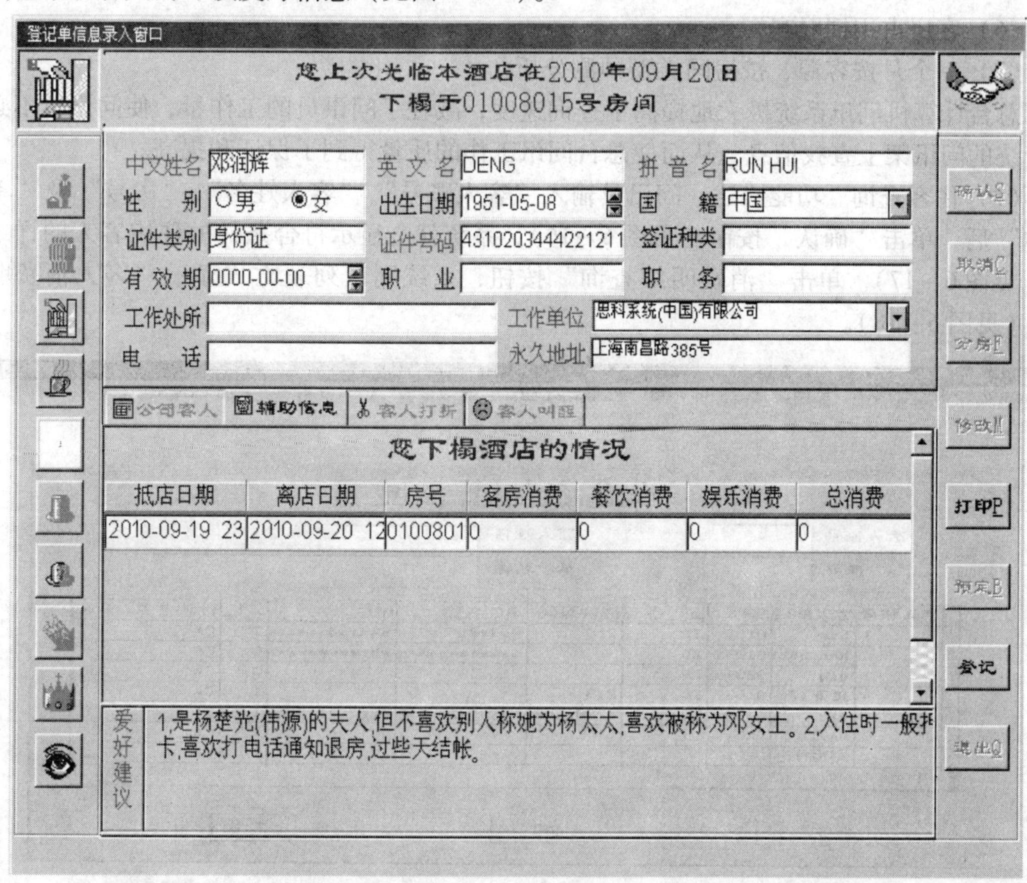

图 6－15　回头客登记单

3. 问讯功能

该模块主要对住客信息及历史资料进行查询。根据前厅部管理要求及对客服务的需要，系统中的问讯功能应做到快捷、准确和高效，同时应具有多种方式的查询途径。问讯员应能够随时快速地从计算机中查询每位住店客人或已预订客人的资料。问讯功能主要通过姓氏、日期、客人占用情况、客人账单、公司名称、团队查询等内容来提供相关信息。

（1）按各种条件查询打印现住及离店的散客或团体客人信息。

（2）按各种条件查询打印房态信息、可用房信息（房数、房号及类别、指定日期内某房类住房率）。

(3) 可按多种条件查询，包括房号、姓名、旅行社、团名、地区等。

(4) 可查本日抵离店客人，明日应到客人，今日应离店客人、明日应离店客人等情况。

(5) 可查 VIP 客人、历史客人信息。

(6) 客房占用情况查询。

(7) 一个月按客源、按房间类型预测分析。

总台计算机问讯系统极大地提高了查询速度，减轻了问讯员的工作量，使问讯员不必再从传统的问讯架上查找信息，从而使总台问讯工作的质量得到了保证和提高。

(1) 住客查询。功能描述：问讯员输入“客人账号”、“客人姓名”、“房号”及“单位名称”后，单击“确认”按钮（见图6－16），系统就会显示符合条件的住店客人的详细资料（见图6－17）。单击“消费明细查询”按钮，系统则以列表方式显示“客人消费明细表”（见图6－18）。

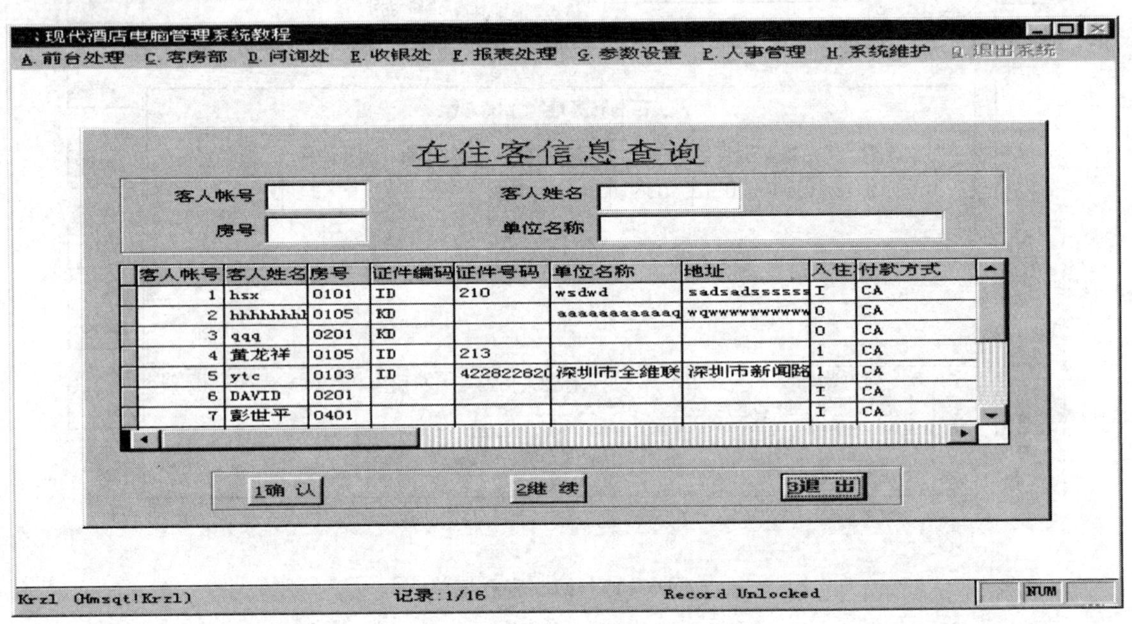

图6－16 住客信息查询页面

(2) 历史数据查询。功能描述：问讯员输入“历史账号”、“客人姓名”、“单位名称”、“地址”及“最早抵店日期”、“最近离店日期”后，单击“确认”按钮（见图6－19），系统就会显示符合条件的历史资料到访显示单（见图6－20）。

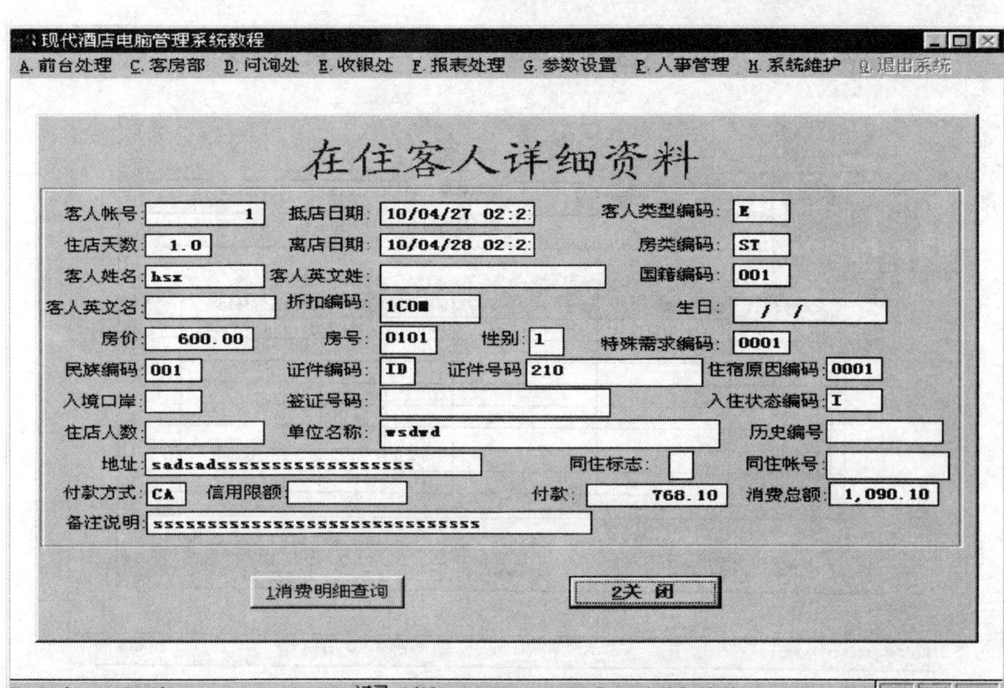

图 6－17　住店客人详细资料显示页面

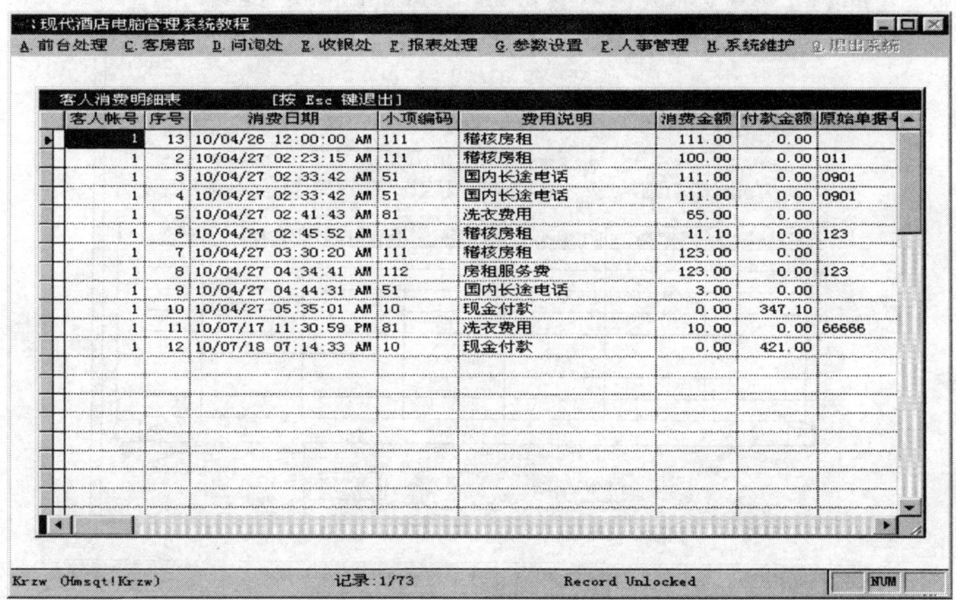

客人帐号	序号	消费日期	小项编码	费用说明	消费金额	付款金额	原始单据
1	13	10/04/26 12:00:00 AM	111	稽核房租	111.00	0.00	
1	2	10/04/27 02:23:15 AM	111	稽核房租	100.00	0.00	011
1	3	10/04/27 02:33:42 AM	51	国内长途电话	111.00	0.00	0901
1	4	10/04/27 02:33:42 AM	51	国内长途电话	111.00	0.00	0901
1	5	10/04/27 02:41:43 AM	81	洗衣费用	65.00	0.00	
1	6	10/04/27 02:45:52 AM	111	稽核房租	11.10	0.00	123
1	7	10/04/27 03:30:20 AM	111	稽核房租	123.00	0.00	
1	8	10/04/27 04:34:41 AM	112	房租服务费	123.00	0.00	123
1	9	10/04/27 04:44:31 AM	51	国内长途电话	3.00	0.00	
1	10	10/04/27 05:35:01 AM	10	现金付款	0.00	347.10	
1	11	10/07/17 11:30:59 PM	81	洗衣费用	10.00	0.00	66666
1	12	10/07/18 07:14:33 AM	10	现金付款	0.00	421.00	

图 6－18　客人消费明细表

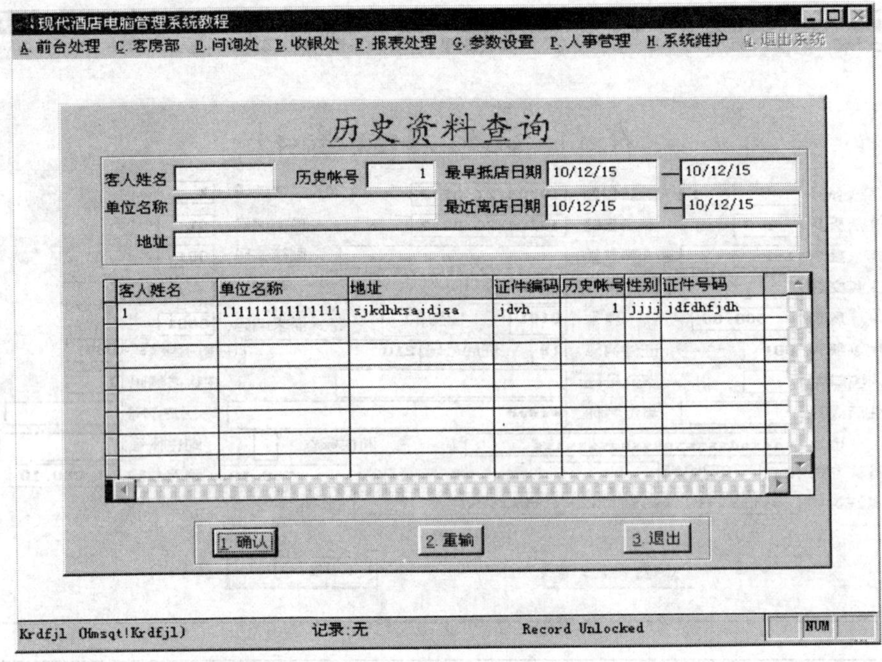

图 6－19 历史资料查询单

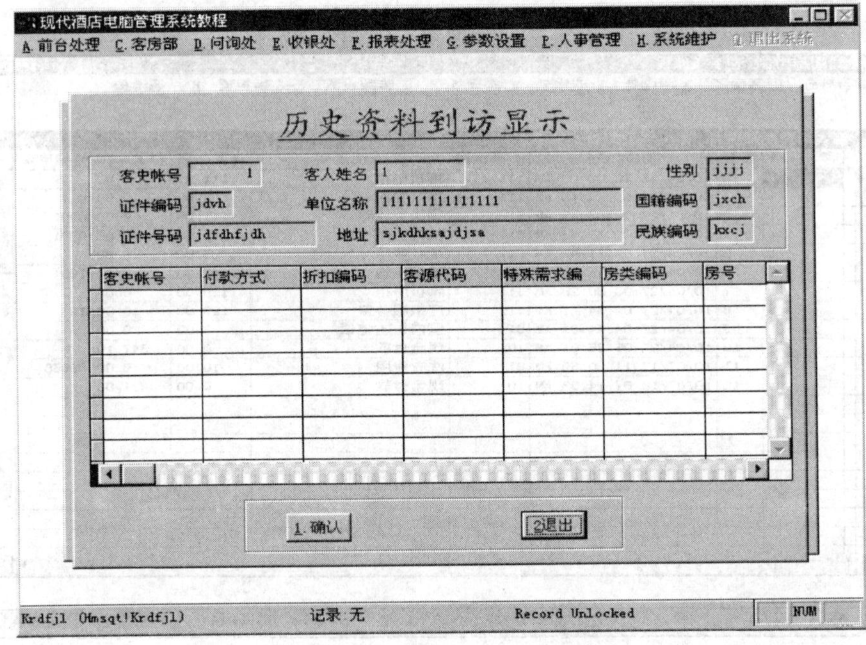

图 6－20 历史资料到访显示单

4. 客房状况控制功能

客房是饭店的主要产品，要充分发挥客房的效益，建立有效的客房状况控制系统是非常必要的。通过计算机可以快速、准确地掌握客房的使用情况，使得前厅部与客房部之间的信息沟通更快、更准确。另外也能使服务员及时掌握客房状况，做好销售工作，更好地为客人服务，提高客房出租率。管理信息系统中的房态控制功能是客房管理和总台接待工作能否成功的关键，其功能主要包括以下内容。

（1）显示可售房状况，随时实时动态查询可用房情况。

（2）反映和更改每一间客房的状况（包括空房、待修房、住客房、预订房等），并有维修房、非出租房提示，客人信息、现住或预订状态、VIP 客人标志、长包房标志等。

（3）提供客房占用情况报告。

（4）反映客房维修情况。

（5）按楼层、房间类型、房号等方式显示客房状况。

客房状况控制通过计算机显示如下。

（1）房态显示。功能描述：根据接待员输入的“房态”、“房间类型”及“楼层”等条件，实时刷新客房状态（见图 6－21）。

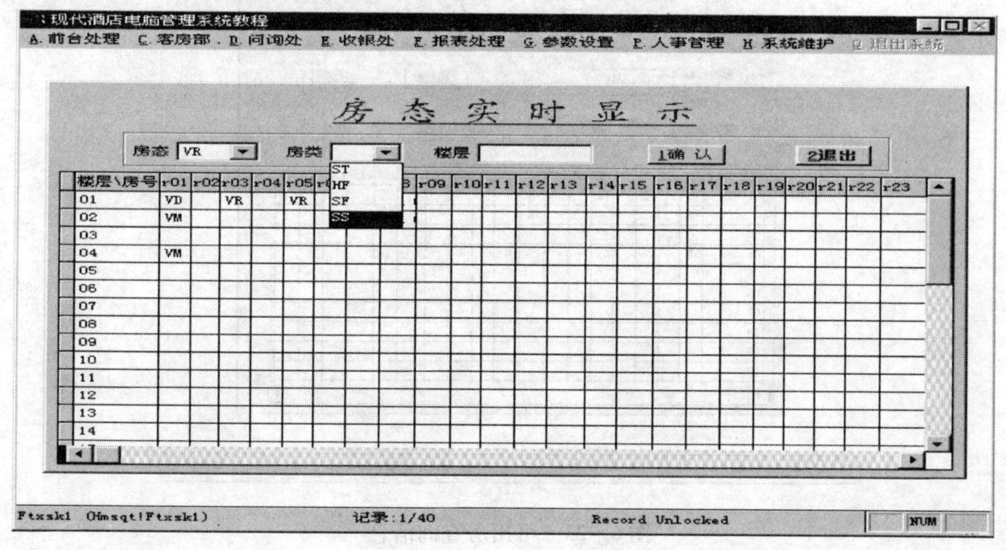

图 6－21　实时房态显示表

（2）房态修改。功能描述：接待员选定“房号”及“房态”值，单击“确认”按钮更改房态（见图 6－22）。

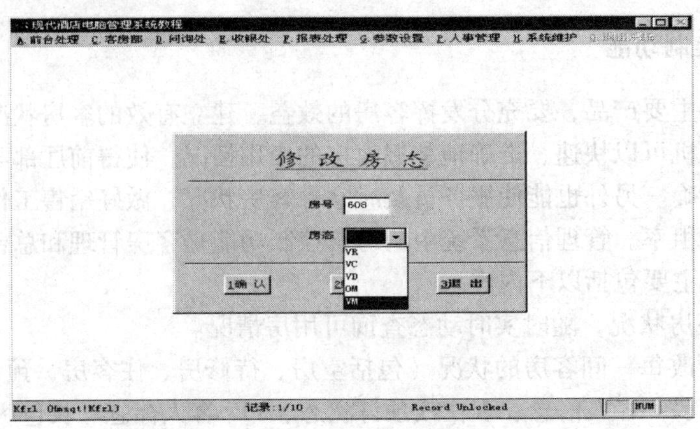

图6－22 房态更改单

（3）查询可用房。功能描述：接待员输入“起始日期”、“终止日期”及“房类编码”，可以按“空房”、“预订”、“全部”方式查看可用房信息（见图6－23）。

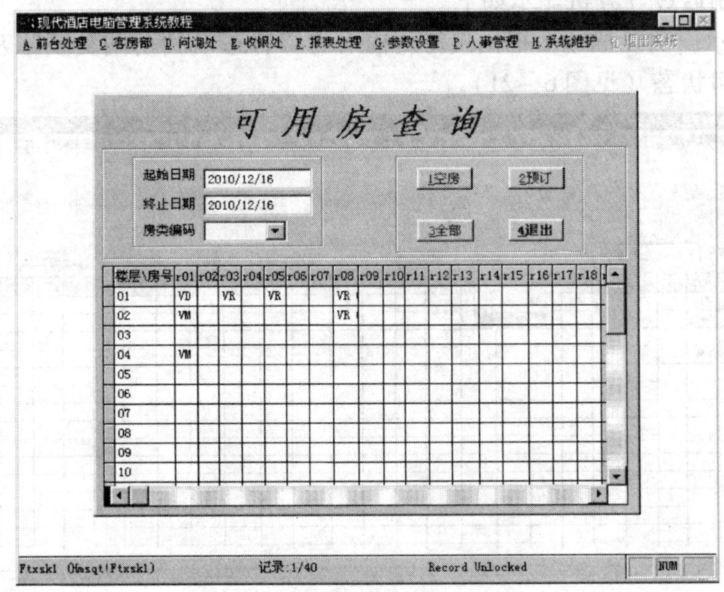

图6－23 可用房查询信息

（4）房态核查。功能描述：系统采用房态核查方式，确保客房房态的准确性。房态由计算机自动生成，如果与客房部房态有差异，则自动产生房态差异表，用户可随时查询（见图6－24）。

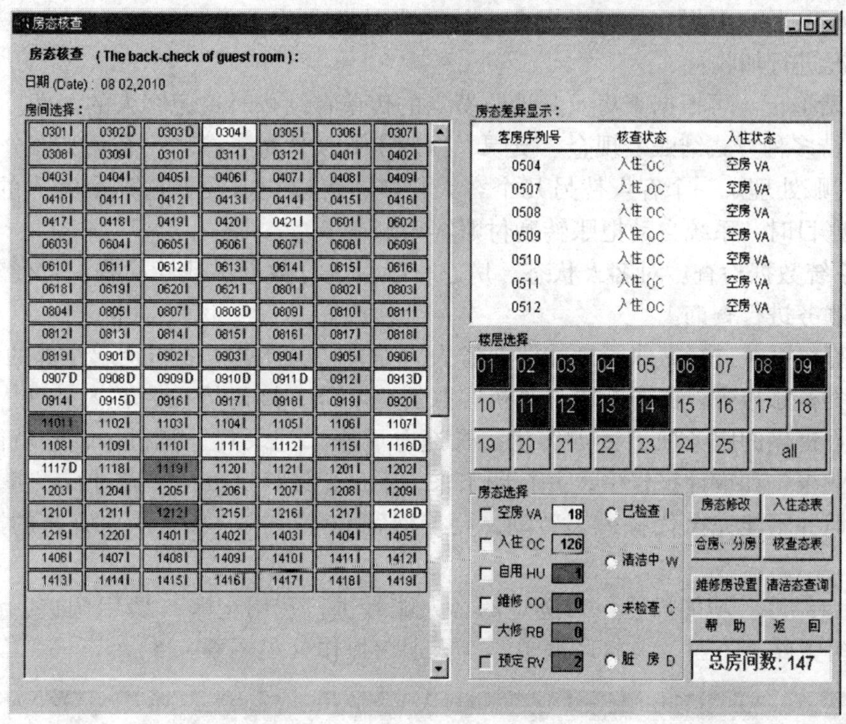

图 6－24　房态核查表

5. 客账管理功能

客账管理工作是一项保证饭店经济利益和保证客人住店期间各种消费数据准确可靠的工作。以往进行手工操作时，收银员不但要处理许多账单，按房号分拣、记录、计算，而且容易出现由于工作不仔细而产生的各种差错，特别是在客人结账离店时速度较慢，常常令客人感到不耐烦。运用计算机系统则可以随时直接地将每位客人的消费情况，以各种方式记入各自的客账，并自动累积和显示客人当前的消费状况。这样既节省了时间，减轻了收银员的工作量，又避免了重复记账和出现遗漏现象。客人在离店结账时，只需在计算机中输入客人的房号或姓名，客人的账单便会自动打印出来。

客账管理功能主要包括以下几个方面。

（1）自动为客人建立账单，能为每间客房至少建立一个账单。

（2）饭店各营业点消费额自动转账。

（3）显示客账细目和各分类账细目。

（4）打印出客人账单并制作标准结算账单。

（5）夜间审核自动化并打印相关报告。

（6）制作账目汇总表。

(7) 自动加收房费提醒。可根据客人的结账时间自动提醒加收半天房费及一天房费并根据实际情况进行加收。

(8) 消费追记。可根据查房及其他收费点的传单在结账时追记客人的消费。

(9) 支持多种方式结账。现金、支票、信用卡等及现付、挂账、全免和部分免费等。

(10) 转账处理。一个客人替另几个客人付账，可以提前设置这几个客人的转账关系，在产生客人账目时，系统自动把账转到付账客人账户上。

(11) 系统数据检查。对客人状态、房态、账目进行数据一致性检查，方便对饭店的各个部门当日账务进行查询。

运用计算机系统进行客账管理能够节省人力和时间。计算机能担负起全部的客账储存工作并发布各类核账报告。由于有了计算机客账管理功能，接待员在为客人办理入住登记时，只要把向客人提供的服务项目（如客房、长途电话等）记录到计算机中，它就能自动地将收入列入营业报告和审计报告中，并打印出来。不过，计算机虽然可以进行账务管理，提高服务效率，但并不能完全代替人工劳动。要确保客账无差错，必须建立完善的操作程序和制度。

(1) 总台结账。功能描述：对选定的客人账号进行费用记账（费用调整、费用转账）、账目更改、客人结账、付款及打印账单、客人退房操作（见图 6－25）。

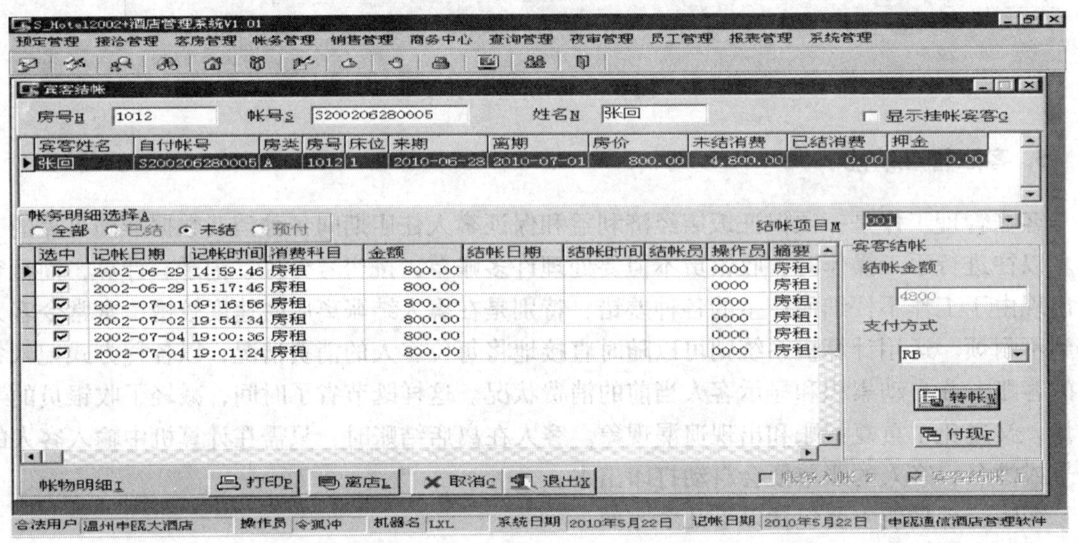

图 6－25　总台结账

(2) 客人消费额及押金（预收款）对照表。功能描述：本模块可及时对照查询客人的消费额及押金，以便催款（见图 6－26）。

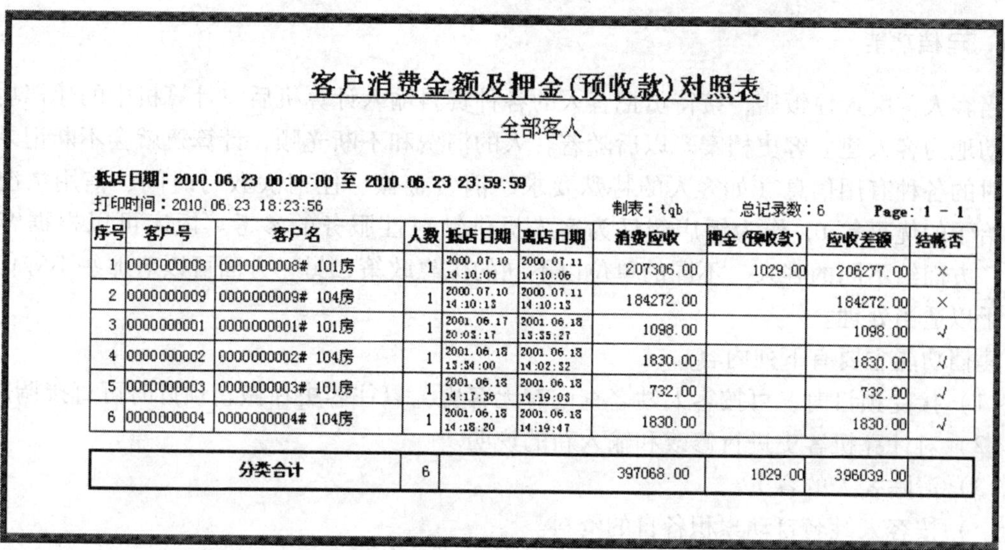

客户消费金额及押金(预收款)对照表

全部客人

抵店日期：2010.06.23 00:00:00 至 2010.06.23 23:59:59

打印时间：2010.06.23 18:23:56　　制表：tqb　　总记录数：6　　Page: 1 - 1

序号	客户号	客户名	人数	抵店日期	离店日期	消费应收	押金(预收款)	应收差额	结帐否
1	0000000008	0000000008# 101房	1	2000.07.10 14:10:06	2000.07.11 14:10:06	207306.00	1029.00	206277.00	×
2	0000000009	0000000009# 104房	1	2000.07.10 14:10:13	2000.07.11 14:10:13	184272.00		184272.00	×
3	0000000001	0000000001# 101房	1	2001.06.17 20:03:17	2001.06.18 13:35:27	1098.00		1098.00	√
4	0000000002	0000000002# 104房	1	2001.06.18 13:34:00	2001.06.18 14:02:32	1830.00		1830.00	√
5	0000000003	0000000003# 101房	1	2001.06.18 14:17:36	2001.06.18 14:19:03	732.00		732.00	√
6	0000000004	0000000004# 104房	1	2001.06.18 14:18:20	2001.06.18 14:19:47	1830.00		1830.00	√
分类合计			6			397068.00	1029.00	396039.00	

图6-26　客人消费额及押金（预收款）对照表

（3）夜审。功能描述：夜间审核除进行房费、电话费自动过账和数据校验外，还要进行手工单据和计算机数据的核对，最后产生各种夜审日报表（见图6-27）。

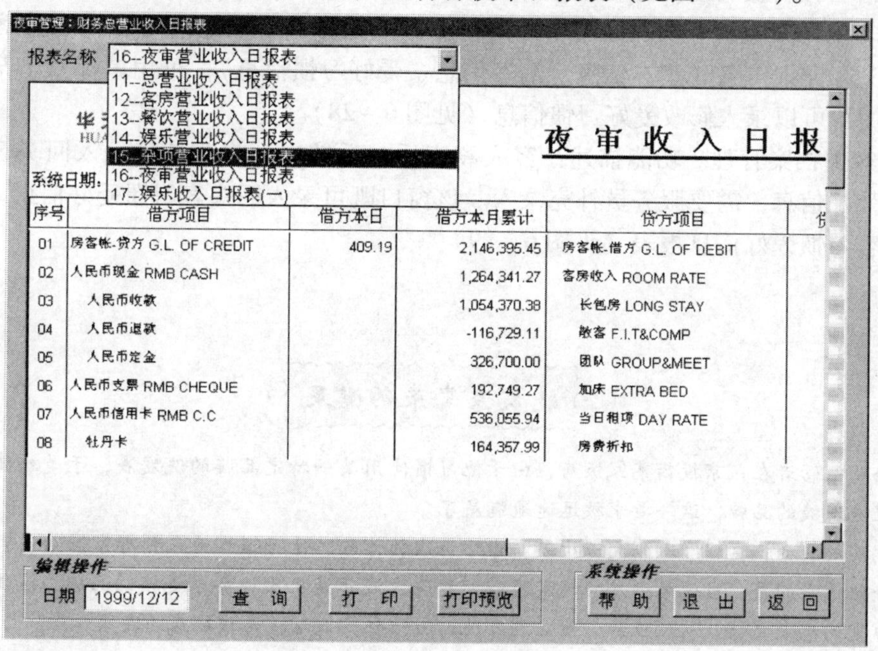

图6-27　夜审收入日报表

6. 建档功能

当客人首次入住饭店，接待员把客人的各种资料输入计算机后，计算机中的建档功能就会自动地为客人建立客史档案。以后随着客人的消费和不断光顾，计算机就会不断记录客人在店时的各种有用信息（如客人的特殊要求、消费金额、住宿次数与时间、信用情况、饭店曾给予的优惠等），作为饭店今后为客人提供针对性服务的参考。饭店可以根据客史档案，一方面给不同的客人、不同的单位以不同的优惠政策；另一方面可以对那些不守信用的客人予以适当处理。

建档功能主要有下列内容。

（1）接受预订时，可按客人姓名查询有无客史，以往客史在做新预订时可直接调用。

（2）对计算机客史进行修改和输入新的说明。

（3）清除客人的客史。

（4）按客人姓名自动累积各自的资料。

（5）打印客史细目。

（6）修改客人住店细目表。

（7）即时打印任意客人的客史记录。

（8）总台接待员为客人办理入住手续时，有客史提示栏目。

（1）客史档案查询。功能描述：可以根据来店次数、姓名、房号查询回头客，如果需要了解回头客详细信息（基本信息、消费信息、爱好习惯信息），可用鼠标双击某行，在此窗口中，用户可以录入修改爱好习惯信息（见图6－28）。

（2）客史档案管理。功能描述：客人离店后，系统自动将其信息记入回头客档案，但对于习惯爱好信息，需要服务员补充录入。该窗口既可录入回头客习惯爱好信息，又可产生在店回头客习惯爱好信息报表（见图6－29）。

小资料

洗发液带来的满足

一位企业经营者在东京投宿某家饭店，由于他习惯使用某一特定品牌的洗发液，于是就请求总台给他更换浴室里洗发液的品牌，这一要求被迅速地满足了。

一个偶然的机会，这位客人到大阪出差。出于上次的体验，他习惯性地来到那家饭店在大阪的连锁饭店住宿。令他惊奇的是，当他来到房间时发现浴室的洗发液正是上次他要求更换的品牌。这使他由衷地产生一种受尊重的感激之情。从此以后，他每到外地，首选住宿饭店就是该饭店的连锁饭店。

原来，这家饭店将每位曾经住宿过的客人资料都用计算机存档，把顾客的每一小小要求都记录在客史档案中，并传输给连锁饭店。通过这种方式，这家饭店集团成功地吸引了一大批稳定的客源。

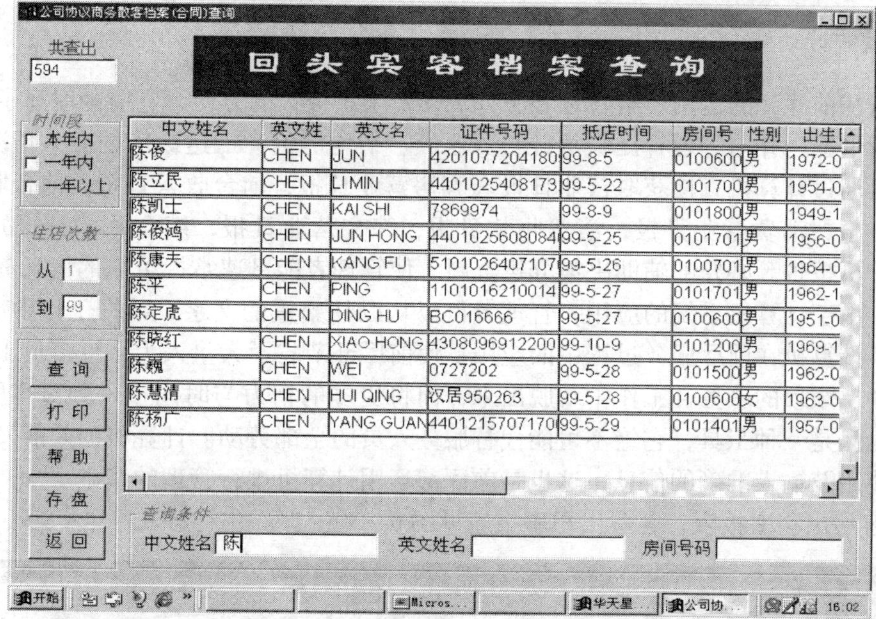

图6-28 客史档案查询

常客信息管理窗口

姓名 王斌　出生日期 1969/06/14
籍贯 湖南长沙　职务
性别 ○男 ○女　公司名称
联系电话　常客类型 回头客
房间号码 1816　是否在店 ○在店 ◉离店
习惯与建议：1 特别爱面子，希望人人都认识他并称他"王总"。2 冬天喜欢盖棉被，应及时补充水果。3 ,HHKF房价为400R,信誉一般,不要签走结，4 喜欢吃葱油饼，白粥。5 陈总同意其400R入住HHKF。

姓名	出生年月	房间号	公司名称	次数
BANERJEE KRIS	1940/11/29	1815	林业厅	1
王学智	1958/12/28	1816		4
王学志 WANG XUE	1958/12/28	1816		2
王斌	1969/06/14	1816		15

籍贯名称：湖南长沙、湖北武汉、湖南衡阳、湖南岳阳、湖南常德、湖南益阳、广州、南昌、湖南省、湖南宁乡、湖南湘潭、HK、北京、USA

常客回头率：24.09%

常客数据更新　历次来店　增加籍贯名称　报表　删除当前常客　保存　在店常客查询　退出

条件查询框：常客姓名　生辰 0000/00/00　籍贯　在店姓名　类型　职务　公司　房号

图6-29 客史档案管理

7. 经营统计功能

计算机在前厅部的运用，给管理和服务工作带来了极大的方便，它能随时显示当前及未来客房经营情况，并向管理者提供每日的营业额、平均房价、抵达饭店的客人情况等信息。管理者还可通过计算机直接获取营业日报（客房营业日报，前台收入日报，前台收款日报，宾客账务日报，消费营业日报，消费收款日报，综合营业日报，综合收款日报）、客情预测、价格分析报告等必要的辅助决策分析资料，使管理者能迅速掌握可靠的信息资料，改善经营管理。由于计算机系统的应用，管理者得以从以往繁重的文字、数据工作中解脱出来。同样，由于计算机在前厅服务过程中的应用，使前厅部节省了大量人力，许多员工可从大量的、重复的、烦琐的事务性工作中解脱出来，而将更多的精力与时间投入到对客服务中去。当然计算机只是一种工具，它绝不可能代替服务人员的全部劳动。计算机的效能发挥要靠员工正确地使用及输入准确的信息，这也是前厅部运用计算机进行管理的基础。

（1）客房出租率报表。客房出租率报表见图6－30。

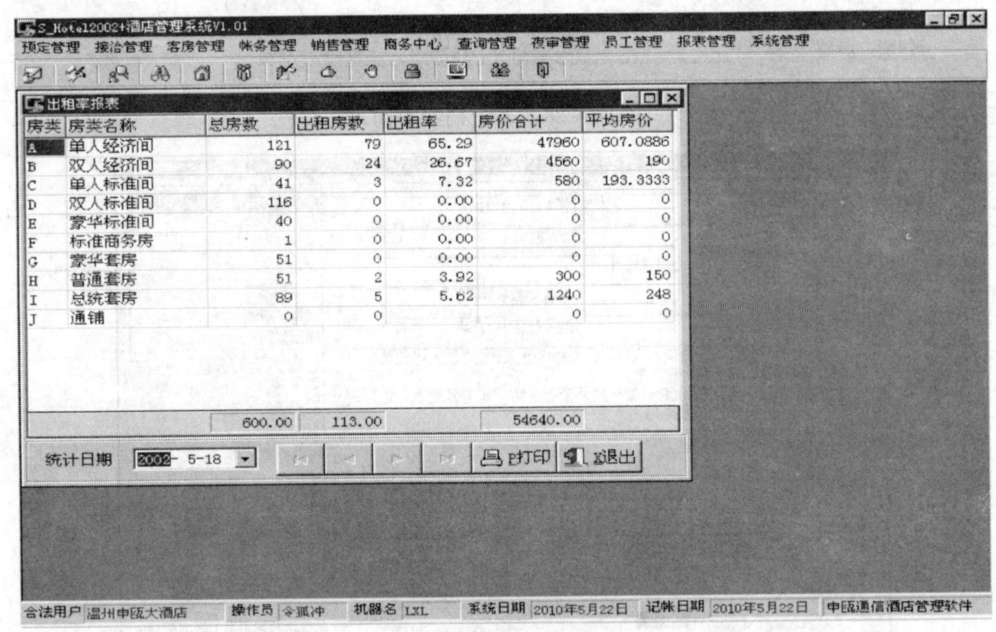

房类	房类名称	总房数	出租房数	出租率	房价合计	平均房价
A	单人经济间	121	79	65.29	47960	607.0886
B	双人经济间	90	24	26.67	4560	190
C	单人标准间	41	3	7.32	580	193.3333
D	双人标准间	116	0	0.00	0	0
E	豪华标准间	40	0	0.00	0	0
F	标准商务房	1	0	0.00	0	0
G	豪华套房	51	0	0.00	0	0
H	普通套房	51	2	3.92	300	150
I	总统套房	89	5	5.62	1240	248
J	通铺	0	0		0	0
		600.00	113.00		54640.00	

图6－30　客房出租率报表

（2）营业点日报表。营业点日报表见图6－31。

（3）辅助决策。功能描述：系统提供简洁清晰的图文界面，分析饭店任意时期的重要数据，如客房出租率、饭店总收入、客房收入、餐饮收入、娱乐收入等，提供各类信息报表和实时收入查询报表。决策分析图见图6－32。

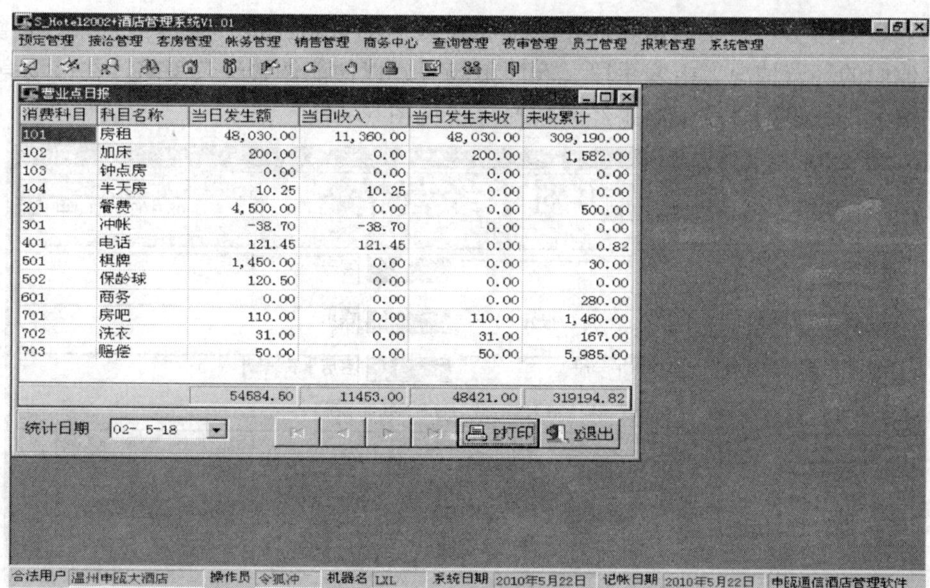

消费科目	科目名称	当日发生额	当日收入	当日发生未收	未收累计
101	房租	48,030.00	11,360.00	48,030.00	309,190.00
102	加床	200.00	0.00	200.00	1,582.00
103	钟点房	0.00	0.00	0.00	0.00
104	半天房	10.25	10.25	0.00	0.00
201	餐费	4,500.00	0.00	0.00	500.00
301	冲帐	-38.70	-38.70	0.00	0.00
401	电话	121.45	121.45	0.00	0.82
501	棋牌	1,450.00	0.00	0.00	30.00
502	保龄球	120.50	0.00	0.00	0.00
601	商务	0.00	0.00	0.00	280.00
701	房吧	110.00	0.00	110.00	1,460.00
702	洗衣	31.00	0.00	31.00	167.00
703	赔偿	50.00	0.00	50.00	5,985.00
		54584.50	11453.00	48421.00	319194.82

图6－31 营业点日报表

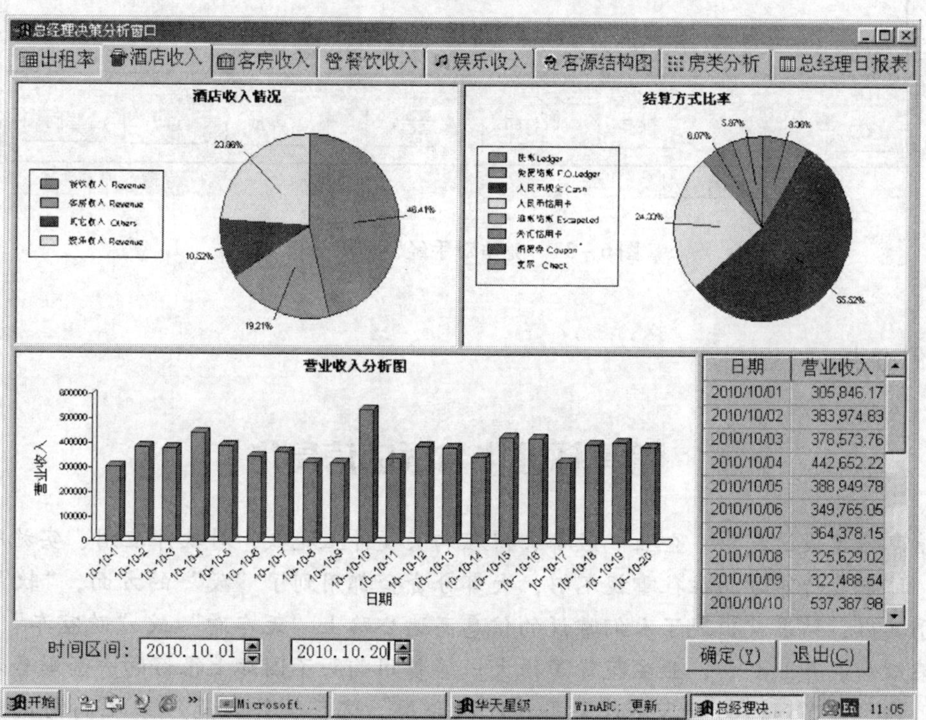

日期	营业收入
2010/10/01	305,846.17
2010/10/02	383,974.83
2010/10/03	378,573.76
2010/10/04	442,652.22
2010/10/05	388,949.78
2010/10/06	349,765.05
2010/10/07	364,378.15
2010/10/08	325,629.02
2010/10/09	322,488.54
2010/10/10	537,387.98

图6－32 决策分析图

（4）竞争对手分析。饭店可以收集其他相关饭店的资料，将其基本信息录入计算机中，分析了解他们的经营情况、引客手段、客源市场等，以便能调整经营策略，在市场竞争中做到知己知彼，百战不殆。竞争对手经营情况分析见图6－33。

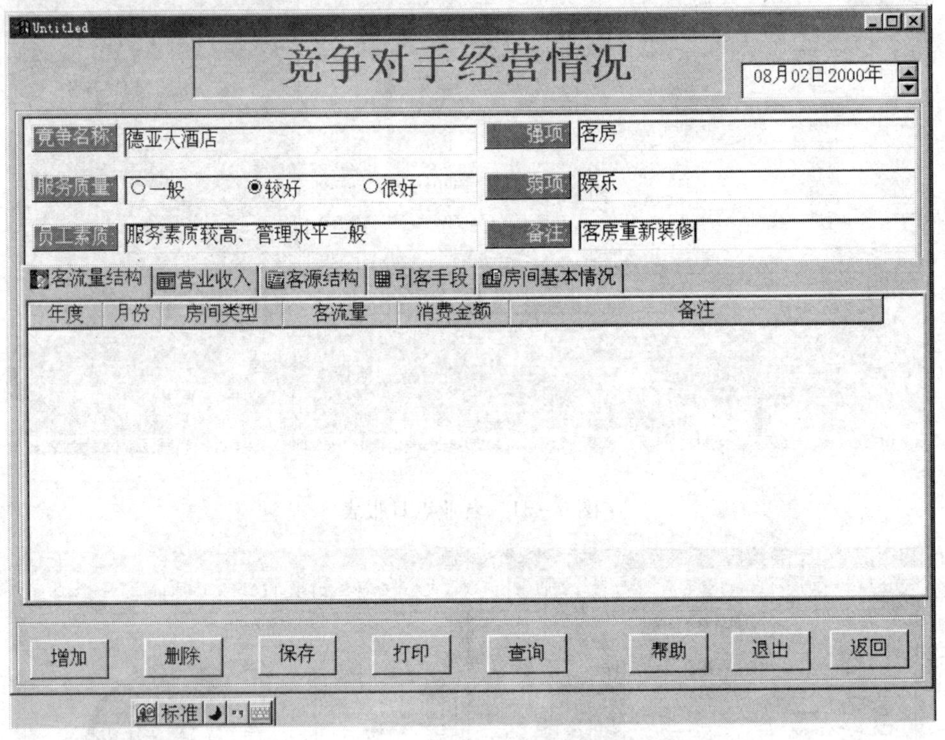

图6－33　竞争对手经营情况分析

☞ 案例分析

管理标准化与饭店信息化

在信息化建设过程中，企业一般都舍得在购买硬件上花钱，对软件应用、实施服务、咨询服务、培训宣传等方面往往重视不够，大部分资金都用到了“硬”的方面，“软”的方面投入微乎其微，结果就出现了人们常说的信息高速公路上“无车跑”或“跑空车”的问题。例如，某饭店在开业之初，业主花费了很大一笔费用购买了国际上很好的一套财务和物流管理软件，结果请了国内的饭店管理公司，没人会用，这套软件只能“束之高阁”。一年后，业主更换了国际管理公司，立即用上了那套财务和物流管理软件，使用效果很好。又过了一年，由于饭店的特殊原因，业主又采用了自主管理的方法，结果已经用上的那套财务和物流管理软件再次“束之高阁”。

“收益管理”的软件模块在国际集团管理的饭店里使用效果普遍很好。国内自主管理的一家饭店，也购买了这个模块，但买了以后一直无法使用。那家购买此模块的饭店没有意识到，采用“收益管理”模块的饭店，在饭店组织结构和人员分工安排上，是与不采用“收益管理”模块有区别的。仅仅购买了软件模块但不改变组织结构，就会导致软件模块的不适用。

✍点评

实践证明，信息化真正做得好的企业，花在软件和实施服务方面的钱已经远远超过了在硬件方面的投入。这两个案例很能说明饭店管理标准化和饭店实现信息化问题。在第一个案例中，从饭店本身来说，没有任何的改变，而业主购买的软件，从不能用到能用，又到不用，是一个饭店内部管理是否标准化的问题；在第二个案例中，购买的模块是否适用于本饭店也反映了某些饭店在进行信息化开发建设过程中过分盲目，不顾国际化管理软件与饭店管理现实之间的差距的现象。

当一个饭店没有采用国际标准化进行管理时，标准化的管理软件就会出现使用的不适用性，这种不适用性有局部的也有全局的。这些现象目前是客观存在的，饭店是借用管理信息化平台选择国际标准软件和国际接轨，还是坚持自我标准和国际标准保留差距？对于众多的高科技电脑软件的使用，其实是一项系统工程，这项系统工程包含了标准计算机软件的选择、饭店日常管理体系的保证、操作人员素质的要求等，整个系统工程中有任何一项的或缺，都会影响饭店信息化实现的质量。

目前在国内由国际饭店集团管理的饭店，其日常管理的体系，在中国和在其他国家没有区别。而国内自己管理的高星级饭店，现在大多数也购买以上提到的同样的管理软件，但在实际使用中，多数饭店只能用 70% 的软件功能，那么为什么有 30% 的软件功能没有用？因为这些饭店日常的管理体系和这些软件的标准不匹配，而这些饭店又不想改变目前的管理体系。很多饭店在目前阶段对管理标准化和饭店信息化之间的关系不是十分了解，认为花钱买了计算机软件，就可以帮助实现管理标准化的问题。事实是，饭店需要首先解决管理标准化的问题，才能采用标准化管理的软件实现现代化信息管理问题。标准化管理可以影响一个饭店的服务质量、管理质量、管理效率，在目前自主管理的饭店落实还有一定的距离。

本章小结

计算机技术在饭店管理中具有广阔的应用前景，随着计算机技术的飞速发展，其在饭店业的应用领域也在不断扩大，如电子磁卡门锁、计费电视、电话电视会议系统、Internet 服务、无线网络连接、安全监视、防灾报警、电子商务等。这些系统的广泛应用会大大降低饭店的经营成本，提高服务效率，为客人提供更为安全、舒适、温馨的住宿环境。借助于此，饭店的竞争能力将大大增强，经济效益、社会效益和环境效益也将不断提高。了解饭店管理信息系统的构成，熟悉饭店管理信息系统的功能，并借助于计算机技术等现代科技手段处理各种信息，对于前厅管理与服务工作至关重要。

思考题

1. 什么是饭店管理信息系统？其主要功能有哪些？
2. 前厅部采用计算机系统的目的和意义是什么？
3. 请你谈一谈 HMIS 的特点。
4. 计算机技术主要应用在饭店业的哪些方面？
5. 试分析饭店管理信息系统的功能与饭店业务流程的关系。
6. 前厅部计算机管理系统有哪些主要功能？

一个饭店就像一座城市，这座城市中几乎铺陈了人类衣食住行的全部行当。而饭店作为一家企业，它提供的核心产品实际上只有一个，那就是服务，服务质量则是饭店的生命线。而饭店对客服务的中心部门——前厅部，对服务质量则有着更高、更严格的标准和要求。

第 7 章　前厅部服务质量管理

学习目标

◎ 了解前厅部质量管理的内容、方法和标准。

◎ 掌握处理客人投诉的程序及技巧。

◎ 熟悉前厅部与其他部门沟通协调的方法。

◎ 了解建立客史档案的意义。

7.1　前厅部服务质量管理与控制

7.1.1　前厅部服务质量管理的内容

1. 前厅的服务环境

客人在消费过程中所期望得到的物质享受是表面的、有形的，而心理感受则是隐含的、无形的，两者结合起来，最终形成对服务产品的评价。良好的前厅服务环境能满足客人的精神享受，整洁、清新、优雅而富有浓厚服务氛围的环境可以使客人的心理感受良好，从而对整个饭店的服务质量留下深刻的印象。前厅服务环境质量主要表现为服务布局合理、建筑装饰有特色、空间艺术感染力强、灯光色彩照明和谐，以及清洁卫生状况良好。应当在这些方面注意让客人能感到舒适、方便、安全和卫生，并讲求服务环境的整体效果。

2. 前厅的服务设施设备

前厅的许多服务项目是依赖其设施设备而提供的，设施设备是提供这些服务的物质基础，这些设施设备的质量在很大程度上决定了所提供的服务质量。在前厅部对客服务中主要有两大类设施设备：一类是直接供客人使用的；另一类是服务人员用以向客人提供服务的。前者如商务中心的打字机、计算机、会议设施等，其舒适性、完好程度、性能将直接影响客人的使用；后者如计算机系统、电话系统等，如性能不佳或维护保养不善，也会影响内部操作和向客人提供服务，从而间接影响服务质量。因此，应加强各种客用和自用设备用品的维护保养，保证设备的完好程度。

3. 前厅的服务行为质量

即前厅服务人员用劳务形式直接创造的产品质量，这种质量是前厅服务质量的主要表现形式，其水平也最难控制。前厅服务是由一系列行为构成的总和，并且这一系列的行为之间可以互相影响共同作用于客人，最终形成对饭店服务质量的总体评价。在前厅服务中，服务人员的仪态、微笑、语言及应变能力等直接影响服务质量。服务行为质量主要包括服务态度、服务技能、语言、仪表仪容、礼节礼貌、行为举止、服务规范、职业道德、服务效率、精神面貌等方面内容。服务行为质量的高低取决于服务人员的素质以及前厅管理人员的组织能力和管理水平，因此，前厅服务质量控制具有对服务人员综合素质和自控行为能力要求高、依赖性强、服务过程短暂等特点。

4. 宾客满意率

这是前厅服务质量高低的最终反映。前厅服务是根据客人需要而直接向客人提供的，其质量高低，最终要让客人来检验和评价，客人对前厅服务的满意程度取决于他们对每一次具体服务的心理感受。因此，要提高宾客满意率必须从客人的需求出发，做好宾客期望管理，掌握客人心理，慎重妥善处理客人投诉，尤其注意客人隐含、潜在的需求，提供“满意+惊喜”的服务，这是前厅服务质量控制所追求的最终目标。注重超出客人的事前期望，不断总结改进，力求以高水平的超值服务使客人满意。

就前厅服务而言，质量概念包含了有形和无形两个方面，即技术质量和功能质量（如图7－1所示），客人的满足程度是通过质量要素来衡量的。西方的饭店业在通过对宾客的大量调查之后，还得出了这样的结论：客人对服务质量的满意程度并不简单地取决于技术质量和功能质量的高低，还取决于客人对前厅服务的期望质量与经验质量。期望质量和经验质量相比较得出的结果被称为感知服务质量，客人对饭店服务质量高低的评价最终要取决于感知服务质量。

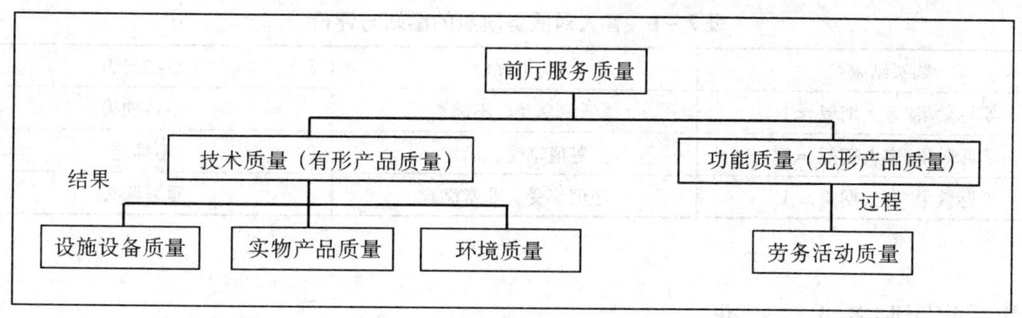

图 7－1　前厅服务质量的构成

（1）期望质量。指客人头脑中对前厅服务质量形成的一种期望值或期待的质量水平。客人对前厅服务的期望值通常由以下因素影响而形成。

① 客人的需求不同，对服务的期望值不同。俗话说："饥不择食"，客人对前厅某项服务的需求越强烈，他们所期望的服务质量水平就越低。例如，一位异常疲乏的客人到达饭店前厅，他所期望的服务质量仅仅是如何快速地办理入住登记手续，尽快进入房间休息，而对大堂的装饰、环境、气氛以至服务人员的服装、态度、语言都无过高的期望。

② 饭店的声誉和形象。声誉、形象越好，客人对饭店的期望值就越高。

③ 饭店进行的对外宣传活动最容易使客人在未购买饭店服务之前产生不同的期望值。

④ 人们的口头传颂，即口碑一般是由饭店过去的业绩和客人过去的经验形成的。

（2）经验质量。是指客人购买饭店的产品之后，对饭店服务（包括前厅服务）的技术质量、功能质量进行实际体验所获得的感受和印象。饭店服务的最终质量是客人将期望值与实际感受相比较后而获得的满足程度，通常会产生以下四种不同的结果。

① 期望值高，实际感受好，客人感到如愿以偿，服务质量名副其实，感知服务质量高。

② 期望值低，实际感受好，客人感受出乎意料的好，感知服务质量最高。

③ 期望值低，实际感受差，客人感受很一般，感知服务质量还可以被接受。

④ 期望值高，实际感受差，客人感到名不符实，产生极大失望，感知服务质量最低。

实践证明，当饭店向客人提供某项服务时，即使有较高的技术质量和功能质量，但客人的感知服务质量仍可能很低，其主要原因是由于各种因素造成了客人过高的期望值，从而加大了期望质量与经验质量之间的差距。因此，前厅服务应在使客人产生适当的期望质量的前提下，通过提供优质服务，达到甚至超越客人的期望，使客人产生良好的实际感受，从而对前厅服务给予较高的评价并留下美好的印象。客人对服务质量的感知与评价见表 7－1。

表 7－1　客人对服务质量的感知与评价

购买结果	购买评价	后续行为
实际效果/客人期望 <1	低值享受，不满意	不再购买
实际效果/客人期望 =1	等值享受，满意	不确定
实际效果/客人期望 >1	超值享受，非常满意	重复购买

7.1.2　前厅服务质量标准

1. 制定服务质量标准的程序

（1）信息收集。饭店可以通过问卷调查和面谈的方式了解客人对饭店服务（包括前厅服务）的意见和要求，以及对服务质量的期望值；同时，可以通过鼓励员工提出合理化建议，了解现有标准和程序的可行性和合理性，以搜集制定服务质量标准所需的信息和资料。

（2）需求预测。根据搜集到的多方面信息和资料，饭店及前厅部管理者经过分析，可初步预测客人对服务的需求和对服务质量的期望，为制定服务质量的标准提供导向性依据。

（3）标准拟定。在初步确定客人需求和服务期望之后，由前厅部管理人员初步制定前厅部各工作岗位的服务质量标准并准备试行。

（4）标准试行。在前厅服务过程中试用新的服务质量标准，并了解客人和员工对新标准的意见和建议。

（5）信息反馈。在试行新标准过程中，可以通过各种方式了解客人和员工对新标准的意见和建议，及时将有关信息反馈给参与制定标准的有关人员，并对标准予以调整和修订。

（6）标准确定。根据客人和员工的反映，在反复调整与修改的基础上，最终可确定新的服务质量标准并开展相关培训，使前厅部各岗位员工尽快了解并严格遵循新的服务质量标准开展对客服务，提高服务质量。

2. 前厅服务质量标准的内容

前厅服务质量标准的内容通常包括前厅的各项服务提供程序（见表 7－2）、服务时限、必需的设施设备、员工应有的工作态度和工作状态等。

表 7－2　前厅服务提供程序

文件名	酒店质量管理程序文件范例	页　码	2－1
前厅服务提供程序			
1. 目的：为了对总台服务、礼宾服务、商务服务和话务服务进行控制，确保前厅服务质量，特制定本程序。			
2. 适用范围：本程序适用于前厅各项服务活动的控制。			

续表

文件名	酒店质量管理程序文件范例	页　码	2-2

3. 职责：前厅部负责本程序的归口管理；酒店各相关部门协助前厅部执行本程序。

4. 工作程序

（1）了解信息

① 宾客需求信息。

② 房态信息。

③ 酒店服务项目。

④ 酒店设备设施状态信息。

⑤ 全国旅游、交通信息。

⑥ 宾客历史资料信息。

⑦ 相关法律法规信息。

⑧"黑客"信息。前厅部全面掌握上述信息，编制《前厅部服务规范》、《前厅部服务提供规范》，作为服务的依据。

（2）前厅服务要求

① 达到酒店服务标准。

② 满足宾客的要求。

③ 满足相关法律法规的要求。

前厅部对所提供的服务进行控制，每月编制《前厅部月度质量分析报告》，识别和改进存在的问题。

（3）前厅服务过程管理控制

① 总台服务：总台服务包括问询、预订、办理入住登记、排房、换房等服务活动。

- 为了向宾客提供高效、准确的服务，对宾客问询，服务人员应按照《前厅部服务规范》要求及时予以处理。
- 为了确保总台预订工作有效开展，前厅部编制《前厅部房态管理办法》，对出租客房实施有效管理。同时制定了《前厅部客房预订操作办法》，规定了宾客预订方式、预订房信息、价格等内容。在受理预订时，服务人员需填写《客房预订单》，明确宾客预订要求，确认宾客的预订。
- 为了保证 VIP 宾客和重要团队、会议宾客的接待工作符合规范，前厅部编制《前厅部 VIP 宾客接待管理办法》，以明确 VIP 宾客的接待、信息传递的要求。
- 为了加强散客、团队信息的管理，前厅部编制《前厅部微机管理办法》，对信息的录入、操作权限等做出规定。
- 为了保证准确、周到地向宾客提供服务，服务员严格按《前厅部服务规范》要求办理宾客入住登记、排房、换房等服务，并填写《入住登记表》。
- 为了加强对客房钥匙的管理，前厅部编制《前厅部客房钥匙管理办法》，规定了钥匙的收发、核对及宾客授权等方面的内容。宾客授权其客房钥匙的使用范围时，服务人员应请宾客填写《钥匙授权卡》以保证客房钥匙的准确无误。
- 为了加强对宾客历史档案管理，提供有针对性的个性化服务，前厅部编制《前厅部宾客历史档案管理办法》，规定了宾客历史档案收集的内容、渠道及信息传递方式。

② 礼宾服务：礼宾服务包括迎宾服务和行李服务。迎宾员为来店宾客提供开车门服务，并协助车场保安员保持大厅门前车道畅通。行李员负责团队、散客行李运送、寄存以及宾客代办服务。礼宾服务提供按《前厅部服务提供规范》实施。

续表

文件名	酒店质量管理程序文件范例	页　码	2-3
• 行李员负责团队、零散宾客进、离店的行李收取、运送工作。在受理宾客进离店行李服务时，行李员应填写《行李进离店登记表》，并制作《行李牌》，以确保宾客行李的准确、完好及时进出。 • 酒店为宾客提供行李寄存服务，为确保行李寄存安全、准确、无差错，前厅部编制《行李寄存管理办法》，规定行李寄存的相关手续及注意事项，服务人员在接受宾客行李寄存时需填写《行李物品寄存登记表》，发放行李物品寄存牌。 • 酒店为宾客提供购物、修理、寄信等外出代办服务内容，代办服务由行李员提供，受理代办服务时需填写《代办服务单》，保存对宾客提供服务的原始单据。 ③ 商务服务：为宾客提供打字、复印、传真、票务、邮政、电脑出租、长途电话、插花、售花、售书等服务。商务服务活动按《前厅部服务提供规范》实施。 酒店为宾客提供贵重物品寄存服务，为宾客贵重物品寄存安全提供保证，具体执行《贵重物品寄存管理办法》。 ④ 话务服务：为宾客提供电话转接、叫醒、留言及视听服务。话务服务活动按《前厅部质量控制规范》实施。 ⑤ 总台服务、礼宾服务、商务服务和话务服务活动均须做好记录。 （4）资源要求 ① 合格的前厅部服务员。 ② 相应文件。 ③ 适宜的设施设备。 ④ 适宜的工作环境。 5. 支持性文件：《前厅部服务规范》、《前厅部服务提供规范》、《前厅部客房预订操作办法》、《前厅部质量控制规范》。 6. 相关记录：《客房预订单》、《入住登记表》、《行李物品寄存登记表》、《代办服务单》。			

（1）服务程序。前厅部服务程序即为各项基本服务（如客房预订、前台接待、问讯留言、行李服务、商务服务等）的正确操作规程和操作步骤。服务程序规范服务人员的服务行为，确保客人无论何时入住饭店，都能享受到同等的服务。例如，喜来登饭店集团下属所有饭店都使用一个服务质量标准，其服务程序保证客人无论下榻全球哪一家喜来登饭店，都能得到同样的服务，享受到喜来登饭店的热情与微笑。

（2）服务时限。在饭店尤其是商务型饭店前厅服务过程中，客人往往期望得到方便、准确、快捷的高效率服务。因此，前厅服务时间的长短就成为衡量服务效率和质量的重要标准。作为客人信息和接待服务信息集散地的前厅部，服务员的时间观念可以反映出整个前台接待系统中各部门、各岗位及各班次在协调合作上的一致性特点。在时间一致性方面，出现不协调的现象是在前厅服务过程中不允许的，否则，将使客人期待的相关服务得不到实现。例如，礼宾部在安排行李员运送已离店团队行李的安排上，由于记错了时间，延误了运送行李，其结果将会非常严重，而且是无法弥补的。为了保证前厅部各项服务工作的质量，各岗位都制定了一定的服务时间限制，以确保员工在规定时间内准确、成功地完成对客服务。但是，这一时限的确定既要考虑员工的业务能力，又要考虑客人的期望和同行的情况。

需要注意的是，管理者不能脱离员工实际业务能力而片面追求服务时限，而是要在保证服务成功率的前提下，尽可能地加快速度，提高效率。以大中型商务饭店为例，总机转接客人电话为 1 分钟；客房预订和前厅接待（散客）的服务时限通常是 3 ～ 5 分钟……所有这些时间限制都是为了提高前厅员工的工作能力、服务效率和服务热情，提高客人对服务质量的感知，从而对饭店前厅的服务质量给予较高的评价。

（3）服务设施与设备。服务设施与设备是保证前厅部向客人成功、高效地提供全面服务的基础，包括前厅部各岗位的机器设备、办公用品、宣传销售资料等具体可见的硬件。服务设施决定了前厅的主要服务内容；而设备用品决定了服务能否按照程序要求准确无误地得以完成。假如前厅根本没有复印机、打印机等商务设备，就无法向客人提供相应的商务服务；没有高质量的商务服务设备，就不能保证服务的效果和成功率。同样是商务中心，五星级饭店和三星级饭店的服务项目内容就有很大的不同，造成这种不同的原因主要是设施设备的差别。如果饭店使用的计算机管理系统较为陈旧，处理数据速度缓慢，同时又缺少必要的服务用品，那么员工就无法在规定时限内完成对客服务，客人也就不可能对服务质量有好的评价。因此，在服务质量标准中必须明确规定，为在规定时限内完成规定服务程序所应该提供的设施设备，以保障对客服务能高效、成功地完成。

（4）服务态度。饭店的产品多是无形的服务，产品质量在很大程度上取决于客人的主观感受，而不仅仅是可见的数字、外观、性能等。因此，服务人员对待客人的态度和感情，对客人对服务质量的感知有很大的影响。影响客人对服务态度感知的员工形体、表情、语言、精神状态等因素，都应在服务质量标准中加以规范，使员工明确哪些语言、行为、举止会给客人带来良好的印象，哪些又会引起客人的不适和反感。首先，服务态度应表现为主动、热情、礼貌；其次，在对客服务过程中，还应该做到真诚，具有高度的责任感，并将微笑服务贯穿于每个服务过程的始终。

3. 前厅服务质量的评定

对前厅服务质量评定，是在收集客人的反馈信息基础上，对前厅服务标准化、程序化和规范化执行状况所做出的整体评价。包括以下 3 个方面的内容。

（1）客人评价。前厅服务质量评价必须以客人对服务的满意度为唯一标准。

（2）外部质量审核机构评价。行业管理主管部门以及质量认证机构所做出的重要的专业评价。

（3）内部质量审核机构评价。饭店质检部门在组织随机抽样调查、直接征求客人意见、定期分析统计等质量管理活动中所做出的重要的职能评价。服务质量评定的根本目的是检验接待服务的体系运转是否正常，检验所制定的服务程序及质量标准是否被正确执行，从而实现对服务质量的事前、进程等全程控制。

7.1.3　前厅服务质量控制

前厅服务质量控制，是指采用一定的标准和措施来监督和衡量服务质量管理的实施和完成情况，并随时纠正服务质量管理目标的实现。它是从全局出发，以控制前厅服务的全过程，提供最优服务为目标，运用一整套服务质量管理体系、手段和方法，以服务质量为管理对象而进行系统的管理活动。

1. 前厅服务质量控制的特点和任务

1）前厅服务质量控制的特点

（1）全方位。是指前厅部的每一个岗位都要参与服务质量管理。

（2）全过程。是指前厅部每一岗位的每一项工作，从开始到结束都要进行服务质量管理。

（3）全员。是指前厅部所有员工都要参与服务质量管理。

可见，前厅服务质量控制的特点是前厅部每个岗位、每个环节和每一位员工都要参加其控制管理。

2）前厅服务质量控制的任务

（1）实施服务质量控制所要涉及的一系列程序化的工作，如建立服务质量控制的组织机构、制定服务标准、进行检查处理、对存在的服务质量问题进行分析等。

（2）前厅部各岗位具体的服务质量控制体系，也就是把第一方面的内容落实到每一个岗位的具体工作中去。

（3）建立严格的操作规范。在前厅接待服务工作中，将服务人员重复性的操作行为予以规范，并进一步制度化，是前厅服务质量过程控制的关键。规范化、制度化的完善主要包括各岗位工种在接待服务过程中每一项具体的操作步骤、要求、工作质量原始记录、反馈意见、分析总结和修订实施等内容。

2. 前厅服务质量控制的方法

在实际工作中，主要从3个方面对前厅服务质量进行控制。

（1）事前服务质量控制。事前服务质量控制是提高服务质量的前提条件，其根本目的是贯彻预防为主的方针，为提供优质服务创造物质技术条件，做好思想准备。前厅部各岗位的服务性质不同，事前准备工作的内容、形式、时间也不同，因此要根据各岗位的不同情况来控制事前服务质量。如设施质量控制（包括设施设备的安全程度、舒适程度以及配备的合理程度）、服务人员的思想准备（包括职前培训、岗位培训、重要接待任务前的思想动员）等。

事前准备阶段的检查是控制服务质量的重要环节。只有做好这方面工作，才能为提高服务质量提供前提条件和物质技术保证，这是前厅服务质量控制的重要内容。这些工作做得越好、越细致，提高服务质量就越有保证。

（2）服务过程中的服务质量控制。前厅服务过程中每一次对客服务，由于时间、环境、对象、心理、标准等多方面因素的影响，其服务的质量和结果是不尽相同的。所以，应从每次服务的常规模式中不断创造新的、更好的服务，以满足客人的消费要求，达到既定的服务标准，实现既定的服务质量目标。服务过程中的服务质量控制贯穿于前厅业务管理的全过程。其重点包括如下两个方面。

① 层级控制。即通过各级管理人员一层管一层地进行。主要是控制重点程序中的重点环节，如客房预订、总台接待质量等。

② 现场控制。服务质量的偏差往往是一瞬间发生的，有些偏差必须立即纠正，因此要加强现场控制。各级管理人员要尽可能深入服务一线去发现服务质量中的问题，及时处理。如客人投诉要尽可能及时解决，在客人离店前尽量消除不良影响，维护饭店声誉。

（3）事后服务质量控制。事后服务质量控制是指及时收集各种信息，并对各种信息进行分析，及时发现问题，找出原因，从而有针对性地采取措施，保证前厅服务质量目标的实现。

事后服务质量控制主要是找出经验教训，这与传统的事后质量检查是相类似的。但它又有更进一步的做法，因为这种事后服务质量控制是面对未来的，它和 PDCA 循环融为一体。对事后控制中发现的问题，必须循环到下一个 PDCA 循环中去提出更高的目标，以不断提高前厅服务质量。

7.1.4　前厅服务质量管理方法

前厅部在进行服务质量管理时，除采用全面质量管理、零缺点管理等方法外，还可以采用以下管理方法。

1. 六西格玛管理（6 sigma management）

1）6 sigma 的基本含义

6 sigma 是美国 Motorola 和 GE 公司 20 世纪 90 年代采用的管理方法，曾被形容为“Motorola 经历过的最具挑战性、最具回报潜力的活动”。采用 6 sigma 管理模式之后，公司平均每年提高生产率 12.3%，由于质量缺陷造成的费用消耗减少 84%，运作过程中的失误降低了 99.7%。而其真正名声大振是在 90 年代中后期，即在通用电气全面实施 6 sigma 并取得辉煌业绩之后。此时，6 sigma 这个被先行者们视为制胜秘诀的管理利剑才初露锋芒，效仿者趋之若鹜。

6 sigma 在概率统计中的含义为标准偏差（见图 7－2），6 sigma 意为“6 倍标准差”。在质量上表示每百万个机会中次品率（DPMO）少于 3.4。更明确地说，“流程每百万次的操作机会中，只容许出现 3.4 个失误”。也许这样解释更加容易理解：3 sigma 的品质水准相当于一本书平均每页出现 1.5 个错字；6 sigma 的品质水准则相当于一个小型图书馆的所有藏书中只容许有 1 个错字。但 6 sigma 管理模式的含义并不简单地指上述内容，而是一整套系统的理论和实施方法。它适用于生产流程，用来衡量流程品质的变异或分配状况，着眼于揭示每百万个机会中有多少个缺陷或失误。也就是说，控制流程的产出，将产出的变异控制在一定的界限内。

6 sigma 的最终目的，就是经由设计并监控流程日常操作，将可能的失误减少到最低限度，企业将可以做到：品质与效率最高、成本最低、流程的周期最短、利率的贡献最大、使顾客全方位满意。

2）6 sigma 的六要素及其在前厅管理中的应用

（1）真诚地以客户为中心。在“全面质量管理”浪潮中，很多企业制定出如“达到或超过客户的期望和要求”之类的策略和任务。然而，企业很少努力地去提高对其内涵的理解。即使这样做了，也只是一次性或短期地收集客户信息，而忽略了顾客的需求是动态变化的，这就要求一切以客户满意和创造客户价值为中心。在 6 sigma 中，以客户为中心是最优先的事情，其业绩度量是从客户开始的，将客户的需求永远放在首位，经过严谨的分析和程序排列组合，及时反馈到实际行动中去。“真诚地以客人为中心”也正是饭店业自始至终贯彻的一个宗旨。根据 6 sigma 管理框架（见图 7－3），最上层的是顾客需求。在饭店业流传着一句格言：客人总是对的。它对饭店业产生了巨大的影响，对服务质量的提高起到了不可估量的促进作用。它强调的是一种无条件的、全心全意为客人服务的思想。这就要求饭店在客人提出要求（需求）后，100% 达到顾客满意。

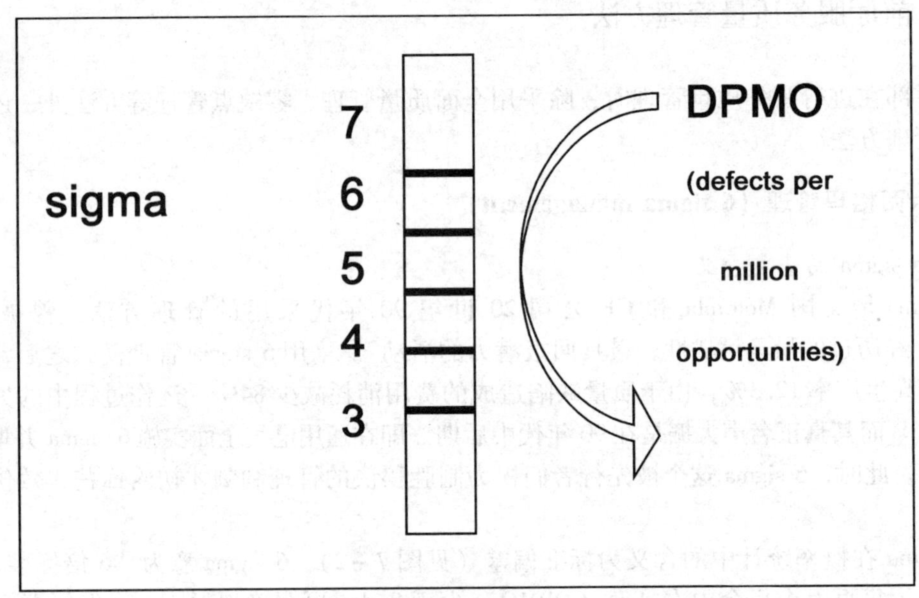

图 7－2　六西格玛度量（6 sigma measurement）

DPMO——每百万个机会中的次品率

6 sigma = 3.4 defects per million

5 sigma = 230 defects per million

4 sigma = 6210 defects per million

3 sigma = 66800 defects per million

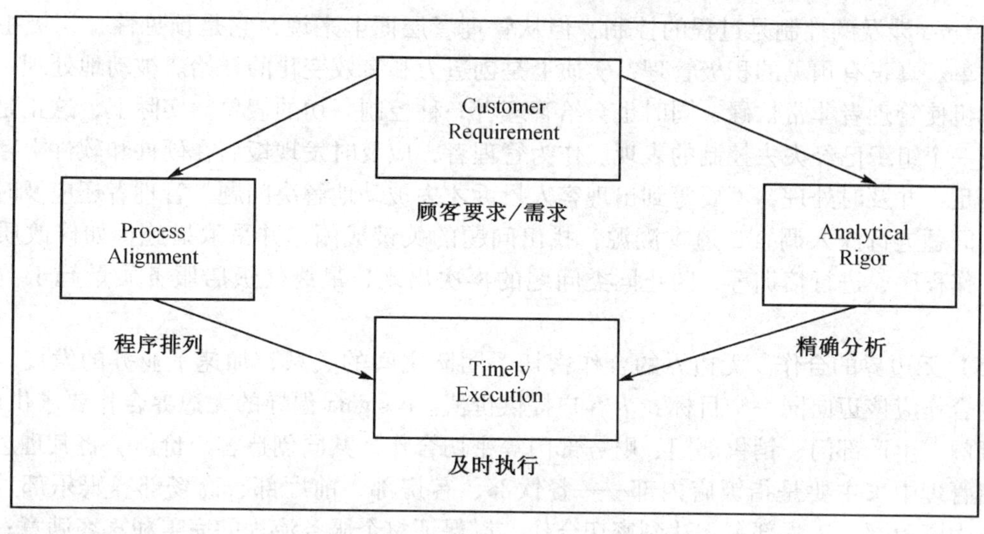

图7－3　6 sigma 管理框架

（2）数据和事实驱动的管理方法。饭店管理中的一切都应建立在数据和事实的基础上。很显然，服务性过程绩效的数据很少，存在的数据面也相对比较狭窄，这就使其很难测量。同时，对服务过程收集的数据不充分，也没有引起足够的重视，也是该方法不能广泛运用的原因之一。"以客户为中心"的准确实施就是要建立在"数据和事实"的基础之上，这就要求饭店管理者重视信息的收集和管理。服务质量信息是饭店进行服务质量决策的基础与前提，是计划、组织服务质量管理活动的依据，更是质量控制的有效工具，因而也是饭店服务质量管理体系的重要组成部分。所以饭店管理者必须高度重视质量信息的管理，注意收集各种质量信息，并加以汇总，以便信息的加工和充分利用，制订出由事实驱动的决策方案。

（3）流程的聚焦、改进和管理。流程在6 sigma中被定位为成功的关键，设计产品和服务、度量业绩、改进效率和客户满意度，甚至经营企业等都是流程。在饭店管理中，每项工作都包含流程，只是大小不同，程序不同而已。以饭店收集信息和数据这一流程为例，质管部应将收集到的各种信息进行汇总、归类，并加以分析，进而加工整理出有利用价值的内容，并迅速传递至相关部门或人员，为质量管理提供充分可靠的依据。使用质量信息的部门或人员应将质量信息的使用结果反馈给质管部，质管部再将此结果作为新的质量信息加以整理分析，并重新传递至有关部门或人员，这样就完成了从信息收集到改进的一个单循环。质管部将所收集和处理过的各种质量信息储存保管起来，这些信息既可用来总结服务质量管理经验，分析质量管理成果，又有利于饭店决策层对信息的总体把握和进行质量管理决策，从而不断提高饭店服务质量。

（4）有预见的积极管理。有预见的积极管理意味着下面这些习惯：设定挑战性的目标并经常回顾目标；确定清晰的工作优先次序；重点集中在预防问题而不是"救火"；质疑为何要这样做，而不是不加分析地维持现状。

6 sigma 涉及的控制是过程的控制，但从管理者层面上来说，它是预见性、积极主动地推动改革。真正有预见的积极管理，实质上是创造力和有效变化的开始。被动地处理一个又一个危机使管理者非常忙碌，同时也会给管理者一种控制一切的假象。实际上，这正是一位经理或一个组织已经失去控制的表现。作为管理者，应及时发现饭店在硬件和软件上存在的各种不足，并及时处理，不要等到出现客人投诉才去被动地解决问题。管理者还应及时对所发生的问题进行深入调查，追本溯源，找出问题的关键成因，并采取措施，如修改质量标准、工作程序、进行培训等，防止同类问题的再次出现，最终使饭店服务质量趋于“零缺点”。

（5）无边界的合作。无边界的合作密切了团队之间的关系，加速了业务的发展。团队各方的合作应该迈向同一个目标：为客户提供价值。6 sigma 倡导的无边界合作要求供应商、加工部门、生产部门、销售部门、财务部门等密切合作，共同创造客户价值。将其理念延伸到饭店管理中来主要是指饭店内部——餐饮部、客房部、前厅部、商场部、娱乐部、财务部、人力资源部、工程部等，达到密切合作，以保证整个服务流程的完美和宾客满意；饭店外部——与国际上其他同级或同标准的饭店保持交流，吸收和借鉴好的管理方法和理念，不断改进和提高自己，完善服务流程，最终将利益回报给宾客，赢得客人的最大满意。

（6）追求完美，容忍失误。这一点看起来似乎相互矛盾，怎样才能既追求完美又容忍失误呢？从本质上看，两者是互相补充的。若不试验新方法，没有任何企业可以达到或接近6 sigma，而试验新方法往往存在一些风险。假如管理者发现一种可以提高服务质量、降低成本、提高效益的可能方法，但又惧怕变革所带来的失误，而不去尝试，结果将是停滞不前，直至死亡。6 sigma 倡导冒险，永远不犯错的员工不是好员工，第二次犯同样错误的员工也不是好员工。幸运的是，6 sigma 所提供的改进业绩的方法中，包括了如何进行风险管理，以确保即使犯错也只是小错。一个以 6 sigma 为目标的企业，在不断追求完美的同时，也愿意接受和处理偶然的挫折。

饭店同样也需要创新精神，随着饭店市场的日益成熟，竞争日趋国际化、全球化，各饭店都在不断地推陈出新，出现了一批又一批全新的营销理念和技巧。这些新观点和新方法丰富了饭店管理的内容，推动饭店管理走上一条全新之路。但每一种新方法的推出试用都会有其不尽如人意之处，所以也要容忍其失误的地方，在不断试验中改进，在不断改进中完善饭店服务。

3）6 sigma 在前厅服务流程中的应用

（1）前厅服务的主要工作流程。前厅部为了能够提供满足宾客需求的服务，应建立其必需的过程，在这里称之为“流程”。前厅服务流程所包含的内容就是一个质量体系结构，各质量体系要素组织到一起，以便对影响服务质量的全部运作过程进行恰当控制。饭店应建立的流程大致可以分为 3 类。

① 第一类为服务实现流程，应与饭店的星级和具体条件相适应。

礼宾服务：门童——迎宾、指挥门前交通、做好门前保安工作、回答客人问讯、送客；

行李员——引领客人入店至总台、等候客人办理手续、领取客房钥匙并引领客人至客房、介绍房内设施及使用方法、离房、填写客人入住行李搬运记录。

总机服务：电话转接及留言服务、回答问讯和查询电话服务、"免电话打扰"服务、火警电话处理、叫醒服务等。

商务服务：复印、打印服务、传真的接收与发送、秘书服务、邮件递送、翻译服务等。

便利服务：机场接送、带叫出租车、票务服务、代办其他业务等。

② 第二类是为了提供上述服务所需的支持性服务流程。包括文件记录（所有文件都应字迹清楚、注明日期、易于识别和具有权威性）、质量控制（质量目标达到的程度、客人对服务满意和不满意的程度、纠正措施及效果、人员的技能和培训、与竞争对手的比较）、资源管理（人员管理、培训、设备设施维护、环境指标、安全保卫等）及测量、分析和改进（顾客满意度、内部审核、过程的监测和测量、服务的监视和测量、不合格产品的控制数据分析、改进等）。

③ 第三类是管理性流程。包括管理职责、质量方针和质量目标、质量管理体系策划及职责、权限与沟通等。

（2）前厅服务质量特性。前厅服务质量主要是反映其满足宾客明确或隐含的需求能力特性的总和。在改进流程之前，最主要的工作是发现饭店产品的特性，明确流程改进的特殊性。由于前厅服务质量主要是通过宾客感受来评价的，其服务质量的特性具体表现为以下五个方面。

① 前厅的环境、设施和氛围要给宾客以生理和心理上的舒适感。宾客到达饭店，首先要感受前厅的环境与氛围。良好的环境与气氛，如大厅的宽敞与别致、高雅与和谐等，无一不令宾客有舒适惬意之感，甚至很多人是因为饭店的气氛好才来消费的。因此，现代饭店特别强调环境和氛围，并注意从多方面给宾客以舒适感。

② 前厅服务给宾客以方便感。宾客来到饭店，总会有种种担心或疑问，饭店应充分考虑所提供的服务对宾客的便利性问题，使宾客在饭店停留期间，感到省心、省力、省时间。为此，饭店（包括前厅部）必须从服务设施、项目、操作规程方面给宾客以方便感，及时、准时、适时地为宾客提供高效快捷的服务。前厅部必须从以下几个方面给宾客以方便感：服务设施项目齐全，服务周到，切实解决宾客之需；营业场所位置合理，营业时间方便宾客；大堂或其他显著位置设有服务指南图，方便宾客查阅；服务人员知识丰富，能主动提供信息资料，有效解决宾客的疑难问题；尽量简化业务手续，服务员遵守操作规程，及时、准时、适时地为宾客提供高效快捷的服务。

③ 前厅服务应给宾客以亲切感。前厅服务多是与宾客面对面的直接服务，宾客到饭店是为寻求某种服务而来，是花钱买享受不是买气受。因此，前厅服务必须使宾客感到服务员充满尊重之心，友好之情，感受到饭店不但乐于服务而且善于服务，从而下次愿意再度光临。

④ 前厅服务要给宾客以安全感。任何宾客来到饭店都不希望生命、财产受到危害和损

失，隐私权得不到尊重。这些方面（在前厅服务中，主要涉及贵重物品和行李的寄存、商务服务、查询等）饭店必须采取有力措施予以保证，给宾客以绝对的安全感。

⑤ 前厅服务要给宾客物有所值感。饭店所有的服务最终都要涉及收费问题，虽然有相当一部分宾客的消费水平很高，但这并不等于他们花钱无所顾忌，对于他们而言，仍然希望所得到的服务与其支出相比是等值的，甚至是超值的，而对那些一般消费水平的宾客更是如此。

(3) 前厅服务质量特性的控制。所谓的前厅服务质量是在前厅部向客人提供的可以被感知、评估的饭店产品优劣程度。其特性的控制是通过制定服务规范和服务提供规范，根据规范去实施提供过程，采用审评、审核、监控和测量去评价和改进服务，以保证服务和服务提供能持续满足宾客需求。主要通过以下几个步骤来实现：确定过程—制定规范—过程控制—测量分析—改进服务。

① 确定服务提供过程。前厅服务是由一系列行为构成的总和，并且这一系列行为之间可以互相影响共同作用于客人，最终形成对饭店服务质量的总体评价。前厅服务是通过大大小小一系列过程的控制来实现的，因此，对服务质量特性的控制，关键是控制实现服务过程的一系列活动。

② 服务规范及质量控制规范的确认。制定新的服务质量规范并不断改进服务质量规范，以确保各项服务都能满足宾客需要。

③ 服务过程能力的测量和控制。服务过程能力（业绩）如何，直接影响到宾客的满意程度，最终影响饭店的经营业绩。因此，必须对其加以监控和测量。同时找出不足之处，分析原因，进一步采取措施加以改进。用以下手段从前厅服务活动中得到的数据是有用的：供方评定（包括质量控制）、顾客评定（包括顾客反映、顾客投诉及要求的反馈信息）、质量审核。

④ 测量分析与服务质量改进。前厅部应对持续改进服务质量和整个服务活动的效果和效率制订计划，服务质量改进活动应兼顾短期和长期改进两方面的需要，包括识别可能影响所提供服务等级的任何变化着的市场需求；在保持和改进服务质量的同时，降低成本的可能性；识别需收集的有关数据；数据分析，优先考虑那些对服务质量产生最不利影响的活动；把分析结果反馈给管理者，对长期质量改进进行管理评审。

4) 6 sigma 管理法改进流程——DMAIC 方法（见表 7－3）

D（define）——What is important（什么是最重要的事情）？定义想要达到的目标（内部和外部的）。

M（measure）——How are we doing（将要怎样做）？评估饭店目前的状况并制定可行计划。

A（analyze）——What is wrong？分析哪些是正确的哪些是不正确的，分析并且确定各方面的促使因素。

I（improve）——What need to be done（需要做些什么来改进）？通过对各方面因素的分析，来改进服务流程。

C（control）—— How do we guarantee performance（怎样来保障服务流程）？控制改进的

流程方案，以确保其适应预期达到的目标。

以“定义”（define）为例，可以选择定义客户需求作为目标，需要进行如图7-4所示的工作。

表7-3 6 sigma 管理法改进流程

内容	流程改进	流程设计/再设计
定义D	识别问题 定义需求 设定目标	确定特殊或广义的问题 定义目标/改变的前景 确定改变范围和宾客需求
评估M	正视问题/流程 改进问题/目标 评估关键步骤	根据需要评估绩效 收集流程效率的数据
分析A	建立事件发生原因的假设 辨明少数关键的根本原因，验证假设	确认最优表现 评估流程设计： 1. 价值/非价值的附加 2. 脱节问题/瓶颈问题 3. 替换方案/改进需求
改进I	找出解决方法 验证解决方法 将解决方法标准化/进行结果评估	设计新流程 1. 挑战假设 2. 使用创造力 3. 流程原则 实施新的流程、结构、系统
控制C	建立维持绩效的标准评估方法 需要时解决问题	建立维持绩效的评估和检验标准 需要时解决问题

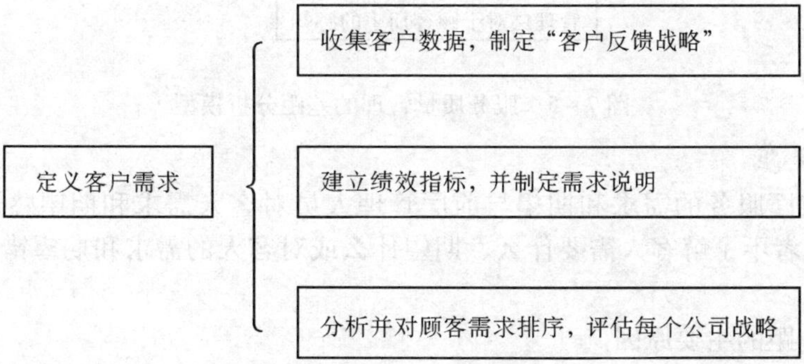

定义客户需求
- 收集客户数据，制定“客户反馈战略”
- 建立绩效指标，并制定需求说明
- 分析并对顾客需求排序，评估每个公司战略

图7-4 定义工作的内容

6 sigma 是一种新的文化和理念，是一种突破性管理策略。当饭店经营达到6 sigma 的品质水平时，操作流程将接近完美，不良品质的成本降至营业额的1%以下（这里的不良品

质指服务中的宾客不满意服务），同时能以最短的周期、最高的效率服务于宾客，真正做到客户满意。在前厅管理中推行6 sigma将是饭店业管理范畴的一场革命，传统观念、传统势力、传统文化将会在这场变革中得到新生。21世纪，全球经济发展日趋一体化，饭店业只有在不断变革中才能提高自身的竞争力，才能在当今国际化的环境下得到发展。源于制造业的6 sigma管理哲学将会帮助饭店管理者更有效地改善组织，提升服务质量，提高效率。

2. 服务质量管理的差距分析模型

随着世界经济中服务因素的急剧增加，服务行业的迅速扩大，人类正在进入一个服务的社会，许多学者和服务行业的经营管理者们越来越重视对服务这门科学的研究和探讨，提出了一些新的服务理论和服务质量管理模式，服务质量管理的差距分析模型（见图7-5）就是其中之一。将其运用到饭店的服务质量管理实践中来，一是帮助饭店管理者理智地找出服务质量问题产生的根源；二是在此基础上帮助饭店管理者有针对性地改进和提高服务质量。

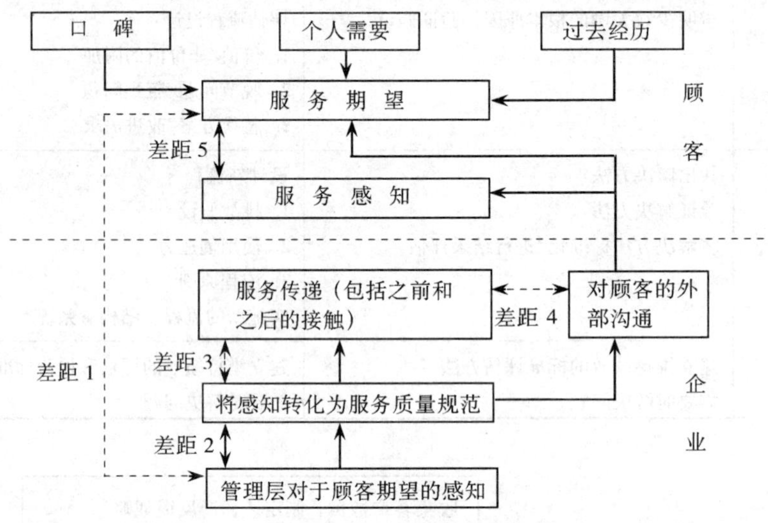

图7-5　服务质量管理的差距分析模型

1）*第一种差距*

是客人对前厅服务的需求和期望与前厅管理人员对客人需求和期望感知判断之间的差距。即前厅管理者不了解客人需要什么、期望什么或对客人的需求和期望错误地理解或缺乏理解。

（1）产生差距的主要原因。

① 设计前厅服务产品时，没有进行市场调研和需求分析。

② 进行市场调研和需求分析，得出的信息不准确、不符合实际。

③ 一线员工直接了解的客人需求和期望，由于管理系统的障碍，没有及时、完整地传达到管理层。

④ 管理者凭经验、老观念办事，没有抓住不断变化的客人需求的新特点和新趋势。

（2）纠正差距的方法。

① 改变管理者传统的经营观念，树立以满足客人需求为第一经营目标的现代市场营销新观念。

② 加强市场调研，认真准确地了解、分析客人对前厅服务的需求和期望。

③ 不断改革内部管理机制，保证客人、员工、管理者之间信息传递畅通。

2）第二种差距

是制定的服务质量规格标准与管理者所判定的客人需求、期望之间的差距。这种差距有两种情况：一是对客人需求期望判断有误，制定的服务质量规格标准必然不能适合客人的要求和口味；二是判定是正确的，但制定规格标准时出现了错误。

（1）产生差距的主要原因。

① 管理者没有确立明确的服务质量目标。

② 服务质量管理中的计划性差。

③ 计划制订后的实施与管理不利，使计划流于形式。

（2）纠正差距的方法。

① 首先准确判定客人的要求和期望。

② 管理者应牢固地树立服务质量第一的观念。

③ 要有明确的质量目标，这样才会有准确的质量规格和标准。

④ 强化质量管理的计划职能，上下配合，管理者与服务人员共同制定服务质量规格和标准以及落实的措施。

3）第三种差距

是前厅部制定的服务质量规格标准与实际提供给客人的服务之间的差距。即员工提供服务时，没有按照前厅部制定的服务质量规格标准去做，使各项服务规格标准成为一纸空文，这是目前饭店经营管理中最常见、最重要的问题。

（1）产生差距的主要原因。产生这种差距的原因很多，也很复杂，大体上可归纳为 3 种。

① 制定的服务质量规格标准不切合实际，可操作性差，员工在实际岗位上难以执行和实施。

② 前厅部的设备设施、技术支持系统不能达到服务质量规格的要求。

③ 前厅部的管理、监督、激励系统不完善。

（2）解决问题的方法。

① 根据客人的需求和前厅部硬件、软件的实际情况，制定和修正服务质量规格。

② 加强员工的培训，使他们在技术、观念、行为上都能够了解和适应服务质量规格的要求。

③ 树立新的管理观念，改善前厅部的管理、监督、激励机制。

4）第四种差距

是饭店的市场宣传促销活动与实际提供给客人的服务之间的差距，也可称为许诺与承诺之间的差距。当客人从饭店的广告和其他营销活动中获得了良好的外部信息，同时也就形成了对饭店服务质量很高的期望值。慕名而来亲身经历的服务却并非如此，会使客人产生上当受骗的感觉，希望越大、失望越大，严重地损害了饭店的声誉和形象。

（1）产生差距的主要原因。

① 饭店的宣传促销活动与内部经营管理、服务质量控制脱节。

② 对外宣传促销不实事求是、夸大或过分许诺。

③ 饭店的高层管理者对市场营销活动没有进行严密的管理和控制。

（2）解决问题的方法。将市场营销活动作为前厅管理的全过程和整体经营活动进行严密的计划和监督控制。从市场调研、需求分析、制订服务计划、对外宣传促销到提供服务、提供服务后的信息反馈等一系列活动，必须由饭店中每个部门、全体员工共同参与、合作完成，而不仅仅是市场营销人员的工作。为此，饭店要抓好外部营销和内部营销两种营销活动，建立内外运转协调统一的机制。力争做到对外宣传和许诺的服务是客人最需要而又能够完全地、如实地在饭店得到落实的服务。

5）第五种差距

是期望与实际感受的服务不相符。如果期望值过多地高于实际感受，将会造成客人的强烈不满和严重的不良口头宣传；如果期望值过多地低于实际感受，将会使饭店付出不必要的高成本，有时成本、利益指数会出现负值。产生这种差距的原因与前四种差距密切相关，如果饭店的管理者能够正确判断客人的期望、需求，制定合理的服务规格和标准，按照规格标准提供给客人适当、满意的服务，并实事求是地做好市场宣传促销，即使存在着一定的客人方面的主观因素，这种差距也能大大地缩小。

7.1.5 提高前厅服务质量的途径

1. 树立正确的服务观念

1）理解服务的真正内涵

“服务”一词在汉语中的解释是：服务就是为了集体（或别人的）利益或为某种事业而工作，它不以实物形式而以提供活劳动的形式满足他人的某种特殊需要。而在英文 Service（服务）一词除了字面的意思外，通常由以下 7 个方面构成，即 Smile（微笑）、Excellence（优秀）、Ready（准备好）、Viewing（看待）、Invitation（邀请）、Creating（创造）、Eye（眼神）。从中文字面的意思很难去理解为客人提供服务时应具体怎么做，感觉有些虚无缥缈；但从英文的解释便一目了然，它使服务的概念更具体化、更具操作性。

Smile：Smile for everyone，意指微笑待客。在前厅服务过程中，要求每一位员工对待客人要给以真诚的微笑。因为微笑是最生动、最简洁、最直接的欢迎辞。需要员工进行长期的自我训练和调节，以及专门培训，最终形成职业型的微笑，也就是说员工在服务时的微笑要不受时间、地点、人数多少、客人态度、自身心情等因素的影响。只有具备了专业型的微笑，客人在接受服务时才能感到春天般的温暖。

Excellence：Excellence in everything you do，意指精通业务，要求员工对所从事工作的每一方面都应精通并能做得完美无缺。千里之行，始于足下。要想使自己精通业务，必须上好培训的每一课，并且在实际操作中不断总结与反思，取长补短，不断丰富自己的知识面，做到一专多能，服务时才能游刃有余。

Ready：Ready at all times，意指随时准备为客人提供服务。“工欲善其事，必先利其器”，也就是说仅有服务意识是不够的，必须有事先的各种准备工作，这样在为客人服务时才会得心应手。

Viewing：Viewing every customer as special，意指将每一位客人都视为特殊的和重要的人物。这一点是员工常常忽略的环节，经常有消极服务现象发生，主要是员工看她（他）们穿戴比较随便、消费额较低和感觉没有派头等表面现象而产生的，这往往是导致客人投诉的直接原因。为避免这一现象的发生，就要求在日常培训时灌输给员工并且使员工牢牢记住：“我们的工资、奖金和福利是由客人支付的，客人在我们这里消费次数多了，饭店的收入和利润增加了，我们的收入才能增加，福利才能得到改善。”

Invitation：Inviting your customer to return，意指要真诚邀请每一位客人下次再度光临。热情好客是中华民族的美德，当客人离开时都会受到邀请欢迎其再次光临，关键在于每次为客人服务即将结束时，员工是否发自真心并且通过适当的体态语言（指人类通过身体的部位，经过长期实践积累、约定俗成的一种特殊语言）来邀请客人再次光临，是给客人留下深刻美好印象的重要因素之一。

Creating：Creating a warm atmosphere，意指为客人创造一个温馨的气氛。关键在于强调服务前的环境布置，服务过程中节奏和谐、态度友善等，同时要尽可能掌握客人的偏好或特点，以此为客人营造“家”的感觉。

Eye：Eye contact that shows we care，意指要用眼神表达对客人的关心。服务的细腻主要表现在对客服务中善于观察，揣摩客人心理，预测客人需求并及时提供服务，甚至在客人未提出要求之前，就能为客人做到，使客人倍感亲切，这也就是所谓的超前服务意识。

小资料

Service 新解

服务行业的人大都知道 Service（服务）一词的英文解释，即 S——Smile（微笑），E——Excellent（优秀），R——Ready（准备好），V——Viewing（看待），I——Invitation（邀请），C——Creating（创造），E——Eye（眼神）。但是，从另外的角度来看，Service 一词也可以有新解释。

从宾客角度出发：即客人想追求的东西，或者想要得到的享受。

S——Safe（安全）。客人来饭店消费，首先追求的是一种安全感，包括基本的人身安全、心理感受上的安全感和隐私安全等。

E——Ease（舒适）。客人花钱到高档饭店消费，自然想要追求一种舒适、轻松的感觉。对工作压力越来越大的白领阶层来说，更是如此。

R——Recreative（娱乐、休闲）。现在，来高档饭店的客人，不仅追求吃好、玩好，更追求一种全身心的享受。现代饭店经营者越来越重视娱乐部的位置，便是顺应了这种需求。

V——Value（价值）。不仅仅是物有所值，更应是物超所值，现代人在消费中摆阔、奢侈已不多见，尤其是自己掏腰包时。

I——Impartial（公平、平等）不同客人的消费能力、消费观念也不尽相同，今天可能花了 1 000 元钱请客，明天可能只肯花 10 元，但其所要求的服务质量是不打折扣的，这就要求服务提供者一视同仁。

C——Characterful（特色）。从外观和硬件来看，国内很多饭店都很雷同，少有大的区别，其实客人对这方面不是太挑剔。客人往往对饭店的软环境要求比较高，求新、求异是客人新的消费需求。

E——Esteem（尊重）。诚如马斯洛的"需求层次理论"，人在满足了低层次的需求后，自然会转到更高的需求上来。这时客人最想寻求的应该是一种被足够重视的感觉，即尊重。

从饭店角度出发：饭店为了达成综合效益的最大化，必须从客人的角度出发，完善饭店的服务功能，从这点来说，服务有如下含义。

S——Sanitary（卫生）。作为服务行业，提供卫生的饮食和环境是应具备的一个基本条件。

E——Economy（节约）。饭店的投资一般都相当巨大，投资的回收期也相当长，同时饭店的能源消耗较一般行业大，力行节约、增收节支应是每一位饭店从业者都应时刻重视的问题。

R——Rapid（快捷）。饭店员工要根据客人的需求，及时采取行动，以表示时刻关心客人。客人一般是缺乏耐心的，为了节省时间甚至吹毛求疵，所以饭店服务人员应时刻保持灵敏的反应，为客人提供最快捷的服务。

V——Veracity（诚实）。"诚实经营"应该成为饭店经营者遵循的原则之一，这样饭店才会"更上一层楼"。

I——Impassioned（热情）。饭店服务人员应该为客人提供最具亲情化的服务，使饭店成为宾客的家外之家。

C——Canvass（招徕）。"坐商"已经没有市场了，饭店的经营者应开动脑筋，做好全方位的营销策划活动，以便招徕宾客，实现经营目标。

E——Excelsior（精品）。由服务产品的特性决定，品质不稳定，客人不会去听任何解释，他们要求一贯优良的品质，所以饭店的从业者要时刻树立精品意识，为客人提供最完美的服务。

2）优质服务是赢得客人的金钥匙

（1）提高和强化员工的服务意识。服务意识是指饭店员工为满足客人需要，所提供的主动、热情、周到、细致、耐心等服务的思维和行为方式。服务意识是员工素质好坏的标志，也是饭店软件建设的关键。为提供高质量的前厅服务，培养员工的服务意识是最为关键的环节。培养员工的服务意识要强化训练，形成条件反射，增强应变能力，并用激励的方法巩固员工的服务意识。

（2）培养服务感知。服务感知是员工在服务过程中的心理活动过程，涉及对服务的把握和对服务本质的理解，是服务人员生动直观的感性认识。服务感知分为服务感觉和服务知觉两个方面。但是，不是每个感觉到需要提供服务的员工都会懂得如何去服务，这就需要管理者去培训他们的服务知觉。

① 培养服务感知必须从大量的工作经验开始，大量的工作经验能为更好地接受培训打下基础。

② 必须激发服务员的需要和动机。

③ 要端正员工的对客情绪和情感。

④ 要形成服务的心理定式，这是一种服务思维模式。服务人员应该能够从客人的一个眼神、一个细微的手势和动作中感知到服务的内容，对每一项内容进行分析归类，形成一套服务模式与服务规范。

（3）态度真诚。服务态度是服务人员在对客服务中所体现出来的意愿和心理状态，态度来源于人的思想，通俗地讲就是心里怎么想的，服务正是从“心”开始的。服务必须发自内心，否则，再多的培训、再深的理论和再好的激励都无济于事。最佳服务首先要突出“真诚”二字，要建立感情服务，避免单纯性服务，这是服务态度问题，服务员对客人的服务必须是发自内心的，热情、友好、好客，处处为客人着想，也就是“暖”字服务、感情服务。

（4）效率服务。效率服务就是快速而准确的服务，客人在饭店内的活动总是在快步调的节奏中进行。因此，优良的服务还要突出快而准的服务，即服务动作要快而敏捷，服务程序要准确无误，这是一个过程的两个方面，缺一不可。客人经过旅途奔波的辛劳，刚进入饭店后就渴望能够尽快休息，以便准备下一步的活动安排。因而，焦虑、急切的心理表现得明显。而前厅服务的接待及入住登记又需要一定的时间，行李接运也需要一定的时间，因此，前厅服务人员要提前做好充分准备，在服务过程中尽量不使客人烦恼，操作要快、准、稳。否则，容易让客人产生“店大欺客”的想法，情绪更不稳定。客人离店的心理也与来店时的心理相同，因此，收银员在结账时要快捷、准确，做到“忙而不乱，快而不错”。例如，希尔顿饭店联号对前台接待员对服务质量的要求是：热情周到，客人住宿登记表的各项栏目填写准确无误，所用时间 2 分钟。服务质量中最容易引起客人投诉的就是服务人员慢节奏服务。效率服务是为满足客人快节奏活动的服务，是优良服务的一项重要内容。

（5）瞬间服务。在进入饭店的客人与服务人员互相接触的有效时间内，服务人员在每一个瞬间提供给客人的是一种规范的、个性的、卓越的服务，而这种短时间内在客人内心深处引起思想心动的服务，就称之为瞬间服务。

① 敏锐的洞察力是做好瞬间服务的前提。

② 迅捷的行动是做好瞬间服务的关键。

③ 广博的知识面是做好瞬间服务的基石。

④ 说话的艺术是做好瞬间服务的催化剂。

⑤ 独具匠心的个性化服务是做好瞬间服务的升华。

(6) 服务到位。服务要到位，首先必须规范到位，不降低标准，不漏项，不马虎草率，也不要错位；还要礼貌到位、卫生到位、设备设施到位、操作到位等。在前厅服务中，由于客观情况不是一成不变的，往往会发生不完善之处。一旦发现这种情况，每个员工都有责任不仅做到个人工作到位，还要注意替同事补位，以确保前厅以至饭店服务的到位。如遇到投诉，不论何人都应主动受理，虚心接受意见，主动承担责任，决不敷衍，或故意拖延，或一推了之。

3) 树立"宾客至上"的服务宗旨

"宾客至上"实际上就是把客人放在首位，即把客人的需要作为饭店服务活动的出发点，把追求客人的满意当做服务活动的宗旨。其关键在于"读懂"客人。只有充分理解客人的角色特征，掌握客人的心理特点，提供令客人舒适和舒心的服务，才能打动客人的心而赢得客人的认可。

4) 感情服务是前厅服务的灵魂

为了树立品牌意识，提高服务水平，有些饭店在全体员工中大力推行情感服务，情感服务注重"真诚"二字，不把客人当"上帝"敬而远之，而把客人当"亲人"亲而近之，在细腻的深层次的服务上下工夫，让客人有一种"家"的感觉。

作为一名前厅服务人员，不仅要有丰富的知识，娴熟的技能，还要有一颗真挚的"爱心"。只要把客人当做父母和兄弟姐妹来看待，设身处地地为他们着想，尽量满足他们一切合理要求，就能使饭店的服务产生无穷的魅力。服务质量和情感注入，是前厅服务员的服务标准，每一名服务员都要用自己的个性化服务来展现自己，用真诚的情感服务来赢得宾客。

2. 坚持标准化和制度化服务

服务质量的基本保证首先是标准化，也就是说，服务工作的基本程序和标准应该是规范和统一的，只有这样才能保证由众多员工协作完成的前厅服务工作。标准化服务的关键是建立标准并严格执行。

在前厅工作实践中，赢得令人满意的服务质量的关键在于将服务人员重复性的操作行为在规范化的基础上进一步明确为制度化，并要求服务人员在处理不确定的客人实际需求中合理地、灵活地寻求平衡。将服务人员重复性的操作行为规范化进而制度化主要有两种益处。第一，将规范化的服务标准上升为制度化，是用共同的行为标准代替了在实践中可能出现的因人而异的经验服务，从而在某种程度上消除了服务人员因个人主观因素造成的最终服务的随意性、不可预知性。众所周知，安全性是客人选择饭店的一个重要因素，稳定的、可以预知的饭店服务提供，在一定程度上可以缓解对客人心理安全感的冲击。与此同时，前厅部制定的服务质量标准，在一定程度上也是饭店在长期的经营实践中，大多数客人对饭店服务期望的总体阐述和表达。第二，重复性的操作行为的规范化、制度化有利于服务人员在以后的实践中有不断完善的可能。令人满意的服务质量是一个精益求精的追求过程，规范化的操作行为为服务人员不断地反省、改进服务提供了一个客观的参考依据，从而最终形成了每一位服务人员可以共同遵循的标准。其中，服务质量的规范化、制度化应主要包括具体的操作步骤、要求，现实操作质量的记录，反馈评估，分析总结和修订实施几方面内容。

3. 大力推行个性化与多样化服务

随着生活水平的提高，越来越多的客人追求个性化，求新与多变，针对这一类要求的服务，称为个性化服务。标准化和规范化服务能够满足大多数客人重复性的一般要求，而对个别客人的特殊要求重视不够或估计不足。随着当今饭店业竞争的加剧，服务也越来越向着更深更广的角度发展，以更多的内容去应对千变万化的客人需求。服务质量的要求是永无止境的，而个性化服务正是向着“服务第一，宾客至上”的完美服务迈进了一大步，同时它也能赋予饭店本身一种独特的魅力，因为它能让每位住店的客人无论身份、地位有多么不同，都会觉得自己是这个饭店最重要的客人。

个性化服务称为 Personalized Service 或 Individualized Service，世界著名饭店集团如 HOLIDAY INN、HILTON、ACCOR、MARRIOTT 等，在经历百余年历史之后都已建立起一套极为完整的服务管理规范，饭店从总经理到基层员工都无一例外地按制度办事，按标准工作，按规范服务，并在此基础上根据客人的不同需求，提供灵活的服务，以提高客人的满意度。这个层次的服务包括很多内容，如灵活服务、意外服务、用心服务、亲情服务、创新服务、特色服务、超值服务、贴心服务、细微服务等。这些服务的宗旨就是满足某些客人的特殊要求，打动客人的心，吸引客人。只有做好个性化和多样化服务，才能让客人把满意上升为惊喜。

4. 抓好前厅服务质量管理的关键环节

（1）制定明确的质量标准和严格的质检制度。前厅服务质量管理必须制定出明确的质量标准，但是由于饭店产品是由无形产品和有形产品组成，对于无形产品很难定出一个明确的标准，有人认为宾客满意程度就是服务质量的标准，可是宾客情况千差万别，各有各的要求，因此宾客满意程度有高有低，不是一个明确而稳定的标准。通过对前厅各个岗位制定出具体的服务规程，明确、规范饭店无形的服务，以描述性语言为质量标准，这是一个比较好的方法。质检制度是监督、检查服务质量状况的有效手段，有了严格的质检制度才能使质量标准被准确无误地执行，才能保证服务质量稳中有升。

（2）强化全员服务意识。服务质量是一个综合性的概念，就其内容来讲，包含设备设施、服务水平、实物产品、安全保卫等方面，其中任何一方面质量不合格，都会影响整个饭店服务产品的质量。所以，抓好服务质量必须饭店上下一齐动作，各个部门互相协作，全体员工真正树立质量第一，质量高于一切的意识，把“100 - 1 = 0”的质量原则深入到每一位员工。

（3）努力提高员工素质。前厅服务质量在很大程度上取决于员工的素质水平，因为饭店产品的生产、销售、消费三者是同时进行的，生产者与消费者直接见面，所以员工的素质水平也成了饭店产品质量的一个组成部分。为此，通过培训和思想教育，不断提高员工的技术水平、服务态度和精神面貌是前厅质量管理的重中之重。

（4）利用质量反馈信息，不断完善、提高服务质量。任何成功企业的产品都有一整套完善的产品质量信息反馈系统，利用反馈信息，不断改善自身产品。饭店产品也同样需要反馈质量信息，对存在的服务缺陷进行针对性的培训。另外，信息反馈还可以及时了解宾客的个性需求，为这些宾客提供个性化的服务，这既完善、提高了服务质量，也利于饭店不断提高自身服务质量标准，以适应市场需求。毋庸置疑，一家饭店在激烈的市场竞争中要站住脚，决定的因素很多，但最根本的就是产品质量，而要抓好产品质量，质量管理工作的成败是关键。只有在制定明确的质量标准和严格的质检制度的同时，全面强化全员服务质量意识，努力提高员工素质水平，利用准确的质检反馈信息为依据，才能不断改正产品缺陷，达到保证和提高产品质量的目的。

5. 给员工授权是提升服务质量的妙方

前厅部的员工是否经常置身于以下的情景中：饭店每天的离店结账时间是在中午12:00，但某位客人询问接待员，自己是否能在下午2:00之前再离店。但是此时客人往往会得到服务员这样的回答：“不行，这不符合我们的制度”或“我得和主管商量一下”，甚至会听到很无奈的回答：“我希望能为您做点什么，但是现在我什么也做不了，而且这并不是我的错。”可以设想，遇到如此尴尬的情景，客人的不悦是显而易见的。但是如果换一种方式解决问题呢？如果能授权服务员打破规章制度，自发和灵活地处理一些问题，而不是互相推诿或仅指望管理人员来处理问题，结果很可能会令客人感到满意。

对员工的授权不仅仅是简单意义上的授予其权力，而是管理人员在将必要的权力、信息、知识和报酬赋予服务一线员工的同时，让他们主观能动地、富有创新地工作。也就是说“授权”通过赋予服务人员一定的权力，来发挥他们的主动性和创造性。授权可以实现饭店内部有关的信息、知识和报酬的共享，使员工对饭店和客人有较充分的了解，并因此备受激励。此外，授权还强调对员工的尊重，把员工从细枝末节的严格规定和制度中解放出来，让他们自己寻找解决问题的方法，并对自己的决定和行为负责。适当授权能唤起员工的工作责任感、创造性和对宾客的真切关怀。授权不但使员工工作更投入，而且还会使客人满意度增加。员工这种自我负责的对客人热情而周到的服务，可以成为饭店保持竞争优势的有效举措之一。

7.2 客人投诉的处理

饭店管理与服务的工作目标是使每一位客人都满意。但由于饭店是一个复杂的整体运作系统，客人对服务的需求又是多种多样、千差万别的，无论饭店的档次多高，设备设施多么先进完善，都不可能百分之百地使客人满意。因此，客人投诉是不可能完全避免的。客人不满，可能找大堂副理投诉，也可能找前厅服务人员投诉。任何员工都不希望有客人投诉，然而，即使是世界上最负盛名的饭店也会遇到投诉。关键在于饭店要善于把投诉的消极面转化成积极面，通过处理投诉来促使自己不断提高服务质量，以防止投诉的再次发生。处理投诉的目的是使因客人投诉而造成的危害减少到最低程度，最终使客人满意。

7.2.1 投诉产生的原因

客人对饭店的期望值较高，感到饭店相关的服务及设施、项目未达到应有的标准，产生失望感；或由于客人的需求及价值观念不同，导致客人不同的看法与感受，从而产生某种误解等，都会造成客人的投诉。引起客人投诉的原因大致分为主、客观两大方面。主观方面的原因主要表现在接待客人不主动、不热情；不尊重客人的风俗习惯；不注意语言修养，冲撞客人；忘记或搞错了客人交代办理的事情；损坏、遗失客人的物品；食品、用具不清洁；清洁卫生工作马虎等。客观方面的原因主要是设备损坏，没有及时修好，如空调坏了，热天没有冷气等；设备不完善也会引起客人投诉。

1. 对设备设施的投诉

这类投诉主要是由于饭店的设施设备等未能满足客人的要求而导致的，如空调、照明、供水、供暖、供电、电梯等设备的运转和使用等方面出现问题。设施设备是为客人提供服务的基础，一旦出现故障，会使客人对饭店逐渐失去“好感”。

2. 对服务态度的投诉

此类投诉意见主要是反映服务人员对客服务过程中态度不佳，具体表现为接待过程中待客不主动、语言生硬、态度冷漠、答复不负责等。

3. 对服务质量方面的投诉

这类投诉意见反映接待服务人员违反服务规程，服务效率达不到要求，如递送邮件不及时、接运行李不准时、总机叫醒服务疏漏等。

4. 对异常事件的投诉

这类投诉往往是因为饭店的原因所发生的投诉。例如，客人保证性订房未得到实现，使客人感觉饭店“言而无信”等。

7.2.2 对投诉的正确认识

前厅服务人员应对客人投诉所产生意见的原因和态度有正确的认识。正确认识客人的投诉行为，就是不仅要看到投诉对饭店的消极影响，更重要的是把握投诉所隐含的对饭店的有利因素，变被动为主动，化消极为积极。正确认识客人投诉，是使投诉得到妥善处理，为饭店挽回声誉，使客人满意而归的基础。

1. 投诉是管理工作质量和效果的晴雨表，是提高服务质量的推动力

为确保饭店产品的整体质量符合要求，无论一线或二线部门，都通过自己的工作与客人产生直接或间接的沟通，是客人心目中的“饭店代表”。从前厅部的行李员、接待员、总机话务员，到客房部的服务员、工程部维修人员、保安部保安员；从餐厅迎宾员、服务员到管事部、洗涤部各岗位人员，他们的工作态度、工作效率、服务质量和效果直接影响到客人投诉行为的产生。此外，因为饭店设施和环境的非正常状态而导致的宾客投诉，也在一定程度上反映了饭店管理的低效，暴露了管理工作的漏洞。客人是饭店直接的消费者，对饭店有切身的体会和感受，容易发现问题，找出不足。因此，客人投诉行为实际上是饭店管理质量的晴雨表。通过投诉，饭店可以及时发现自己发现不了的工作漏洞；通过投诉，可以鞭策饭店及时堵塞漏洞、对症下药，解决可能是长期以来一直存在着的严重影响饭店声誉的工作质量问题。即使是客人的有意挑剔、无理取闹，饭店也可以从中吸取教训，为提高经营管理质量积累经验，使制度不断完善，服务接待工作日臻完美。没有批评就难以有飞跃性的提高。客人投诉是使饭店保持稳定的工作质量，不断改进、提高自身工作水平的推动力量之一。

2. 客人直接向饭店投诉，给饭店提供了挽回自身声誉的机会

客人在饭店消费过程中不满、抱怨、遗憾、生气动怒时，可能投诉，也可能不愿去投诉。不愿意投诉的一种可能是客人不习惯以投诉方式表达自己的意见，他们宁愿忍受当前的境况；另一种可能是认为投诉方式并不能帮助他们解除、摆脱当前的不满状况，得到自己应该得到的即认为投诉没有用；还有一种可能是怕麻烦，认为投诉将浪费自己的时间，使自己损失更大。

尽管客人没有投诉，但他们会在消费结束后，通过其他途径进行宣泄：或自我告诫，今后不再到该饭店消费；或向亲朋好友诉说令人不快的消费经历。而这一切，都意味着饭店将永远失去这位客人，饭店没有向客人道歉的机会。向饭店投诉的客人，不管原因、动机如何，都给饭店提供了及时做出补救、保全声誉、改善宾客关系的机会。通过客人的投诉，给饭店提供了一个使客人由不满意到满意的机会，加强了彼此的沟通，消除了对饭店的不良印象。

研究表明，每有一名通过口头或书面直接向饭店提出投诉的客人，就有约 26 名保持沉默的感到不满意的客人。这 26 名客人每个人都有可能会对另外 10 名亲朋好友造成消极影响。而这10名亲朋好友中，约有33%的人会有可能再把这种不满信息传递给另外20人。也就是说，只要一名客人对饭店不满意，就会导致326人（即26×10+10×33%×20）的不满意，可见其影响之深远，后果之严重。因此饭店管理者应真正做到从思想上到行动上把客人当做“上帝”，在服务活动的每一个环节，都必须眼里有客人，心中有客人，全心全意地为客人服务，最大限度地使客人满意。

3. 投诉有利于饭店改善服务质量，提高管理水平

饭店可以通过客人的投诉，不断发现问题，解决问题，进而改善服务质量，提高管理水平。

7.2.3 处理投诉的原则

客人投诉的原因及目的各不相同，如一部分客人在遭遇不满后，要求在物质上得到补偿以求得到平衡；而另一部分人则更注重精神上的满足，他们渴望得到饭店的重视与尊重。在受理这一类客人投诉的过程中，应特别注意维护对方的自尊心，每时每刻都让其感觉自己受到重视。总之，服务人员不管在处理哪一类客人投诉时，都应注意遵守以下原则。

1. 真心诚意地帮助客人

客人投诉，说明饭店的管理及服务工作尚有漏洞，服务人员应以“换位”的方式去理解客人的心情和处境，满怀诚意地帮助客人解决问题。服务人员只有遵守真心诚意地帮助客人解决问题的原则，才能赢得客人的好感和信任，才能有助于问题的解决。

2. 绝不与客人争辩

当客人怒气冲冲前来投诉时，应该让客人把话讲完，然后对客人的遭遇表示歉意，并感谢客人对饭店的爱护。当客人情绪激动时，服务人员更应注意礼貌，要给客人申诉或解释的机会，控制住局面，不与客人争辩。如果不给客人一个投诉的机会，与客人争辩，表面上看来服务人员似乎得胜了，但实际上却输了。因为，当客人被证明错了时，他下次再也不会光临这家饭店。如果服务人员无法平息客人的怒气，应请管理人员来接待客人，解决问题。

3. 不损害饭店的利益

服务人员对客人的投诉进行解答时，必须注意尊重事实，不能推卸责任或随意贬低他人或其他部门，应从饭店整体利益出发，避免出现自相矛盾，否则，客人会更加反感。

4. 及时处理

对于提出投诉的客人，饭店应认真耐心地听取客人的抱怨，及时提出令客人满意的补救方法予以妥善解决。著名酒店集团里兹酒店有一条1∶10∶100的黄金管理定理，就是说，若在客人提出问题当天就加以解决，所需成本为1元，拖到第二天解决则需10元，再拖几天解决则可能需要100元。对于所有住店客人，饭店必须想方设法了解客人的真实感受，清楚客人对饭店满意的是什么，不满意的又是什么。通过这种方式，既能够体现出饭店对客人的关心与尊重，又能知道饭店在哪些方面还存在问题，需要立即改进，而在哪些方面做得比较好，需要继续坚持。只要饭店处理得当，不满的客人也能变成满意的客人甚至是忠诚的客人。

7.2.4 受理客人投诉的程序

接待投诉客人具有挑战性，饭店管理人员以及服务人员都应该随时做好准备，接受客人的投诉。这就需要掌握处理投诉的程序、方法和艺术。受理客人投诉的基本工作流程如图7-6所示。

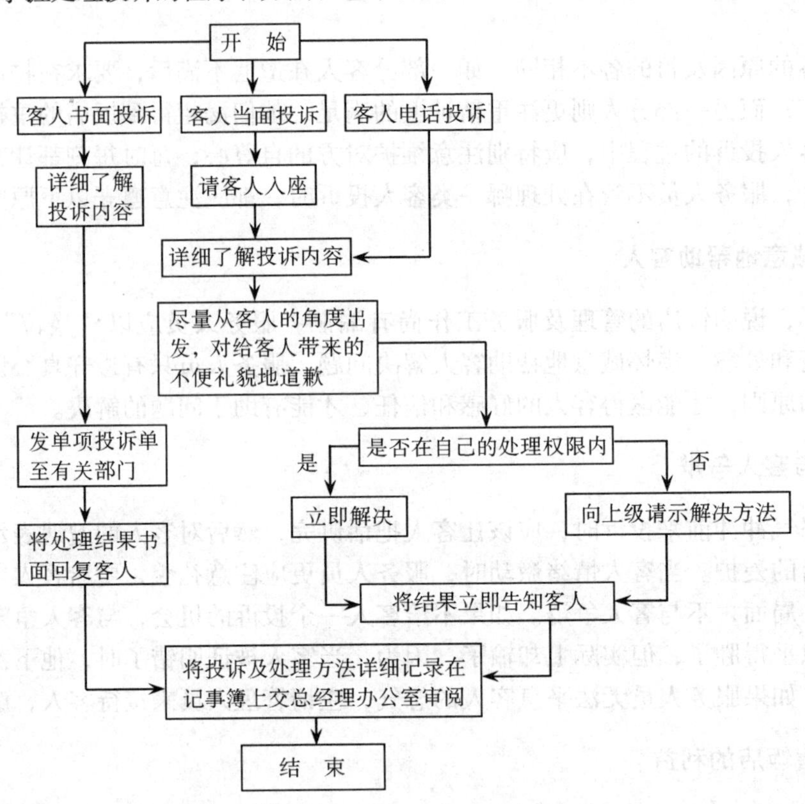

图7-6 受理客人投诉的基本工作流程

1. 做好接受投诉的心理准备

（1）持欢迎态度。首先要对客人的投诉持欢迎态度，把处理投诉的过程作为进一步改进和提高服务和管理水平的机会。实际上受理客人投诉并不是一件愉快的事情，客人之所以投诉，一般是客人在接待服务中受到不公正的待遇。因此，如果忽视客人的投诉意见，就是忽视了维护客人的利益，因为这是推动、改进和提高服务及管理水平的良机。

（2）树立“客人总是正确的”的信念。一般来说，客人投诉，说明饭店的服务和管理上存在问题。因此，在很多情况下，客人的言行举止有些过分，饭店也应提倡即使客人错了，也要把“对”让给客人，尽量减少饭店与客人之间的对抗情绪，这样有利于缓解双方的矛盾，达到解决问题的目的。

（3）掌握客人投诉的一般心态。大多数客人到了饭店，“尊重需要”上升为他们的最主要需求。因为客人外出旅游的目的除了陶冶身心、丰富见闻、增添乐趣之外，还需要在受到别人的尊重上得到极大满足。往往住店客人认为自己花了钱，饭店就应该提供完美的服务，得到各种需要的满足和享受是理所当然的。但现实中饭店确实存在着服务不周的地方，这样就会使客人产生尊重需要难以满足的心理反应，也由此产生不满而投诉。

客人的投诉是由于不满意或一时的气愤所采取的行动，此时的心理反应常常表现为“求尊重、求补偿、求发泄”的心态。因此，前厅服务员在受理客人投诉时，要给客人适当发泄的机会，以示对客人的尊重和理解。客人投诉时的一般心理包括：求尊重的心理、求发泄的心理、求补偿的心理。掌握客人投诉时的心理需求，目的在于使对客人投诉工作的处理更具有针对性和可行性。满足客人投诉心理需求要始终贯穿于处理投诉的全过程，由此可见掌握投诉客人的心理需求的重要性。

2. 真心诚意地听取客人的投诉意见

倾听是一种有效的沟通方式，对待任何客人的投诉，接待人员都要保持镇定、冷静，认真倾听客人的意见，表现出对对方高度的礼貌与尊重。接到客人投诉时，要用真诚、友好、谦和的态度，全神贯注地聆听，保持平静，虚心接受，不打断客人，更不反驳与辩解。

（1）保持冷静的态度，设法使客人消气。处理投诉只有在“心平气和”的状态下才能有利于问题的解决。因此，在接待投诉客人时，要冷静、理智，礼貌地请客人坐下，再倒一杯水请他慢慢讲。此时重要的是让客人觉得你很在乎他的投诉，耐心地听客人投诉，这样做一方面是为了弄清事情的真相，以便恰当处理；另一方面让客人把话说完以满足其求发泄的心理。听取客人的投诉时，不要急于辩解，否则会被认为是对他们的指责和不尊重。另外，接待人员要与客人保持目光交流，身体正面朝向客人以示尊重。先请客人把话说完，再适当问一些问题以求了解详细情况。说话时要注意语音、语调、语气及音量的大小。

（2）同情和理解客人。当客人前来投诉时，工作人员应当把自己视为饭店的代表去接待，欢迎他们的投诉，尊重他们的意见，并同情客人，以诚恳的态度向宾客表示歉意，注意不要伤害宾客的自尊。对客人表示同情，会使客人感到你和他站在一起，从而减少对抗情绪，有利于问题的解决。例如，工作人员可以说：“这位先生（女士），我很理解你的心情，换我可能会更气愤。”

（3）对客人的投诉真诚致谢。尽管客人投诉有利于改进饭店服务工作，但由于投诉者的素质水平不同、投诉方式不同，难免使接待者有些不愉快。不过假设客人遇到不满的服务，不告诉饭店，而是讲给其他客人或朋友，就会影响到饭店的声誉。所以当客人投诉时，饭店不仅要真诚地欢迎，还要对客人表示感谢。

3. 做好投诉记录

在认真听取客人投诉的同时要认真做好记录（见表7-4）。一方面表示饭店对他们投诉的重视，另一方面也是饭店处理问题的原始依据。记录包括客人投诉的内容、时间、客人的姓名等。尤其是客人投诉的要点，讲到的一些细节，要记录清楚，并适时复述，以缓和客人情绪。这不仅是快速处理投诉的依据，也可以为以后服务工作的改进作铺垫。

表7-4　宾客投诉记录

宾客姓名		房　号	
单　位		投诉部门	
投诉具体内容：			
处理结果：			
总经理批示：			

当值大堂副理：　　　　　　　　　　　　　　　　　日期：

4. 迅速处理客人投诉，及时采取补救或补偿措施，并征得客人同意

客人投诉最终是为了解决问题，因此对于客人提出的投诉，不要推卸责任，应区别不同情况，积极想办法解决，在征得客人同意后做出恰当处理。为了避免处理投诉时，自己陷入被动局面，不要把话说死，一定要给自己留有余地，也不要随便答应客人自己权限之外的某种承诺。

（1）对一些明显属于饭店方面的过错，应马上道歉，在征得客人同意后做出补偿性处理。

（2）对一些较复杂的问题，不应急于表态或处理。而应礼貌、清楚地列出充分的理由说服客人，并在征得客人同意的基础上做出恰如其分的处理。例如，一位客人离店结账时发现有国际长话费，而自己事实上没打国际长途！客人非常恼怒，找到大堂副理好一顿发火，拒不付费。大堂副理耐心倾听客人讲话，又将该客人应付的长话费的单子详查一番。之后他礼貌地请客人回忆有没有朋友进过房间，是不是他们打的。经过回忆核实确属客人朋友所为，最终客人按要求付费，并致以歉意。

(3) 对一时不能处理好的事情，要注意告诉客人将采取的措施和解决问题的时间。如客人夜间投诉空调坏了，恰巧赶上维修工正忙于另一项维修任务，得需要半个小时才能过来修理。这时服务员就应让客人知道事情的进展，使客人明白他所提的意见已经被饭店重视，并已经安排解决。

5. 追踪检查处理结果

主动与客人联系，反馈解决问题的进程及结果。首先要与负责解决问题的人共同检查问题是否已获得解决。当确实知道问题已获得解决时，还要征求询问客人是否满意。如果不满意，要采取额外措施去解决问题。

(1) 宾客尚未离开饭店，而且发生的问题比较明了，确实属于店方责任，服务员及主管或经理要当面向宾客道歉，并给予一定的补偿，达到让宾客满意的目的。

(2) 宾客虽然还未离开饭店，但发生的问题暂时不能立刻做出处理决定，遇到这种情况时，一定要让宾客了解问题解决的进展程度，赢得宾客的谅解，这样可以避免宾客产生其他误会。

(3) 宾客已经离开饭店，店方要想方设法同宾客取得联系，采取补救方法以挽回影响。如果无法与宾客进行联系，服务员要将宾客的投诉报告上级并记录在案，制定有效措施防止再发生类似问题。

6. 及时上报，记录存档

把投诉中发现的问题、做出的决定或是难以处理的问题，及时上报主管领导，征求意见。不要遗漏、隐瞒材料，尤其涉及个人自身利益时，更不应该有情不报。这样便于饭店采取改进措施，吸取客人的建议性意见，改善饭店管理与服务工作。将整个处理投诉的过程加以汇总，归类存档，可以为今后的投诉处理方法提供借鉴，也可据此改进饭店的服务与管理。同时可以把案例作为培训内容，以改进员工的服务质量。

7. 投诉统计分析

处理完投诉后，前厅服务员，尤其是管理人员应对投诉产生的原因及后果进行反思和总结，并进行深入的、有针对性的分析，定期进行统计，从中发现典型问题产生的原因，以便尽快采取相应措施，不断改进、提高服务质量和管理水平。

7.3 前厅部信息管理

饭店服务工作的突出特点是综合性、整体性和系统性，是各个部门、各个岗位的员工共同努力的结果。前厅部作为饭店的信息中心，是联络客人与饭店各部门之间的纽带和桥梁，信息沟通的好坏，直接关系到饭店管理与服务工作的效果。所以，前厅部必须始终保持与饭店其他部门的密切联系，加强沟通协调，保证饭店各部门、各环节的高效运转。

7.3.1 前厅部内部的沟通协调

前厅部班组较多，职能任务各不相同，要做好接待工作，要求各班组在各司其职的过程中，听从前厅部经理的统一指挥，并按有关工作制度、流程的要求做好班组间的协调工作。

1）预订处与接待处的沟通协调

（1）预订处要及时把有关客人的订房要求及个人资料移交接待处，接待处把预订未到的客人情况返回预订处，以便预订处进一步查找有关资料而做出处理。

（2）对预订客人抵店当天的订房变更或订房取消信息，预订处应及时通知接待处（见表7-5）。

（3）接待处应向预订处提供有关客房销售情况，以便预订处修改预订总表，确保客房预订信息的准确性。

表7-5 饭店当日未到和取消预订报告

日期：

类别	未到	取消	总计	累计未到	累计取消	总计
散客						
标准房间						
豪华房间						
标准套间						
豪华套间						
总统套间团队						
标准房间						
豪华房间						
机组人员						
其他						
合计						

制表人：　　　　审核人：

2）预订处与行李处的沟通协调

（1）通常预订处要在晚上把预计翌日抵店的VIP资料及有关接待要求，以报表形式填写清楚（见表7－6），交由行李处分别派送至总经理室、销售部、公关部、餐饮部、客房部、工程部、保安部、前厅部的接待处、问讯处、大堂副理、总机等有关部门。

表7－6　VIP接待通知单

No.

姓名（团体）身份		国籍	
人数	男：　　女：	房号	
来馆日期		班次	
离馆日期		班次	
拟住天数		接待标准	
客人要求			
接待单位		陪同人数身份	男：　　女：
特殊要求			
审核人		经手人	
备注： 年　　月　　日			

（2）预订处要把翌日抵店的团队名称、人数、航班、抵店时间等有关资料详细列表交行李处（见表7－7）。

（3）饭店代表到机场、车站询问处查询团队总表的团队所乘航班的到达时间，回报订房处。

表7－7　翌日预期抵达客人名单

_____年_____月_____日

预定号	序号	客人姓名	房间号	预期离店日期	预期离店时间	预期离店预测时间	备注
1							
2							
3							

3）接待处与行李处的沟通协调

（1）行李员在大堂门口欢迎客人的到来，协助客人照看行李，引导客人到接待处。

（2）客人正在办理入住登记手续时，行李员应站立在客人身后等待。

(3) 离店客人如有行李服务要求，接待处应通知行李处按客人指定的时间，到房间提供行李服务。

(4) 饭店代表上班签到后，到接待处、预订处领取有关资料，将当天特别指定要接的客人姓名、人数、所乘车次（航班）、对应的到达时间、所要求接的车型及其他具体要求登记在交班簿上。

(5) 对于没有接到的 VIP 或特别指定的客人，饭店代表回店后应到接待处查对客人是否已到达，并报告主管或大堂副理，以便及时做好补救工作。

4) 接待处与收银处之间的沟通协调

(1) 接待处应及时将已经办理入住登记手续客人的账单交给收银处，以便收银处建账和累计客账。

(2) 换房时，房价变更，接待处应迅速通知收银处。

(3) 客人结账离店后，收银处立即通知接待处更改房态。

(4) 双方在夜间都应认真细致地核账，以免漏账、错账，确保正确显示当日营业状况。

7.3.2 前厅部与各部门的沟通协调

1) 前厅部与客房部的沟通协调

(1) 前厅部排房工作效率和准确性，取决于对客房状况的有效控制。前厅部必须注意做好与客房部核对客房状况信息的工作，确保客房状况信息显示准确无误。

(2) 在 VIP 客人的接待过程中，前厅部应提前通知客房部，做好客房的布置与清洁工作（见表 7－8）。在大堂副理或前厅经理引领宾客到客房的过程中，客房服务员应站在电梯门前迎宾，为客人打开房门，奉上香巾热茶。

表 7－8 VIP 客房布置单

客人姓名________ 房号________ 人数________

客人身份________ 单位________

抵店日期________ 时间________ 离店日期________

接待单位________

房内布置要求：

经理名片________

备　注________

经办人________ 批准人________

预订组　　　　日　期

（3）住店客人通过总机或总台要求饭店提供叫醒服务时，总机或总台应做好记录，保证在客人指定时间提供该项服务；当发现电话被搁置或铃响多遍无人接听时，应及时通知客房部，由客房部派人前往察看。

（4）住店客人不论有什么要求或问题，都会想到打电话到总台或总机，总台接到客人要求提供送餐服务等属于客房部工作范围的电话后，应向客人稍作解释，及时转接电话或告知客房部当值人员有关客人的服务要求。

（5）住客带着行李到总台结账时，总台要及时通知客房部查房。

（6）如果大堂区域的清洁卫生由客房部承担，则前厅部与客房部应根据前厅部的业务特点，制订合理的清洁工作计划，前厅部经理协同监督大堂清洁卫生的质量。

2）前厅部与餐饮部的沟通协调

（1）前厅部应向餐饮部递送客情预报，以便餐饮部了解未来几天中宾客的大致人数，做好食品的采购计划。

（2）通常VIP客人会在饭店进餐，团体客人也会附带有团体进餐的要求，前厅部应及时把有关信息传递到餐饮部，以做好接待的准备工作（见表7－9）。

（3）掌握餐饮部的服务项目、服务特色，协助促销。

表7－9　团队订餐单

订餐人员姓名	订餐单位	订餐人数	餐类	每人标准	订餐费用报账单位	订餐根据	工号	填单日期	备注

审核　　　　制表人

3）前厅部与工程部的沟通协调

（1）工程部负责指导帮助前厅部做好所属设备设施的保养工作，两部协调制订有关大堂装修改造的计划。

（2）在实施计算机网络管理的饭店，工程部应确保网络不因停电等非计算机技术故障而中断正常工作。

4）前厅部与销售部、公关部的沟通协调

（1）推销客房、开拓客源是销售部的一项主要任务，前厅部在客房销售工作上与销售部密切配合，参与制定客房的销售策略。

（2）当销售部接到国内外客户（如旅行社、公司等）的订房要求时，应先与前厅部的预订处联系，了解能否按客户的要求来安排订房。

（3）当订房确认书发出后，销售部应马上复印一份交预订处。如果发生订房变更或订房取消，也应及时与预订处取得联系。

（4）对通过销售部预订的团队客人，在他们抵店前，销售部要检查落实前厅是否已做好接待的准备工作（排房、将钥匙装进写有客人姓名及房号的信封里）。团队抵店时，与行李员联系为客人提供行李服务。

（5）接待 VIP 客人时，前厅部、销售部及公关部要协调做好接待工作。

5）前厅部与财务部的沟通协调

（1）双方就信用限额、预付款、超时房费收取及结账后再发生费用的情况进行沟通协调。

（2）前厅部将入住客人的账单、登记表及影印好的信用卡签购单等递交财务部，便于累计客账。

（3）双方就每日的客房营业情况进行细致核对，以保准确。

（4）前厅部递交团队客人的主账单，供财务部建账及累计客账。

6）前厅部与总经理室的沟通协调

（1）前厅部定期向总经理请示、汇报对客服务的有关情况。

（2）及时了解总经理的去向，以便提供紧急寻呼服务。

（3）定期呈报饭店的《营业分析对照表》。

（4）递交《贵宾接待规格呈报表》等，供总经理审阅批准。

（5）出现重大及突发事件，应该首先通知总经理。

7）前厅部与其他部门的沟通协调

（1）前厅部与人事培训部的沟通协调，便于开展新员工的录用与上岗前的培训工作。

（2）前厅部与保安部沟通协调，处理客房钥匙遗失后的问题。前厅部应把有关客情如 VIP、住客的可疑情况及时报告保安部。必要时，保安部应协同大堂副理处理各类突发事件。

（3）前厅部与工程部沟通协调，送交维修通知单（见表 7－10）、待修房报告。

（4）按照饭店规定，为值班人员安排房间。

（5）收发邮件，递送文件等。

表 7-10　维修报告单

<table>
<tr><td>酒店
致工程师　　　　　　　　　　　　　　　　　　　　NO.
日期：________　　　AM/PM　　　　时间：________
请修理：　　　　　　　　　　　　　　　　　　　　地点
1. ____________________　　________
2. ____________________　　________
3. ____________________　　________
部门：________　　部主管：________</td></tr>
<tr><td>工程部填写：
日期：________　　　AM/PM　　　　时间：________
备注/材料：
____
____
____
____________　　　　　　　　　________
经办人　　　　　　　　　　　　　　　　　　审查
此项工作已完成　　　　　　　　　　　　　NO.
日期________　　　AM/PM　　　　时间________
____
当值工程师签署</td></tr>
</table>

7.3.3　客史档案管理

客史档案（Guest History Record）是促进饭店销售的重要工具，也是饭店经营管理和接待服务工作的一项必要措施。完整的客史档案不仅有利于饭店开展个性化服务，提高客人满意度，而且对于搞好客源市场调查，制定经营销售策略，增强竞争力，扩大客源市场，提高经济效益等方面，也起着重要作用。

1. 建立客史档案的意义

客史档案是饭店对于住店客人的自然情况、消费行为、信用状况和特殊要求所作的历史记录。建立客史档案对于提高饭店服务质量，改善饭店经营管理水平具有重要意义。

（1）有利于为客人提供个性化服务。饭店应是客人的“家外之家”，因此，饭店必须努力为客人营造一种宾至如归的感觉，让客人在饭店内能够真正享受到家的温馨、舒适及便利。客人的需求有其共性，如热情礼貌的员工、干净舒适的客房，饭店的标准化服务就是用来满足这些共同的需求。但同时也应看到客人的需求有千差万别的一面，在当今的个性化消费时代，饭店只依靠推行标准化服务是远远不够的，而应在推行标准化的基础上，实施个性化服务，只有这样的服务才能称得上是优质服务，才能真正抓住客人的心。入住饭店的客人往往寻求专门针对他们个体的服务，需要饭店对他们个体的关注。服务的标准化、规范化是保障饭店服务质量的基础，个性化服务是服务质量的灵魂。建立客史档案有利于饭店了解客人，掌握客人的需求特点，从而便于为客人提供针对性的服务，以提高客人的满意度。

（2）有利于开展促销活动，争取回头客。客史档案的建立，不仅能使饭店根据客人需求，为客人提供有针对性的、更加细致入微的服务，而且有助于饭店做好促销工作。例如，通过客史档案，了解客人的生日、通信地址，与客人保持联系，向客人邮寄饭店的宣传资料、生日贺卡等。采取积极的、多种形式的促销活动，可以争取更多的回头客。

（3）有助于提高饭店经营决策的科学性。任何一家饭店，都应该有自己的目标市场，通过最大限度地满足目标市场的需要来赢得客人，获取利润，提高经济效益。客史档案的建立有助于饭店了解“谁是我们的客人”，“我们的客人需求的是什么”和“如何才能满足客人的需求”，能够提高饭店经营决策的科学性。

（4）有利于建立良好的宾客关系，培养忠实客人。研究表明，争取一名新客人的成本是留住一名老客户成本的7倍。正因为如此，国外许多饭店都十分重视培养自己的忠诚客人。例如，香格里拉饭店集团在其2000年“通向成功之路”战略计划中，就把建立客人的忠诚感放在核心地位，并制订了一个具有战略意义的旨在酬谢回头客的金环计划。现代信息技术的发展，为饭店的管理创新提供了坚实的物质技术基础。饭店在管理实践中，充分利用现代信息技术的成果，为每一位客人建立起完备的数据库档案。通过客人的个人档案，记录下客人的消费偏好、禁忌、购买行为、住店行为等特征。这样，当客人再次惠顾时，饭店就能够提供更有针对性的个性化服务，从而进一步强化客人的满意度和忠诚度。马里奥特饭店十分重视客史档案的管理工作，其经营者认为，了解客人是维持饭店生命的血液。通过计算机系统，该饭店的总台人员在客人办理入住手续的时候就知道“他的房间是否需要一只熨斗”，“她是否需要无烟客房”。里兹饭店集团已经建立了近100万份客人的个人档案，当客人再次入住该集团的任何一家成员饭店时，该饭店都可以迅速地从信息中心调取他的资料，从而提供客人所需要的服务。

2. 客史档案的建立

客史档案主要分为手工的客史档案卡和计算机客史档案两种形式。客史档案卡（见表7－11）是按字母顺序排列的卡片；每张卡片上记录了住店至少一次以上的客人的有关情况。而使用计算机管理系统的饭店，计算机系统中专门有客史档案菜单，计算机会根据菜单指令，记录、储存客人的有关资料，并随时打印出来。

表 7－11　客史档案卡

（正面）

姓名：	性别：	国籍：
出生日期与地点：		护照号：
护照签发日期与地点：		
职业：		头衔：
家庭地址：		电话：
单位名称：		
单位电话：		
其他：		

（反面）

住店序号	房号	抵店日期	离店日期	房租	消费累积	投诉内容及处理	备注

完整的客史档案应包括以下内容。

（1）常规档案。包括客人的姓名、性别、年龄、出生日期、婚姻状况以及通信地址、电话号码、公司名称、头衔等，收集和保存这些资料有助于了解目标市场的基本情况。

（2）预订档案。包括客人的订房方式、介绍人、订房的季节、月份和日期以及订房的类别等，掌握这些资料有助于饭店选择销售渠道，做好促销工作。

（3）消费档案。包括包价类别、客人租用的房间、支付的房价、餐费以及在商品、娱乐等其他项目上的消费。客人的信用卡、账号、喜欢何种房间和饭店的哪些设施等，从而了解客人的消费水平、支付能力、消费倾向以及信用情况等。

（4）习俗、爱好档案。这是客史档案中最重要的内容，包括客人旅行的目的、爱好、生活习惯、宗教信仰和禁忌、住店期间要求的额外服务。了解这些资料有助于为客人提供有针对性的个性化服务。

(5) 反馈意见档案。包括客人在住店期间的意见、建议；表扬和赞誉；投诉及处理结果等。

☞ 案例分析

意大利大理石有了擦痕

春天的某个早晨，上海某五星级大酒店里有几位客人坐在大堂酒吧温文尔雅地喝着饮料，轻声交谈。就在此时，一位美国老年客人从二楼匆匆走下，他见到一楼大堂里两位朋友已经在酒吧里坐下了，就加快了速度。也许是他刚打完高尔夫球归来，脚上还穿着特殊的运动鞋，鞋底下有几枚铁钉，现在看到朋友在等他，一时心急，走到最后第三阶楼梯时滑了下来，一直滑到地面上。客人感到浑身疼痛，又在朋友面前丢了面子，十分恼怒。酒吧服务员见状连忙赶到现场，将客人搀起，扶他到椅子上坐下，问他是否受了伤，客人生气地埋怨楼梯太滑，要求酒店派人陪他去医院检查。

服务员看到客人没有什么严重问题，便去报告了大堂经理，然后连忙检查楼梯是否有积水或瓜皮之类的东西，这些都被否定后，大堂经理告诉客人一切正常。接着服务员发现楼梯口的一块意大利进口大理石被划出两道不浅的擦痕。大堂经理对客人和颜悦色地说，他十分愿意陪他去医院检查，但由于酒店楼梯没发现任何异物，因此造成这次不幸的根由不在酒店，而在于客人脚下的鞋子，所以医疗费用应由客人自己负担。这样一说，客人自知理亏，火气消了一半，而且也由于自己没有受到严重的伤害，就不再坚持去医院，打算离去。

大堂经理上前一步说："先生一定已经理解，此次不幸源于您的鞋子。您年纪大，走路要慢。另外，这块大理石现在有了擦痕，也是由于先生您的鞋子所致，按照饭店的惯例，我们希望先生赔偿饭店的损失。"大堂经理用一种既很亲切又是摆事实讲道理的口气慢慢说道。

客人一听，火气又大了起来，赔了夫人还折兵！他断然拒绝了大堂经理的要求。大堂经理仍然心平气和地对客人解释，如果他穿的是普通皮鞋而发生此类事故，酒店不仅不需要客人负责大理石擦痕的赔偿，还要向客人道歉。但穿了那双带钉的鞋子在酒店内走动，造成的损失自然要客人负责。大堂经理的话入情入理，客人无言以对，大堂经理马上请来了工程部经理。考虑到折旧因素，并选择了一种耗费最少的修补办法，需要100美元赔偿费。客人虽然很不高兴，但找不出理由反驳，便同意计入房价中。

✍点评

本例中尽管客人掏钱赔偿大理石的损伤，但大堂经理始终没有忘记“客人总是对的”这一原则。

第一，大堂经理有理由在身，但他没有摆出以理压人的气势，当客人拒绝他的要求之后，仍然彬彬有礼地向他解释道理。第二，他同意了客人提出的去医院做检查的要求，尽管酒店对这件事故没有责任。第三，他请工程部经理来一起商量，寻找赔偿最少的方案，显示了他是站在客人的立场上来考虑这个问题的。所以说，这是酒店向客人提出合理赔偿的一个很有说服力的好例子。

本章小结

本章介绍了前厅服务质量的标准、管理与控制的方法、前厅部与饭店其他部门沟通协调的主要内容和客人投诉的原因、心理、处理的基本程序，以及客史档案管理等内容。重点介绍了前厅服务质量管理的内容。作为前厅部员工，应该对服务质量及其内涵、服务质量控制全过程及其目标有一个清楚的认识，并在接待服务工作中有效地加以运用和实践，不断提高职业技能水平。

思考题

1. 前厅部制定服务质量标准的依据有哪些？
2. 应如何做好前厅部服务质量的控制工作？
3. 前厅部服务质量管理的方法有哪些？
4. 如何有效提高前厅部服务质量？
5. 处理客人投诉的原则是什么？
6. 怎样正确认识客人的投诉？
7. 试述处理客人投诉的程序。
8. 前厅部应怎样做好内外部的沟通协调工作？
9. 建立客史档案的意义是什么？
10. 怎样理解服务的内涵？
11. 谈谈你对“客人总是对的”这一原则思想的理解。
12. 怎样做好前厅部的全面质量管理工作？

"不能吸引顾客的饭店必将死亡，而不能吸引并留住人才的饭店实际已经死亡。"如果说前厅是饭店的门面，是饭店的形象代表，那么，前厅部的员工无疑是饭店的形象大使。这充分说明了前厅部人力资源管理对饭店的重要性。高素质的员工是前厅部有效运转的前提。

第8章　前厅部人力资源管理

学习目标

◎ 掌握员工招聘的原则和程序。
◎ 认识员工培训的重要性，掌握员工培训的原则、类型和方法。
◎ 了解员工激励的作用、方法及应注意的问题。
◎ 了解前厅部工作评估的方法和步骤。

8.1　前厅部的员工招聘

8.1.1　前厅部员工招聘的途径

员工招聘可以有多种形式，大的分类主要有两种，即饭店内部招聘和外部招聘。这两种形式各有利弊，见表8-1。

表8-1　内部招聘与外部招聘的比较

	内部招聘	外部招聘
优点	① 了解全面，准确性高； ② 可鼓舞士气，激励员工进取； ③ 应聘者可更快适应工作； ④ 使组织培训投资得到回报； ⑤ 选择费用低	①人员来源广，选择余地大，有利于招到一流人才； ② 新员工能带来新技术、新思想、新方法； ③ 当内部有多人竞争而难作出决策时，向外部招聘可在一定程度上平息或缓和内部竞争者之间的矛盾； ④ 人才现成，节省培训投资费

续表

	内部招聘	外部招聘
缺点	① 来源局限于企业内，水平有限； ② 容易造成“近亲繁殖”，出现思维和行为定式； ③ 可能会因操作不公或员工心理原因造成内部矛盾	① 不了解企业情况，进入角色慢，较难融入企业文化； ② 对应聘者了解少，可能招错人； ③ 内部员工得不到机会，积极性可能受到影响

1. 内部招聘

内部招聘是指在前厅部出现职务空缺后，从饭店内部选择合适的人选来填补这个位置的一种方法，主要涉及员工的内部提升和内部调动两种情况。当前厅部有些比较重要的岗位出现空缺时，让饭店内部符合条件的员工，从一个较低级的岗位，晋升到一个较高级的职位的过程就是内部提升。前厅部出现空缺的岗位与员工原来的岗位层次相同，或有所下降，把员工调到同层次或低层次岗位上去工作的过程就是内部调动。采用内部调动的前提应是该员工乐于从事此项工作，以充分调动员工的工作积极性。

2. 外部招聘

在出现岗位空缺时，管理人员应首先想到内部招聘是否能够解决问题。若饭店内部没有合适人选时，就要采用外部招聘的形式。

（1）广告招聘。广告是外部招聘常用的途径和方法，通过报纸杂志、广播电视等媒体形式，面向社会公开招聘员工。其优点是选择范围较为广泛，影响力较大，传播速度快，反馈信息也较快。在招聘的同时，也对饭店的形象和实力进行了宣传。其劣势则在于所耗费的资金、时间相对较多，篇幅、地域和时效性都受到限制，人员的社会背景较为复杂。

（2）熟人介绍。在工作岗位出现空缺时，可由饭店内外部的熟人介绍合适的人选，经过测试合格后录用。员工或朋友推荐的人才一般信任度较高，成功率相对也较高，又可节省费用和时间，更有利于激励员工，体现信任度。但适用性和小团体的隐患则是饭店需要考虑的问题。在国外，有的饭店前厅部采用员工推荐介绍计划，鼓励员工为空缺岗位推荐自己的朋友和熟人，并奖励把合格人员推荐给饭店的现有员工。这种方法的主要优点是：由于对熟人的情况比较了解，被介绍人的情况也相对熟悉；一旦聘用，离职率较低，费用也很低。而其不足之处在于：易形成非正式群体；选用人员的面较窄；容易出现任人唯亲的现象。

（3）网络招聘。饭店可在互联网上发布招聘信息，吸引各类专业人员。近年来随着网络电子商务的发展，这一方法越来越普及。我国目前大多数网站都建立了人才交流专栏，便于用人单位和人才的交流。这一方式的特点是成本低，见效快，招聘范围广，信息量大，可挑选余地大，应聘人员素质较高，招聘效果好，其篇幅和容量也都没有限制，招聘时更没有地域和空间的限制，省时省力，适用于招聘饭店中高层管理人员。通过这一方法招聘来的人才知识层次普遍较高，年龄结构较合理，有较高的专业技能和管理水平，能较好地掌握计算机技术和信息技术。这也是国际饭店业招聘专业人才的主要方法之一，将在中国饭店人员招聘工作中起到越来越大的作用。

（4）相关院校。大中专毕业生是饭店招聘的主要对象，具有专业知识较强、接受新事物能力较快、个人素质较高等特点。前厅部是饭店中对员工素质要求较高的部门，尤其是预订、接待、总机、大堂副理等岗位，对员工的语言、应变等能力有很高的要求。因此，很多饭店从大中专院校中招聘语言和综合能力较强的优秀毕业生负责前厅部各岗位的工作。

8.1.2 前厅部员工招聘的程序

人员招聘的运作程序大致可以分为 3 个步骤：首先应制订人员招聘计划，然后开始实施，最后对整个招聘活动进行评价。

1. 制订招聘计划

人员招聘录用计划是饭店人力资源规划的重要组成部分，其主要功能是通过定期或不定期地招聘录用饭店所需要的各类优秀人才，为饭店人力资源系统充实新生力量，实现饭店内部人力资源的合理配置，为饭店发展提供人力资源上的可靠保证，同时弥补人力资源的不足。更重要的是，人员招聘录用计划作为饭店人力资源规划的重要组成部分，为饭店人力资源管理提供了一个基本的框架，为人员招聘录用工作提供了客观的依据、科学的规范和实用的方法，能够避免人员招聘录用过程中的盲目性和随意性。员工招聘是一项较为复杂的工作，因此，管理者应高度重视，必须有远见卓识。在招聘工作正式开始之前，要考虑人力需求的程度，预测人员的流动情况，了解前厅部各岗位人员的要求等，并在此基础上制订一整套招聘计划。包括招聘的岗位、人员数量、质量标准、招聘工作的具体安排等。在制订招聘计划时，要考虑以下几方面问题。

（1）确定招聘岗位和人员数量。人力资源部门应对前厅部提出的需要招聘员工的工种和数量要求进行审核。前厅部经理应根据本部门的实际工作需要，确定招聘的具体工种、员工的缺额人数及所需配备员工的工作层次，作为招聘计划的重要内容。

（2）制定招聘的标准。招聘标准的制定直接关系到招收来的员工素质的高低。标准太高，可能会使招聘计划无法完成；标准太低，则招收来的员工素质得不到保证，所以招聘标准必须恰当。另外，制定招聘标准时还必须考虑社会环境的因素，如当地的人力资源供求状况，相关院校所能提供的毕业生数量和层次等。为了便于标准的把握，使招聘标准具体、明确，最好能够制定工作说明书（见表 8－2）。除个人基本情况外（年龄、性别等），录用人才的标准可以归结为以下五个方面：与工作相关的知识背景、工作技能、工作经验、个性品质、身体素质。这里要明确一点：哪些素质是职位要求所必需（essential）的，哪些是希望（desirable）应聘者具有的。

表8-2　前厅部经理工作说明书

部　　门	前厅部
岗位名称	前厅部经理
工作性质	酒店中层管理者
工作地点	一楼前厅办公室
直接上级	酒店副总经理
直接下级	前厅部主管及班组领班
平行关系	酒店各部门经理
班　　次	行政班
工作时间	08:00—12:00　　13:30—17:30
您应具备的条件	健康要求：必须经防疫站体检合格 学历要求：大专或以上文化程度 经验要求：有相关工作经验
酒店为您提供	薪酬：××××元/月 福利：提供1正1副2个工作餐、提供制服并帮助洗涤，×××元/月通信费用 休息：每日工作8小时，每周工作40小时
晋升方向	房务总监
您应接受的培训	职前培训、岗前培训、在职培训、发展培训
您应配发的工具	电脑一部、钢笔一支、文件夹五个、文件架一个、计算器一部、笔记本一本
主要任务	监督管理前厅部的客房推销，为客人提供各种综合服务，收集、处理和传递有关经营信息，接待客人，控制客房状况等工作的正常进行。
工作原则	思维敏捷，工作严谨，知识丰富，处事灵活，掌握政策、具有较强的组织决策能力，各方面业务熟练，坚持体现合情、合理的原则，保证部门工作顺利进行与完成。
工作职责	◆ 直接对副总经理负责，贯彻执行酒店下达的营业及管理指令。 ◆ 根据酒店计划，制定前厅部各项业务指标和规划。 ◆ 负责组织前厅的酒店产品销售和接待服务工作。 ◆ 协调平衡本部门各工种之间所出现的工作矛盾，保证各项工作的衔接。 ◆ 组织主持每周部门管理人员工作例会，传达酒店例会工作要点，听取汇报，布置工作、解决问题。 ◆ 确保员工做好前厅部各项统计工作，掌握和预测房间出租情况、订房情况、客人到店和离店情况，密切注意客情，保证前厅各部位提供高效、优质的服务，使客房销售到最佳状态。 ◆ 负责将客房营业日报表报送客房部、主管副总和总经理。

续表

部　　门	前厅部
工作职责	◆ 检查、指导前厅部员工及其工作表现，保证酒店及部门规章制度和服务质量标准得到执行，确保前厅部各项工作正常运转。 ◆ 每月审阅各班组提供的员工出勤情况。 ◆ 对前厅部员工进行定期评估，并按照奖惩条例进行奖惩。 ◆ 做好本部门与其他部门的沟通与协调工作。 ◇ 与销售部的协调。每天与进、离店的团队会议协调配合，在团队会议到达前四天及时了解该团队会议的具体要求，并通过销售部做好团队会议的善后工作。 ◇ 与客房部及工程部协调。确保大厅及公共区域的卫生状况良好，设备设施运转正常。 ◇ 与计算机房协调。确保计算机的安全使用。 ◆ 密切保持与客人的联系，经向客人征求意见，了解情况，及时反馈，并定期提出有关接待服务工作的改进意见，供酒店参考决策。 ◆ 检查 VIP 客人接待工作，包括亲自迎送。 ◆ 做好前厅员工的思想工作，关心员工。 ◆ 如酒店或其他部门要求，应履行其他义务。
工作内容	**1. 制订本部门工作计划** A. 制订本部门年度工作、每月工作计划和总结，审核各班组工作计划。 B. 根据酒店安排，制订本部门全年和阶段培训计划。 C. 根据酒店安排，分析部门人员配备及各班组工作状况，做出全年人员配置计划。 **2. 组织于实施** A. 岗位特点、业务需要、人员素质及所需达到的目标，对各班组领班及员工进行分工。 B. 给领班传达上级指示，布置工作任务。 C. 完成酒店分派的各种事务。 D. 明确各班组岗位职责、职责范围、工作程序、管理细则及各项规章制度。 E. 直接参与和指导各项培训计划的落实和完成。 **3. 检查各项工作** A. 每日直接参与部分日常接待工作，检查、督导员工的服务态度、操作程序和标准是否规范。 B. 每日检查各班组人员到岗状况、仪容仪表是否符合规定要求。 C. 检查各班组和各班次工作记录。 D. 检查领班在岗情况、考核状况及完成任务情况。 E. 制订本部门的物资设备供应计划。 F. 加强部门内部费用开支的管理和控制，减少费用支出，降低成本。 G. 督促检查安全防火工作，根据设备设施管理制度和前厅安全防火制度内容，确保客人及各岗位设施、设备的安全。 H. 每月定期对部门领班进行业务知识和管理知识的培训与考核。 I. 每周定期与部门员工进行两次沟通，了解员工的思想状况。 J. 参加部门值班。

续表

部　　门	前厅部
工作内容	**4. 组织并参加各项会议** A. 参加酒店每日办公晨会。 B. 参加每月酒店月总结会议，汇报工作，听取酒店决策层指示。 C. 组织部门每周一领班例会，研讨上周工作问题，布置本周工作。 D. 组织部门每周二员工例会，总结上周工作，布置本周工作。 E. 组织必要时的部门人员专题研讨会。 **5. 指导或直接参与对客人意见的处理** A. 完全满足客人合理的要求。 B. 引导违纪员工，并适当处罚，以告诫其他员工。 **6. 总结、评估与调整** A. 每月、每季、年度总结本部门的工作和营业收入情况，向酒店做出书面汇报。 B. 每日听取前台接待、问询、行李、商务中心、总机的工作汇报，掌握部门工作情况和客房销售情况，并布置当日工作。 C. 根据收到的客人反馈，及时调整、改善服务。 D. 负责与其他部门进行协调、沟通。 E. 签署、审核部门文件、报表。 F. 根据工作需要和人员状况，调整部分岗位人员。 G. 尽可能掌握客户信息，完善内部管理，提高服务质量。 H. 部门人员进行日、周、月的工作业绩评估。

（3）确定招聘途径。前厅部员工的来源在总体上可分为饭店外部和饭店内部，因此，招聘途径通常有内部招聘和外部招聘两种。内部招聘是通过对饭店在职员工进行考评，采用调职和提升的方式，将已具备了一定技术能力或管理能力，符合缺员岗位要求且乐于从事此项工作的员工，安排在该职位上，以达到人尽其才、激励员工的目的；饭店外部招聘是管理者通过对饭店人事资料的检索，查明和确认在职员工中确实无人能胜任和填补职位空缺时，而从社会中招聘和选择员工。

2. 制作并发布招聘广告

招聘广告是员工招聘的重要工具之一，招聘广告设计的好坏，直接关系到应聘者的素质和招聘效果。招聘广告要内容详细、条件清楚、吸引人，内容包括饭店的基本情况、是否经过有关方面批准、对应聘者的基本要求、岗位职责、工资福利待遇、报名方式、时间、地点以及需要携带的证件、资料等。

在招聘过程中，发布信息是重要而关键的一个环节。只有在适当的时机，运用适当的渠道刊登广告，才能吸引饭店所需要的人才前来应聘。

3. 报名和筛选

在招聘信息发布后，必然有一些求职者前来报名应聘。最简单的报名程序是领取报名登记表（见表8-3），填写并上交报名表和相关资料。招聘人员通过简单的交流与观察，对求职者的情况有一个大致了解，然后人力资源部和前厅部相关人员共同对应聘资料进行整理和筛选，初步确定符合条件的人选，之后通知面试。

表8-3 求职人员登记表

<table>
<tr><td>姓名</td><td></td><td>性别</td><td></td><td>出生年月</td><td></td><td>文化程度</td><td colspan="2"></td></tr>
<tr><td>政治面貌</td><td></td><td>婚否</td><td></td><td>民　族</td><td></td><td>健康状况</td><td colspan="2"></td></tr>
<tr><td colspan="2">家庭地址</td><td colspan="3"></td><td>联系电话</td><td colspan="3"></td></tr>
<tr><td colspan="2">户口所在地</td><td colspan="3"></td><td>档案所在地</td><td colspan="3"></td></tr>
<tr><td colspan="2">毕业学校</td><td colspan="3"></td><td>学制</td><td colspan="3">年</td></tr>
<tr><td colspan="2">第一外语语种</td><td></td><td>程度</td><td></td><td>第二外语语种</td><td></td><td>程度</td><td></td></tr>
<tr><td colspan="3">现任职务（工种）</td><td></td><td>现有工龄</td><td></td><td>身高</td><td colspan="2"></td></tr>
<tr><td>本人简历</td><td colspan="8"></td></tr>
<tr><td>家庭主要成员</td><td colspan="8"></td></tr>
<tr><td>本人求职意向</td><td colspan="8"></td></tr>
<tr><td colspan="3">用人部门意见</td><td colspan="3">人力资源部意见</td><td colspan="3">总经理批示</td></tr>
<tr><td colspan="3"></td><td colspan="3"></td><td colspan="3"></td></tr>
</table>

4. 面试

饭店人力资源部通过正式面试，可以考察应聘者的性格、应变能力及综合素质等。

（1）面试的意义。

① 为主试提供机会来观察应聘者。

② 给双方提供相互了解的机会。

③ 可以了解应聘者的知识、技巧、能力等。

④ 可以观察到被试者的生理特点。

⑤ 可以了解被试者非语言的行为。

（2）面试的准备工作。

① 设计评价量表和面试问话提纲。面试过程是对每位参加面试的应聘者的评价，因此，应根据岗位要求和每位应聘者的实际情况设计评价量表和有针对性的面试问话提纲。

② 面试场所的布置与环境控制。要选择适宜的场所供面试时使用，许多情况下，不适宜的面试场所及环境，会直接影响面试效果。

（3）面试过程的实施。这一阶段是面试工作程序中最主要的环节，它依靠面试考官的面试技巧有效地控制面试的实际操作。实际上，面试过程的操作质量直接影响着人员招聘与录用工作的质量。

（4）分析和评价面试结果。这部分工作主要是针对应聘者在面试过程中的实际表现做出结论性评价，为录用人员的取舍提供建议性依据。

（5）面试注意事项。

① 合理有效地安排面试时间。

② 选择安静、雅洁、舒适的面试场所。

③ 主持者应事先熟悉招聘要求。

④ 与应聘者的对话主题应清晰明确。

⑤ 营造坦诚、轻松、融洽的气氛。

⑥ 随时记录面试重要事项。

⑦ 注意控制时间及场面。

5. 面试结果的处理与体检

面试结束后，应将各种记录及时整理，进行总结分析，做出录用决策。经过面试，招聘录用工作进入决定性阶段。这一阶段的主要任务是通过对甄选评价过程中产生的信息进行综合评价与分析，确定每一位应试者的素质和能力特点，根据预先确定的人员录用标准与录用计划进行录用决策。最后，将所有面试资料存档备案，以备查询。对于初步确定的录用人员，还要安排体检。因为饭店是服务性行业，从业人员要有健康的身体，没有任何传染性疾病，持“健康证”才能上岗工作。

6. 录用

对于体检合格的应聘者，尽快发出录用通知，并签订劳动合同。劳动合同一般包括以下内容。

（1）被聘任者的职责、权限、任务。

（2）被聘任者的经济收入、保险、福利待遇等。

（3）试用期、聘用期限。

（4）聘用合同变更的条件及违反合同时双方应承担的责任。

（5）双方认为需要规定的其他事项。

7. 招聘结果评估

（1）招聘成本评估。招聘成本评估是指对招聘中的费用进行调查、核实，并对照预算进行评价的过程。招聘成本评估是评定招聘效率的一个重要指标。如果成本低，录用人员质量高，录用人数较多，就意味着招聘效率高；反之，则意味着招聘效率低。

（2）录用人员评估。录用人员评估是指根据招聘计划，对录用人员的质量和数量进行评价的过程。可以用以下几个数据来表示。

$$录用比 = \frac{录用人数}{应聘人数} \times 100\%$$

$$招聘完成比 = \frac{录用人数}{计划招聘人数} \times 100\%$$

$$应聘比 = \frac{应聘人数}{计划招聘人数} \times 100\%$$

相对而言，如果录用比越小，被录用者的素质越高；反之，则可能被录用者的素质较低。如果招聘完成比等于或大于100%，则说明在数量上全部或超额完成招聘计划。如果应聘比较大，说明招聘信息发布效果较好，被录用者的素质可能较高。

（3）撰写招聘工作小结。招聘的主要负责人要撰写招聘小结，真实地反映招聘工作的全过程，明确指出成功和不足之处。主要包括招聘计划、进程、结果、经费、评定等内容。

8.2 前厅部的员工培训

8.2.1 前厅部员工培训的意义

培训是饭店人力资源管理与开发的重要内容，也是一种最有价值的双赢投资。培训是饭店和个人双重受益的行为，不仅可以提高员工的积极性和创造性，增加饭店产出的效益和价值，而且能够提高员工的素质和能力，增强员工对饭店的归属感和责任感；有效的培训可以减少事故的发生、降低成本、提高工作效率和经济效益，从而增强饭店的市场竞争力。在前厅服务工作中，如何使前厅服务人员能够按规定的服务程序操作，达到规定的服务标准，必须经过严格、有序、有效的培训。培训的意义突出表现在以下几个方面。

（1）可以提高员工个人素质和技能操作水平。培训是员工获得发展的重要途径。通过培训，使员工在服务意识、职业道德、应变能力、外语水平等多方面素质获得提高。对于前厅服务员来说，仅仅学会操作并不难，重要的是掌握熟练的技能，“熟能生巧”，这样才能自如、快捷、流畅地为每一位客人提供优质服务。

（2）可以提升服务质量，减少客人投诉。员工素质的高低直接影响服务质量的优劣，客人投诉的原因有许多，主要还是员工素质不到位所致，而培训则是提高员工素质的重要手段，高素质的员工又是赢得回头客的保证。

（3）可以充分发挥员工潜能，提高员工自信心，增加安全感。持续的培训能让员工的能力不断得到开发，为员工的全面发展创造更为有利的条件。人的潜能是巨大的，对员工进行培训，实际上是在开发员工主动工作的潜能，为员工实现个人价值创造条件。经过培训的员工不仅对自己的能力更有信心，认为自己能够干得多、干得好，而且感到职业安全感增加，工作更安心，更有积极性。

（4）可以提高工作效率。前厅服务工作流程的设计是以量化的指标确定的，只有技能熟练的服务员才能使工作有序地进行。经过有效培训的员工，知识面更宽，工作能力更强，积极性也更高。由于服务人员掌握了操作技巧，所以既提高了服务质量，又节省了时间和体力，从而提高了工作效率。

（5）可以降低成本。成本控制是现代饭店管理中非常重要的课题。通过培训，前厅服务员能够更加重视使用正确的操作方法，按照正确的操作程序工作，减少浪费、降低消耗，降低成本。

（6）可以改善人际关系。人际关系是一种资源和动力。前厅部岗位多、工种多、业务复杂，维护良好的人际关系，对顺利做好前厅工作非常重要。通过培训，还可以进一步加强饭店员工之间的和谐关系。

（7）可以使管理更加规范。培训对保持高效能、高品质的管理，提高饭店的整体竞争力至关重要。通过培训，能够增强员工对饭店管理工作“有规可依、有章要循”的约束意识，提高饭店管理的水平。

8.2.2　前厅部员工培训的原则

培训作为饭店与员工之间实现双赢的重要投资，需遵循以下原则。

（1）长期性。随着科学技术的发展，知识更新的周期越来越短，员工工作所需的大量知识和技能都要靠走出校门之后的再教育和再培训获得，学习将成为时代发展的一个主题。员工培训不是一次性的，而是持续性的、终身性的。学习不仅是员工一种生存的手段，也是一种内在精神的需求，培训将成为员工生活的一部分，并使其在学习中不断寻找适宜于自己进步的有效途径和方法。由于消费群体的需求日益提高，使得市场不断发展，这就决定了培训的长期性。另外，饭店员工队伍的不断更替、变化，也决定了培训的长期性。

（2）系统性。现代饭店业的发展不仅要求饭店有一套完备的培训制度和计划，而且要为每个人建立培训档案，制定系统的培训规划。前厅部应根据各岗位工作的特点及不同员工的基础和素质条件，有针对性地制订不同的培训计划，确立短期和中长期培训目标，通过系统的培训，循序渐进地提高员工的业务素质。

（3）层次性。针对培训对象的岗位、工种、职能特点来确定培训内容，以便获得预期的培训效果。例如，对初级前厅服务员的培训内容确定为“能做”和“会做”。

（4）实效性。如果说系统性培训强调的是过程，那么，实效性培训强调的则是培训效果，通过组织、培训、考核，使员工达标，将服务工作做得更好。

（5）科学性。培训的科学性不仅体现在培训组织、培训方法和培训手段的科学性方面，还体现在培训内容的科学性等方面，如采用最新培训手段，使培训过程充满活跃、融洽、欢快的气氛。

（6）针对性。现代饭店的培训正在因时、因地、因人而不断发生变化，饭店和员工都对培训提出了更高的要求，这就使得培训必须由“制式”向“应式”转变，即各种培训都要为特定的饭店、特定的部门或特定的个人精心设计，课程安排和教师聘请要针对特定需求。

（7）因人施教。前厅部岗位繁多，员工水平参差不齐，而且员工在人格、智力、兴趣、经验和技能方面，均存在个别差异。所以对担任工作所需具备的各种条件，各员工所具备的与未具备的亦有不同，对这种已经具备与未具备的条件的差异，在实施培训时应该予以重视。显然，前厅部进行培训时应因人而异，不能采用普通教育“齐步走”的方式培训员工。也就是说要根据不同的对象，选择不同的培训内容和培训方式，有的甚至要针对个人制订培训发展计划。

8.2.3 前厅部员工培训的内容与分类

1. 培训的内容

培训的内容见表8－4。

表8－4 培训的内容

文件名	前厅培训的内容	页 码	1－1
（1）规章制度。 （2）服务意识与职业道德。 （3）仪表仪容和礼节礼貌。 （4）服务操作程序及规范。 （5）服务技能和技巧培训。 （6）客房销售艺术培训。 （7）沟通协调能力、应变能力等。 （8）安全消防知识。 （9）外语。 （10）管理人员的管理技能			

2. 培训的分类

(1) 岗前培训。

① 入职指导。这是新员工上岗前培训的重要部分。主要包括礼貌礼节、规章制度、安全知识、服务意识等方面内容，并使新员工产生对饭店的信任感和归属感，培养他们最初对饭店的热爱心理及对企业文化的初步认同。

② 岗位服务接待程序、规范及基本的操作技能训练。岗前培训要执行“先培训，后上岗”的用工原则。

(2) 在岗培训。对在岗员工来说，为了使他们能不断地适应知识与技术的更新，其培训内容也应相应地以传授本领域的新知识与新技术为主，使任职者通过培训，提高素质，适应更高层次的要求。

(3) 专题培训。这是结合专题安排的专门培训。例如，饭店更新计算机管理系统软件时，必须提前请计算机公司专业技术人员，对有关使用该系统的服务人员和管理人员进行专门培训，以求使其尽快掌握操作和使用规程。

(4) 管理培训。管理培训又称“发展培训”，即对具有潜在发展前途的服务人员和管理人员进行晋升高一级职务之前的培训，使这部分员工有机会了解其他部门或岗位的工作内容、特点，掌握必要的服务技能或管理能力，以适应未来工作发展的需要。

8.2.4　前厅部员工培训的计划与实施

1. 培训需求分析

培训质量控制的第一步就是要科学诊断并发现培训需求，即饭店在经营、管理、服务、人员素质等方面存在什么问题，这些问题是否与培训有关，与培训有关又如何解决。培训需求分析是培训工作的起点，是质量控制首要的一环。前厅培训工作要取得实际效果，就要提高培训课程的针对性。因此，了解员工的真正需求显得尤为重要。前厅部管理人员应加强对客服务流程的控制，及时发现员工工作中存在的问题，以此作为培训员工的契机。比如发现有些员工没有严格按照服务规程操作，造成不必要的工作失误，于是便要求相关岗位加强服务规范化及服务规程的培训。管理者可以将目前员工的工作状况与所应达到的标准进行对照，若存在差距，就要进行培训。也可以根据客人投诉、员工建议和检查发现的问题进行培训。管理规范的饭店，都鼓励员工的个人发展，结合员工个人发展所提供的培训课程，无疑会受到员工的欢迎，从主观方面上更有利于增强培训效果。

完整、科学的培训需求分析，是确保工作、绩效、培训高度契合的基础。培训需求分析应由人力资源部门或前厅部组织展开。进行培训需求分析的方法主要有座谈、问卷调查、观察、测试、检查、客人投诉、暗访、会议、工作活动分析等，这些方法最好同时并用，以便于全面、正确把握问题，为下一步培训方案的制订打下良好基础。

饭店一般在下列情况下需要培训。

（1）饭店筹备开业前。

（2）新技术、新设备投入使用前。

（3）服务流程、工作程序调整变更之前。

（4）服务质量下降，客人投诉率上升。

（5）工作差错多，效率下降。

（6）部门或岗位之间协作渠道不畅。

（7）工作岗位变动。

2. 培训计划的制订

在进行完备和详尽的培训需求分析之后，要有效地实施培训，就必须制订详细的、切实可行的培训计划。培训计划是按照一定的逻辑顺序排列的记录，它是从饭店的战略出发，在全面、客观的培训需求分析基础上做出的对培训时间（When）、培训地点（Where）、培训者（Who）、培训对象（Whom）、培训方式（How）和培训内容（What）等的预先系统设定。培训计划必须满足组织及员工两方面的需求，兼顾组织资源条件及员工素质基础，并充分考虑人才培养的超前性及培训结果的不确定性。一个完整的培训方案包括培训目标、指导思想、培训对象、培训内容、训导师、培训形式及方法、培训时间及地点、培训教材、培训要求、培训考核、费用等内容。培训方案要尽可能细化，操作性要强。

1）长期计划

（1）确立培训目标。通过对培训需求的调查分析，将培训的一般需求转变为饭店培训的总体目标，例如，通过培训来达到的各项经营目标和提高饭店的管理水平。通过对上年度培训计划的总结及分析培训的特殊需要，可以确立需要通过培训而改善现状的特别目标，成为本年度培训的重点项目。

（2）研究饭店发展动态。培训部会同有关的主要管理人员研究饭店的营销计划，以确定如何通过培训来完成饭店的年度经营指标。一项经营目标的达成往往取决于员工是否正确地完成任务；而要正确地完成任务，又取决于员工是否具备完成任务所需的知识、技能和态度。通过检查每一项业务目标，确定要在哪些方面进行培训。培训部还要与有关人员共同研究饭店和各部门的经营状况，找到需要改进的不足之处，寻求通过何种培训可以改善现状、实现培训的特别目标。

（3）根据培训的目标分类。围绕饭店经营目标的培训应列入业务培训方案；围绕提高订房管理水平的培训活动则应列入管理培训方案。因此，培训方案的制订是针对培训目标，具体设计各项培训活动的安排过程。饭店的业务培训活动可分为素质训练、语言训练及专门业务训练。管理培训活动主要是领班以上管理人员的培训，内容包括系统的督导管理训练及培训专门训练等。

(4) 确定培训课程。课程是培训的主题，要求参加培训的员工，经过对某些主题的研究讨论后，达到对该训练项目内容的掌握与运用。年度培训计划中，要对各类培训活动的课程进行安排，主要是列出训练活动的细目，通常包括培训内容、培训时间、培训地点、培训方法等。注意培训课程的范围不宜过大，以免在各项目的训练课程之间发生过多的重叠现象；但范围也不宜过小，以免无法真正了解该项目的学识技能，应主要以熟悉该训练项目所必需的课程为限。培训课程决定后，需选编各课程教材，教材应包括以下部分：培训教材目的的简要说明；列出有关教材的图表；说明表达教材内容的方法；依照下列顺序编写教材：教材题目、教材大纲及时间计划、主要内容及实施方式和方法、讨论题及复习的方法和使用的资料。

(5) 培训预算规划。培训预算是培训部在制订年度培训计划时，对各项培训方案和管理培训方案的总费用的估算。预算是根据方案中各项培训活动所需的经费、器材和设备的成本以及教材、教具、外出活动和专业活动的费用等估算出来的。

2) 短期计划

短期计划指针对每项不同科目、内容的培训活动或课程的具体计划。制订培训活动详细计划的步骤如下。

(1) 确立培训目标。培训目标可以因岗设定，也可因项目或专题而定，但都要具体、明确。

(2) 设计培训计划的大纲及期限。为培训计划提供基本结构和时间阶段的安排。

(3) 拟定培训课程表。为受训人提供具体的日程安排，落实到详细的时间安排。

① 培训时间。尽量安排在经营淡季时组织进行，并明确起始日期及每日培训的具体课程及时间安排。

② 培训地点。可以利用饭店自身条件设置培训场地或在饭店外部进行。

③ 培训内容。这是培训计划的核心部分，要以培训应达到的目的为依据制定相关内容。

④ 培训对象。培训对象即培训接受者，可以按培训对象的岗位、工种、职务、年龄、能力等不同情况予以组织安排。

⑤ 培训者。选择合适、称职的培训者，是保证培训效果的关键。可以由培训部专职训导员授课演示，或外请专家及有声望的管理人士授课。

⑥ 培训设备。主要是指为加强培训效果，在培训中为培训者配置如录像机、幻灯机、投影仪、电视、录音机、计算机等电教设备，以及必要的专业教学用的教具和工具等。

(4) 设计学习形式。为受训人完成整个学习计划提供有效的途径，在不同学习阶段可以采用不同的学习形式。从培训时间安排上，培训可分为脱产、半脱产、不脱产培训等。从培训的组织形式上，培训可分为内部培训、委托培训、远程教学等形式。具体培训方法包括讲授法、演示法、研讨法、视听法、角色扮演法、案例研究法和模拟与游戏法等。各种培训方法具有各自的优缺点，为了提高培训质量，往往需要将各种方法配合运用。各种培训方法及效果见表 8－5。

表 8－5　各种培训方法及效果比较

培训方法	反馈	强化	实践	激励	转移	适应个体	费用
案例研究法	中	中	良	中	中	差	低
研讨法	优	良	良	优	良	中	中偏低
讲授法	差	差	差	差	差	差	低
模拟与游戏法	优	中	差	良	中	差	中偏高
视听法	差	差	差	差	差	差	中
计划性指导	优	中	良	良	差	中偏良	高
角色扮演法	良	良	良	中	良	中	中偏低
T小组	中	中	良	中	中	中	中偏高

(5) 制定控制措施。在培训中，安排专职人员负责培训活动的日常管理，使整个培训活动有序进行。例如，执行考勤制度或签到制度等控制手段，监督培训计划的进展。

(6) 决定评估方法。根据对受训人员的工作表现评估以及命题作业、笔试、口试、受训人员的培训报告等各方面来综合评价受训人员的培训效果。另外，在制订培训计划时，必须考虑以下因素。一是员工的参与。让员工参与设计和决定培训计划，除可加深员工对培训的了解外，还能增加他们对培训计划的兴趣和承诺。此外，员工的参与可使课程设计更切合员工的真实需要。二是管理者的参与。前厅部管理人员对于部门内员工的能力及所需何种培训比较了解，故他们的参与、支持及协助，对培训计划的成功有很大的帮助。三是时间。在制订培训计划时，必须准确预测培训所需时间及该段时间内人手调动是否有可能影响组织的运作。编排课程及培训方法必须严格依照预先拟订的时间表执行。

3. 培训的实施与控制

前厅部根据培训计划安排和要求，采用多种方式进行培训。在正式开始前，应使员工明确培训的必要性，以及对员工发展的益处，提高员工参加培训的积极性和主动性。在培训的具体实施过程中，最重要的是如何增强培训效果。培训效果取决于前厅部管理人员是否做好组织工作，培训师是否能够运用培训的艺术，员工是否合作等。

对培训工作进行有效控制，是指在培训计划中要规定培训课程或活动的结果必须达到什么标准。所定的标准既要切合实际，又要便于检查控制；在确定达标人数、成绩、出勤率等数量要求时，要尽量量化。检查与反馈是质量控制必须抓住的另一个关键环节。要检查培训方案、培训大纲、场地、教材、经费、训导师的准备、落实情况；检查学员的学习态度、表现、出勤情况；将学员对教学方面的意见及时反馈给训导师，使教学活动紧紧围绕培训目标进行。在实施培训工作中，培训部要制定规章制度与控制措施，以监督培训方案的贯彻落实。培训部主管人员还必须通过旁听或参加有关培训活动、课程，监督检查培训工作的正常进行。

对培训工作的控制还包括将受训人员的参与态度及成绩同奖罚措施挂钩，以鼓励员工积极自觉地参加培训；培训部定期举行例会，与部门主管或培训师讨论有关部门的培训事宜，听取有关人员对培训工作的建议、设想等反馈意见；切实做好培训评估也是对培训的一种控制方法。

4. 培训的考核与激励

培训结束后，通过安排笔试、口试或实际操作测试等方式对参加培训的人员进行考核，以便确定培训是否按计划达到预期目标。最后，将培训人员考核成绩填入考核评价表（见表 8-6）中，存入员工个人培训档案。

表 8-6　培训考核评价表

人员培训考核表

工号：

姓名 ______ 性别 ______ 部门 ______ 岗位 ______ 工龄 ______

出生年月 ______ 入店年月 ______ 学历 ______ 职称 ______

调整部门 ______ 调整日期 ______

培训名称	培训内容	培训时间	考核形式	考核成绩	经费	受训人签名	备注

为了增强培训效果，还应做好培训的激励工作。

（1）做好培训考勤管理。对于出勤情况好、认真听课的员工及时予以表扬和鼓励；对迟到、早退，甚至无故不参加培训的员工，要予以批评，令其改正。

（2）将培训与应用相结合。根据员工的具体条件、特长、愿望及工作需要，实行定向聘用、定向培训。培训表现和考核成绩作为岗位聘用的依据之一。

（3）将培训同晋升相结合。对于积极参加培训，而且培训考核成绩优秀的人员，在机构调配或有提拔机遇时，可优先予以考虑。

5. 培训效果的评估

培训评估就是对培训效果的确定，这一环节常在饭店培训中被忽略或者做得不好。培训效果评估是依据组织目标和需求，运用科学的理论、方法和程序从培训项目中收集数据，以确定培训的价值和质量的过程。培训者征求参加培训的员工意见及建议，并从培训内容、培训方式、组织管理及培训效果等方面进行评估和总结，以便今后改进和提高培训管理及技能水平。表 8－7 为培训课程评核表。

表 8－7 培训课程评核表

* * 酒店培训课程评核表

本问卷旨在收集你对本课程及课程导师的意见。我们非常重视您所提供的评估意见，以便改进本课程。为此，恳请您合作，细心填答问卷。谢谢！所有填答内容，将以保密方式处理。

上课日期：　　　　　　　　学生姓名：

导师姓名：

导师评估（请在相应的分数上打钩）	极差 ⟶ 极好									
1. 导师对课程的专业知识	1	2	3	4	5	6	7	8	9	10
2. 导师对课程的经验	1	2	3	4	5	6	7	8	9	10
3. 导师对课程准备是否充分	1	2	3	4	5	6	7	8	9	10
4. 导师授课的趣味性、生动性	1	2	3	4	5	6	7	8	9	10
5. 导师的口头表达能力	1	2	3	4	5	6	7	8	9	10
6. 导师的带领讨论技巧	1	2	3	4	5	6	7	8	9	10
7. 导师营造课堂气氛的技巧	1	2	3	4	5	6	7	8	9	10
8. 导师即场解答问题的技巧	1	2	3	4	5	6	7	8	9	10
9. 导师使用培训教具的技巧	1	2	3	4	5	6	7	8	9	10
10. 你对导师的整体印象	1	2	3	4	5	6	7	8	9	10

课程评估（请在相应的分数上打钩）	完全不同意 ⟶ 完全同意									
1. 课程的内容能够达成所订立的目标	1	2	3	4	5	6	7	8	9	10
2. 课程时间的长短合适	1	2	3	4	5	6	7	8	9	10
3. 课程设施的设置合适	1	2	3	4	5	6	7	8	9	10
4. 课程资料内容合适	1	2	3	4	5	6	7	8	9	10
5. 课程资料条理清晰	1	2	3	4	5	6	7	8	9	10
6. 你在课程中参与度高	1	2	3	4	5	6	7	8	9	10
7. 你能将学习到的内容应用到工作上	1	2	3	4	5	6	7	8	9	10
8. 你会将本课程推荐给其他员工	1	2	3	4	5	6	7	8	9	10

你对本课程的综合评分（满分 100 分）：______________

请阅背面

你对课程环节的评价

(请在方框内填写相应的代码)

A 对工作特别有帮助

B 应更加深入地探讨

C 用处不大

□ 顾客服务的重要性	□ 角色扮演发展历程
□ 顾客服务的概念	□ 自我管理
□ 自己在提供服务中的角色	□ 行动计划
□ 服务基本原则	□ 案例/故事
□ 服务基本步骤	□ 录像
□ 其他：请写出＿＿＿＿＿＿	
□ 其他：请写出＿＿＿＿＿＿	

你认为此课程有哪些需改善之处?

你的其他建议或意见：

谢谢您花费时间来完成这个评估表!

1）培训效果评估的层次

培训效果的评估对于员工培训十分重要。通过评估，既可以了解培训产生的效益，又可以为未来的培训打好基础，以利于进一步开发人力资源。培训效果评估可分为反应评估（学员对培训活动的喜欢程度如何）、学习评估（学员学到了哪些新理论、新技能，效果如何）、行为评估（了解培训导致学员发生了哪些工作行为的变化）和产出评估（培训在降低成本、提高质量和效率上产生了什么作用）四个层次。

(1）反应层次。这是培训效果评估的最低层次，主要利用问卷来进行测定。可以提问以下问题：受训者是否喜欢这次培训？是否认为培训师很出色？是否认为这次培训对自己很有帮助？哪些地方可以进一步改进？等等。

(2）学习层次。这是培训效果评估的第二层次，可以运用书面测试、操作测试、情景模拟等方法来测定。主要测定受训后与受训前相比，受训者是否掌握了较多的知识、较多的技能，是否改变了态度等。

(3）行为层次。这是培训效果评估的第三层次，可以通过上级、同事、下级、客户等相关人员对受训者的业绩进行评估来测定。主要测定受训者在受训后行为是否改善，是否运用培训中的知识、技能，是否在交往中态度更加正确等。

(4）产出层次。这是培训效果测定的最高层次，可以通过投诉率、客人满意度、客房销售量、成本、利润、离职率、迟到率等指标来测定。主要测定内容是个体、群体、组织在受训后是否改善，这是最重要的一种测定层次。

2）培训效果评估的分类

(1）以评估的方式为分类标志，可分为非正式评估和正式评估。

① 非正式评估。一般而言，非正式评估是主观性的。换句话说，它往往根据“觉得怎

样”进行评判，而不是用事实和数据来加以证明。非正式评估的优点有：不会给培训对象造成太大的压力；可以更真实准确地反映出培训对象的态度变化，因为这些态度在非正式场合更容易表现出来；可以使培训者发现意料不到的结果；方便易行，几乎不需要耗费额外的时间和资源。

② 正式评估。正式评估往往具有详细的评估方案、测度工具和评判标准。尽量剔除主观因素的影响，从而使评估更有信度。正式评估的优点有：在数据和事实的基础上作出判断，使评估结论更有说服力；更容易将评估结论用书面形式表现出来，如记录和报告等；可以将评估结论与最初的计划比较核对。

（2）以评估进行的时间为分类标志，可以分为即时评估、中期评估和长期评估。

① 即时评估。它与培训刚结束时的知识、技能和行为的改变有关，也就是说评估培训是否有效地交换了信息，如学员是否获得了传授的技能；学员是否理解了对他们的要求。

② 中期评估。它用来判断培训中所学知识、技能和行为在工作中是否已得到应用，即受训者、同事及其经理是否认为其行为、技能、态度因培训而发生了较大的改变。

③ 长期评估。它评估培训对受训者与组织的长期影响，通常比较困难，除非培训从一开始就与组织的运作相联系才有可能做出。内容为培训对象是否对饭店确实作出了贡献，或培训带来的变化到底有多大程度等。

3）培训效果评估的标准

对培训效果的评估工作一般可以从两个方面着手：一是评估培训工作实现培训目标的程度；二是判断培训工作给饭店带来的全部效益（经济效益和社会效益）。

（1）接受培训的人员对培训的反应。每一个接受培训的员工都会对培训做出效果好坏的评价，结合所有人员的总体反应，可以得出对培训效果的基本认识。

（2）对培训的学习过程进行评价。主要是评价培训过程中实施的具体手段、方法是否合理、有效，培训中的每一步学习过程是否满足或达到了培训所提出的要求。

（3）培训是否带来了员工行为上的改变。培训的目的是提高能力，而能力是通过行为表现出来的。因此，评价培训的效果就是要看接受培训的员工是否在工作行为上发生可观察的变化，并有利于工作绩效的提高。

（4）工作行为改变的结果是什么。培训的最终评价应该以组织的工作绩效为标准。也就是说，工作行为的改变带来的是工作绩效的提高。如果培训能够带来这种积极效果，也就可以说完成了对员工实施培训的目标。

宋代学者程颐曾言“教人未见意趣，必不乐学”。成功的培训至少要体现为：第一，其课程为受训者喜欢（喜欢听、愿意听）；第二，能使受训者学到东西（学有所获）；第三，能使受训者记忆犹新、挥之不去（记得住）；第四，能使受训者返回实践后发挥作用（学以致用）；第五，可以产生良好的投资回报。

4）培训效果评估的方法

培训评估的方法很多，如评估人员跟班听课或参与培训活动进行观察；与参加培训对象进行交谈，收集他们对培训的态度、收获、建议等方面的信息；对参与培训对象实施考核（或考试），以确定他们对新知识或技能的掌握情况；可发放调查表让培训对象填写；或对培训对象进行跟踪调查，考查他们在培训前后工作行为或绩效改善情况。

（1）回任工作后的评定方法。

① 培训结束后一段时期，通过调查受训者的工作效益来评定培训成效。如结束后每隔六个月，以书面调查或实地访问的方式，调查受训后在工作上的获益情形。

② 实地观察受训员工的工作情况，评定培训的成效。如根据实地观察发现，受过培训的员工在工作上确能表现出高昂的工作热情，良好的工作态度，高度的责任心等，则可认定培训已发生效果。

③ 调查或访问受训员工的上级主管或下属，根据所得意见来评定培训的成效。受训员工回任工作一段时间后，以书面调查或实地访问的方式，了解受训员工的上级主管或下属对受训员工在工作上表现的看法，如主管人员是否认为受过培训的员工的工作有进步。无论是主管还是下属的意见，均为评定培训成效的重要资料。

④ 分析培训员工的人事记录，评定培训的成效。如受过培训的员工的绩效考核较以前有所进步，缺勤和请假次数减少，受奖次数增加，则表示培训对该员工的工作积极性已发挥作用。

⑤ 根据受过培训与未受培训的员工工作效率的比较来评定培训成效。

⑥ 根据受过培训的员工是否达到工作标准来评定培训的成效。

⑦ 根据是否达到培训目标来评价培训的成效。如回任工作后，员工解决了培训计划中预期需要解决的问题，或达到了培训计划所规定的要求，则说明培训已产生效果。

（2）培训结束时的评定方法。

① 应用知识技能的测验评定培训成效。对参加测验的员工在培训开始和结束时用同样的方式，先后做两次，把两次测验结果进行比较。

② 应用工作态度调查评定培训成效。对参加培训的员工，在培训开始和结束时，用同样的方式调查员工对工作的态度。

③ 调查员工关于培训的改进建议。在培训结束时把调查表发给受训员工，征求他们对培训的意见，如员工确能提出有价值的改进建议或其他意见，则表示员工对培训已获得应有的重视，并具有更深的认识，可断定培训已有成效。

④ 记录培训期间出席人员的变动情况。在培训期间，可约定若干人员为观察员，仔细地观察培训的进行情况及受训人员平时对培训工作的反应，在培训结束时提出观察报告。

⑤ 根据主持培训及协助培训的人员的报告来评定培训成效。

⑥ 根据受训者培训结束后的考核成绩评定培训成效。

培训效果也可以采用量化的测定方法，量化测定方法较多，其中运用较广泛的是下列公式：

$$T_E = (E_2 - E_1) \cdot T_S \cdot T - C$$

其中：T_E 为培训效益；E_1 为培训前每个受训者一年产生的效益；E_2 为培训后每个受训者一年产生的效益；T_S 为培训的人数；T 为培训效益可持续的年限；C 为培训成本。

总之，培训的效果要通过对培训师和受训者的测评得出。对培训师评估有利于提高教学质量；而对受训者的成绩评估则是为了对其有相对制约，以保证学习效果。因为饭店培训多是免费和不正规的，易流于形式，所以培训最终要有完善的考试制度和定期对培训师教学质量的测评调查。饭店管理者都试图对其所采取的措施进行预测和控制，但由于对结果造成影响的因素不都是可以被考虑到和易于控制的，对结果的分析可以帮助管理者了解失败的原因，寻找解决、改正或弥补的方法。

应用是体现培训效果的最终环节，要解决好理论与实际的结合问题。员工学习的内容就是工作岗位需要的，学用一致，培训就发挥了积极的作用。另外，并不是培训结束就完成了培训任务，还应通过考试、写心得体会（论文）、讨论、给下属讲课、提出整改措施等手段来应用和巩固培训成果。受训者应自觉地将所学知识、技能应用到工作中去，促使培训知识和技能向工作实际的转移，最大限度地发挥培训的效用。

8.2.5 提高前厅部员工培训质量的途径

1. 提高认识，树立培训新理念

培训对保持高效能、高品质的管理，提高竞争力和员工整体素质至关重要。培训工作不是一种短期行为，而是一项具有长期性、战略性的任务。作为管理者要提高对培训工作的认识，视培训为一种管理，将培训与管理统一起来，从而真正重视培训工作，并使之制度化、计划化。

根据饭店业发展的新态势对人才培养提出的新要求，培训应以改革创新为动力，以高层次和急需人才培养为重点，全面推进素质教育，并制定出不同发展阶段的培训目标。其关键是转变观念，树立培训就是管理，培训就是效益，培训就是财富，人才培养是饭店业持续发展的根本动力等现代化的培训理念，把人才建设作为饭店重要的经营发展战略，充分认识到培训战略化、自主化、现代化、定制化、终身化、社会化的发展趋势。把培训作为一种投资而非成本，培训不仅要解决目前的实际问题，还要着眼于长远发展；培训不仅促进饭店发展，也要促进员工进步。

2. 加强创新，切实提高培训质量

饭店业的发展，社会环境的变化，员工学习需求的差异，要求培训工作必须改革创新。创新是培训发展的生命力，没有创新就没有发展。培训创新包括理念、方法、内容、管理创新等。一是培训方法从单一转向多样化，从讲授为主转向多种培训方法相结合。二是培训内

容从注重业务培训转向与个人发展相结合，从传授业务知识、提高技能转向与情商开发、潜能开发、拓展训练、职业生涯设计等相结合。三是培训与管理相结合，把培训作为考核、评优、晋升的依据；培训部要加强与饭店管理部门的协调和沟通，紧密合作，共同推动饭店培训工作的开展。

创新需要提高培训的专业化水平，需要质量作保证。建立培训质量控制体系是提高培训质量的关键，该体系包括培训前、培训中和培训后三个阶段的质量控制，要抓好培训需求分析、制订可行的培训方案、选聘优秀的培训师、检查与评估以及应用等关键环节。

3. 培训与饭店文化建设紧密结合

培训是饭店文化建设的一部分，若两者脱节，员工的价值取向就会与饭店的经营理念和发展战略不一致，与人力资源管理不相融合，饭店文化具有的融合、凝聚、动力功能等，就不能为培训提供潜在的思想和动力支持。只有将培训纳入饭店文化建设，实行人本管理，尊重人、理解人、关怀人、成就人，发挥员工的主观能动性，最大限度地挖掘员工的创造潜能，才能培养员工对本职工作的热爱和对饭店的忠诚，将自己的理想与饭店发展的目标紧密地融合在一起，培训才能产生良好的效益。饭店文化建设应突出员工的意识和观念在饭店生存和发展中的作用，重视员工的主体地位，协调人际关系，实现最佳组合，形成饭店的最大整体合力。饭店文化能够改变培训的单调性，保证培训工作的连续性、广泛性和有效性。加强饭店文化建设是对培训工作的促进，能够增强饭店与员工之间的信任理解、情感交流、思想沟通、行动配合，推动饭店和员工自身的发展，保持与发展员工的创造性。在对员工进行业务培训的同时，加强对员工饭店文化的培训，建立统一的饭店文化氛围，使员工产生对饭店强烈的认同感和归属感，使他们的价值观、工作目标趋向一致，进而形成稳定的团队精神，才是改进饭店服务质量的根本途径。

4. 充分认识员工学习的特点

在培训中强调的是一种成人之间的学习环境，而非培训师对员工的被动灌输。成人在理性思考以及自身专业度上都已达到一定的水准，所以单一的授课方式并非最好的方法。随着培训需求的多样化、专业化，饭店和员工对培训提出了新的更高的要求，即要有针对性地安排课程和师资，提高培训的实效性。因此，充分考虑员工学习能力和学习风格的差异，因材施教，发挥员工个人特点，具有非常积极的意义。

（1）学习自主性较强。员工的价值观、职业成就感不仅与饭店发展密切相关，也与个人利益直接相联。因此，员工学习目的明确，有较强的学习自主性。

（2）理解能力较强。员工往往可以用已有的经验去理解知识，通过对客观事物的联想、比较、分析、综合、推理和概括，认识事物的现象和本质，并能联系实际思考问题，触类旁通地掌握知识。

（3）学习运用性强。员工对工作程序和环境比较熟悉，在学习中能有意识地缩短与运用的差距，尽快将所学知识与工作实践联系起来，自觉运用于实践中，进行创造性劳动，解决实际问题。

5. 科学地进行培训评估

评估就是对培训效果的界定，评估可分为反映评估、学习评估、行为评估和产出评估等。评估内容主要分为对培训课程本身的评估和对培训效果的评估。评估时应正确认识其重要性，客观地、多层面地进行。新开发课程应着重于对培训需求、课程设计、应用效果方面；新教师的课程应着重于教学方法、质量等综合能力方面；新的培训方式应着重于课程组织、教材、课程设计、应用效果方面；外请培训公司进行的培训应着重于课程设计、成本核算、应用效果方面等。

6. 采用新的学习方式，改进传统培训方法

时代的发展需要更便捷的培训和学习方式，它所提供的不只是培训方式的变化，更是一种培训观念的更新。它提供了一种个性化的、全新的学习方式，可以快速有效地使饭店成为学习型组织，使员工成为知识型个体。

在培训中要改变传统的培训方法，实现培训方法现代化，即在培训过程中充分利用管理、教育、心理、生理、领导科学等领域的最新成果，采取灵活多样的培训方法，注意理论知识应用导向性的训练，注重员工动手能力和解决问题能力的培养，引导员工参与教学。在培训中大量运用高新科技手段，充分利用网络教学、多媒体教学、远程教育等方式，打破培训时空限制，提高培训整体效果。

7. 引入激励机制，巩固培训效果

在培训后及时有效地强化员工在工作中的进步，使之变成个人习惯性的行为方式，是巩固培训效果的最后也是最重要的环节。应抓住员工的关键需求，将培训与升迁等激励机制结合起来，有效调动员工参与培训的积极性。另外，培训工作不是孤立存在的，它是整个队伍建设和人力资源开发的一个重要环节。饭店通过招聘录用、考核评估、报酬分配及开发培训的有机组合，可以实现饭店人力资源的系统化管理。具体地说，就是要建立有效的培训与用人、薪酬相结合的机制，制订相配套的政策措施，完善培训、考核、聘用、晋升、待遇一体化的用人制度，形成培训的激励机制，使培训形成良性循环。因此，科学地设计培训体系，建立并完善培训与用人相结合的机制，是饭店人力资源开发的当务之急，也是难点所在。

在开展培训工作的同时，还应注重理论研究，在不断总结经验的基础上，对培训的管理体制、运行机制、实施步骤、方式方法以及考核评估等方面，不断地由表及里、由此及彼地研究、探讨，加深认识，找出规律，及时总结，用以指导培训工作。培训的最终目的是将员工变成饭店所需要的人才，用培训来发展员工，为他们提供更多的成长空间和机会才是从根本上解决人员流动问题的方法。饭店要保持竞争力，必须在人力资源的培训发展方面有一个战略性的转变，并保持培训工作的可持续发展。

小资料

饭店创新培训发展的动力

饭店业的发展、社会环境的变化、员工学习需求的差异，对培训工作提出了新的挑战。培训工作必须进行改革创新，以充分发挥培训的作用，推动培训工作向纵深开展。

1. 理念创新

理念创新是培训创新的基础，没有新的、正确的创新理念作指导，培训工作就会滞后，就没有生机与活力。

饭店总经理是总训导师，人力资源总监、培训部经理是执行训导师，各部门经理是部门训导师——这就明确了管理者就是培训者、培训就是管理的新理念，有利于解决培训与管理脱节，管理者只抓业务，不管培训的现象。

培训就是效益，培训就是投资——这个理念告诉人们，培训能为饭店带来倍增的效益，培训是投资的最佳手段。

人才培养是饭店业持续发展的根本动力——这表明饭店业的竞争归根结底是人才的竞争，饭店业的发展要靠高素质的人才队伍作保证。

下属出现问题首先应从培训上找责任，培训没有出现问题则要追查领导者的责任——这就把培训作为管理者的职责确立下来了。

2. 方法创新

方法创新包括培训方法与培训形式两部分。

培训方法创新是指方法从单一转向多样化，从讲授为主转向根据不同的培训目标采取不同的培训方法，将讲授、案例分析、研讨、角色扮演、游戏、操作训练、视听教学、参观考察、面谈辅导、读书、脑力激荡等方法有机结合起来；从学员被动接受变为教学互动，从教员讲授、灌输变为教员与学员、学员与学员之间进行经验分享，从教员与学员之间的单向交流变为教员与学员之间的双向沟通。

培训形式创新是指形式从传统转向科学。传统的培训形式主要是师傅带徒弟，注重岗前培训，饭店自我培训为主，培训手段落后，忙时不培训、闲时多培训等，这已不适应饭店培训多样化、层次广的需要，于是岗前培训、交叉培训、晋升培训、转岗培训在饭店普遍开展；培训的社会化、培训“外包”应运而生；忙时以零散训练为主，闲时以系统培训为主的新做法已经出现；远程培训、网上教育带来了培训方式的革命；送出去请进来的培训模式弥补了企业自身实力和培训资源的局限性。

3. 内容创新

培训内容的创新主要体现在：一是培训内容从注重业务训练转向与个人发展相结合。多年来，饭店培训都是“干什么学什么”、“缺什么补什么”，这在饭店发展之初是必要的，但饭店业发展了 20 多年，已培养了一支较为成熟的队伍，培训内容理应进行相应的调整，要从传授业务知识、提高技能转向与情商开发、潜能开发、拓展训练、职业生涯设计等课程结合起来，帮助员工树立自信心，实现自我发展的目标。二是培训内容不断拓展和深化。针对激烈的竞争，员工心理压力大，应开展减轻员工心理负担的培训；为了激励员工，开展“抓员工家属的心”的培训活动；将饭店培训社会化，在银行、医院等行业开展饭店星级标准的培训服务。

4. 管理创新

培训与咨询相结合。通过对受训者和企业进行咨询诊断，明确需要改善的方向，并提供培训帮助。

培训与管理相结合。把培训作为考核、激励员工和晋升的依据，人事与培训部门一体化，培训部门与业务部门相互渗透、相互支持和配合，共同承担培训责任。

高校管理教育与企业管理培训“合流”。院校更加广泛介入企业管理培训，提供短训、学历教育等培训服务。

团体学习、终身学习浪潮兴起。一些企业通过加强培训，朝建立“学习型组织”方向发展，以在未来持久的竞争中保持优势。

8.3 前厅部的员工激励

8.3.1 前厅部员工激励的重要性

激励是激发员工行为动机的心理过程。具体来说，它是通过外部刺激来唤起人的需要，诱发和引导人的动机，并按照激励者的意图产生行动的一种方式或手段。应用现代饭店管理的各种激励理论，提高饭店员工的工作积极性和创造性，已成为饭店人力资源管理中普遍应用的手段。

激励对前厅部员工来说非常重要。前厅部有些员工具有较高的素质和较好的服务技能技巧，但在服务工作中缺乏积极性、主动性和创造性，影响到服务质量，这就是缺乏激励的表现。只有在激励的作用下，他们才有可能充分发挥主观能动性和创造性，才能激发他们的工作潜能。通过激励可以调动员工的积极性，促使每位员工自发地、最大限度地发挥潜力，提高服务质量和管理水平，提高员工对饭店的参与感和归属感，增强员工的群体意识，形成团队精神，使员工以高昂的士气为实现饭店的整体目标而努力工作。

饭店的发展需要员工的支持。管理者应懂得，员工绝不仅是一种工具，其主动性、积极性和创造性将对饭店生存发展产生巨大的作用。而要取得员工的支持，就必须对员工进行激励；要想激励员工，又必须了解其动机或需求。每个管理者首先要明确两个基本问题：第一，没有相同的员工；第二，不同的阶段，员工有不同的需求。

8.3.2 前厅部员工激励的基本形式

1. 目标激励

目标激励就是确定适当的目标，诱发员工的动机和行为，达到调动员工积极性的目的。

正确而有吸引力的目标，具有引发、导向和激励的作用。一个人只有不断启发对较高目标的追求，才能激发其奋而向上的内在动力。每个人实际上除了金钱目标外，还有如权力目标或成就目标等。管理者就是要将每个人内心深处的这种或隐或现的目标挖掘出来，并协助他们制定详细的实施步骤，在随后的工作中引导和帮助他们努力实现目标。当每个员工的目标强烈和迫切地需要实现时，他们就对饭店的发展产生热切的关注，对工作产生强大的责任感，平时不用别人监督就能自觉地把工作搞好。另外值得注意的是，目标必须切合实际，多层次、多方位，要将部门目标转化为各岗位及员工个人目标，使饭店各项指标层层落实，每个员工既有目标又有压力，产生强烈的动力，努力完成任务。还应注意目标难度和期望值，这样目标激励才能产生强大的效果。

2. 参与激励

现代人力资源管理的实践经验和研究表明，员工都有参与管理的要求和愿望，创造和提供一切机会让员工参与管理是调动员工积极性的有效方法。毫无疑问，很少有人参与商讨和自己有关的行为而不受激励的。因此，让员工适当地参与管理，给予员工发表意见的机会，尊重他们的意见和建议，既能激励员工，又能为饭店的发展获得有价值的信息。通过参与，形成员工对饭店的归属感、认同感，可以进一步满足自尊和自我实现的需要。

3. 关怀激励

了解是关怀的前提，作为前厅管理人员，对下属员工要做到“八个了解”，即员工的姓名、籍贯、出身、家庭、经历、特长、个性、表现。此外，还要对一些情况心中有数，即工作情况、身体情况、学习情况、住房情况、家庭状况、兴趣特长、社会关系。对员工工作和生活要多关心，如建立员工生日情况表，总经理签发员工生日贺卡，关心员工的困难，慰问或赠送小礼物。

4. 榜样激励

“榜样的作用是无穷的”，管理人员要善于及时发现典型、总结典型、运用典型。通过具有典型性的人和事，营造典型示范效应，让员工明白提倡或反对什么思想、作风和行为，鼓舞员工学先进、帮后进。另外，前厅部管理人员首先应从各方面严格要求和提高自己，通过各级管理人员的行为示范、敬业精神来正面影响员工。

5. 物质激励

物质激励就是通过满足个人的物质利益需求，来充分调动个人完成组织任务、实现组织目标的积极性和主动性。“经济人”假设认为，人们基本上是受经济性刺激物激励的，金钱及个人奖酬是使人们努力工作最重要的激励，饭店要想提高员工的工作积极性，唯一的方法是用经济性报酬。虽然在知识经济时代的今天，人们生活水平已经显著提高，金钱与激励之间的关系渐呈弱化趋势，但物质需要始终是人类的第一需要，是人们从事一切社会活动的基本动因。所以，物质激励仍是激励的主要形式。如采取工资的形式或任何其他鼓励性报酬、奖金、优先认股权、公司支付的保险金，或在做出成绩时给予奖励。

6. 培训和发展机会激励

随着知识经济时代的到来，当今世界日趋信息化、数字化、网络化。知识更新速度的不断加快，使员工知识结构不合理和知识老化现象日益突出。他们虽然在实践中不断丰富和积累知识，但仍需要对他们采取等级证书培训、进高校深造、出国学习等激励措施，通过这种培训，充实他们的知识，培养他们的能力，给他们提供进一步发展的机会，满足他们自我实现的需要。

7. 荣誉和提升激励

荣誉是对个体或群体的崇高评价，是满足人们自尊需要，激发人们奋力进取的重要手段。从人的动机看，人人都具有自我肯定、光荣、争取荣誉的需要。对于一些工作表现比较突出、具有代表性的先进员工，给予必要的荣誉奖励，是很好的精神激励方法。荣誉激励成本低廉，但效果很好。荣誉激励要侧重于集体荣誉，通过给予集体荣誉，培养集体意识，从而产生自豪感和光荣感，形成自觉维护集体荣誉的力量。各种管理和奖励制度要有利于集体意识的形成，以形成竞争合力。另外，提升激励是对表现好、素质高的员工的一种肯定，应将其纳入“能上能下”的动态管理制度。

8. 负激励

激励并不全是正激励，也包括许多负激励措施，如淘汰激励、罚款、降职和开除。在前厅部管理过程中，对犯有过失、错误，违反饭店规章制度，贻误工作，损坏设备设施，给饭店造成经济损失和败坏饭店声誉的员工，分别给予警告、经济处罚、降职降级、撤职、留用察看、辞退、开除等处罚。淘汰激励是一种惩罚性控制手段，按照激励中的强化理论，激励可采用处罚方式，即利用带有强制性、威胁性的控制技术，如批评、降级、罚款、降薪、淘汰等来创造一种令人不快或带有压力的条件，以否定某些不符合要求的行为。但是，滥用惩罚，不仅不能起到激励作用，而且容易引起员工的对抗情绪。所以，惩罚要合理、适当。

现代管理理论和实践都指出，在员工激励中，正面激励的作用远大于负面激励。越是素质高的人员，淘汰激励对其产生的负面作用越大。淘汰激励一般采用单一考核指标，给员工造成工作不安定感，也很难让员工有总结经验教训的机会；同时还会使员工与上级主管之间的关系紧张，同事间关系复杂，员工很难有一个长期工作的打算。

此外，前厅部还可以采用尊重激励、竞争激励、信息激励、自我激励、角色激励、情感激励等多种方法来提高员工工作的积极性和创造性。

8.4　前厅部员工的工作评估

员工的工作评估就是管理人员按照一定的程序和方法，依据既定的标准和内容，对员工的德、能、勤、绩进行综合考核和评定。评估考核的内容如图 8－1 所示。

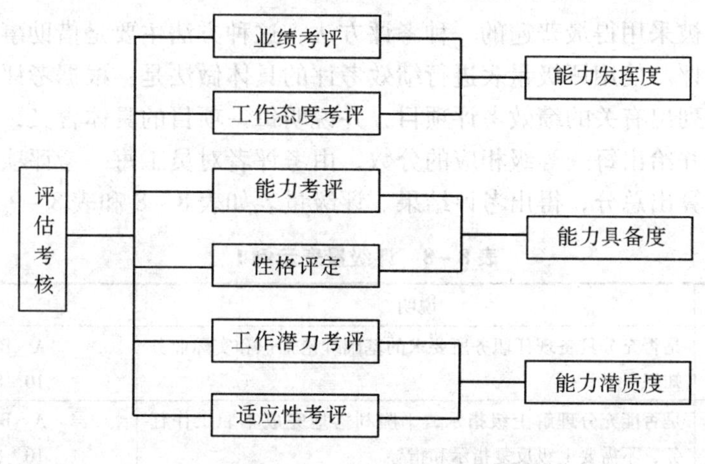

图 8－1　评估考核的内容

8.4.1　前厅部员工工作评估的作用

定期或不定期对前厅部员工的工作表现进行评估是对员工工作监督和促进的一种手段。但它的意义不仅仅局限于此，因为通过工作评估还能达到以下目的。

（1）能够激励员工更好地工作。通过评估，能够充分肯定员工的工作成绩及良好的表现，这是对员工所做工作的尊重，能激发员工的进取心。

（2）有助于发现员工工作中的缺点和不足之处。如果是属于员工工作态度不端正、努力程度不够的问题，应着手帮助其分析问题，端正态度，改进工作；如果是属于缺乏专业知识、技能技巧不熟练的问题，则应确定进一步培训的需要，并纳入下一步的培训计划。

（3）为今后员工的使用安排提供依据。评估能发现各方面表现突出并有发展潜力的员工，可对这类员工提出更高的要求，为今后提升或担任更重要的工作打好基础。评估也可发现不称职、不合格员工，为保证工作质量和服务质量，应调动其工作或解聘。

（4）有助于改善员工和管理人员的关系。在评估中，员工与管理人员可双向沟通，互相进一步了解。

（5）可以对部门管理工作进行检查。从员工的工作表现中可以看出部门管理工作的状况，并可从中分析问题，对管理工作起到促进作用。

8.4.2 前厅部员工工作评估的常用方法

1. 评级量表法

评级量表法是被采用得最普遍的一种考评方法，这种方法主要是借助事先设计的等级量表来对员工进行考评。使用评级量表进行绩效考评的具体做法是：根据考评的目的和需要设计等级量表，表中列出有关的绩效考评项目，并说明每一项目的具体含义，然后将每一考评项目分成若干等级并给出每一等级相应的分数，由考评者对员工每一考评项目的表现做出评价和记分，最后计算出总分，得出考评结果。评级量表如表 8－8 和表 8－9 所示。

表 8－8 评级量表示例 1

考核项目	考核要素	说明	评定
基本能力	知识	是否充分具备现任职务所要求的基础理论知识和实际业务知识	A B C D E 10 8 6 4 2
业务能力	理解力	是否能充分理解上级指示，干脆利落地完成本职工作任务，不需要上级反复指示和指导	A B C D E 10 8 6 4 2
	判断力	是否能充分理解上级指示，正确把握现状，随机应变，恰当处理	A B C D E 10 8 6 4 2
	表达力	是否具有现任职务所要求的表达力（口头文字），能否进行一般的联络说明工作	A B C D E 10 8 6 4 2
	交涉力	在与企业内外的对手交涉时，是否具有使双方诚服、接受、同意或达成协商的表达交涉力	A B C D E 10 8 6 4 2
工作态度	纪律性	是否严格遵守工作纪律和规定，有无早退、缺勤等。对待上下级、同级和企业外部人士有礼貌，严格遵守工作汇报制，按时提出工作报告	A B C D E 10 8 6 4 2
	协调性	在工作中，是否充分考虑到别人的处境，是否主动协助上级、同级和企业外人员	A B C D E 10 8 6 4 2
	积极性 责任感	对分配的任务是否不讲条件，主动积极，尽量多做工作，主动进行改良、改进，向困难挑战	A B C D E 10 8 6 4 2

评定标准	分数换算		
评定标准： A——非常优秀，理想状态 B——优秀，满足要求 C——略有不足 D——不满足要求 E——非常差，完全不满足需求	分数换算 A——48 分以上 B——24～47 分 C——23 分以下	合计分 评语 评定人签字	

表 8－9　评级量表示例 2

考评目标	第一次考评	第二次考评	第三次考评	事实依据
知识技能	30　24　18　12　6 s　a　b　c　d	30　24　18　12　6 s　a　b　c　d	30　24　18　12　6 s　a　b　c　d	
理解力	30　24　18　12　6 s　a　b　c　d	30　24　18　12　6 s　a　b　c　d	30　24　18　12　6 s　a　b　c　d	
判断力	30　24　18　12　6 s　a　b　c　d	30　24　18　12　6 s　a　b　c　d	30　24　18　12　6 s　a　b　c　d	
表达力	30　24　18　12　6 s　a　b　c　d	30　24　18　12　6 s　a　b　c　d	30　24　18　12　6 s　a　b　c　d	
纪律性	30　24　18　12　6 s　a　b　c　d	30　24　18　12　6 s　a　b　c　d	30　24　18　12　6 s　a　b　c　d	
协作性	30　24　18　12　6 s　a　b　c　d	30　24　18　12　6 s　a　b　c　d	30　24　18　12　6 s　a　b　c　d	
积极性	30　24　18　12　6 s　a　b　c　d	30　24　18　12　6 s　a　b　c　d	30　24　18　12　6 s　a　b　c　d	
各次考评得分				
评语	s：极优 a：优 b：良 c：中 d：差	最终得分：（一次 + 二次 + 三次）/3 最终档次：s a b c d	档次划分评语	s：200 分以上 a：180～199 分 b：126～179 分 c：84～125 分 d：42～83 分

2. 目标考核法

目标考核法是根据被考核人完成工作目标的情况来进行考核的一种考核方式。在开始工作之前，考核人和被考核人应该对需要完成的工作内容、时间期限、考核的标准达成一致。在时间期限结束时，考核人根据被考核人的工作状况及原先制定的考核标准来进行考核。

3. 序列比较法

序列比较法是对相同职务员工进行考核的一种方法。在考核之前，首先要确定考核的某一考评维度，如工作质量，工作态度，或者依据员工的总体绩效，将被考评者从最好到最差依次进行排序（见表8－10）。

表8－10　序列比较法

交替排序法的工作绩效评价等级 评价所依据的要素：	
说明： 针对评价所依据的要素，将所有员工的姓名都列出来。将绩效评价最高的员工的姓名列在第1格中；将绩效评价最低的员工的姓名列在第10格中。然后将次最好的员工姓名排列在第2格中，将次最差的员工姓名排列在第9格中。依次交替进行，直到所有的员工都被列出。	
评价等级最高的员工	
1	6
2	7
3	8
4	9
5	10
	评价等级最低的员工

4. 配对比较法

配对比较法也称两两比较法（见表8－11），是较为细化和有效的一种排序方法。它是对员工进行两两比较，任何两位员工都要进行一次比较。两名员工比较之后，工作较好的员工记"1"，工作较差的员工记"0"。所有的员工相互比较完毕后，将每个人的成绩进行相加，总数越大，绩效考核的成绩越好。配对比较法每次比较的员工不宜过多，范围在5～10即可。

表 8－11 配对比较法示例

就“工作态度”这一评价要素所做的比较						就“创造性”这一评价要素所做的比较					
比较对象＼被评价者	甲	乙	丙	丁	戊	比较对象＼被评价者	甲	乙	丙	丁	戊
甲		+	+	－	－	甲		－	－	－	－
乙	－		－	－	－	乙	+		－	+	+
丙	－	+		+	－	丙	+	+		－	+
丁	+	+	－		+	丁	+	－	+		－
戊	+	+	+	－		戊	+	－	－	+	

5. 小组评价法

小组评价法是指由两名以上熟悉该员工工作的管理人员，组成评价小组进行考核的方法。小组评价法的优点是操作简单，省时省力；缺点是容易使评价标准模糊，主观性强。为了提高小组评价的可靠性，在进行小组评价之前，应向员工公布考核的内容、依据和标准。在评价结束后，要向员工讲明评价的结果。在使用小组评价法时，最好和员工个人评价结合进行。当小组评价和个人评价结果差距较大时，为了防止考核偏差，评价小组成员应该首先了解员工的具体工作表现和工作业绩，然后再作出评价决定。

6. 评语法

评语法是指由考核人撰写一段评语来对被考核人进行评价的一种方法。评语的内容包括被考核人的工作业绩、工作表现、优缺点和需努力的方向。评语法在我国应用得非常广泛，由于该考核方法主观性强，最好不要单独使用。

7. 强制正态分布法

强制正态分布法可以有效地避免由于考核人的个人因素而产生的考核误差。根据正态分布原理（见图 8－2），优秀的员工和不合格的员工的比例应该基本相同，大部分员工应该属于工作表现一般的员工。所以，在考核分布中，可以强制规定优秀人员的人数和不合格人员的人数，见表 8－12。强制正态分布法适合相同职务员工较多的情况。

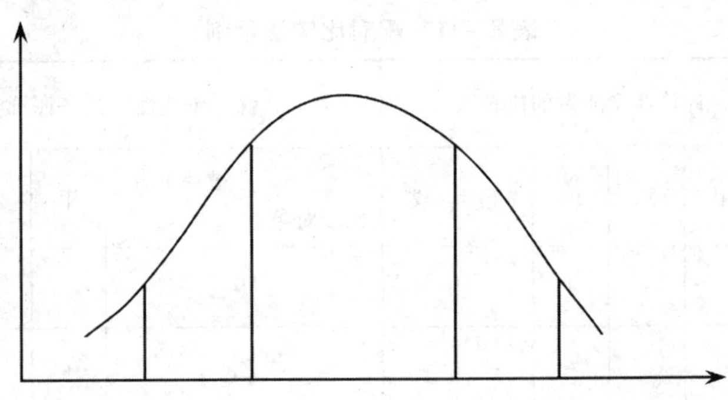

图 8－2　正态分布图

表 8－12　强制正态分布表

等级	优秀 10%	良好 20%	中等 40%	较差 20%	最差 10%
姓名	张×× ……	王×× ……	李×× ……	吴×× ……	赵×× ……

8.4.3　前厅部员工工作评估的基本程序

1. 制订评估计划

评估计划一般包括评估目的、要求、内容、时间安排、考核人与考核形式等。

1）评估的目的

（1）作为晋升、解雇和调整岗位的依据。着重在能力和能力发挥、工作表现上进行考核。

（2）作为确定工资、奖励依据。

（3）作为潜能开发和培训依据。着重在工作能力和能力适应程度考核上。

（4）作为调整人事政策、激励措施的依据，促进上下级的沟通。

（5）评估结果供本部门制订工作计划和决策时参考。

2）评估的要求

（1）对前厅部的高、中、基层员工均应进行考核。当然，不同级别员工考核要求和重点不同。

（2）程序上一般自下而上，层层逐级考核，也可单项进行。

(3) 制订的考核方案要有可操作性，是客观的、可靠的和公平的，不能掺入考评者个人好恶。

(4) 考核要有一定的透明度，不能搞暗箱操作，甚至制造神秘感、紧张感。

(5) 提倡考核结果用不同方式与被评者见面，使之心服口服、诚心接受，并允许其申诉或解释。

(6) 大部分考核活动应属于日常工作中，不要过于繁复地影响正常工作秩序，更反对无实效的走过场、搞形式主义。

(7) SMART 原则。

① S 代表具体（Specific），指绩效考核要切中特定的工作指标，不能笼统。

② M 代表可度量（Measurable），指绩效指标是数量化或者行为化的，验证这些绩效指标的数据或者信息是可以获得的。

③ A 代表可实现（Attainable），指绩效指标在付出努力的情况下可以实现，避免设立过高或过低的目标。

④ R 代表现实性（Realistic），指绩效指标是实实在在的，可以证明和观察。

⑤ T 代表有时限（Time Bound），注重完成绩效指标的特定期限。

3）评估的内容

对员工进行工作评估的主要内容是员工的基本素质、工作业绩及工作态度等。评估的依据是工作岗位说明书所规定的各项工作任务是否按照前厅部拟定的标准去完成。例如，按工作岗位说明书的规定，前厅接待员应遵照程序为到达饭店的客人办理入住登记手续。评估可以按照下列标准衡量接待员的工作表现。

(1) 是否及时招呼客人？

(2) 是否热情、主动地接待客人？

(3) 是否按饭店的规定和程序填写入住登记表？

(4) 填写是否完整清楚、快捷准确？

(5) 是否填上登记时间并签名？

(6) 是否告诉客人饭店有关结账付款方式的规定？

每个项目部分优、良、中、差四个等级。

除上述的深入具体地评估员工的工作表现外，还应从总体上来评估员工的工作态度、工作责任心、工作能力及与其他员工的合作等项内容。

4）评估的时间

分为定期（每周、旬、月、季度、半年、年度）评估和不定期评估。对于前厅部来说，一般情况下评估间隔为六个月至一年是比较合理的。间隔时间太长，一则失去了评估对员工工作应有的监督作用和威慑力，二则不能让员工对自己的工作及时获得反馈信息，影响员工修正工作方法，提高工作绩效。而间隔时间太短，则容易使评估工作例行公事，影响评估效果。

另外，评估的间隔时间也应因目的不同而有所不同。如果评估的目的是为了更好地进行沟通，提高工作效率，则时间间隔应适当短一些；如果是为了人事调动或晋升，则观察时间应长一些，避免以木代林。对于参加培训的员工，评估时间间隔应比较短，以便于员工及时获得反馈和指导。

5）*考核人与考核形式*

（1）直接上级考核。由直接上级对其下属进行全面考核和评价，其缺点是日常接触频繁，可能会掺杂个人感情，常用于对一线的员工考核。

（2）间接上级考核。由间接上级越级对下级部门进行全面考核和评价。

（3）同事评议。同级或同岗位员工之间相互考核和评价，但必须保证同事关系是融洽的。

（4）自我鉴定。员工对自己进行评价，抵触情绪少，但往往不客观，会出现自夸现象。

（5）下级对上级评议。下级员工对上级领导评价，弊病较多：下级怕被记恨、穿小鞋，故光说好话，或缺点一语带过；上级怕失去威信，工作中充当老好人。可改用无记名评价表或问卷。

2. 收集信息

收集信息是指在一次评估至另一次评估间隔期内，观察员工的行为表现或听取有关人员对该员工的行为表现的评价，包括批评和表扬，这是工作评估的基础工作。对员工的工作表现评估应定期正式地进行，但不可忽视在日常工作中，管理人员与员工接触及检查其工作质量时所发现的员工的工作表现，及时做好记录，并进行整理归档，为评估提供依据，以求评估的公正性、客观性。

3. 实施评估，填写评估表

按照计划要求采用多种形式和方法进行评估。最后评估人一般需填写评估表（见表8－13），根据表中所列出的内容和要求，对被评估的员工形成最终评定。注意评估结果应尽量量化。以往考核评估结果的表现方式侧重于定性的评估，如“很好、好、较好、一般、较差”和“A＋、A、B、B－、C、D”等。这种评估结果的表现方式只能将被评估者依次划分成几个具有相同评估水平的等级，缺乏客观参照标准，只靠主观判断，诸多问题由此产生。另外此种评估方法无任何标准而言，完全视评估者的个人情况而定，同时造成部门之间的考核成绩具有不可比性，这就给饭店统一的配套政策的实施带来障碍。现代意义上的考核强调考核结果量化，即以绝对数值形式表现：“65，76，78，87”、“2.45，3.49，5.76，8.99”、“23%，54%，73%，98%”。如此这样，则完全可以避免上述问题的发生。

表8-13 员工表现评估总结表

姓名		员工编号		部门		班组		
职位		评估日期	自 年 月 日至 年 月 日					
1	工作守时与考勤	员工是否守时及经常保持出勤？ 员工是否经常迟到或请病假、事假？						
	A	保持良好的考勤记录，在评估期限内绝无迟到或缺席						
	B	能基本保持良好的考勤记录，在评估期内缺勤不多于三天						
	C	能保持一般的考勤记录，在评估期内偶有迟到并有超过四天的缺勤						
	D	考勤记录很差，在评估期内经常迟到并有缺勤超过五天的记录。						
2	仪容仪表	员工是否注意修饰、整洁？						
	A	对个人清洁卫生非常注重，并经常保持适当的修饰						
	B	通常注意修饰整洁						
	C	偶然有不整洁或不适当的修饰						
	D	衣着不整洁及不适当的修饰						
3	工作知识	员工对本职工作的应有认识如何？ 员工是否了解自己工作的一切功能、要求与责任？						
	A	对本职工作各方面有充分认识，极少需要指导						
	B	对本职工作各方面基本上有足够的认识，偶尔需要引导						
	C	对本职工作某方面缺乏认识，经常需要引导，并需继续培训						
	D	对本职工作多方面缺乏知识，经常需要引导，并需继续培训						
4	工作质量	员工是否处事精确及不易出差错？ 员工的工作是否有条不紊，容易使人接受？						
	A	工作做得很好，极少发生差错						
	B	工作良好，只稍有些错处，极少犯相同错误						
	C	工作表现平平，工作要经审核才能被接受						
	D	处事十分粗心大意，经常犯同样的错误						
5	可信赖程度	员工是否值得信赖并对委派工作谨慎尽责？						
	A	非常值得信赖，经常准时按要求完成指定工作，极少需要督导						
	B	大多数情况都可以信赖，只是偶尔需要督导						
	C	完成工作需要经常查核						
	D	不可以信赖，需要经常密切监督						

续表

<table>
<tr><td colspan="2">姓名</td><td></td><td>员工编号</td><td></td><td>部门</td><td></td><td>班组</td><td></td><td></td></tr>
<tr><td colspan="2">职位</td><td></td><td>评估日期</td><td colspan="5">自　　年　　月　　日至　　年　　月　　日</td><td></td></tr>
<tr><td rowspan="5">6</td><td colspan="2">进取态度</td><td colspan="6">员工是否有创业精神及具有善于应变的能力？
即使没有提醒，员工能否主动担负起自己的职责？</td><td></td></tr>
<tr><td>A</td><td colspan="7">能主动完成工作，善于发挥能力及智慧去完成工作</td><td></td></tr>
<tr><td>B</td><td colspan="7">基本能够主动地完成经常性的工作，偶然会有疏忽</td><td></td></tr>
<tr><td>C</td><td colspan="7">工作中需要提醒才能完成本职任务</td><td></td></tr>
<tr><td>D</td><td colspan="7">需要经常催促，不能主动完成工作任务</td><td></td></tr>
<tr><td rowspan="5">7</td><td colspan="2">礼貌与合作态度</td><td colspan="6">员工对上司、同事及客人是否谦恭有礼？
员工是否十分愿意与上司、同事及下属协调工作？</td><td></td></tr>
<tr><td>A</td><td colspan="7">非常注重礼貌待人接物，经常保持和颜悦色，乐于助人</td><td></td></tr>
<tr><td>B</td><td colspan="7">基本做到彬彬有礼，乐于与人合作</td><td></td></tr>
<tr><td>C</td><td colspan="7">只对喜欢的人有礼貌及愿意分工合作</td><td></td></tr>
<tr><td>D</td><td colspan="7">没有礼貌及不愿意分工合作</td><td></td></tr>
<tr><td rowspan="5">8</td><td colspan="2">管理能力</td><td colspan="6">员工是否具有启发下属工作热情与工作目标的能力？
员工是否具有指引、监督及对下属提供技术指导的能力？</td><td></td></tr>
<tr><td>A</td><td colspan="7">能有效地激励与指导下属去完成工作</td><td></td></tr>
<tr><td>B</td><td colspan="7">基本能够保持良好的工作环境</td><td></td></tr>
<tr><td>C</td><td colspan="7">需要改善个人的领导作风，使下属更好地协调工作</td><td></td></tr>
<tr><td>D</td><td colspan="7">不能监管下属使其完成工作</td><td></td></tr>
<tr><td rowspan="7">总
评
分</td><td colspan="2">适合管理</td><td></td><td>降职</td><td></td><td colspan="4">予以转正</td></tr>
<tr><td colspan="2">表现满意</td><td></td><td>表现一般</td><td></td><td colspan="4">延长试用期/不予录用</td></tr>
<tr><td>A</td><td colspan="7">是一位工作表现非常良好的员工，有一贯卓越的工作表现</td><td></td></tr>
<tr><td>B</td><td colspan="7">是一位工作表现良好的员工，具有能力去完成预期的工作</td><td></td></tr>
<tr><td>C</td><td colspan="7">是一位工作表现颇好的员工，在若干方面具有长处，但仍需改进以收到更佳的工作效果</td><td></td></tr>
<tr><td>D</td><td colspan="7">是一位工作表现平平的员工，需要继续努力以求达到更佳工作表现</td><td></td></tr>
<tr><td>E</td><td colspan="7">员工需要改善工作表现才能达到基本要求</td><td></td></tr>
</table>

4. 反馈评估结果

评估结果应向被评估员工反馈，并听取员工的反映、说明和申诉。通过上下级之间的有效沟通，管理者可以及时了解员工的实际工作状况和深层次的原因；员工可以了解上级对自己工作的看法、评价和要求，及时采取纠正措施。一般可采取面谈的方法。

就评估结果双方进行面谈沟通，也就是说对于考核分数的分歧，员工可以提出自己的看法，如果评估者认为说得有道理，分数是可以改的。对于评估结果最终要达成考核结果意见的共识，员工对于自己的考核结果表示认可后签字确认（见表 8－14）。通常，反馈应该关注于具体工作行为，依靠客观数据，而不是主观意见和推断。总之，只要员工诚心诚意地对待反馈，而反馈又与工作任务相联系，则反馈结果就很有可能导致行为改变。具体方法如下。

（1）通知和说服法。管理人员如实将考核结果的优缺点告诉被评人，并用实例说明考绩的正确性，最后鼓励员工发扬优点、改掉缺点、再创佳绩。

（2）通知和倾听法。管理人员如实将考核结果（优缺点）告诉被评人，然后倾听对方意见，相互讨论。

（3）解决问题法。管理人员一般不将考核结果告诉被评人，而是帮助其自我评价，重点放在寻找解决问题途径上，协商出有针对性的改进计划，激励、督促其执行。

为避免引起被评人反感和抵制，在面谈时应注意以下几点。

① 不要责怪和追究被评人的责任和过错。

② 不要带有威胁性，教训下级。

③ 不作泛泛而谈，多援引数据，用事实说话。

④ 对事不对人。

⑤ 保持双向沟通，不能上级单方面说了算。

⑥ 创造轻松、融洽的谈话氛围。

表 8－14　员工评估鉴认单

Acknowledgement 鉴认

This evaluation has been discussed with me and I acknowledge receipt of the contents of the evaluation：

评估者已与我谈论过此评估报告，并且接受评估的内容及结果。

Be evaluated　被评估者：

Signature　签名：______________

Position　职位：______________

Date　日期：______________

Evaluator　评估者：

Signature　签名：______________

Position　职位：______________

Date　日期：______________

Approved by　批准人：

Signature　签名：______________

Position　职位：______________

Date　日期：______________

5. 总结存档

对评估结果进行汇总和统计分析，写出总结报告，上报有关管理人员，作为制订工作计划和培训计划及人力资源规划的依据。评估的书面材料要存档保管。

☞ 案例分析

失误的奖励方案

小吴是华天大酒店的前厅部经理。在每周一次的部门会议上，酒店都要对反馈回来的客人意见卡进行分析。上个月，有好几个投诉都是关于登记入住和结账时间方面的问题。这些投诉让小吴很烦躁，她要尽力减少针对自己部门的投诉。最近她刚刚参加了一个为期三天的酒店管理培训班，培训回来后，她的脑子里满是如何提高前厅部服务质量的想法，让她考虑最多的就是如何将业绩同奖金联系起来，这一点非常重要，因为老师在课堂上不断强调“想让员工付出得更多，就要让员工得到合理的回报”。为了实现这个目标，她决定把自己在学校里学到的理论知识应用在自己的工作中。她设计了一套前厅管理的方案，希望激发前厅部员工的内在动力，挖掘员工的内在潜力，以致员工最后能为顾客提供最贴心、最快捷的服务，提高酒店的知名度与美誉度。在接下来的班前会议上，她介绍并说明了她的新计划。例如，在每八小时一次的轮班中，登记客人人数最多和办理客人结账手续最多的两个员工在月底将得到额外奖金。这个体系运作得十分顺利，员工的工作速度比以前快了很多，虽然她的员工之间似乎不像过去那样友善并互相帮助了。由于新体系的激励，客人办理入住结账手续似乎迅速了许多，但他们现在开始抱怨说前台人员缺乏友善的态度和礼貌。一名客人评价说：“我感觉自己就像正在被赶过河的鸭子一样，这不是我期待的想从这样级别的酒店中所得到的服务。”小吴感到很困惑：我们怎么能兼顾两方面利益？我们怎样做客人才会100%满意？随后麻烦又来了，财务处审计员查账时发现在记账问题上，前台存在失误。为了在结账程序上加快速度，很多费用没有登记在账单上，这样做的结果是不仅产生了很多错误，而且给酒店收入带来了不少损失。同时，在登记入住的时候很多重要的信息没有被输入到计算机系统中。小吴很快就对自己的经营管理理论失去了信心。

✍点评

案例中前厅部经理小吴的奖励方案失误在三个方面：一是奖励不合理，过于理论化；二是只重视提高工作速度，而忽略了服务质量；三是人际关系处理的不够妥当。虽然新的奖励方案举步维艰，小吴也不应该对管理经营理论失去信心。

（1）一名好的管理者除了应具有一定的智慧和管理能力外，还需要有自我意识行为和自我调节艺术。一个人的自我意识对其感觉、思维、情感和行为具有重大的推动作用，其中特别是对一个人自信心发生着巨大的影响。自信心就是对自己力量的充分估计，也是自我意识的重要成分，自信心在一个人的成长过程中具有积极的推动作用。如果一个人很自卑，因为一次的失败就受到严重的挫折，再也看不到自己的力量，认为自己什么都不行，那么久而久之，就会形成一种心理定式，对生活和工作都会带来消极的影响，同时这样的心态也会影响酒店员工的工作效率和质量，降低酒店的利润和声誉。相反，如果能够正确认识自己的力量，相信通过自己的努力，一定能够达到自己的目标，那么自然会调动自己的主观能动性，想方设法完成任务。所以酒店基层组织领导应善于自我调节自己的自信心，激发自己自信的心理效应，最终圆满地完成任务。

（2）提高自己的自信心，给自己一个正确的评价。自信是发挥主观能动性的闸门，启动聪明才智的马达。确立自信心，就要正确评价自己，发现自己的长处，肯定自己的能力。中国有句俗语"人贵有自知之明"，这个"明"，既表现为如实看到自己的短处，也表现为如实分析自己的长处。如果只看到自己的短处，表面上看起来是谦虚，实际上是自卑心理在作怪。应该明白"尺有所短，寸有所长"，每个人都有自己的优势和长处，如果我们能实际地估计自己，在认识缺点的基础上，找出自己的优势，并以己之长避人之短，就定能激发出我们的自信心。

（3）学会欣赏自己、表现自己。把自己的优点、成绩、满意的事统统找出来，在心中"炫耀"一番，反复刺激和暗示自己"我可以，我能行"，就能逐步摆脱"事事不如人，处处难为己"的困扰，从而保持奋发向上的劲头。

（4）要有面对困难的勇气。作为一名合格的酒店管理者，要有勇往直前、不惧任何挫折的精神。如果对工作抱着勇往直前的态度，工作就可以很顺畅，成果就会更好，但是要注意两点。一是不要被工作压得喘不过气。工作上的安排，不妨拟订一个计划表，但必须考虑身体及精神方面的承受力。依计划来安排工作，不但可以免除被工作压迫的感觉，还可以变得得心应手，心情也会变得开朗，工作效率自然会提高。二是一旦发现问题，立刻想办法解决。问题在尚未变成大事件时，处理起来会比较简单，但常常由于懒惰或疏忽，在问题刚形成时，将之放置不管，致使小问题变成大问题，甚至可能发展到无法收拾的地步。所以要养成在问题刚刚发生时就将其解决的好习惯。

那么酒店应该如何建立奖励制度呢？酒店良好的激励机制主要包括四个方面的内容。

一是要建立一支情绪积极高涨的工作团队。缺乏积极性的员工会无故缺勤、跳槽，更糟糕的是服务质量低下，这些方面都会使酒店蒙受巨大的经济损失。当员工为他的工作所鼓舞时，就会竭尽全力确保顾客的需求得到满足，甚至会主动提前考虑到顾客会有何种要求，做好回应客人要求的准备。有工作积极性的员工会在点滴小事中表现出对顾客的关心。案例中的前台工作人员就是一些缺乏积极性的员工，他们只是当客人询问时，才回答问题，从来没有想过客人在询问时还会需要什么帮助，我们应该给予客人什么帮助。作为前厅部经理的小吴应该付出更多的努力，建立一支高绩效的工作团队。

二是奖励应符合要求。如果想通过奖励来调动员工积极性，就必须使奖励方式与员工当时需求层次相吻合。如果是用金钱去奖励那些追求自我价值的员工，则奖金不会使他们实现最佳自我价值的愿望得到增强。同样如果用更多的责任和自主权而不是金钱去奖励那些生活没有基本保障的员工，他们也不会更多地为酒店努力工作。因此，案例中的前厅部经理小吴应多花些时间与员工聊天，和他们谈谈他们的希望和要求，从而了解他们的需求心理。弄清楚什么能促进员工出色地完成任务，以便把奖励制度与工作绩效有机完满地结合起来。

三是奖励要相对公平。作为管理者，从公平的理论中就可知道，合理的报酬可以导致工作满意度的增加及绩效的提高；不公平的报酬会使效率降低、人员流失率升高。所以，酒店管理人员应尽量给员工酒店所能承担的最丰厚的报酬。要注意的是，员工感到报酬不符合公平原则时，就很有可能被别的饭店“挖”走，同时单独给某个员工高薪时要慎重，你的工作团队成员会把自己的报酬和他相比。当他们觉得自己应该享受同样的待遇时，不公平的感觉就出现了，案例中的前厅部经理小吴只给工作量最大的两名员工奖金，使得后来前厅部的员工之间缺乏友善的帮助和良好的沟通，这样的做法不仅没有提升服务质量，反而还使服务质量降低了。

四是奖励任务分配要恰当。优厚的待遇及优越的工作条件固然重要，但它们本身并不能激励员工同等发挥最佳的水平。要达到更高水平的业绩，很多员工需要的是他们能够分配到感兴趣的任务。尽可能多地给员工额外的责任和控制的权力，尽量给员工分配喜欢的任务，则会使员工从内心受到激励，从而发挥最佳的水平。

本章小结

饭店资源中，最重要的是人力资源。人力资源相对于物力资源和财力资源来说，是可再生资源。人力资源管理的意义在于为饭店组织提供有劳动能力、服务意识、才能、创造力和推动力的员工，有系统和有步骤地实施饭店人员招聘、选择、培训和开发等计划及开展组织活动和实施管理行为等，以充分调动员工的工作积极性，发掘员工的内在潜力，努力营造一个良好的工作环境。

思考题

1. 员工招聘有哪些途径？内部招聘和外部招聘各有哪些优缺点？
2. 员工招聘的程序是什么？
3. 试制订一份前厅部员工招聘计划和报纸招聘广告。

4. 为什么要对员工进行培训？应坚持哪些原则？
5. 员工培训有哪些类型？怎样才能有效提高培训质量和效果？
6. 试拟订一份前厅部员工的短期培训计划。
7. 为什么要对员工进行激励？激励的方法有哪些？
8. 工作评估的作用是什么？可以采用哪些方法？
9. 进行面谈时应采用哪些技巧？注意的问题有哪些？
10. Assignments

Assignment I　The Application of Customer Care Management Policy in Front Office

Outcome:

Outcome 1: To analyze customer care management policy within a front office environment

Common Skills:

1. Working effectively as a team member;
2. Communicating in writing;
3. Solve routine and non-routine problems;
4. Transfer skills gained to new and changing situations and contexts.

Deadline: four weeks later

Student signature:

Tutor signature:

Internal verifier signature:

Assignment I: Analyses and apply customer care management policy in front office

Introduction:

Before you start working on this assignment , you should:

- Fully understand customer care management policy and the purpose there of;
- Fully understand communication types and different types of customers;
- Know how to evaluate the performance of staff (source of information and purpose);
- Complete learning activities as an individual and as a member of a group.

The aims of the assignment:

The assignment will give you the opportunity to demonstrate the ability to:

- Identify the reasons for using customer care management policies;

- Describe different communication types and how these are identified and used to best effect;
- Describe the different types of customers who are likely to pass through a hospitable outlet and their differing and specific requirement;
- Explain the purpose of evaluating the performance of customer care staff and how this can assist training and development events.

In addition, you will show the following skills in the assignment:

- Working with others;
- Computer word processing;
- Communication skills;
- Ability to evaluate and to analyze: Solve routine problems.

What this assignment is about:

This assignment is about using your knowledge on customer care management policies to complete three tasks.

Scenario for the assignment:

Suppose you are the front-office manager of Lucy Hotel, which is a 4-star hotel attracts tourists and businessmen from all over the world. You are asked to form a group of three to carry out three tasks and to produce a report concerning the customer care management policies in the hotel.

What to do:

Assignment task 1

Analyze the purpose of taking customer care management policy within the front office environment in your hotel and describe the possible different customers who are likely to stay in your hotel, and expect their differing and specific requirements. According to the policy and the types of customers in your hotel, how can you adapt your hotel front office to meet their needs. Analyze the factors that will affect the quality of service in your hotel.

For task 1 obtain a **Merit**, your work will show your independence, and you should demonstrate a basic understanding of the issues involved and basic factors involved, but the work may lack in analytical detail and deep understanding.

For task 1 to obtain a **Distinction**, you should make detailed and thorough analysis, showing deep understanding of the issues, originality, creativity and thorough consideration. The writing should be fluent and technical terms accurately used.

Assignment task 2: Mini Case Study

One day an angry guest came direct to your office and complained that the heating in his room wasn't working properly. He had told his problem to the front desk, but the clerk said it wasn't her problem and told the guest to talk to the housekeeping. The guest was very unsatisfied with the clerk's response.

As the front-office manager, explain how you would handle the situation. Your answer should indicate how you would behave and what actions you would take. You should also consider different communication types and skills and how they will be applied.

For task 2 to obtain a **Merit**, you should show your understanding and application of customer care policy, and you should apply appropriate communication skills when handling complaints. Your actions should be specific, pragmatic and achievable. And your work should show creativity and be full of analytical details.

For task 2 to obtain a **Distinction**, you should consider alternative options and make comparisons and justify choices, and show your creativity in your work.

Assignment task 3

Explain the purpose of evaluating the performance of customer care staff and how would you evaluate it so as to assist future development in your hotel.

For task 3 to obtain a **Merit**, you should show your explanation thoroughly and make sufficient analysis.

For task 3 to obtain a **Distinction**, you should show some creative approaches and give possible examples. The writing should be fluent and have fewer errors in grammar.

Assignment II　Investigate Procedures and systems in front office

Outcome:

Outcome 2: investigate the administrative, financial and legal requirements within the customer cycle

Outcome 3: evaluate front office systems used in different types of hospitable operations

Common Skills:

1. Using information sources and collecting data;
2. Using a range of technological equipment and systems;
3. Using a range of thought processes;
4. Applying design and creativity: apply a range of skills and techniques to develop flow charts.

Deadline: four weeks later

Student signature:

Tutor signature:

Internal verifier signature:

Assignment II: Investigate Procedures and systems in front office

Introduction and the Aims of the assignment:

This assignment covers the assessment requirement for outcome two and three in the unit.

The assignment will give you opportunity to show your ability to investigate the administrative financial and legal requirements within customer cycle and to evaluate front office system in different types of hospitable operation. You will need to know about:

- The sequence and various stages of the customer cycle;
- Administrative and financial procedures occurring at each customer cycle stage;
- Legal requirements within customer cycle;
- Manual and computer front office system;
- Benefits of technology to hotel, staff and customer;
- Developing trends of technology to improve the efficiency of the front office;
- Related front office software package.

The assignment will give you the opportunity to use this knowledge to complete the tasks.

What this assignment is about:

You are asked to form a group of 2 to jointly complete the following tasks, and produce a report on investigating procedures within customer cycle and evaluating front office systems.

What to do:

Assignment task 1

1a For this task you must investigate the several stages in the customer cycle, and draw some flow diagrams to explain the sequence of the stages. Describe the documentation and front office procedures appropriate to each stage.

1b Describe the financial procedures occurring at each customer cycle stage, and comment on the methods of payment that are preferred by the hotel and give reasons for your answers.

1c Describe the legal requirements (in UK or in local area) within customer cycle.

For task 1 to obtain a **Merit**, your diagram should be will-designed, and sequence and procedures during each customer cycle stage should be described clearly and thoroughly. And you should show your independence in designing your diagram. You should not ignore or omit any key documentation and procedures in your writing. The technical terms and language are used accurately.

For task 1 to obtain a **Distinction**, your diagram should be wisely and logically designed, and description should be thorough. Emphases are put in any important documentation and procedures and related reasons should be given as well. Correctly and fluently use technical terms and language.

Assignment task 2

2a　Explain the function and features of the following manual reservation systems, and compare and contrast these systems in terms of suitability for use in different types of hotels (e. g. size of hotel, location of hotel).

2b　List the advantage and disadvantage of using a range of new technology within the front office. What are the benefits of new technology to customers, front office staff, and hotel management? Describe the developing trends in the use of technology to improve the efficiency and effectiveness of front office.

2c　Evaluate a front office software package you know (such as reservation management software, guest account management software, room management software or general management software, etc. You can also evaluate some other types applied in local hotel).

For task 2 to obtain a **Merit**, you should show your full knowledge on the manual front office system, review the suitability of related documents, and make reasonable and valid analysis. Technical terms are used correctly.

For task 2 to obtain a **Distinction**, your work must be presented accurately and attractively and technical language must be use fluently. You should show your originality and creativity and comment on what improvement could be made on the front office system.

What to hand in:

You will write and hand in a report consisting of the above-mentioned tasks.

Timescale: four weeks after issuing.

Assignment III　To investigate techniques to maximize and measure occupancy and rooms revenue

Outcome:

Outcome 4: To investigate techniques to maximize and measure occupancy and rooms revenue

Common skill:

1. Calculating and computing: apply numerical skills and techniques;
2. Use information sources;
3. Manage own roles and responsibilities;
4. Manage own time in achieving objectives.

Deadline: three weeks later

Student signature:

Tutor signature:

Internal verifier signature:

Assignment III: To investigate techniques to maximize and measure occupancy and rooms revenue

Introduction and the aims of the assignment:

This assignment covers the assessment requirement four in the unite.

This assignment will give you opportunity to show your ability to investigate techniques to maximize and measure occupancy and rooms revenue. You will need to know about:

- How yield management techniques assist in maximizing occupancy and rooms revenue;
- Displacement technique;
- Forecasting and statistical data;
- Formulation of the pricing policy;
- Front office indicators used to evaluate front office performance;
- Sales techniques within front office environment;
- Source of booking;
- Tariff structure.

The assignment will give you the opportunity to use this knowledge to complete the following tasks.

What this assignment is about:

You are asked to complete the following tasks independently, and procedure a report on investigating techniques to maximize and measure occupancy and room revenue.

What to do:

Assignment task 1: Mini Case Study

You are the front office manager of a hotel with 100 beds. The average rack rate is $55, at which you expect occupancies to be follows: Saturday 25 percent, Sunday 25 percent, Monday 95 percent, Tuesday 95 percent. You are approached by tours with a request that you take a group of six-five persons from Saturday night to Wednesday morning at a room rate of $25 per person.

Questions: According to Yield management techniques, would you accept this booking? Give your reasons and list calculation process. Ignore secondary displacement and any food and beverage aspects.

Assignment task 2

2a Explain how yield management techniques assist in maximizing occupancy and rooms revenue?

2b What are the purpose of forecasting and statistical data within the front office environment?

What are the approaches of pricing room rate?

2c What are the limitations of yield management?

Assignment task 3

Describe the range of sales techniques which front office staff can use to promote and maximize revenue. How can a hotel use performance to measure the success of Accommodation sales.

For this assignment:

Merit

The student must demonstrate that they have understood the question and are able to anticipate and solve the contextual problems reasonably. The calculation process and result must be correct and sufficient and must be give necessary description for each step. The assignment must demonstrate a good understanding of the key issues involved and still show some evidence of originality and creativity. Technical languages are used correctly and accurately. The assignment may be lacking in analytical detail and have one or two minor problem with presentation.

Distinction

To earn this grade, the capability to read beyond and interpret fully the requirement of the assignment will be matched by error-free presentation. Students must fully explore the related issues. Evidence of academic research, associated reading and an understanding of relevant concepts will also be apparent. Such an assignment must also show creativity and imagination. Technical languages are used fluently.

What to hand in:

You will write and hand in a report consisting of the above mentioned tasks.

Timescale: three weeks after issuing

参 考 文 献

[1] 吴军卫，程道品．饭店前厅管理．重庆：重庆大学出版社，2002.
[2] 朱承强．前厅服务．北京：旅游教育出版社，2000.
[3] 余炳炎，张建业．饭店前厅部的运行与管理．北京：旅游教育出版社，2002.
[4] 曾小力，韦小良，韦明体．前厅服务与管理．北京：旅游教育出版社，2001.
[5] 刘伟．现代饭店前厅部服务与管理．广州：广东旅游出版社，1998.
[6] 国家旅游局人事劳动司．饭店计算机信息管理．北京：旅游教育出版社，1998.
[7] 邸德海．旅游企业计算机管理应用．北京：高等教育出版社，1997.
[8] 黄震方．饭店管理概论．北京：高等教育出版社，2000.
[9] 郑宏博．前厅服务与管理．大连：东北财经大学出版社，2000.
[10] 郑向敏．现代酒店商务楼层管理．沈阳：辽宁科学技术出版社，2002.
[11] 孟庆杰，黄海燕．前厅客房服务与管理．大连：东北财经大学出版社，1999.
[12] 吴梅．前厅部运行与管理．北京：旅游教育出版社，2003.
[13] 吴伟，孙东．中国饭店金钥匙服务．广州：广东旅游出版社，1999.
[14] KASAVANA M K，BROOLS R M．前厅部的运转与管理．北京：中国旅游出版社，2002.